Talhaiarn

DAWN DWEUD

Golygydd Cyffredinol: Brynley F. Roberts

Hen gwestiwn mewn beirniadaeth lenyddol yw mater annibyniaeth y gwaith a ddarllenir; ai creadigaeth unigryw yw cerdd neu ysgrif neu nofel, i'w dehongli o'r newydd gan bob darllenydd; neu i ba raddau mae'n gynnyrch awdur unigol ar adeg arbennig yn ei fywyd ac yn aelod o'r gymdeithas y mae'n byw ynddi? Yn y pen draw diau fod gweithiau llenyddol yn sefyll neu'n cwympo yn ôl yr hyn a gaiff darllen-wyr unigol ohonynt, ond aelodau o'u cymdeithas ac o'u hoes yw'r darllenwyr hwythau, a'r gweithiau a brisir uchaf yw'r rheini y gellir ymateb iddynt a thynnu maeth ohonynt ymhob cenhedlaeth gyf-newidiol am fod yr oes yn clywed ei llais ynddynt. Ni all y darllenydd na'r awdur ymryddhau'n llwyr o amgylchiadau'r dydd.

Yn y gyfres hon o fywgraffiadau llenyddol yr hyn a geisir yw cyflwyno ymdriniaeth feirniadol o waith awdur nid yn unig o fewn fframwaith cronolegol ond gan ystyried yn arbennig ei bersonoliaeth, ei yrfa a hynt a helynt ei fywyd a'i ymateb i'r byd o'i gwmpas. Y bwriad, felly, yw dyfnhau dealltwriaeth y darllenydd o amgylchiadau creu gwaith llenyddol heb ymhonni fod hynny'n agos at ei esbonio'n llwyr.

Dyma'r chweched gyfrol yn y gyfres. Eraill sy'n cael eu paratoi ar hyn o bryd yw bywgraffiadau llenyddol o Daniel Owen ac Islwyn.

DAWN DWEUD

DAWN DWEUD

Talhaiarn

gan

Dewi M. Lloyd

GWASG PRIFYSGOL CYMRU
CAERDYDD 1999

ISBN   0–7083–1547–X

Mae cofnod catalogio'r gyfrol hon ar gael gan y Llyfrgell Brydeinig.

Gwnaethpwyd pob ymdrech i ddod o hyd i berchenogion hawlfraint y lluniau a ddefnyddir yn y gyfrol hon, ond yn achos ymholiad dylid cysylltu â'r cyhoeddwyr.

Cynllun y clawr gan Chris Neale
Cysodwyd ac argraffwyd yng Ngwasg Dinefwr, Llandybïe

Cynnwys

Lluniau

Rhagair

Byddai hanes bywyd Talhaiarn yn werth ei groniclo hyd yn oed pe bai heb erioed lunio darn o farddoniaeth, oblegid fe gafodd yrfa anghyffredin braidd i Gymro yn ei gyfnod. Er na chafodd fawr o addysg ysgol, cafodd brofiad amrywiol wrth ennill ei fara menyn yn y byd pensaernïol, a hynny gan mwyaf yr ochr arall i Glawdd Offa. Mantais y bywgraffiad llenyddol hwn yw'r cyfle a roddodd i mi i wneud defnydd llawnach o'r llythyrau i osod ei gynnyrch llenyddol ar galendr bywyd beunyddiol yr alltud a cheisio cyfleu sut y troediodd y cymeriad lliwgar hwn ar draws llwyfan ein llên a'n hanes. Wrth ei ddilyn yn ei waith ac yn ei deithiau gallwn ymglywed hefyd â pheth o fwrlwm cymdeithasol y bedwaredd ganrif ar bymtheg ym Mhrydain ac yn Ewrop, gan iddo roi inni yn ei waith gymaint o sylwadaeth ddifyr am fywyd ei gyfnod.

Gwerthfawrogaf yn fawr y gwahoddiad a gefais gan y Dr Brynley Roberts i lunio'r gyfrol a'i gyfarwyddyd caredig fel golygydd. Gelwais ar y Dr Aled Lloyd Davies, y Dr Meredydd Evans a'i briod, Phyllis Kinney, am gymorth gyda rhai dirgelion o fyd cerdd dant a'u cael yn barod iawn eu cymwynas. Bu fy mhriod, Margaret, yn cyfieithu deunydd o'r Ffrangeg i mi ac yn gymar allweddol wrth droedio llwybrau'r bardd yn Ffrainc. Cefais hwylustod parod wrth ymweld â'r prif fannau pensaernïol a chroeso arbennig ym mhlas y Faenor ym Mhowys yn astudio eu casgliad gwerthfawr o ddogfennau. Mrs Aures Jones, Llangrannog, fu'n trosi amrywiaeth y deunydd crai yn argraffiad mor gymen ar y prosesydd geiriau ac yn cyfuno'i chrefft â diddordeb siriol yn y deunydd. I Susan Jenkins a'i staff y mae'r diolch am gefnogi cyhoeddi nifer o luniau perthnasol i'r cynnwys ac am lywio hynt y gyfrol trwy'r wasg gyda'u gofal arferol.

Dewi M. Lloyd
Hydref 1999

1 ଓଃ *'Mil o Leisiau Melysion'*, 1810–1830

CYN llunio'r ffordd osgoi fodern yr oedd y ffordd fawr rhwng Llanrwst ac Abergele yn dringo drwy ganol pentref Llanfair Talhaearn, i fyny at eglwys y plwyf ac i lawr i ailymuno â'r dyffryn lle rhed Afon Elwy. Ar hyd yr hen ffordd honno y deuai'r porthmyn a fu'n crynhoi gwartheg Arfon a Môn a'u gyrru am Gapel Curig a Llanrwst. Yr oedd y gwaith o gydio cadwyn o ffyrdd at ei gilydd i lunio ffordd fawr i'r 'Irish Mail' o Amwythig i'r Fenai ar droed yn 1820 ond, ar droad y ganrif, yr oedd y porthmyn yn cyfeirio'u camre dros Fynydd Hiraethog ac yna ar i lawr i'r arfordir i'w cyrchfan sylweddol yn Abergele cyn anelu am Ddyffryn Clwyd a Lloegr. Yr oedd Llanfair Talhaearn felly ar drafffordd y porthmyn yn ogystal â bod yn groesffordd i'r teithwyr hynny oedd yn cyrchu tua Nantglyn a thref Dinbych. Nid rhyfedd, felly, fod yn Llanfair Talhaearn o leiaf bedair tafarn ar ddiwedd y ddeunawfed ganrif – yr Harp Inn, y Swan Inn, y New Inn a'r Black Lion. Saif yr Harp yn y tro ar allt y pentref, gydag un drws yn wynebu porth y fynwent a drws arall yn arwain i'r llawr isaf o'r tro yn yr allt yng nghefn y tŷ. Yr ystafell hon ar y llawr isaf oedd ystafell y ffynnon fach lle ceid y dŵr i ddarllaw'r ddiod ac yno y byddai'r ffordddolion cyffredin yn crynhoi, gan adael gweddill y dafarn i'r teulu a'r rhai a fyddai'n lletya'r nos.

Tafarn seml mewn hen dŷ to gwellt oedd yr Harp yng nghanol y ddeunawfed ganrif ac yn eiddo i fam Dafydd Siôn Pirs (David Jones; 1732–82?) – y teiliwr, yr ysgolfeistr a'r bardd. Yn ddiweddarach daeth Morris Williams, taid Talhaiarn, yn berchen ar y lle a chesglir mai yn ei gyfnod ef y bu ailwampio ar yr adeilad ac ychwanegu ato. Ceir syniad am faintioli'r lle o'r cyfeiriad at achlysur yn 1854 pan alwodd criw lleol ym mharlwr mawr yr Harp ar eu ffordd o de parti a chael fod yno eisoes 'bedair o briodasau parchus . . . a'r parlwr yn dan sang'. Pan fu Morris Williams farw yn 1796, daeth y dafarn yn eiddo i'w ferch, Gwen Jones, mam Talhaiarn. Yr oedd eisoes yn cartrefu yno gyda'i gŵr a'i phlant ac yno, ar 19 Ionawr 1810, y ganed Talhaiarn. Enwyd y mab, fel ei dad, yn John Jones, ac ar 21 Ionawr 1810, ddeuddydd wedi ei eni, fe'i bedyddiwyd yn yr eglwys wrth fin y tŷ – yr eglwys lle priodwyd y rhieni a lle claddwyd y taid, Morris Williams, gyda'i wraig, Anne. Yr oedd i Gwen a John Jones ddau fab arall, Robert a Thomas, a thair merch, Ann, Anne a Maria.[1] Saer coed oedd tad Talhaiarn ac yr oedd hefyd yn trin 'tyddyn o dir', sef Tyddyn Clefi, i'r de o'r pentref, yn glytwaith hanner can erw o goed, tir pori a thir âr. Am dros ganrif cyn y daeth yn amser i'r rhieni feddwl am ysgol i Dalhaiarn bu Llanfair yn fan lle'r oedd rhyw gymaint o addysg ffurfiol ar gael er nad oes sicrwydd fod y ddarpariaeth yn ddi-dor. Daeth Sampson Roberts yn gurad i Lanfair yn 1684, gŵr a oedd yn hanu o Ddyffryn Clwyd a chanddo radd MA o Rydychen. Trwy gymorth gwaddol o £50 gan ddeon Bangor, y Dr John Jones, sefydlodd un o ysgolion yr SPCK yn y pentref yn 1708. Fel ysgolion SPCK esgobaeth Llanelwy yn Abergele, Betws-yn-Rhos, Rhuddlan, Gresffordd a Wrecsam, yr oedd ysgol Llanfair yn cyflwyno ei haddysg trwy gyfrwng y Gymraeg.

Un o ddisgyblion yr ysgol oedd Robert Thomas, clochydd yr eglwys a bardd gwlad a ddaeth yn ysgolfeistr yn y pentref yn ddiweddarach. Daeth yn hyddysg mewn Lladin, a diau mai hyfforddiant Sampson Roberts a'i symbylodd i fynd ati i gopïo llawysgrifau a chasglu iddo'i hun lyfrgell fechan. Gwyddys i Ddafydd Siôn Pirs, mab yr Harp, fod yn gyfeillgar â Robert Thomas ac iddo yntau, er yn deiliwr o ran crefft, wasanaethu fel ysgolfeistr yn y cylch. Fel mewn llawer achos arall diflannu y mae'r hanes am ysgol yr SPCK ar ôl 1773, a phan sonnir gan fywgraffwyr Talhaiarn am ei ddyddiau cynnar, dywedir iddo fynd gyntaf i Ysgol y Mynydd neu Ysgol y Llan o dan Evan Jones. Cyfeiria adroddiad Comisiynwyr 1847 at ysgol eglwys yn Llanfair a restrir ganddynt fel 'Mary Parson's School' a sefydlwyd yn 1817. Wedi ei hailsefydlu yr oedd mewn gwirionedd yn 1817, oblegid bu farw Mary Parsons yn 1816, ond yr oedd ei henw yn amlwg yn gysylltiedig â'r ysgol am flynyddoedd wedi i'r sefydliad fagu enw lleol newydd, sef Ysgol Tŷ Crwn. Dyma'r ysgol yn ddiau y bu Talhaiarn yn ddisgybl ynddi, a'r tebygrwydd yw iddo gael cyfnod byr dan ofal Mrs Parsons cyn i Evan Jones ymgymryd â'r swydd yn 1817. Yr oedd Mrs Wynne o Blas Garthewin yn talu am addysg rhai plant o deuluoedd tlawd yn yr ysgol gynradd hon, ac mae'n debyg mai hon oedd 'Ysgol y Llan' hyd nes sefydlu ysgol eglwys swyddogol yn y pentref yn 1837.

Yr oedd Llyfrbryf (Isaac Foulkes) yn adnabod Talhaiarn yn bersonol, a'r bywgraffiad byr ohono a ysgrifennodd yn 1870 sy'n rhoi y cyfeiriadau sicraf am addysg y bardd, ond nid yw'n manylu llawer am yr hyfforddiant a gafodd wedi gadael ysgol Llanfair. Dywed i'r hogyn adael yr ysgol 'pan yn lled ieuanc, a bu gartref am dymor gyda'i dad yn dysgu crefft asiedydd'. Daw'r cymal hwn yn union ar ôl i Lyfrbryf nodi fod Talhaiarn wedi mynd i Abergele ac i Ruddlan am 'ofal addysgiadol' gan Mr Louis yn y naill le a Mr John Evans yn y llall. Y mae'n wir fod Thomas Lloyd wedi symud o Gegidog ac agor ysgol arall yn Abergele, ond cesglir mai ysgol i ddisgyblion hŷn ydoedd – myfyrwyr yn wir – fel Henry Rees o Lansannan, a aeth yno yn 1819 yn un ar hugain oed. Bu hefyd ysgol SPCK yn Rhuddlan, ond a bwrw ei bod yn dal ar fynd yno, prin y byddai hogyn ifanc yn gallu teithio'n ddyddiol iddi o Lanfair. Y mae'n werth edrych yn fanwl ar y term 'gofal addysgiadol' gan nad yw Llyfrbryf yn cyfeirio at ddwy ysgol fel y cyfryw yn Abergele a Rhuddlan. Gwyddom fod tad Talhaiarn wedi gweithio fel un o'r seiri adeg adeiladu Castell Gwrych ger Abergele, ryw bum milltir o Lanfair. Yr oedd y gwaith ar y castell wedi dechrau yn 1819 ac er cwblhau'r prif adeilad erbyn tua 1822, aeth y gwaith o godi'r porthordai, y giatiau a llu adeiladau eraill yr ystad ymlaen i dridegau'r ganrif. Pan oedd yn brentis o saer bu Talhaiarn yn gweithio gyda'i dad ar ystad y Gwrych. Gellir yn hawdd ddychmygu y byddai'r tad, fel saer profiadol o bentref gwledig, wedi cael cryn agoriad llygad o weld cywreinrwydd yr holl adeiladau ar y parc heb sôn am y castell ei hun. Nid oedd angen dychymyg mawr i sylweddoli fod darllen cynlluniau pensaer a chyfuno crefftau trin coed, cerrig, gwydr a phlastr yn gofyn am wybodaeth a sgiliau gwahanol. Pan sonia Llyfrbryf am 'ofal addysgiadol' yn Abergele a Rhuddlan, tybed ai cyfeirio y mae at hyfforddiant mathemategol a thechnegol? Byddai'n hyfforddiant y gallai'r tad, fel ei gyflogwr, ei drefnu ac yn hyfforddiant y gallai'r hogyn, ac yntau yn ei arddegau cynnar, ei ddilyn fel rhan o'i brentisiaeth, gan letya am gyfnod byr yn Rhuddlan i arbenigo mewn cyfran o'r maes llafur. Y mae'n sicr y byddai cryn sôn yn y cyfnod am y cynnydd mewn adeiladu a chynllunio – ailwampio eglwysi, adeiladu ac ehangu capeli ac ehangu ffermdai a phlasau i'r ariannog. Wedi gweld yn lleol beth oedd ar droed yng Nghastell Gwrych gellir tybio y byddai rhieni Talhaiarn yn sylweddoli fod bywoliaeth addawol ar gael i lanc ifanc pe dysgai sgiliau atodol i'w grefft fel saer.

Y mae'n amlwg fod Talhaiarn yn fachgen bywiog a chryn ddireidi yn perthyn iddo. Meddai Llyfrbryf: 'Clywais hen ŵr a fu yn cyd-weithio â'r ddau ar etifeddiaeth Castell Gwrych, Abergele, yn dweyd mai bachgen llawn afiaeth a direidi diniwed oedd Tal.' Mewn adroddiad am y cinio croeso iddo yn Llanfair yn 1852 ceir tystiolaeth gŵr lleol: 'Mr Robert Roberts, of Tyddyn, humorously alluded to Talhaiarn's boyish days, and declared, amid much laughter, that he was the most mischievous boy in the village.' Yn yr un cinio dywedir i Dalhaiarn ei hun gyfeirio at ei fachgendod fel hyn: 'Little did he think in his wayward boyhood, when rambling a truant around these hills . . .' Ac mewn darn o gerdd o'i eiddo, clywir yr afiaith ifanc:

> A dacw afon Elwy ar ei hynt,
>> Yn llifo'n araf drwy y gwyrddion ddolydd,
> Lle bûm i ganwaith yn ymdrochi gynt,
>> Pan oeddwn fachgen glân, a llon, a dedwydd,
> Yn rhedeg yn noethlymun yn y gwynt
>> Ar draws y gro a'r ddôl, yn chwim garlamydd
> Mal ebol gwyllt, yn llawn o nwyf a hoen,
> A'r haul ac awel haf yn sychu'm croen.

O fod yn fab i dafarn yr oedd yn anochel y deuai i gysylltiad â'r cwsmeriaid rheolaidd a'r cymeriadau lleol. Ceir yn ei lythyrau lu o gyfeiriadau at yr argraff gynnar a wnaed arno gan fân feirdd a storïwyr a fynychai'r Harp:

Pan oeddwn yn las fachgen, byddai fy ewythr Owen Gruffydd yn nodedig am stori ddigri, ac o'r ochr arall, byddai ambell i un yn siarad llawer iawn, ond ni fyddai graen ar ei stori . . . a dyna fel y byddent yn myn'd ymlaen am oriau wrth ei mirio hi yng nghegin yr Harp, a minnau yn dottio arnynt, ac yn llyncu y cwbl yn llyfn.[2]

Yn yr un modd gwnaeth y cerddorion argraff fawr arno:

Yr wyf yn cofio fy hun, pan yn blentyn, mal y byddwn yn dotio ar William Parry'r Crydd, a William Griffith, y Clochydd, yn canu cerddi, ac yn llygadrythu, a chlustfeinio arnynt am oriau, ac yr wyf yn tybio, y munud yma, na fu erioed gantorion cerddi o'u bathau nhw ar y ddaear . . . Byddwn i, y pryd hwnnw, yn meddwl, fod y beirdd yn rhyw fodau goruwchnaturiol, ac yn fath o gefndyr i'r prophwydi;[3]

Ac nid gwrando yn unig a wnâi ar y storïwyr a'r cantorion. Dywed iddo pan oedd 'yn hogyn, deg neu ddeuddeg oed', gopïo geiriau rhai o'r caneuon pan genid hwy yn y dafarn: 'Rhyfedd yr ymloniant bob Gwylmabsant a Gwyliau, ac ar droiau ereill, a minnau yn gwrandaw yn astud ar y cantorion: yn dysgu eu cerddi yn hoewlyfn, ac yn eu copïo gyda sel ac yni.' Yn gynnar yn ei fywyd argraffwyd ar y cof gryn stôr o farddoniaeth ac alawon a gwnaeth rhai cerddi fwy o argraff nag eraill. Meddai am Ieuan Brydydd Hir mewn llythyr yn 1850: 'Yr wyf yn cofio (pan yn fachgen) dottio ar ei englynion i Lys Ifor Hael, Arglwydd Maesaleg. Nid wyf yn cofio ond dau o honynt yn awr, sef y ddau englyn cyntaf.'

Cefndir Cymreig, gwledig oedd i gartref y bachgen Talhaiarn, a'r eglwys drws nesaf yn un lle na fyddai ond un gwasanaeth Saesneg mewn blwyddyn, sef Dydd Gwener y Groglith. Pur ddieithr iddo bryd hynny oedd bygythiad Seisnigrwydd ond yr oedd ei ymwybod elfennol â hanes yn ddigon i gorddi Cymreictod a dychymyg plentyn ar ei dyfiant:

> When a mere boy, I used to wish myself a warrior with a hundred thousand men at my command, that I might lick the Saxons into the sea, and regain possession of the fertile land of our forefathers.

Wedi cael hyfforddiant yng nghysgod ei dad a'r profiad o weithio ar gynllun adeiladu sylweddol fel Castell Gwrych, daeth yn amser i Dalhaiarn symud yn ei flaen. Gall fod y gwaith i'r ddau yn Abergele yn dirwyn i ben erbyn 1825 gan fod tair blynedd wedi mynd heibio er pan fuwyd wrthi yn adeiladu'r prif furiau a'r porthordai o gylch yr ystad. Digwyddai fod gwaith newydd ar droed heb fod nepell o'r cartref, sef cynllunio ac adeiladu plas newydd i'r ail Arglwydd Bagot ger Rhuthun. Pan ddaeth teulu Bagot yn berchenogion holl diroedd Salisbury Bachymbyd, trefnwyd adeiladu plas newydd ar ran o'r ystad lle safai hen blas Parc Pysgodlyn. Enwyd y plas newydd yn Pool Park – adeilad a ddaeth yn ddiweddarach yn gangen o'r ysbyty mawr yn Ninbych. Wrth fynedfa'r ystad ar y ffordd rhwng Rhuthun a Cherrigydrudion gosodwyd porthordy pur liwgar ac, yn ôl yr arfer, trefnodd y perchennog newydd i gael terasau o lawntiau a gerddi hardd ar gyrion y plas. Cynllunydd Pool Park oedd John Buckler, gŵr y credir iddo fod yn gweithio ar blas teulu Bagot yn Blithfield, Swydd Stafford. Y mae lle i gredu mai gŵr o Swydd Stafford hefyd oedd Mr Ward, y 'clerk of works' y rhoddwyd Talhaiarn yn ei ofal yn bymtheg oed:

Tra yn ymberffeithio fel asiedydd, rhoddai Mr Ward, ar gyfrif y flaendal a dderbyniasai, addysg i'r bachgen mewn archadeiladaeth a chynlluniaeth, a chynyddodd mor ragorol, fel y penodwyd ef yn fuan yn gynorthwywr i Mr Ward yn arolygiaeth y gwaith.

Y mae'n ymddangos mai'r pensaer Benjamin Gummow, un o dylwyth o benseiri proffesiynol yng nghylch Wrecsam, oedd yn gofalu am arolygu'r cynllun yn ei gyfanrwydd. Wrth sôn am waith adeiladu yn y bedwaredd ganrif ar bymtheg gwelir yn aml amwysedd yn y modd y defnyddir geiriau fel 'designer', 'architect' a 'supervizor'. Felly hefyd yn y Gymraeg lle y cyfeirir yn aml at 'pensaer' (*architect*) lle mai 'clerk of works' a olygir, hynny yw, un sy'n trefnu ac yn arolygu gwaith yr adeiladwr ar y safle ac yn gwireddu cynlluniau'r pensaer. Golyga'r swydd y gallu i wneud elfen o waith pensaernïol gan fod gofyn gwybod sut i ddylunio ar bapur pan fo angen trosi amlinell fras y pensaer yn gynllun manwl gywir ar gyfer y saer neu'r masiwn. Yn Pool Park hyfforddiant ar gyfer 'clerk of works' a gafodd Talhaiarn dan gyfarwyddyd y 'goruchwyliwr', Mr Ward: 'a chan fy mod yn nesaf at y goruchwyliwr, yr oeddwn yn fath o bennaeth ar y gweithwyr, ac ym mlaenaf mewn pob afiaeth a helynt gyd â hwynt'. Buwyd wrth y gwaith ar y safle o 1826 hyd 1829 ac er mai plas cymharol fach ydoedd, cyflogwyd 81 o weithwyr yno yn ystod y ddwy flynedd gyntaf. Yn y triongl rhwng y ffordd sy'n arwain o Ruthun i Gerrigydrudion a'r ffordd sy'n arwain o Ruthun i Gorwen y saif pentref diarffordd Efenechdyd – rhyw dair milltir o Pool Park. Yno, mewn ffermdy o'r enw Plas yn Llan yr oedd Talhaiarn yn lletya. Bryd hynny yr oedd yng nghanol y pentref bychan hwn siop saer a thŷ tafarn yn ogystal ag Eglwys Sant Mihangel a phersondy. Hyd at ddechrau'r ugeinfed ganrif cyfeirid at y dafarn – a oedd hefyd yn ddyddyn – fel 'Y Llan' er mai fel y 'Black' y cyfeirir ati mewn pennill a luniodd bardd lleol pan oedd Talhaiarn yn Pool Park. Erys seler y dafarn ond newidiwyd enw'r lle i Blackmoor pan beidiodd â bod yn westy a throi'n fferm fechan.

Anaml y cyfeiriai Talhaiarn at ei fywyd beunyddiol yn ei lythyrau trwy gydol ei oes ond ceir darlun llawnach ganddo o'i fywyd wedi oriau gwaith gan ddechrau gyda chyfnod Efenechdyd. Wrth gyfeirio at y cyfnod hwnnw cydnebydd ei fod yn tynnu ar gwmnïaeth debyg i'r hyn a geid yn ei gartref yn Llanfair a'i fod 'yn y dafarn beunydd ben wedi bod nos'. Fel yn yr Harp yr oedd cryn fynd ar ganu, a gorau oll os oedd telyn i gyfeilio:

When I was 18 years of age, nothing was so delightful to me as to have the harp in the kitchen of the public-house at Efenychtyd . . . There we used to have penillion singing of the old stamp full of gaity and animation.[4]

Ni ddywed pwy oedd y telynor a alwai heibio, ond fel yn Llanfair Talhaearn, lle'r oedd Madam Salsbri y delynores yn byw, a'r telynor Henry Wood yn ymweld â'r tafarnau lleol, yr oedd Efenechdyd ar gylchdaith un telynor a mwy nag un mae'n debyg. Ond os nad oedd yn y Llan delynor rheolaidd yr oedd yno feirdd a chantorion. Dyma'r triawd yn ôl Talhaiarn:

Yr oedd Efenechtyd, yr amser hwnnw, yn nodedig am ei dadgeiniaid, sef, Sam y Teiliwr; Huw Huws y Gof, Pwll Glas; John Davies, y Clochydd; . . . Yr oedd Sam, y pryd hwnnw, rhwng hanner cant a thri-ugain oed ac yn ddigri i'w ryfeddu. Ni wyddai lythyren ar lyfr; ond er hynny yr oedd ganddo lon'd trol o garolau, cerddi, a phennillion wedi eu storio yn ei benglog.[5]

Un tro pan oedd Talhaiarn yn dod adref o'i waith gyda'r nos dyma Sam yn galw arno o ddrws y dafarn i ddod i wrando pennill newydd a luniodd. Wedi eistedd o'r ddau wrth y tân a chyda chymorth y ddiod y bu'n ei mwynhau gydol y dydd, canodd Sam iddo ei rigwm newydd am frawdoliaeth y Llan. Gofynnodd y llanc am gyfle i geisio ateb y pennill ac felly y bu:

> 'R oedd yno ganu iawn,
>   A phawb yn eithaf llawen,
> Heb sôn am ofal byd,
>   Na chwaith ddim llid na chynnen;
> Ond canu'r 'Garreg Wen',
>   A 'Marged mwyn Ferch Ifan',
> A thro ar 'Fentra Gwen'
>   Ac weithiau 'Hyd y Wlithan':
>   Wac ffal di ral lal, &c.[6]

Yn ei ddisgrifiad o'r achlysur ychwanega Talhaiarn mai 'dyna'r pennill cyntaf a wneuthum i erioed, am wn i'. Disgrifiodd Talhaiarn Sam y Teiliwr, a ysbrydolodd y pennill hwn, fel ei athro yn y gelfyddyd o ganu gyda'r tannau. Pan nad oedd telyn ar gael i hyfforddi, gallai'r teiliwr gyflenwi'r cyfeiliant oblegid, 'Telyn groen fyddai Sam yn galw ei hun pan yn tiwnio'r diwn, a minnau yn canu pennillion i'w ddilyn.' Yn ei gyfrol *Llyfr Cerdd Dannau*[7] y mae Robert Griffith yn cynnwys Talhaiarn ymysg y telynorion Cymreig ond nid oes tystiolaeth i ddangos fod y bardd erioed wedi ymroi i geisio dysgu canu'r delyn. Fe ddywedodd yn bendant mewn un llythyr diddyddiad yn yr 1850au cynnar 'but I cannot play on the harp'. Yn wir, pur elfennol fu ei wybodaeth o elfennau cerddoriaeth ar hyd ei oes. Wrth anfon at Owain Alaw ynglŷn â rhyw felodi ceir y nodyn hwn: 'I dare say you will laugh at my system of notation, and as to the *Key*, you will have to find that out by inspiration.' Gwelwyd bod dau arall o Efenechdyd yn cael eu henwi fel datgeiniaid medrus gan Dalhaiarn a daw yn amlwg fod y tri wedi ychwanegu stôr o benillion ac alawon at y deunydd a ddysgodd y llanc yn ei gartref. Cyn gadael y pentref hwn yr oedd wedi trysori ar ei gof y rhan helaethaf o'r stoc ryfeddol o alawon a fu'n fodd i ddwyn enwogrwydd sylweddol iddo fel datgeiniad cerdd dant ymhell cyn ei gydnabod yn fardd.

O gofio mai pentref bychan, diarffordd a chyfyng yw Efenechdyd hyd heddiw, diddorol yw sylwi ei fod yn ddigon mawr i gynnal gwylmabsant ynddo pan oedd Talhaiarn yno. Cyflwynir yr eglwys bresennol i Sant Mihangel ond ymddengys mai lleiandy ac nid mynachdy – fel yr awgryma'r enw – oedd yma yn wreiddiol yn ôl cytundeb a wnaed rhwng Reginald de Breos ac esgob Bangor. Gwyddom o ddisgrifiad Talhaiarn y byddai tawelwch myfyriol y pentref yn cilio dros gyfnod gŵyl a oedd yn dechrau ar ddydd Sul ac yn ymestyn am wythnos:

> Wrth sôn am wylmabsant, yr wyf yn cofio un tro fy mod wedi prynu pâr o esgidiau teneuon (*pumps* y'u gelwid y pryd hwnnw, ond paham ni's gwn), i ddawnsio yng ngwylmabsant Efenechtyd. Erbyn nos Fercher, yr oeddwn wedi dawnsio'r *pumps* yn rags gwylltion. Nid oedd dim am dani hi wed'yn ond canu gyd â'r tannau drwy y rhelyw o'r wythnos. Bob Rolant, o Lanarmon, oedd ein Telynwr.[8]

Cyfeiria Talhaiarn hefyd at ei lwyddiant eisteddfodol cyntaf yn yr un cyfnod. Nid oedd traddodiad o eisteddfod yn Llanfair Talhaearn ac yn y Llanfair sydd rhyw filltir a hanner o Efenechdyd y cafodd ei wobr gyntaf: 'Pan oeddwn o gwmpas deunaw oed, ennillais goron mewn Eisteddfod fechan yn Llanfair Dyffryn Clwyd, am ganu gyd â'r tannau. Yr oeddwn yn falchach o'r goron honno na phe buaswn wedi cael present o fuwch a llo.'

Gwelwyd eisoes fod Talhaiarn pan oedd yn hogyn ifanc wedi gwneud copi o rai o'r cerddi a glywsai yn cael eu canu, cerddi

> priodol i diwniau rhedeg, megis 'Plygiad y Bedol Fawr', 'Bro Gwalia', 'Cnoccell y Coed', 'Ffarwel Phylip Ystwyth', etc., – y dull campusaf a mwynaf o ganu gyd â'r tannau, yn fy marn i. Dalier sylw, nad oes dim perthynas rhwng y naill bennill a'r llall, oddigerdd ar ddamwain, pan fo dau bennill ar yr un pwngc yn dilyn eu gilydd.

Ceir yma awgrym o'r dull o 'ganu Penillion' a geid bryd hynny – morio hwylus trwy amrywiaeth o benillion ac alawon i gyfeiliant telyn ac nid ychydig o ymffrost yn y ddawn i gofio pennill ar ôl pennill addas i'r alaw. Yr oedd yn adloniant deniadol i laslanc afieithus, llawenfryd, a oedd yn tyfu i werthfawrogi cynulleidfa: 'Byddwn i, pan yn ieuangc – Duw a'm helpo – yn meddwl fod telyn a chanu efo'r tannau yn fath o nefoedd ar y ddaear.' Yn sicr nid ymffrost gwag oedd eiddo'r llanc pan ddywedodd iddo wneud cofnod o rai o'r cerddi. Y mae ar gael lyfr nodiadau o'i eiddo, ac arno'r dyddiad 1828, yn ei lawysgrifen ei hun. Ymddengys fod y llyfr nodiadau wedi ei fwriadu ar gyfer ei brentisiaeth yn Efenechdyd gan fod ynddo ychydig o ddylunio pensaernïol, ond y mae'r rhan helaethaf ohono wedi ei roi i ysgrifennu rhyw ddau gant o benillion. Penillion telyn cyfarwydd i ni yw nifer ohonynt – cerddi fel 'Mae 'nghariad i'n Fenws' a 'Blodau'r flwyddyn yw f'anwylyd' – rhai yn gyfresi ac eraill yn gerddi unigol. Yna, ceir baledi byrion lleol, sawl englyn, penillion ar y mesur tri thrawiad a'r rhupunt hir a darn o 'Awdl y Gofuned' Goronwy Owen, a'r cyfan heb enw'r awdur wrth yr un ohonynt. Uwchben pedair o'r cerddi rhoddir enwau'r alawon neu'r tonau y byddai Talhaiarn yn eu cysylltu â hwy. Y mae'n ddiddorol sylwi fod cystadleuaeth am gasgliad o hen benillion yn Eisteddfod Dinbych, 1828 – cystadleuaeth a enillwyd gan Absalom Roberts. Tybed a symbylwyd y prentis o Efenechdyd i ddrafftio casgliad ar gyfer yr eisteddfod honno ac yntau ar y pryd heb wybod mai Goronwy Owen oedd awdur pedwar o'r 'hen benillion'? Ni wyddys a anfonodd Talhaiarn ddim i eisteddfod 1828 ond, os felly y bu, gwyddom o'i waith diweddarach y byddai gwedd artistig ar ei gopi terfynol ac efallai y byddai awdl Goronwy wedi ei dileu.

Bu'r brentisiaeth yn Pool Park yn sicr yn gam o bwys sylweddol yng ngyrfa Talhaiarn oblegid fe gafodd brofiad o fod ynglŷn ag adeiladu plasty newydd a chwbl fodern yn ei gyfnod. Ar wahân i'r prif adeilad gyda'i holl ystafelloedd, yr oeddynt yn adeiladu stablau, cerbyty mawr, gefail, gweithdy plymar, cytiau cŵn, bwthyn i'r ostler, fferm y plas, tŷ i'r hwsmon a bwthyn i'r cowmon. Ac ar ben hyn oll yr oedd gerddi llysiau, y waliau helaeth a'r pedwar porth i'r parc. Serch mai adeilad cymharol fach oedd y plasty ei hun o'i osod ochr yn ochr â'r plastai Fictoraidd y bu ynglŷn â hwy wedyn, byddai'r cynllunio a'r adeiladu wedi cynnig iddo ystod teg o amrywiaeth profiad.

Yr oedd y gwaith ar Pool Park yn dirwyn i ben yn 1829 ac felly hefyd dymor ei brentisiaeth. Rhaid fu iddo groesi'r ffin i gael swydd ond cyn sicrhau honno, neu tra disgwyliai gael cychwyn arni, ymddengys iddo gael egwyl fer:

> Pan oeddwn yn ugain oed, aethum ar fy hald i sîr Gaernarfon, i ddifyr deithio ymysg creigiau'r Eryri am dridiau neu bedwar. Ar ol gweled chwarel Cae braich y Cafn, aethum wysg fy nhrwyn i edrych am Gutyn Peris. Deuais a [sic] hyd iddo gartref yn bwytta brechdan o fara haidd a moron gwynion, ac yn yfed llaeth enwyn. Cefais innau ran o'r wledd.[9]

Un o eisteddfodwyr amlwg ei gyfnod oedd Gutyn Peris, a'r Talhaiarn ifanc, mae'n debyg, ymhlith y llu a glywsai am 'gywion' Dafydd Ddu Eryri a beirdd amlycaf eisteddfodau'r dydd. Hanner addolid y rhain gan lawer am eu doniau. Sgwrs am gampau beirdd a miri eisteddfodol fu rhwng yr hen fardd a'i ymwelydd y diwrnod hwnnw a chryn le yn cael ei roi i sôn am ffraethineb barddol Wil Ysceifiog (neu Gwilym Callestr; William Edwards). Mynych wedi hyn yw ei gyfeiriadau at dynnu sgwrs pan oedd yn ifanc â llenorion y genhedlaeth hŷn a'r pleser a gafodd wrth wrando ar eu dawn gyda geiriau.

2 ⊘ Crwydro Siroedd Dinbych a Maldwyn, 1830–1843

A R ddiwedd y cyfnod dan Mr Ward yn Pool Park aeth Talhaiarn i weithio fel clerc y gwaith i Thomas Penson oedd â'i brif swyddfa yng Nghroesoswallt. Pensaer o ardal Wrecsam oedd Penson ac wedi ei benodi yn 1826 i fod yn syrfëwr sir ar gyfer siroedd Trefaldwyn a Dinbych. Dyma'r cyfnod pan oedd galw mawr am wella cyflwr ffyrdd a sicrhau gweithredu ar y cyd rhwng y 'turnpike trusts' i hwyluso trafnidiaeth. Penodi syrfëwyr cyflogedig oedd yr ateb mewn sawl sir a dyna sut y daeth y pensaer Penson i'w ofalaeth newydd. Yn ogystal â chadw golwg ar y pontydd gwreiddiol, galwyd arno i adeiladu pontydd newydd yn Sir Drefaldwyn yn arbennig, ond bu hefyd yn adeiladu pont newydd yn Sonlli ger Wrecsam a phont newydd Owrtyn dros Afon Dyfrdwy ar y ffin rhwng Sir y Fflint a Sir Ddinbych. Ni fu'r cyfrifoldeb fel syrfëwr yn rhwystr i Penson rhag ymgymryd â'i gomisiynau preifat, ac yn y deugain mlynedd y bu'n gwasanaethu'r siroedd, bu'n gyfrifol am sawl adeilad cyhoeddus fel Tloty Llanfyllin a Marchnad Wrecsam. Ar ben hyn bu'n adeiladu eglwysi yn Ninbych, Y Rhos, Gwersyllt, Llan-ymynech, Y Trallwng a'r Drenewydd a bu hefyd yn gyfrifol am ailwampio Plas Llanrhaeadr yn Nyffryn Clwyd a Pharc y Faenor ger Aberriw.

Bu Talhaiarn yng ngwasanaeth Penson am dair blynedd ar ddeg gan weithio o'r swyddfa yng Nghroesoswallt. Yr oedd y 'Penson's Chambers' yn y dref yn swyddfa ac yn gartref i Penson ei hun pan na allai, oherwydd ei fynych deithio, ddychwelyd i'w dŷ yng Ngwersyllt ger Wrecsam. Bernir mai mewn rhan o'r siambrau hyn y lletyai Talhaiarn a chyd-glerc iddo o ardal Whittington pan nad oeddynt hwythau hefyd ar daith. Ond yn y dafarn yn ardal Little Cross Keys y treulient beth o'u horiau hamdden. Er mai Seisnig yw'r awyrgylch mwyach, y mae'r eginfardd Talhaiarn yn gartrefol ymhlith y ffyddloniaid:

The modern Talhaiarn many of your Oswestry readers will remember as Mr John Jones, who was a surveyor in the employ of the late Mr T.

Penson. I have often heard the late Mr Dicker, surgeon, repeat parodies 'Tal' made on various occasions. One of these was in imitation of Moore's 'Fly, fly from the world, dearest Bessie, with me,' and commenced 'Fly, fly to the Grapes, jolly Georgie, with me;' Georgie being a fellow-clerk, Mr George Broughall, and the Grapes a house much frequented by Jones's set.[1]

Yn anffodus nid oes dim o'r parodïau uchod wedi goroesi ac anaml iawn y defnyddiodd Talhaiarn y ffurf farddonol hon yn y Saesneg na'r Gymraeg wedi hyn. Ond yr oedd barddoniaeth Saesneg wedi cael digon o'i sylw a'i edmygedd i ysgogi sawl ymdrech i gyfieithu darnau i'r Gymraeg. Yn rhifyn Chwefror 1835 o *Y Gwladgarwr*, ymddangosodd 'Efelychiad Cymreig' o wyth llinell o waith Robert Burns. Rhan o'r faled 'Tam O'Shanter' yw'r gwreiddiol – y llinellau sy'n dechrau:

> Pleasures are like poppies spread
> You seize the flow'r, its bloom is shed:

Y mae'n ddiddorol sylwi i Dalhaiarn gyfeirio at ei fersiwn fel 'efelychiad'. O bryd i'w gilydd, fel gyda'r darn hwn, y mae'n cyfeirio at 'cyfieithu' hefyd, ond yn raddol y term 'efelychu' sy'n ennill y dydd pan ddaw i gyhoeddi mwy o'i ymdrechion. Dyma ei ymdrech i drosi'r llinellau o eiddo Burns:

> Pleserau ŷnt fel blodau ceinber,
> Mwynhewch hwynt, gwywo wnânt ar fyrder;
> Neu fel yr eira ar yr afon
>   Am funud yn wyn;
> Yna collant fel cysgodion
>   Cymylau ar fryn;
> Fel y gogleddawl oleuadon
>   Y gwibiant;
> Cyn i chwi braidd droi eich golygon
>   – diflanant;
> Neu fel llon liwiau'r enfys loyw-lin
> Yn diflannu 'nghanol drycin.

Gyda'r efelychiad uchod yn *Y Gwladgarwr* yr ymddengys ei enw barddol 'Talhaiarn' gyntaf mewn print. Hwn hefyd oedd y sillafiad a ddefnyddiodd weddill ei oes. Nid oes sôn amdano'n cael ei urddo i'r enw hwn a chesglir mai'r eginfardd yn magu hyder sydd yma gan roi bedydd barddol iddo'i hun. Ond fe gafodd ddyrchafiad swyddogol y flwyddyn ganlynol serch fod ei gymhwyster fel llenor o hyd yn denau iawn. Clwydfardd adroddodd yr hanes wrth gyfeirio at dderbyn Ioan Madog yn aelod o'r Orsedd:

> Aeth i eisteddfod y Bala yn y flwyddyn 1836, ac yno yn ôl 'braint a defawd' yr urddwyd ef yn fardd. Mewn llythyr a ysgrifenwyd atto fwy na chwarter canrif ar ol hyny, gofynai ei gyfaill Talhaiarn – 'Wyt ti yn cofio Eisteddfod y Bala yn yr hên, hên, amser gynt, pan y cawsom ein hurddo gyda'n gilydd ar fin llyn Tegid? Llon'd berfa olwyn o bobol, a llon'd gwagen o feirdd!'[2]

Yr efelychiad byr hwnnw allan o faledi Burns a ddangosodd Talhaiarn i Gwallter Mechain mewn cyfarfod a fu'n drobwynt yng ngyrfa'r canwr penillion a'r prentis-fardd. Ceir hanes y cyfarfyddiad mewn llythyr a anfonodd Talhaiarn i'r *Cymro* chwarter canrif yn ddiweddarach:

> Yr oeddwn y pryd hynny yn glarc i Mr Penson, arolygydd pontydd siroedd Trefaldwyn a Dinbych, ac yr oedd gwaith yn cael ei gario ymlaen o dan fy ngofal yn y Drefnewydd, ac yngharchardŷ newydd Trefaldwyn, a rhai o'r pontydd dros afon Hafren. Yr oedd gennyf ferlan fechan ddigon twt, a'm cariodd lawer canwaith i edrych y pontydd yn y ddwy sir . . . Yn Nhrefaldwyn yr oeddwn pan wnaethum y cyfieithiad, ac yn falch iawn o'r gwaith, fe ellwch dyngu. Ar gefn y ferlan â fi un prydnhawn, a thrwy Berriew i Fanafon, oddeutu deng milltir o ffordd, i ofyn barn Gwallter Mechain ar fy nghampwaith, forsyth! Cyrhaeddais yno oddeutu chwech ar gloch y prydnhawn. Curais yn y drws. Wele'r forwyn yn ei agor. 'Is Mr. Davies at home?' eb y fi. 'Yes, sir,' eb yr hithau. 'Have the kindness to tell him that Mr. Jones, Mr. Penson's clerk, wishes to speak to him for a few minutes,' eb y finnau. Trodd fi i mewn i'r parlwr ar y llaw chwith, ac ym mhen pum munud wele'r patriarch yn dyfod i mewn – clamp o hen wr mawr gewynog, esgyrniog, ac amrosgo, yn edrych yn orlawn o nerth ac ynni corphorol a meddyliol, a chanddo wyneb ehelaeth lled anhardd. Y peth oedd yn ei anharddu fwyaf oedd llygaid croesion; nid yn croesi at y trwyn, ond yn ymledu allan . . . Tybiwyf ei fod wedi gadael rhyw waith mwy ammheuthyn iddo, na dyfod i siarad â chlarc Mr. Penson, oblegid nid oeddwn i ddim yn rhyfygu galw fy hun yn fardd y pryd hynny, ac yr oeddwn yn gweled mewn munud mai rhyw groesaw lled sychlyd oeddwn i yn ei gael. Ond

chwareu teg i'r prif-fardd dwfn-ddysg, yr wyf yn teimlo yn awr nad oes fawr o bleser i'r dysgedig gyd âg annysgedigion – ahem! Ebai fi – 'Pardon me, Mr. Davies, for troubling you. I have translated some half-a-dozen lines from Burns, and I should feel much obliged if you would be good enough to look at them.' Darllenodd hwynt, ac eb yr o, 'They are very pretty, but why don't you put them into cynghanedd?' 'For a very good reason,' eb y finnau, 'because I know nothing of cynghanedd.' 'Then I will lend you a book that will teach you,' eb yr yntau – 'Excuse me, I am engaged.' 'Certainly Sir,' eb y finnau, 'allow me the honour of shaking hands with you, to thank you, and to wish you good night.' 'Good night,' eb yr o. I ffwrdd â fi ar gefn y ferlan a nghlol yn yr awyr, â'r llyfr yn fy mhocced, dan ganu, chwibanu, ac ymfalchïo, nes cyrraedd Trefaldwyn, ac wed'yn i ngwely, ar ol marchogaeth ugain milltir i gael barn bardd ar hanner dwsin o linellau. Wfft imi, onidê? Cyhoeddwyd y llinellau yn y *Gwladgarwr*, gyd â nodyn gan y golygydd, Ieuan Glan Geirionydd, eu bod yn dlws, neu rywbeth cyffelyb i hynny – nid wyf yn cofio yn awr. Ond beth bynnag, yr oeddwn fel ci'r garddwr â rhosyn yn ei golar, yn falch ofnadwy wrth weled fy anwylwaith mewn print am *y tro cyntaf erioed*.[3]

Ni wyddom pa lyfr a gafodd ar fenthyg gan Gwallter Mechain ond bu'n foddion i agor llygaid Talhaiarn i'r traddodiad helaeth mewn barddoniaeth Gymraeg yn ogystal â rheolau manwl cerdd dafod. Aeth ati i astudio'r rheolau ac erbyn Gorffennaf 1835 yr oedd wedi llunio englyn a'i weld yn ymddangos yn Y *Gwladgarwr*:

Englyn i Flodeuawl Anian

Blodau ar gangau y gwŷdd,—a'u harddwch
 A urddant y meysydd;
 Eu gwisg freithiawl, siriawl sydd
 O dda liwiau Dduw Lywydd.

Yn y mis Tachwedd canlynol wele englyn arall yn yr un cylchgrawn:

Englyn i'r haul pan yn machludo

Gloyw wawl melynawl heno,—ar ei hynt
 Ry'r Haul wrth fachludo;
 Gawr araul, mae'n goreuro
 Â lliw'r aur holl fryniau'r fro.

Ni ddywed yr awdur a ddangosodd ffrwyth ei ddarllen ai peidio wrth ddychwelyd y llyfr i Gwallter Mechain. Prin, mae'n debyg, oedd y cyfle i seiadu'n farddonol gyda neb arall chwaith o sylweddoli mai yng Nghroesoswallt Seisnig yr oedd ei ganolfan a'i fod yn gorfod treulio cymaint o'i amser ar grwydr pan oedd wrth ei waith. Y mae'n wir iddo ymweld â Bardd Nantglyn (Robert Davies) pan oedd yn Ninbych yn 1835, ond cyfarfod byr am ychydig oriau ydoedd, a Thalhaiarn wedi ei sbarduno i ymweld â'r henwr am ei fod 'yn lled gwla'. Yn 1839 fe gyhoeddodd gerdd o bum pennill ar y testun 'Y Cwmwl' yn y *Carnarvon and Denbigh Herald.* Ni cheir enw tôn wrthi, ni ddywedir mai efelychiad ydyw ac nid oes dim i awgrymu iddi gael ei llunio ar gyfer cystadleuaeth. Rhaid casglu ei bod yn gyfansoddiad gwreiddiol a'r gerdd hon felly yw'r gerdd rydd orffenedig gyntaf o'i eiddo:

Y CWMWL

O ddyfnder y don y sugnaf yn llon,
    O'r eigion a'r afon yr yfaf;
Cawodau (er llith), o wlaw ac o wlith,
    I'r sychion gu flodion a gludaf:
O'm mynwes yr â yr eira a'r iâ,
    Fy nagrau a berliant yn burlan:
Ac weithiau uwchben, y duaf y nen,
    A'm chwarddiad yw toriad y daran.

Ymrodiaf ar hynt ar gefen y gwynt,
    Eithafoedd y nefoedd a nofiaf;
Dros ddyffryn a glyn a brannar a bryn,
    A'r eigion a'i drochion edrychaf.
Awelon y nos a'm cludant i dros
    Fynyddoedd a llynnoedd a llannau:
Fy ngwely a wnâf, y gaeaf a'r haf,
    Yn addien ar bennau'r mynyddoedd.

Pan gyfyd yr haul aur-wridog ei ael,
    Ei faner yn dêr yn y dwyrain,
Chwaraeaf mewn hedd oddiamgylch ei wedd,
    A'm gwisgiad, o'i roddiad, fydd ruddain;
Cyn machlud y dydd, liw arall e rydd,
    Disgleiriach wisg harddach i'm hurddo;
Gu lwyswiw wisg glaer, fel ridens o aur,
    A'i hoff wên yn llawen i'm lliwio.

Pan ddengys y lloer ei gwyneb gwyn oer,
   Teg, peraidd, ariannaidd, gorenwog,
Pan lenwir y nen yn dewfrith uwchben
   A milmyrdd o wreichion coronnog,
O 'ngwely yn llaith cymeraf fy nhaith,
   Fy ymdaith fydd iddynt yn amdo;
Y glwys-ddrych a glôf, yn dawel y dôf,
   Fel huddug, yn gaddug i'w guddio.

Gwlyb faban teg wyf, di-glais a di-glwyf,
   A ffurfid ym mru y ffurfafen;
Heb ofid na gwŷn, newidiaf fy llun
   Bob munud, wrth symud drwy'r wybren;
Tra pery y byd y byddaf o hyd,
   Yn lluniau, fel bryniau wybrennol;
Uwch daear a môr gwas'naethaf Dduw Iôr
   Yn gain, fel mun firain anfarwol.[4]

Ac yntau'n tynnu at y deg ar hugain oed, prin felly yw cynnyrch gwreiddiol Talhaiarn ac fel y cydnabu, ar ôl ymweld â Gwallter Mechain:

Ni wnaethum am naw mlynedd ar ol hynny ond cyfieithu dwy neu dair o ganeuon Burns, sef 'Willie brewed a Peck o Maut,' 'John Anderson my jo John,' and [*sic*] 'Ye Banks and Braes o bonnie Doon.' Dylwn ddweyd fod Burns yn angylaidd yn fy ngolwg pan yn hogyn, ac felly y mae o munud yma.

Gwir y dywedodd mai llunio cyfieithiadau a wnaeth amlaf yn y cyfnod hwn ond wrth ysgrifennu'r hanes uchod, anghofiodd gyfeirio at y ffaith ei fod hefyd wedi llunio efelychiadau o gerddi Walter Scott, Thomas Moore a Byron yn ystod blynyddoedd olaf ei gyfnod yn Nhrefaldwyn. Ni ddywed ymhle y gwelodd farddoniaeth y beirdd hyn na phwy a'i cyflwynodd i'w gwaith yn y lle cyntaf. Yr oedd peth o waith Scott a Moore yn ddigon adnabyddus i nifer o Gymry llengar ar ddechrau'r bedwaredd ganrif ar bymtheg a chawn fod llythyrau gan y ddau fardd wedi eu darllen yn Eisteddfod Dinbych 1828, yn diolch am gael eu hethol yn aelodau o'r Cymmrodorion. Ac yr oedd y prif eisteddfodau yn cynnal cystadlaethau cyfieithu barddoniaeth Saesneg. Un o'r rheini oedd Eisteddfod y Fenni 1840, lle bu Talhaiarn yn cystadlu yn aflwyddiannus yn erbyn wyth arall am gyfieithiad o gerdd Scott, 'The Norman Horse-shoe'. Ond os na fu'n llwyddiannus yn yr eisteddfod bu'r ymarfer o gyfieithu amrywiaeth o gerddi Saesneg yn fuddiol iddo, oblegid bu'n rhaid iddo ymgodymu â'r dasg o feithrin arddull Gymreig a'i harfer cyn ei fod wedi cael fawr ddim profiad o lunio cerddi gwreiddiol yn y Gymraeg. Ambell dro y mae'r ymdrech i efelychu yn drech na'r ddawn farddonol fel y dengys y llinellau hyn o'i gyfieithiad o gerdd Byron, 'The Rainbow'.

> Newidia'i liw y nef gamelion
>> Awyrawl faban tarth a llewyrch haul.
> A gaed mewn porphor ac ysgarlad liwion;
>> Trochwyd mewn aur tawdd ei gwiwlwys ael . . .

Y mae Moore a Burns yn awgrymu mesurau mwy cydnaws â dawn y prentis o delynegwr. Dyma ran o'r cais i drosi cerdd Thomas Moore, 'Fly from the world, my dear Bessy to me':

> Hed ymaith o'r byd, Gweno fwyn, ataf fi,
>> Ni weli byth lencyn ffyddlonach:
> Mwy gwerthfawr na'r byd yw dy gariad i mi,
>> Ni welaf byth eneth anwylach.

Ond yr oedd mesur Byron wedi ei wir swyno yn gynnar ac, ar ôl sawl efelychiad, cafwyd ganddo ymdrech glodwiw iawn, yn fuan wedi iddo fynd i Lundain, i roi yn y Gymraeg bum pennill o 'Don Juan' sy'n dechrau:

> We'll talk of that anon. 'Tis sweet to hear
> At midnight on the blue and moonlit deep . . .

Dyma'r ddau bennill cyntaf o'r pump a gyhoeddodd Talhaiarn yn 1855 yn ei gyfrol gyntaf dan y pennawd 'Meluswawd':

> Melys ar noson haf yw clywed cŵyn
>> Pruddglwyfus eos lwyslais ar y fron:
> Neu rodio glan y môr i glywed mwyn
>> Chwibaniad gwyntoedd uwch y las-werdd don;
> Neu wrando ar awelon yn y llwyn
>> Yn suo 'mhlith y dail; neu weled cron
> Amryliw enfys yn addurno'r nen
> Yn fwa hardd ar draws yr asur len.

> Melys yw dwfn gyfarthiad gonest ci
>   Yn ein croesawu'n ôl. Melysach yw
> Gwyneb fy mûn yn gwenu arnaf fi
>   A'i llygaid llon o wreichion serch yn fyw:
> Melys yw ysgafn hun yn swn y lli
>   A chael ein deffro gan yr hedydd syw:
> Melys yw lleisiau merched, chwarddiant plant,
> Swn gwenyn, trydar adar, trawiad tant.

Er nad oedd wedi ennill sylw o bwys arbennig fel datgeiniad na bardd cyn 1839 y mae'n debyg mai fel eisteddfodwr ac aelod o'r Orsedd y daeth i sylw yr artist William Roos yn y flwyddyn honno a chael ei lun wedi ei baentio ganddo. Yn anffodus y mae'r llun ar goll ond mae gennym dystiolaeth y Parchedig Wilson Roberts, Llanddulas amdano gan iddo ddod ar draws y portread wrth ymweld ag wyres Talhaiarn yn ei chartref yn 1906:

> Y mae darlun rhagorol o'r bardd ei hun yn grogedig ar y mur, ac yn argraffedig ar ei gefn y geiriau, –
>
>   WM. ROOS
>   PINXIT
>   1839
> . . . Oddiwrth y darlun uchod ymddangosai Talhaiarn yn wr boneddigaidd a lluniaidd yr olwg. Meddai wyneb agored, talcen uchel, a gwallt du.[5]

Yn ôl tystiolaeth Peter Lord y portreadau cyntaf sydd ar gael o waith yr artist hwn yw'r rhai hynny o Gwrgant a Dewi Wyn o Eifion a wnaed yn 1836, a byddai'r llun o Dalhaiarn felly ymhlith y rhai cynharaf o'r portreadau a baentiodd William Roos. Daeth Talhaiarn i sylw mewn cyfnod pan oedd bri cynyddol ar arlunio, ffotograffiaeth a cherflunio ac erys cryn nifer o wahanol bortreadau ohono ar wahanol gyfnodau yn ei fywyd, a'r gorau yn sicr yw'r portread nodedig mewn olew a wnaeth William Roos ohono yn 1850 ac a welir ar glawr y gyfrol hon.

Ar wahân i'w waith yn arolygu pontydd, cyfeiriodd Talhaiarn at y gwaith o adeiladu carchar newydd Trefaldwyn pan ysgrifennodd hanes ei ymweliad â Gwallter Mechain, ac yn yr un llythyr fe gyfeiriodd at waith dan ei ofal yn y Drenewydd. Nid yw'n rhoi enw'r gwaith hwnnw ond gellir casglu mai ef oedd yn arolygu'r gwaith o adeiladu Eglwys Dewi Sant yn y dref honno a hynny yn 1843. Nid yw'n cyfeirio at waith sylweddol arall y bu ynglŷn ag ef tra bu'n gweithio i Penson, sef yr estyniad sylweddol a wnaed i Barc y Faenor ger Aberriw rhwng 1841 ac 1843. Ymhlith papurau preifat teulu'r Faenor y mae llythyr helaeth gan Talhaiarn, y 'clerk of the works', ynglŷn â'r amcangyfrifon manwl, ac y mae ar gael hefyd nifer o gynlluniau ganddo ar gyfer y gwaith, yn adeiladau fel y stablau ac yn agweddau manwl ar gyfer ffenestri, clwydi ac 'ice-house'. Dengys y cynlluniau y gelfyddyd gain a ddisgwylid wrth ddarparu deunydd i'r perchennog ei astudio ac i'r adeiladwr ei weithredu, ac mae'n dystiolaeth o'r artistri cywrain a ddysgodd y prentis yn Efenechdyd. Yr oedd Lyon-Winder, perchennog y Faenor, wedi ystyried adeiladu neuadd farchnad yn Aberriw fel y deuai'r gwaith ar y Faenor tua'r terfyn, a rhoes Penson y cyfrifoldeb am ddarparu amlinell a chynlluniau i hwnnw hefyd i Dalhaiarn. Gwnaeth dipyn o waith yn drafftio cynlluniau ond, wedi cryn ddarparu ar bapur, nid aeth Lyon-Winder ymlaen â'r bwriad gwreiddiol. Yr oedd prosiectau preifat Penson yn dod i ben a Thalhaiarn yn ymwybodol o hynny ac yn sylweddoli, mae'n debyg, fod yn rhaid iddo yntau godi ei olygon i gyfeiriad swydd newydd os oedd i elwa ar ei brofiad gydag adeiladau sylweddol ac aeddfedrwydd ei ddawn. Yr oedd yn amlwg wedi gwneud marc yn ei faes ac yn ennyn edmygedd. Daw tystiolaeth i hyn mewn tysteb a gafodd yn ddiweddarach gan Mr Lyon-Winder, oedd yn ynad heddwch yn Sir Drefaldwyn yn ogystal ag yn berchennog Parc y Faenor:

> During the two years and a half he was employed by me as a Clerk of Works during some extensive and difficult alterations which I was making to my House. During the whole of that time I had every reason to be satisfied with the Zeal, the active and careful attention with which he devoted himself to his Employment . . . The good Order and Behaviour of the Workmen under his Charge were always attributed by myself & the Neighbourhood to the steady and excellent Conduct of Mr. Jones . . . and I thought so highly of him that it was with Pleasure I wrote to Mr. Berry, Mr. Barton and Mr. Nailton to give him an Appointment.[6]

Yn ogystal â'r geirda hwn rhoddodd Lyon-Winder hefyd lyfr ar bensaernïaeth i Dalhaiarn ar derfyn y gwaith yn Aberriw fel arwydd o'i werthfawrogiad. Cawn weld nad yn y Faenor yn unig y bu Talhaiarn yn wynebu 'difficult alterations' ac mai Lyon-Winder oedd y cyntaf o nifer a gyflwynodd iddo rodd yn dyst o edmygedd am ei waith pensaernïol.

Nid yw'r union ddyddiad yr aeth Talhaiarn i Lundain ar gael ond teg casglu mai ar ddiwedd 1843 y bu hynny ac iddo ddechrau ar ei swydd newydd yno yn gynnar yn 1844. Ei gyflogwyr newydd oedd W. B. Moffatt a George Gilbert Scott – Sir Gilbert Scott yn ddiweddarach. Cyn sefydlu'r bartneriaeth gyda Moffatt yr oedd Scott wedi agor swyddfa yn 20 Spring Gardens, ger Admiralty Arch. Gweithiai Moffatt o adeilad sylweddol arall gerllaw, sef 9 Spring Gardens, ac yno yr oedd llety Talhaiarn yn ogystal â'i swyddfa. Yr oedd partneriaeth Scott a Moffatt yn ehangu yn gyflym gan iddynt ennill comisiynau helaeth i lunio ac i adeiladu eglwysi niferus a 'buildings of the workhouse class' yn ogystal â chomisiynau llai. Yn Llundain a'r cyffiniau yr oedd y galw pennaf am eu gwaith ond erbyn 1844 yr oedd eu busnes yn ymestyn i lefydd fel Birmingham a Macclesfield. I ganol bwrlwm y brifddinas a'r bartneriaeth ffyniannus hon y daeth Talhaiarn yn 34 oed i weithio fel 'architectural draughtsman and as a practical superintendent of works'. Dyma swydd, felly, oedd yn cyfuno'r dasg o ddrafftio cynlluniau ar gyfer yr adeiladwyr gyda'r cyfrifoldeb am fynd allan i safle'r adeiladu ac arolygu'r gwaith. Yr oedd cael llety a swyddfa ar bwys Charing Cross hefyd yn gosod Talhaiarn o fewn cyrraedd rhwydd i'r llu o Gymry alltud oedd eisoes yn Llundain, a nifer ohonynt yn enwau cyfarwydd iddo trwy'r Orsedd a'r eisteddfodau. Buan y daeth yr hen lanc i ganol y cylch o ddynion oedd yn cynnal un o'r hen gymdeithasau Cymraeg yn y brifddinas sef y Cymreigyddion, a bu ymaelodi yn eu plith yn drobwynt o gymaint pwys yn ei fywyd llenyddol ag yr oedd ymuno â Scott a Moffatt yn drobwynt yn ei yrfa broffesiynol.

3 ఴ *Achub Eglwysi a Gwneud Cyfeillion, 1844–1848*

Bᴜ'ʀ misoedd cyntaf yn swyddfa Scott a Moffatt yn gyfle i Dalhaiarn i orffen ei efelychiad uchelgeisiol o 'Tam O'Shanter' Robert Burns, ac i hwylio'r gwaith drwy'r wasg a'i chyhoeddi'n gyfrol. Yr un pryd bu wrthi'n gwneud efelychiad o faled arall lawer llai, sef 'King of the Cannibal Islands', a gyfansoddwyd tua 1832 gan y bardd Saesneg A. W. Humphreys. Yn yr efelychiad o 'Tam O'Shanter' fe Gymreigiodd Talhaiarn y gwaith yn llwyr. Ei deitl ar y gwaith oedd 'Sôn am Ysprydion: neu Hugh'r Gwehydd Mawr, a Siôn Ifan Bach' a gosododd y stori mewn cwm sy'n agos i'w Lanfair enedigol, a'r ardal lle cyferfydd Afon Aled ac Afon Elwy. Adroddir hanes profiad Huw wrth fynd am adref ar ei geffyl wedi noson o gyfeddach yn Ninbych gyda'i gyfaill Siôn. Apeliai straeon o fyd y dychymyg a llên gwerin yn fawr i Dalhaiarn a rhoddodd yr efelychiad hwn gyfle iddo i gynnwys elfennau o'r rhain wrth ymhelaethu ar hunllef y teithiwr yng nghanol ysbrydion Nant y Chwil:[1]

> Rhyw erchyll nant anynad anial
> Lle bydd tylwythi sosi'n sisial,
> > A'r Ladi Wen
> > Heb yr un pen
> Yn neidio fel gwiwer o bren i bren;
> > A chorres o wrach
> > Yn nyddu tröell fach
> A'r edef cyn ffyrfed â llinyn sach.

Dyna un o'r darnau a ychwanegwyd gan Dalhaiarn at ddisgrifiad Burns o'r daith ac y mae'r ymestyn ar y disgrifio yma ac acw yn esbonio pam y mae ei fersiwn gryn dipyn yn feithach na'r gwreiddiol ac yn colli peth o gynildeb yr Albanwr. Serch hynny, y mae Burns yn ddi-os yn byrlymu drwy'r gwaith a'r bardd o Gymro fel pe bai wedi mwynhau cael y rhyddid i wisgo afiaith y faled yn iaith ei febyd. Dyma ymdrech estynedig gyntaf Talhaiarn ac ynddi gwelir y bardd yn ymarfer ac yn cyfuno yr elfennau o'i brentisiaeth farddol ym myd y penillion telyn, y baledi a'r alawon. Ni wyddai Talhaiarn ddim am reolau cynghanedd pan luniodd yr efelychiad. Er ei anwybodaeth, y mae yn yr efelychiad gyffyrddiadau cynganeddol, megis:

> Dy alw yn rafiwr, yfwr, ofer . . .
> Yn Aled neu yn afon Elwy . . .
> Ac yn dilyn gwag hudoliaeth . . .

Y mae cytseinedd yn nodwedd amlwg yma ac fe'i defnyddir yn ddigon celfydd i hwyluso sain a symudiad y digwyddiadau:

> Gwylltach a gwylltach y digrifwch
> Llawnach a llawnach y llawenwch; . . .

> O Huw, Huw, ped fuasai'r rhain
> Yn lân lodesi cynnes cain,
> Genethod heirdd dan ugain oed,
> Pob un yn wisgi ar ei throed, . . .

> Ond byth ar ôl yr helynt hwnnw,
> Ni welodd neb mo Huw yn feddw.

Fe'n hatgoffir yn aml yn y gerdd hon o arddull y penillion telyn gan fynyched y defnydd effeithiol o ailadrodd ac ambell ymadrodd epigramatig:

> Yr oriau, hedent gyda phleser,
> Fel y gwenyn gyda'u trysor;
> Mêl yw maswedd am yr amser,
> Fel y gwiria gŵr pob goror; . . .

> Er hyn, nid dyn a lywodraetha
> Ymdreiglad amser yn ei yrfa,
> Na llanw'r môr na gwynt y mynydd
> Na'r awel yn y tawel dywydd.

Y mae yma odlau tafodieithol, cymariaethau cartrefol a defnydd o draddodiadau gwerin – ceir sôn am y draenogod yn godro'r gwartheg – a chlywir yma, yn rhythmau'r cymalau a'r odli mewnol, adlais clir o faledi'r ddeunawfed ganrif. Yr oedd i'r efelychiad ei ffaeleddau, ond fe ddengys fod gan Dalhaiarn glust fain i Gymreigrwydd mynegiant mewn mydr, rhythm a geirfa. O gofio brinned yw ei gynnyrch hyd yn hyn y mae'r efelychiad yn gryn gamp a'r ymwybod o Gymreigrwydd arddull a glywir ynddo yn arwyddocaol. Cyhoeddwyd yr efelychiad yn 1845 yn Llundain gan Hugh Hughes, St Martin's Le-Grand, a chafodd y gwaith adolygiad ffafriol yn rhifyn 20 Medi o'r *Carnarvon and Denbigh Herald*, gan un yn ysgrifennu dan yr enw Benlli Gawr: 'There is more comprehensiveness in Burns – he describes with more precision – his wit has more of the "soul" in it. Still, Talhaiarn's whole-souled gusto, and the fulness of his descriptions, go a great way to diminish the contrast.'

Cân ffwlbri yw 'Brenin y Canibalyddion'; yng ngwlad y dychymyg y mae'r brenin hwnnw yn trigo, gan berthyn i'r un diriogaeth â'r ysbrydion y cyfarfu Huw a Siôn â hwynt, ond ieithwedd Dyffryn Aled a glywir yma hefyd, yn gymysg â dyfeisiadau geiriol y cyfieithydd:

> Ei hyd oedd dwylath a lled llaw,
> A'i ben 'run lun a phen hen raw:
> 'Roedd ganddo swyddogion, wyth neu naw,
> A'i balas a wneid o bridd a baw;
> A'i enw oedd Brwchan-wchan-iach,
> Llumangi-hyllgi-wichgi-wach;
> A'i wisg yn crogi fel hen sach
> Am Frenin y Canibalyddion.[2]

Dyma'r cyfnod hefyd pan welwyd y *Carnarvon and Denbigh Herald* yn dechrau cyhoeddi gwaith gwreiddiol Talhaiarn a chafodd y bardd lwyfan parod i'w gerddi a'i fynych lythyrau ar dudalennau'r papur am flynyddoedd wedyn. Yno y gwelwyd y gerdd rydd gyntaf a gyhoeddodd wedi mynd i Lundain, sef 'Clod ac Anglod i Lundain' ar y mesur 'Cil y Fwyalch' a ymddangosodd yn Ionawr 1845. Y mae'n gerdd o wyth pennill ac fel yr awgryma'r teitl y mae'r bardd yn portreadu agweddau dymunol ac annymunol y brifddinas gan fathu ambell air i sicrhau odl neu rythm llinell:[3]

> Gwiw Ganan dy frodir – gogoniant i Frydain –
> Trysorfa pob gwychder a llawnder, yw Llundain:
> Palasau goreuon, a glwysion eglwysi,
> A pharciau gleis-wyrddion, a thlysion lodesi . . .

Ar y llaw arall:

> Mae Llundain yn burion i Saeson, wŷr sosi;
> Prin medraf fi dreiddio ei baw a'i budreddi;
> Ei niwl a'i thywyllwch, seleri a'i thyllau,
> A'i hawyr anfelys, afiachus i fochau . . .

Ar y naill law ceir dwndwr y strydoedd ond ar y llaw arall y mae yma 'anrhydedd huodledd' yn seinio o enau seneddwyr, pregethwyr, cyfreithwyr a beirdd, ac y mae'r 'Times yn gawr hynod, a Punch yn gorr heini'. Rhydd y bardd gryn deimlad yn y pedwerydd pennill wedi canfod tlodi'r ddinas:

> Marsiandaeth a chywaeth yn helaeth yn hilio,
> Ei llongau a'i strydoedd – a channoedd, Och! heno,
> Yn llymion mewn adfyd, heb olud, heb wely:
> Gwŷr costus gwastraffus a moethus yn methu –
> Tylodion mewn gofid, heb ryddid, heb raddau,
> A chreulon wŷr beilchion i'w hel i bob bylchau,
> I wingo a chwynfan heb arian bob boreu –
> O Dduw cu y nefoedd! pa fodd y gwnai faddeu?

Mor wahanol yw'r argraff a gafodd o fywyd cerddorol y lle:

> Yr Opera sydd auraidd baradwys ddaearol –
> Mozart a Bellini, Rossini mor swynol;
> Eu gwiw nodau iesin ganiadau eosol,
> Eu miwsig addefaf sydd agos yn ddwyfol:
> Lablache, Fornasari, drysori'n dra siriol
> A Mario, Faranti, a Grisi gu rasol –
> Cerito lon ddawnus, fun nwyfus, fain nefol,
> Mewn dawns efo Perrot – diguro – rhagorol.[4]

Wedi cyfeirio at adloniant o fath arall ar ddechrau'r pennill nesaf, ceir disgrifiad o agweddau bas y strydoedd:

Pob math o chwaraedai – diotai i'n dotio,
Lle gwelir pob corbed, a gwimbled yn gamblio;
Colledig enethod mewn nythod yn noethion,
Neu'n troedio'n beryglus hyd rawd hen beryglon:
O! mor resynus weld lliwus rai llawen,
A faent fel liliod, yn feddwon aflawen –
Gresynwn, tosturiwn, a wylwn wrth weled,
Prif wyrthiau y nefoedd yn syrthio i yfed.

Serch bod i'r ddinas ei gogoniannau, y negyddol sy'n pwyso fwyaf ac y mae'r bardd yn galw cyfiawnder yn dyst:

Cyfiawnder yn wylo a gwyfo mewn gofid,
Rydd sen ddofn i Lundain, 'O wfft i'th aflendid –
Anwirion anwaraidd – dy lwydaidd dylodi –
Cymysgedd o falchedd a gwagedd a gwegi,
A hyll ffiaidd-luniau mewn lle anffyddloniaid,
A llawer hen benbwl a dwl inffideliaid:
Celwyddgwn a llymgwn a charsiwn a chorsi –
Am redeg i'th arian mae Rad. Whig a Thori.'

Gellir yn hawdd ddeall pam, yn Ionawr 1845, yr oedd yr alltud yn erfyn dihangfa ac yn cloi'r gerdd hon ar nodyn o hiraeth am Gymru a bwrdd cegin yr Harp:

Dymunwn gael adeg i redeg neu rodio
Hyd gyrrau hen Gymru, lle gorau i Gymro;
Cael gweled ei nentydd a'i moelydd cymylog,
Ei llannau mewn dolydd a'i llwyni mwyn deiliog;
Dyffrynnoedd a llynnoedd, pob llannerch i'm llonni,
Ac wedyn am amod cawn groeso gan mami;
Mi fyddwn yn dalog dan arwydd y Delyn,
Cawn fwr iachus odiaeth a bara chaws wedyn.

Gellir tybio fod yr hiraeth yn ddilys, gan gofio hefyd mai ar gyfnod ei Nadolig cyntaf yn Llundain y lluniodd y gerdd, ond yn sicr ni fu 1844 yn flwyddyn unig iddo yno. Un o aelodau'r Cymreigyddion, sef yr artist-gyhoeddwr Hugh Hughes, oedd â'i swyddfa yn ymyl St Paul's, a gyhoeddodd efelychiad Talhaiarn o 'Tam O'Shanter' a threfnu ei argraffu yng Nghaernarfon y flwyddyn honno. Trwy fynychu eu cyfarfodydd daeth Talhaiarn i adnabod gweddill y criw bychan a oedd yn cynnal hen gymdeithas y Cymreigyddion, gan ennil! o'u plith rai cyfeillion newydd am oes. Yr oedd y gymdeithas wedi cymryd prydles yn 1844 ar ran o'r City of London Literary and Scientific Institution yn rhif 126 Aldersgate Street – ardal y Barbican heddiw – ond yn ddiweddarach aethpwyd i gyfarfod yn nhafarn y Green Dragon yn Fore Street gerllaw ac yno y bu pencadlys y gymdeithas am weddill ei dyddiau. Dynion, fel Talhaiarn, oedd yn gweithio heb fod nepell o ganol y ddinas a'r Guildhall Shades, oedd aelodau'r Cymreigyddion a chyfeiria'r bardd atynt yn Cywydd y Cysgodion:

> Am arian gwelir mawredd
> Dinas Llundain gain ei gwedd,
> A'i phalasau, teiau teg,
> Chwareudai, gwindai candeg;
> Rhydd yw ei heolydd hi
> A glwysion ei heglwysi:
> Ond rhyddach, mwynach i mi,
> (Geir adrodd?) yw gwrhydri,
> Dawn natur a llafur llon
> Gweis cudeg y Cysgodion.[5]

Pan ymunodd â'r 'gweision' hyn yn 1844 yr oedd yn ymuno â nifer o Gymry mewn swyddi amrywiol – dynion fel Gwrgant (William Jones), cyfreithiwr, ac Aled o Fôn (Owen Rowlands), swyddog gyda'r telegraff, Gwilym Meredydd ac Ioan Meirion, dau oedd yn eu tro yn ysgrifenyddion i'r Welsh Charity School yn Gray's Inn Road. Yr oedd eraill na wyddys fawr am eu gwaith bob dydd ond yr oedd amryw o'r rheini hefyd yn feirdd o ryw radd – Twrog (Wynne Thomas), Guto o Lŷn (Griffith Jones), Sam o Fôn (Samuel Owen) a Rhufoniawg (Robert Lloyd Morris). Yr oedd i gyfarfodydd y Cymreigyddion draddodiad o elfen ffurfiol, yn ddarlith neu yn ddadl, a chawn mai mewn dadl y galwyd ar yr aelod newydd i wneud ei gyfraniad cyntaf i drafodaethau trymaf y gymdeithas. Mewn cofnod diddyddiad am gyfarfod yn hanner cyntaf 1844 ef oedd yn eilio cynnig Aled o Fôn mewn dadl ar y testun 'Pa un ai Natur neu Addysgiad sydd yn peri mwyaf o wahaniaeth yng nghyneddfau dynion'. Addysgiad a gariodd y dydd. Ni chofnodwyd beth oedd safbwynt Talhaiarn ond fe ellir bod yn weddol sicr iddo gael ar ddeall fod addysg yn dod yn bwnc o bwys i nifer o'r Cymry alltud. Gellir hefyd fod yn bur sicr iddo fwynhau'r gwmnïaeth ac ymroi gyda brwdfrydedd i'r seiadu llenyddol yn ail hanner y noson. Yma byddai cyfle iddo i ymarfer gyda'r cynganeddwyr profiadol a chyfle iddo yntau i ddangos ei fedr ym myd cerdd dant. Ond wedi prin flwyddyn yn eu plith bu'n rhaid iddo eu gadael dros dro oherwydd galwadau ei waith.

Yr oedd Scott a Moffatt wedi cael sawl comisiwn i wneud gwaith ar eglwysi yn Swydd Nottingham ychydig cyn i'r Cymro ymuno â'r cwmni ond erbyn 1845 yr oedd y pwysau ar gynnydd arnynt i wneud gwaith yn ardal Nottingham ei hun. Ym mhentref Bingham, ryw chwe milltir o'r ddinas, yr oedd angen 'complete restoration' o Eglwys All Saints – eglwys sydd yn deillio o'r ddeuddegfed ganrif. Yr un pryd yr oedd y rheithor newydd cyfoethog, y Parchedig Robert Miles, am gael ysgol eglwys yn agos ati. Sir Gilbert Scott a ymgymerodd â'r cynlluniau a Thalhaiarn a gafodd y dasg o arolygu'r gwaith. Yn yr un cyfnod yr oedd y partner Moffatt yn ymdopi â chomisiwn sylweddol yn St Mary the Virgin, yr eglwys enfawr yng nghanol Nottingham sy'n eglwys y plwyf i'r ddinas. Adeiladwyd hi ar safle lle'r oedd eglwys yng nghanol yr unfed ganrif ar ddeg ac erbyn i Scott a Moffatt ddod i'w thrin, yr oedd wedi cael ei hailwampio a'i hatgyweirio a'i gweddnewid sawl gwaith. Disgynnodd y cyfrifoldeb am y gwelliannau angenrheidiol yma eto ar Dalhaiarn a cheir rhyw syniad am y gwaith dan ei ofal yn y crynodeb hwn o'r cynllun: 'Gilbert Scott had restored the west front in the Gothic style, and the church had been closed for five years while the nave roof and clerestory tracery were renewed, the two western towers rebuilt and the other two strengthened.' Ategir yr argraff o gymhlethdod y dasg a wynebai Talhaiarn yn eglwys hynafol Nottingham – a'r argraff a wnaeth wrth ymdopi â'r gwaith – pan ddarllenwn y dysteb a gafodd yn fuan wedyn gan ficer yr eglwys, y Parchedig J. M. Brooks:

> during the period in which he superintended the works carrying on under Messrs Scott and Moffatt at St. Mary's Church in this Town, he gave great satisfaction to myself and the Committee from his diligence, attention & general steadiness; & he exhibited also, on one or two critical emergencies, which occurred in the course of our trying undertaking, great promptitude and energy combined with superior talent.[6]

I oruchwylio'r gwaith yn y ddwy eglwys rhaid oedd i Dalhaiarn adael Llundain am gyfnod a mynd i letya yn yr ardal.

Yng nghanol prysurdeb ei ofalon yn Bingham a Nottingham nid oedd na chwmnïaeth beirdd nac ysbrydoliaeth i'r awen Gymraeg ond yno y daeth ar draws y cyntaf o'r cerddorion y lluniodd farddoniaeth ar eu cyfer. Yn Nottingham y preswyliai y cyfansoddwr Henry Farmer a oedd hefyd yn berchen 'general music-warehouse' yn y ddinas.[7] Fel gŵr busnes a cherddor yr oedd Farmer yn chwilio am ddeunydd newydd i borthi'r galw cynyddol am ddeunydd i'r piano a'r harmoniwm a'r llais. Cyfansoddodd Talhaiarn ar ei gyfer ddwy gerdd i'w gosod ar gerddoriaeth ganddo, sef y gân 'England, Merry England', a'r *glee*, 'Music, Love and Wine'.[8] Yn y moliant hael i Loegr y mae'r iaith yn adleisio peth o'r arddull Gymreig y tyfodd Talhaiarn yn ei sŵn – arddull y canu carolaidd lle y mae geiriau yn gorymdeithio fel milwyr yn ddeuoedd a thrioedd clòs:

> I'll sing of merry England, our own dear native isle,
> Where peace and plenty bless the land and happy faces smile;
> Where beauty, grace and loveliness are pleasingly combined
> To make her peerless maidens ever gentle, sweet and kind:
> Where honour, truth and honesty dwell in each manly breast,
> Where hospitable hearts relieve and succour the distressed;
> Where wisdom, sense and energy in harmony are seen,
> To guide with faith and loyalty the councils of our Queen.
>
> Thy glorious flag is waving in triumph o'er the seas,
> Thy valiant sons are brave in war and generous in peace;
> Thy grandeur and thy glory are borne on every breeze,
> Thy worth is known throughout the world and may it never cease.
> Old England, merry England, how dear thou art to me,
> The great, the good, the beautiful, embodied are in thee;
> And England, merry England, may'st thou for ever be
> The greatest nation in the world, the mistress of the sea.

Pan luniodd bedwar pennill y *glee* i Henry Farmer yr oedd Talhaiarn yn sydyn yn rhoi mynegiant i drindod o destunau a fyddai wedyn yn gloddfa barod i'w awen:

> Why should we foolishly repine
> Though life is fleeting fast away;
> Come, let's enjoy it while we may
> With music, love and wine.

Should sorrow, sadness and despair
Oppress the heart and pain the mind,
With music's heavenly strains you'll find
They'll vanish into air.

And love, with soul-inspiring bliss
Will bind us in a potent spell;
The rosy lips we love so well
Will thrill us with a kiss.

The mighty spirit of the vine
Will fill us with ecstatic joys;
Then merrily let us drink, my boys,
A rosy cup of wine.

Nid oes unrhyw dystiolaeth i ddangos mai Farmer a awgrymodd destun na thema'r gân ac ni ellir beio'r Sais am osod Talhaiarn yng nghwmni artistiaid y 'wine, women and song', ond yn y gerdd hon yn 1846 y rhoddodd y bardd fynegiant cyhoeddus i'r testunau a fu'n hwb i'w ddawn a hefyd yn erfyn i'w feirniaid yn ddiweddarach. Y mae'n wir ei fod wedi cael peth cyhoeddusrwydd yn y wasg Gymreig yn Ionawr 1846 ynglŷn â mater y ddiod ond yr oedd hynny mewn ymryson barddol cyfeillgar, serch fod iddo arwyddocâd dyfnach efallai. Yr oedd Twrog, un o'i gyd-aelodau yn y Cymreigyddion, wedi cyhoeddi englynion yn y wasg dan y pennawd 'Talhaiarn, Gwron y Gwirod' lle'r oedd yn dadlau mai gwell dŵr na diod gadarn, gan anelu at ei gyfaill fel hyn yn y trydydd englyn:

> Teuluoedd, ow! Talhaiarn—andwyir
> Gyda'i 'ddiod gadarn';
> Rhuthrant i wedd bedd a barn,
> Yn ynfyd i union farn.

Yr oedd y Parchedig Robert Miles nid yn unig yn ficer Bingham ond yr oedd hefyd yn etifedd ystad y Priordy yn Aberteifi a daeth yn noddwr y fywoliaeth yn eglwys Tre-main, rhyw dair milltir i'r gogledd o'r dref. Oherwydd fod yr adeilad wedi syrthio i gyflwr adfydus, ymgymerodd Miles â buddsoddi peth o'i gyfoeth i adeiladu eglwys newydd ar y safle hynafol. Fel yn Bingham, yr oedd hefyd am sefydlu ysgol yn Aberteifi a threfnodd fod honno i'w hadeiladu ar ran o'i ystad yn y cwr o'r dref a elwir Pontycleifion. Cymaint oedd edmygedd Miles o waith Talhaiarn yn Bingham fel y bu iddo gomisiynu'r bardd i gynllunio'r eglwys newydd i Dre-main. Dyma eiriau y rheithor ei hun mewn tysteb a luniodd yn 1848:

> I have had much intercourse with him for the last 2 years in church and school-building and have found him very honest and upright in his dealings, and attention to my interests, as his employer, both as to time and expense. Indeed I had thought so highly of him that I have employed him to build a church, independent of Messrs Scott and Moffatt.

Addoldy yn y dull Gothig oedd yr eglwys a luniodd y bardd a hon oedd un o'r cyntaf yn yr ardal ar gynllun felly. Eglwys Tre-main yw'r unig adeilad cyhoeddus cyflawn y gwyddys i sicrwydd mai Talhaiarn oedd y pensaer, ac er na ddywed Miles hynny yn ei dysteb y mae lle i gredu mai Talhaiarn oedd y pensaer a gynlluniodd ysgol Pontycleifion hefyd, oblegid yr oedd gwaith y ddau adeilad yn cyd-redeg ac fe agorwyd yr eglwys a'r ysgol o fewn chwe wythnos i'w gilydd yn ystod haf 1848. Er nad oedd y pensaer yn bresennol yn agoriad swyddogol yr eglwys newydd, cafodd y sylw dyladwy yn adroddiadau'r wasg. Fel hyn yr edrydd *Yr Haul* yr hanes:

> Awst 31 agorwyd Eglwys Tremain, ger Aberteifi, at Wasanaeth Dwyfol, gwedi bod o ddeutu dwy flynedd yn cael ei hail-adeiladu . . . Y mae yr Eglwys uchod yn gynllun rhagorol i adeiladu Eglwysi Cymreig wrtho; a byddai yn dda gennym ei weled yn cael ei ddilyn ym mhob man wrth ail-adeiladu llawer o'r Eglwysi adfeiliedig yn y Dywysogaeth. Y mae yn y Dull Saesonig Boreuol, yn ol cynllun ein cydwladwr ieuangc doniol, Mr John Jones, Rhif 9, Spring Gardens, Llundain, yr hwn sydd adnabyddus i'n darllenwyr wrth ei enw barddonol *Talhaiarn*.[9]

Yn adroddiad y *Carmarthen Journal* am agor yr eglwys newydd ceir fod: 'Mr Jones, the architect, from London, visited the Building this week, and highly approved of the manner in which the work had been carried out.' Oherwydd y defnydd o'r termau anghywir, rhoddai adroddiad y *Journal* ddisgrifiad braidd yn gamarweiniol am steil y bensaernïaeth ac, er mwyn cywiro'r cam argraff ac arbed unrhyw amheuaeth am ei ddawn, anfonodd Talhaiarn lythyr i'r papur sy'n rhoi disgrifiad manwl am ei gynllun i'r eglwys. Y mae'r llythyr hefyd yn adlewyrchu peth o'r dadlau a gymerai le bryd hynny ynglŷn â chyfeiriad pensaernïaeth eglwysig yn nwylo Gilbert Scott a fynnai droi at yr Oesoedd Canol am lawer o'i syniadau:

> As I have been for nearly five years with the celebrated ecclesiastical Architects, and as I have deeply studied Gothic Architecture, and have all the forms of each style, mouldings, minutae, etc. at my fingers' ends as it were, it is a matter of importance to me that ecclesiologists especially should not form a wrong idea of my designs. The Church consists of a nave, a well-developed chancel, a vestry, and a south porch. The vestry is attached to the north side of the nave, and opening into it by two arches and a pillar, which are fitted with a panelled screen of a characteristic pattern; these arches and screen produce a picturesque effect in the interior. The dressings of the masonry externally are irregularly quoined, and the intermediate work chopped or hammerdressed, the water tablings stepped and the gables have characteristic crosses. The timber work of the roof is exposed to view internally, and the open seats are of a simple and substantial character. The floors of the passages are paved with tiles laid diamondwise, red and blue alternatively, and (the) floor immediately around the altar is laid with Minton's flowered encaustic tiles. The eastern triplet and the side windows of the chancel are filled with stained glass, and the tablet for the creed, commandments, and our Lord's prayer, are illuminated in the style of the ancient manuscripts.
>
>   In taking the site into consideration, and the character of the country around, I have endeavoured to produce a simple country Church, and to trust more to correctness of form and proportion for effect, than to any effort at high architectural embellishment.[10]

Y mae Eglwys Sant Mihangel, Tre-main erbyn hyn wedi ei chofrestru gan CADW fel adeilad Gradd 2 yn rhinwedd y ffaith ei bod yn un o'r eglwysi Gothig cywir cyntaf yn yr ardal.

Yn ogystal â'i waith yn Swydd Nottingham a Sir Aberteifi, Talhaiarn oedd yn gyfrifol am arolygu'r gwaith o adeiladu tŷ newydd i Charles Russell, cadeirydd y Great Western Railway, yn 23 Park Lane, Llundain, ac yr oedd y tŷ hwnnw hefyd yn cael ei godi rhwng 1846 ac 1848. Ac yntau yn y cyfnod 1845–8 yn gorfod teithio rhwng Llundain a Bingham a Nottingham, a rhwng Llundain ac Aberteifi, byddai Talhaiarn ymysg y fintai gyntaf i ddefnyddio'r rhwydwaith o reilffyrdd newydd oedd yn crafangu drwy'r siroedd. Er na chofnododd ddim am ansawdd y teithio hwnnw, gellir tybio i'w brofiad fel teithiwr sylweddol ychwanegu at y rhyfeddu a'r croesawu cyhoeddus pan ddychwelai o'r brifddinas i ymweld â'i Lanfair. Blynyddoedd moel o ran barddoni creadigol oedd blynyddoedd ei deithio: tueddai'r ychydig gerddi i fod yn farddoniaeth ar gyfer achlysur penodol, megis priodas ei chwaer Ann neu farwolaeth cydnabod. Er prinned ydynt y maent yn adlewyrchu'r galw arno i fod yn fardd cyhoeddus yn y Gymraeg a'r Saesneg a'r ffaith ei fod yn ymegnïo â'r gynghanedd. Rhaid nodi'r cywydd 'Marwnad Miss Jane Bland', a ymddangosodd ym mis Tachwedd 1847, nid yn unig am mai hwn yw'r cywydd cyntaf a gyhoeddodd, ond hefyd am y cyfuno addawol o arddull y canu caeth a'r canu rhydd a glywir ynddo. Geneth ifanc a fu farw'n bymtheg oed yw gwrthrych y cywydd, sef merch i deulu gwesty'r Crown yn Ninbych – y gwesty y gwyddai Talhaiarn yn dda amdano pan oedd yn gweithio i Penson, a'r lletty lle cafodd gyfarfyddiad cofiadwy â'r hen fardd Wil Ysceifiog. Nodweddir y farwnad gan efelychu amlwg ar y canu caeth ond y mae'n gwau drwy'r llinellau beth o naws y penillion telyn ac y mae'r adleisio o'r ddau draddodiad yn awgrymu bod Talhaiarn o'r diwedd yn araf ddarganfod ei lais barddonol ei hun:

> Mewn gweryd y mae'n gorwedd
> Y rhiain fain, gain ei gwedd:
> Rhoddwyd o'r byd i grud gro
> Y lân i dawel huno; . . .
>
> Buan y rhed ein bywyd,
> A buan ein taith drwy'r byd;
> Y fun liwus, fain, lawen,
> Y fenyw gu, fwyna'i gwên . . .
>
> Trwm yw sôn wrth farddoni
> Mai llwch yw ei harddwch hi.[11]

Yn ystod yr un flwyddyn, sef yn Ebrill 1847, cyhoeddodd y bardd gerdd sy'n arwyddocaol iawn fel mynegbost clir i'r llwybr telynegol y byddai yn ei ddilyn i'r dyfodol. Nid oes i'r gerdd deitl ond fe nodir yr alaw berthnasol, sef 'Kathleen O'More':

Mae nghariad i'n hoyw, mae nghariad i'n hardd,
Mor wiwlon, mor wylaidd, mor beraidd i'w bardd;
    F'anwylyd yw Elin,
    Fain olau, fwyn Elin,
    Fwyn Elin fain ael.

Fy ngwylaidd angyles sydd gynnes ei gwedd,
Prif bleser fy mywyd, o'm mebyd i'm bedd;
    F'anwylyd yw Elin, etc.

Mor wasgfain a gwiw, mae mor ysgafn â gwawn,
A'i moesau fel miwsig, mun ddiddig, mwyn ddawn;
    F'anwylyd yw Elin, etc.

Ei llygaid ŷnt dduon a'i gwallt fel y frân
A'i dannedd mor wynion a gloywon a glân;
    F'anwylyd yw Elin, etc.

Mwy swynol ei chusan nag arian na gwin,
Mwy melys ei gwefus na mefus i'm min;
    F'anwylyd yw Elin, etc.

O ddwfnserch fy nghalon yn ffyddlon heb ffael,
Y caraf o ddifri fy heini fun hael;
    F'anwylyd yw Elin,
    Fain olau, fwyn Elin
    Fwyn Elin fain ael.[12]

Dyma gerdd wedi ei gwisgo o'r dechrau i'w diwedd mewn ieithwedd delynegol. Y mae'n gerdd sy'n orlawn o'r meddalwch sain hwnnw a apeliai at y bardd – nodwedd y byddai'n ceisio ei dadansoddi a'i diffinio a'i hyrwyddo o 1847 ymlaen. Y mae hefyd yn gân serch – testun sydd, yn ôl Talhaiarn, ymhlith y pwysicaf o holl destunau barddoniaeth.

4 ⁂ 'Lispio Barddoniaeth', 1848

ERBYN dechrau haf 1847 yr oedd pwysau'r gwaith yn Nottingham wedi ysgafnu a Thalhaiarn yn treulio mwy o amser yn Llundain. Yr oedd y bartneriaeth rhwng ei gyflogwyr wedi chwalu ond yr oedd y bardd wedi aros gyda Moffatt a mwyach yn 'principal assistant' iddo. Yn ôl yn y brifddinas cafodd gyfle i gysylltu yn fwy rheolaidd â'r Cymreigyddion – cymdeithas fechan erbyn hyn gyda rhyw ddeg i bymtheg o aelodau yn mynychu'r cyfarfodydd. Wedi egwyl o dri mis, agorodd tymor newydd y gymdeithas ym mis Medi 1847 ac yr oedd Talhaiarn yn bresennol yn y cyfarfod agoriadol. Bu Aled o Fôn ac yntau'n canu yn y cyfarfod a darllenodd Talhaiarn chwech o englynion byrfyfyr gan gyfeirio yn un ohonynt ato'i hun yn gwisgo tlws:

> Heb urddas. O! beth yw beirddion! heb dlws
> Pwy a hidla odlion!
> Seirian yw y seren hon,
> Anwylaf o'r anwylion.

Mewn nodyn yn y wasg gyda'r englynion dywedir mai cyfeiriad sydd yma at '"Tlws y Bardd", which is the insignia of his office, as the society's bard'. Ni chofnodir pryd yr etholwyd ef i'r swydd ond gellir yn rhwydd ddychmygu iddo gael modd i fyw o dderbyn teitl a hwnnw'n cyfieithu mor rhwydd i gyfleu urddas arbennig y 'bard'. Yn yr un cyfarfod fe godwyd pwyllgor i ystyried y modd gorau i geisio penodi un o'r aelodau, Eos Meirion (Ellis Roberts), yn delynor i dywysog Cymru a chafodd Talhaiarn ei ethol yn aelod o'r pwyllgor hwnnw. Fel y gweddai i'r bardd swyddogol, aeth ati i lunio cerdd i ddathlu'r anrhydedd a ddaeth i'w ran ond nid ymddangosodd y gerdd yn y wasg tan yr Ebrill canlynol:

Pleser a lawena 'nghalon;
Balchder chwydda dan fy nwyfron;
Parch a ges gan Gymreigyddion,
    Mwyn lenyddion lu:
Mwyniant i mi gael fy ethol
I'r fardd-gadair yn urddasol;
Ac ysnoden arian dlysol
    Am fy ngwddf yn gu;
Minnau, y gwŷr mwynion,
Eilwaith fyddaf hylon:
Fy nghalon chwardd, pêr fwyniant dardd
O fod yn Fardd i Feirddion;
Boneddigaidd Wyneddigion,
Llawen addien, a Llenyddion,
    Goreu geir o dan y Goron,
Dynion doethion da:
Araith, cân, ac englyn,
Mawl, a chwrw melyn,
Cwmni mwyn, di-gâs di-gŵyn,
Hudolaidd swyn y delyn;
Ac afiaith mwyaf gâf er gofyn.
Yn awr cynigiaf i chwi giblyn, –
'*Gwlad ein genedigaeth*,' – fechgyn, –
Hip – hip – hip – hwra.[1]

Y mae'n amlwg bod Aled o Fôn yn gweld mai rhyw ddechrau ymhél
â barddoni go iawn yr oedd ei gyfaill yn 1847 pan wnaed Talhaiarn
yn Fardd y Gymdeithas, ac nid oedd wedi newid ei farn pan ddaeth i
lunio'r portread hwn o'r Cymreigyddion ar gyfer *Yr Herald Cymraeg*
ugain mlynedd yn ddiweddarach:

Prif wits y ddinas y pryd hwnw oeddynt Twrog, Gwrgant, Talhaiarn,
Cadfan, Ioan Meirion, Gwilym Afan, a Gwilym Meredydd; a llawer
awr ddyddan a gafwyd tra'n criticyddia gweithydd y naill a'r llall, a
beirniadu llenyddiaeth Gymreig yn gyffredinol. Yr oedd Parri yn
ystordy anhysbyddedig o 'Welsh lore' –Twrog yn gyfoethog o
ddyfyniadau o weithydd Dewi Wyn a Wordsworth – Gwrgant yn
berwi drosodd mewn awengarwch a thrioedd – Talhaiarn yn dechreu
lispio barddoniaeth . . . Ioan Meirion yn goddef dirdyniadau y 'Blue
Books' a 'Thafoliad y Beirdd' – Gwilym Afan yn gymedrolwr
cyffredin – a Gwilym Meredydd yn ymhyfrydu mewn iaith a
chystrawen.[2]

'Dirdyniadau y *Blue Books*' oedd pwnc un o gerddi cyntaf Talhaiarn wedi iddo gael ei benodi'n fardd y Cymreigyddion. Yr oedd Ioan Meirion yn un o'i gyd-aelodau ac wedi ei ddewis i fod yn un o'r deuddeg cynorthwywr i weithio i'r Comisiwn ar addysg yng Nghymru. Perthynai i deulu o Ymneilltuwyr yn wreiddiol ond pan oedd yn ifanc aeth i Lundain, lle y priododd â merch gyfoethog, a throi'n Eglwyswr. Bu am gyfnod yn ysgrifennydd y Welsh Charity School ac yn 1850 daeth yn olygydd *Y Cymro (Llundain)*. Wrth hel y deunydd i ddarparu'r adroddiad a gyhoeddwyd yn 1847 ac y cyfeiriwyd ato fel y Llyfrau Gleision, Ioan Meirion a fu'n cynorthwyo'r comisiynwyr yn rhai o ardaloedd gogledd Cymru, a gellir yn hawdd ddychmygu Talhaiarn ac yntau yn trin a thrafod rhai o'r ardaloedd y gwyddai'r ddau amdanynt o brofiad. Fel yng Nghymru, achosodd adroddiad y Comisiwn gryn gyffro ymhlith Cymry Llundain ac ysgogwyd Talhaiarn i lunio cerdd – y gyntaf o nifer ag iddynt elfen o ddychan a beirniadaeth ar faterion cyfoes y llwyddodd i'w chyhoeddi yng ngholofnau'r wasg yng Nghymru.

CÂN Y COMISIWN
DEDICATED TO MY FRIEND IOAN MEIRION
Tôn – '*Priodas Siencyn Morgan*'.

Bu llawer helynt mawr,
    O oes i oes yng Nghymru;
Yr helynt mwya'n awr
    Yw sôn am garu'n y gwely:
Mae pawb yn lledu ei geg,
    A dweud dan gadw sesiwn,
Na chawsant chwarae teg
    Yn chwiliad y Comisiwn.

BLOEDDGAN

Wac fal di ral di ral
Wac fal di ral di ral
Wac fal di ral di ral
    Ral di ro.

Aeth tri o Saeson chwyrn,
 Ar ffrwst i lawr i Gymru,
A than ganu eu cyrn,
 A hunan ogoneddu;
Chwiliasant yn mhob llan
 Gan ddisgwyl am rhyw lwc, Syr,
Wrth holi plantos gwan
 I'w rhoddi mewn *blue book*, Syr.

Gofynnai un o'r rhai'n
 Mewn pentref bach yng Nghymru,
'Pray boy, who was your Nain?'
 'O Marged Jones o'r Spytu!'
'Well, what's a miracle Joe?'
 Atebai'r llangc yn gadarn,
'O please, Syr, I don't know,
 You'd better ask Talhaiarn.'

'Pooh, pooh, my pretty youth,
 Ni wyddost ti mo'th bader;'
'O yes, Syr, tell the truth,
 Yn well na chwi o'r hanner;'
'Who made you? answer that,'
 'O, William Siôn y Gwehydd;'
Atebai yn ddigon pat,
 'Ond Duw a rodd y deunydd.'

Fel hyn holasant hwy
 Mewn tref a llan a phentre'
Pob llannerch a phob plwy'
 Am stwff i lenwi'r llyfre;
Ar ôl yr helynt mawr
 A gwneuthur pawb yn ffŵl, Syr,
Hyn ydyw'r gwaith yn awr,
 'Great cry and little wool, Syr.'

Cyhuddant ferched glân,
 Anwylaf ferched Cymru,
Eu bod yn ddiwahân,
 Yn hoffi caru'n y gwely:
Pwy yw'r enllibwyr hyn?
 Rhyw ddynion llawn o rodres,
Na charant wasgu'n dyn
 Ru'n nwyfawl, ddenawl ddynes.

Ond ar eu hanferth drwst,
Ni choeliaf byth mo'r hanes,
Nad ai y rhai'n ar ffrwst
At Gweno i wely cynnes:
Am hynny ferched glân,
Na wridwch oll gan g'wilydd;
Mi ddaliaf werth fy nghân,
Bydd caru byth ar gynnydd.

Mae llawer yn y wlad
Yn curo eu pulpudau,
Tan ddwrdio'n dost y brad,
Nad ŷnt ddim gwell na hwythau;
Pe caent hwy eneth lon
Yn glyd mewn cornel simnau,
Cusanant, gwasgant hon,
Cystal â chwi a minnau.[3]

Bydd yn rhaid dod yn ôl at fater y Cymreigyddion a'r Llyfrau Gleision gan fod Talhaiarn, fel un o'u swyddogion, yng nghanol eu dadlau a'u hadwaith i'r adroddiad. Ond un agwedd ar fwrlwm ei fywyd yn 1848 ac 1849 oedd hynny, oblegid dyma flynyddoedd gorlawn o ymhél yn gyhoeddus â'i ddiddordebau fel bardd a cherddor a magu cynulleidfa yng Nghymru a Lloegr.

Yn Eisteddfod y Fenni 1848, enillodd y wobr am gyfansoddi cerdd ar y testun 'Ar Harddwychni Gwyngalch Cymru'. Nid oedd yn bresennol i dderbyn y wobr ond wedi cael y neges penderfynodd anfon copi o'r gerdd a chyfieithiad ohoni i Gwenynen Gwent (Lady Hall), un o gefnogwyr mwyaf blaenllaw yr eisteddfod. Cafodd lythyr helaeth pur finiog yn ôl ganddi. Yr oedd y gerdd wreiddiol yn plesio ac yr oedd yn dda ganddi dderbyn y cyflwyniad ond yr oedd mater y cyfieithu yn dân ar ei chroen; 'This translation is easy, flowing, and harmonious – but – the English language (itself so poor comparatively – shackled and cramped by rhyme) *can* only produce out of his original Welsh a *sing song* English ballad.' Beirniadai gyfieithu o'r Gymraeg i'r Saesneg yn gyffredinol ac yr oedd yn fater o'r syndod mwyaf iddi fod beirdd Cymraeg yn caniatáu i'w hysbrydoliaeth gael ei cham-drin a'i chamddehongli gan farddoniaeth Saesneg. Ym marn y fonesig y mae'r cyfieithiadau hyn wedi gwneud llawer i gadarnhau'r argraff ymhlith y Saeson nad oes dim gwerth ei ddarllen mewn barddoniaeth Gymraeg. Cymerodd enghreifftiau o gân Talhaiarn i ddangos fel y mae'r cyfieithiadau yn defnyddio geiriau mor gonfensiynol ac yn camgyfleu naws y gwreiddiol:

> As a proof take the word 'destlus' the only English words to convey its meaning are *trim, neat, nice* – these being quite intolerable in poetry *'sweet'* is substituted – but what a hackneyed term is 'sweet little cot' – it at once fixes the level of the Poem below its real Elevation . . .[4]

Yr ateb meddai yw 'plain prose' a gobeithiai nad ymddangosai cyfieithiad Talhaiarn mewn mesur. Anwybyddodd y bardd ei dymuniad ond pan ddaeth i gyhoeddi ei gyfrol gyntaf newidiodd y teitl i 'Y Bwthyn Gwyn-Galchog' ac nid oes gair am y cyflwyniad i Lady Hall gyda'r gerdd yn y Gymraeg na'r Saesneg. Y cyfieithydd mawr wedi ei bigo gan y Wenynen bid siŵr!

Yr oedd cael bod yn Llundain yn 1848 i ddathlu Gŵyl Ddewi yn gam o bwys yng ngyrfa Talhaiarn fel canwr penillion ac fel gŵr cyhoeddus. Yr oedd yr Honourable and Loyal Society of Antient Britons – cymdeithas a oedd yn fath o hanner chwaer i'r Cymmrodorion ar y pryd – yn dathlu pen blwydd y gymdeithas yn 134 oed. Nid oedd Talhaiarn yn aelod ond yr oedd yn bresennol yng nghyfarfod y nos ac fe alwyd arno i ganu: 'Talhaiarn also at the special request of the President sang some penillion and was most rapturously encored. The airs were "Ffarwel Phylip Ystwyth," and "Cnocell y Coed".' Y tro hwn yr oedd cynulliad ehangach o Gymry Llundain yn cael cyfle i werthfawrogi'r ddawn a fu yn gyfarwydd ond i griw bychan Cymreigyddion y ddinas hyd yn hyn, ond ar ben hynny yr oedd yn cael ymddangos ochr yn ochr â neb llai na Bardd Alaw (John Parry), hen law ar gyflwyno alawon Cymru i Gymry Llundain: 'The musical arrangements were under the direction of the veteran Bardd Alaw, and the corps consisted of Messrs Francis, Colliger, Hatton, H. B. Richards, Welsh, Machin, J. O. Atkins and Ellis Roberts.' Dyma felly lwyfan gyda Bardd Alaw, Eos Meirion a Brinley Richards. Nid un i anwybyddu croeso mor gynnes a chyhoeddus â hyn oedd Talhaiarn. Yr oedd yn ei elfen ac yn profi o afiaith yr Harp ac Efenechdyd o flaen cynulliad yng nghanol y brifddinas; siawns na châi ei morio hi yn amlach o flaen cynulleidfa o Gymry gwerthfawrogol Llundain. Ond un peth oedd hwyl y canu penillion ar Wŷl Ddewi pur arbennig, peth arall oedd gwneud hynny yn rheolaidd, oblegid fe fyddai wedi cael ar ddeall yn fuan wedyn fod llawer o'r Cymry hyn wedi melltithio Bardd Alaw am fynnu fod cymaint o gyfarfodydd y Cymmrodorion yn rhoi sylw byth a hefyd i'r alawon Cymreig ar draul rhoi sylw i lenyddiaeth a materion eraill. Efallai mai Eos Meirion, aelod o'r *corps* oedd yn y dathlu ac yn un o'i gyfeillion yn y Cymreigyddion, a berswadiodd Talhaiarn i fynd â'i dalent ddigamsyniol i borfeydd newydd, oherwydd dyna a ddigwyddodd a hynny yn fuan wedyn.

Ar 29 Mehefin 1848, bu Talhaiarn, Eos Meirion a rhyw Miss Susan Kenneth yn cynnal 'an entertainment of Welsh Music' yn Sussex Hall yn Llundain. Yn ystod y noson traddododd Talhaiarn ddarlith ar hanes y delyn a hanes cerddoriaeth Gymreig gan roi enghreifftiau o ganu penillion. Yr oedd Eos Meirion eisoes yn adnabyddus fel telynor ac unawdydd a cheir yr argraff o'r adroddiad yn y wasg mai ei gynorthwyo ef yr oedd Talhaiarn y noson honno. Ond ym mis Rhagfyr 1848, ceir fod Talhaiarn wedi traddodi tair darlith ar alawon Cymreig ac ychwanegir yn yr adroddiad yn Y *Cymro*: 'Cynorthwyid ef gan Meistr Ellis Roberts, (Eos Meirion), a Miss Ellen Lyon, yr hon a ganodd gerddi Saesonaeg addasedig i dônau Cymreig, yn delaid a chelfydd.' Traddodwyd dwy o'r darlithiau hyn yn y Westminster Literary and Scientific Institution ac yn y Literary and Scientific Institution, Highgate, ond ni wyddys lle traddodwyd y drydedd. Un o brif amcanion y darlithoedd hyn oedd gwneud yn hysbys i'r Saeson beth o ogoniant yr alawon Cymreig fel a nodwyd yn y *Carnarvon and Denbigh Herald*, 15 Gorffennaf 1848:

> We believe that Talhaiarn has it in contemplation to make the beautiful melodies of his native hills and glens more familiar to English ears than hitherto they have been, and that he and his co-mates are very likely to pay a flying visit to the principal towns in North and South Wales this autumn.

Gohiriwyd y daith hon tan 1849 ond yn y cyfamser yr oedd y bardd a'r telynor a rhyw Miss Rebecca Isaacs wedi rhoi noson arall ar gerddoriaeth Cymru yn Sussex Hall, y tro hwn i gynulleidfa o Iddewon. Y peth newydd ynglŷn â hyn oll, wrth gwrs, oedd y darlithio ac ymddengys mai Talhaiarn biau'r clod am ddefnyddio'r cyfrwng hwnnw i ennyn diddordeb yn yr alawon ac mewn cerdd dant. Yn ôl un adroddiad ni bu'n brin o efelychwyr:

Y mae llwyddiant *Talhaiarn* i wneuthur yn hysbys Geinion yr Alawon

Cymreig, wedi codi llu mawr eisoes o efelychwyr. Trowch yr ochr a fynoch, mae'r parwydydd wedi eu tew-fritho âg hysbys-leni, fod 'Welsh Concert,' i gymeryd lle yn y fan a'r fan.[5]

Y mae gohebydd arall yn yr un papur yn cadarnhau mai Talhaiarn oedd prif symbylydd y diddordeb newydd: 'Mae darlithio ar Welsh Music wedi dyfod yn beth enillfawr yma (Llundain) yn awr: diolch i Talhaiarn.' Rhwng 19 Chwefror a 27 Chwefror 1849 aeth y bardd, Eos Meirion a rhyw Miss Williams ar y daith arfaethedig gan ymweld â Lerpwl, Treffynnon, Caer, Llanelwy, Dinbych a Rhuthun. Buont ddwy noson yn Lerpwl a cheir adroddiad yn *Seren Gomer* am eu hymweliad â'r ddinas sy'n disgrifio cyfraniad Talhaiarn i'r nosweithiau hynny.[6] Yr oedd ei ddarlithiau, a oedd yn ymdrin â gwahanol ganeuon, yn llawn 'adgofion hanesyddol a chwedlau traddodiadol' ac ar y diwedd byddai'n rhoi 'enghreifftiau bywiog o "ganu gyda'r tannau", yr hyn a dynai oddiwrth y gwrandawwyr floeddiadau o gymmeradwyaeth'. Ceir yma yr awgrym cyntaf fod Talhaiarn wedi bod wrthi yn astudio hanes ei wlad ac yn darllen am y cysylltiad – gwir neu chwedlonol – rhwng yr hanes hwnnw a'r elfennau sy'n sail i gerdd dant. Nid oes sôn am ddarlithio o'r math hwn yn ei hanes wedyn tan y flwyddyn 1859 ond ceir gweld fod yr eisteddfodau i raddau helaeth wedi cynnig iddo lwyfan i ymarfer ei ddawn gyhoeddus o 1849 ymlaen. Er cymaint ei uchelgais i gael ei gydnabod yn fardd o bwys, yr oedd Talhaiarn, wrth dynnu at y deugain oed yn dal yn fwy o ddyn cerdd dant nag o ddyn cerdd dafod. Serch hynny yr oedd blwyddyn y darlithiau hyn yn flwyddyn pan welwyd mwy o'i ymdrechion mewn cynghanedd, ac yn arbennig mewn llunio englynion. Cyhoeddodd englynion i'r frenhines a thywysog Cymru, englynion coffa i gyfeillion yn Llundain, ac amryw englynion a oedd yn rhan o ymryson barddol ymhlith rhai o'r Cymreigyddion ac Aled o Fôn yn arbennig. Dyma'r cyfaill y cyfeiria Talhaiarn ato fel y Ddraig Werdd gyda'i ffau yn y Green Dragon, y dafarn lle byddai'r Cymreigyddion yn cyfarfod amlaf. Ymddangosodd yn *Y Cymro* ym Medi 1848 hefyd gyfres o chwe englyn i'r 'Ehedydd' lle y mae pob llinell yn odli â geiriau yn diweddu ag -*awl*. Wele'r cyntaf o'r chwech:

> Gan 'hedydd, gwylydd y gwawl,—y bore
> Yn beraidd blygeiniawl,
> O! Dduw Iôr, cei ddaearawl
> Gân nwyfus o felys fawl.

Efallai ei fod yn lledu ei esgyll mewn ieithwedd rwysgfawr ac yn
ymarfer ar gyfer uchelgais eisteddfodol ond cam â'i ddawn oedd
cyhoeddi y math yna o orchest ddi-chwaeth gan y dengys englyn-
ion eraill o'r un flwyddyn ei fod yn aeddfedu fel cynganeddwr ac yn
deall cynildeb mesur englyn. Wele un o'r ddau englyn a anfonodd
i Eisteddfod Cymreigyddion yr Wyddgrug ar gyfer cystadleuaeth
cyfansoddi beddargraff i Richard Wilson, yr arlunydd:

> Er i angau, gawr ingol,—ei roi ef
>   Mewn oer wâl ddaearol,
>   Ei gywir waith geir o'i ôl
>   Yn firain ac anfarwol.

Yn yr un flwyddyn, 1848, bu cystadleuaeth gyhoeddus i gyfansoddi
englyn i'w osod ar fedd Bardd Nantglyn ac yn ei lythyr yn *Yr Haul*,
dywedodd Talhaiarn fod y ddau englyn a anfonodd ef i'r gystadleu-
aeth honno mwyach wedi eu hargraffu ar y beddfaen gydag englynion
o waith Twrog, Aled o Fôn ac eraill:

> Annwyl fardd swynawl a fu—a seren
>   Yn siriol lewyrchu:
>   Daeth ei awen dan wenu,
>   A nwyf ei gân o'r nef gu.

> Gwlith ei athrylith ni threulir—ei enw
>   Eneiniawl adgofir,
>   A'i 'Ddiliau' a addolir
>   Tra bo nerth a gwerth mewn gwir.

Ymhlith ei englynion y ceir y cyfeiriadau cyntaf at yr aflwydd a'i
blinodd am dros ugain mlynedd, sef y gowt. Mewn cyfres o
englynion i'w gyfaill Sam o Fôn, a ymddangosodd yn y *Carnarvon
and Denbigh Herald* ym mis Chwefror 1847, dywed:

> A minnau ar ôl fy mhenyd,—a'r bla,
>   A'r blinder a'r gofid,
>   Ydwyf ar ôl fy adfyd,
>   Yn *stout* er y *gout* i gyd.

Yr oedd natur ei adfyd yn amlwg ym mis Mai 1848 pan anfonodd yr
ail englyn am ei gyflwr i'r wasg:

SEN I'R TROEDWST (Gowt)

Yn trydar dan y troedwst—yr ydwyf,
    Ni rodiaf mewn mawrffrwst:
    Gwaew milain y gymalwst
O! beth dd——l ydyw'r boeth wst?

Beth bynnag, ni fu'r droedwst yn rhwystr iddo rhag manteisio ar egwyl ddiwedd haf 1848 i fynd am dair wythnos ar 'bleserdaith' trwy Gymru a mwynhau'r profiad. Rhaid oedd anfon gair i'r wasg, y tro hwn i'r *Cymro*, a olygid ar y pryd gan Gadfan (Hugh Williams), cyfaill arall iddo o blith y Cymreigyddion:

ANWYL SYR, – Efallai y cofiwch ymloni gyda mi yn Mangor pan oeddwn ar fy mhleserdaith drwy Gymru yn niwedd yr hâf diweddaf. (1848.) Wel, ces hyfrydwch mawr wrth syllu ar ogonedduswaith natur yn y dyffrynoedd meillionog, – yr uchel-grib fynyddoedd, – y llethrau gwyrdd-goediawg, – y creigiau crôg, – a'r cymmoedd certh, sy'n addurno fy hên-wlad o ben-bwygilydd. Ymlonodd fy nghalon yng nghwmnïaeth ei dewr-feib, ac aml i

'Gu enwog rywiog rïan,
Foneddigaidd loywaidd lân.'

Bendith iddynt! Dymunais gant o weithiau fod fel glöyn, yn ehedeg o flodyn i flodyn; neu fel dywed y gân Saesoneg: –

'Roving forever from flower to flower,
Kissing all things that are pretty and sweet.'

Wel, Meistr Golygydd, digon o hyn, – traethaf i chwi chwedl: – Un boregwaith ar ol brecwesta ar ddanteithion Gwêstdy Mrs. Pritchard, yn Meddgelert, i ffordd a fi i ben y Wyddfa, ac ol mawr mawr ludded, (chwi a wyddoch fy mod yn rholyn praff, ac yn debyccach i ddanteithwas anfyfyriol nac i Fardd,) cefais y pleser o 'chwarae ar ei choryn.' Dringais i ben y tŵr cerrig, a chenais fel ceiliog, er mawr syndod a dywenydd i'm cyd-wyddfodolion, o Gymru, Lloegr a Llanrwst; a thraethais, gyda hoywder a hylithrwydd, linellau campus Syr Walter Scott, y rhai a ddechreuant fel y canlyn:

'Breathes there a man with soul so dead,
Who never to himself hath said,
    This is my own, – my native land!
Whose heart,' &c. &c.

Bid hysbys i chwi fod dwy dafarn ar ben y Wyddfa. Aethum i dafarn Siôn Robert, a'r peth cynta' a welais ar y bwrdd oedd, 'Huw'r Gwehydd Mawr a Siôn Ifan Bach,' (fy nghyfieithad o Burns's Tam o' Shanter). 'Holo,' ebai fi, 'beth ydyw hwn?' 'Rhywbeth i ddifyru'r ymweledigion,' ebai Siôn Robert. 'Pwy ydyw'r awdwr,' ebai finnau?' 'Ond Talhaiarn,' ebai yntau. 'Y fi ydi fo,' ebai finnau. 'Tewch, da chwi,' ebai yntau, – 'ysgrifenwch rywbeth yn fy llyfr i.' 'Twt lol,' ebai finnau, 'gadewch i mi gael golwyth o *facon*, a thafell o gwmpas y dorth, a chwart o gwrw, ac wed'yn soniwn am ysgrifenu.' Tra'r oedd Siôn Robert yn ffrïo'r *bacon*, yr oeddwn innau yn craff-dremu ar yr olygfa odidog o'm cwmpas, ac ar ol slaffio fel gwaedgi, ac yfed fel yr ŷch, ysgrifiais yr hyn a ganlyn yn ei lyfr:

AR BEN Y WYDDFA

Ar ol dringo a theithio'i thorr,
A sarnau fyrdd, (nid siŵrnau ferr,)
Gwelais y byd i gyd o'i gwrr,
A'r ddaear gu oddiar ei gwarr.

O'i serth orsedd ddaneddawg, ceir degau
    O ddrychau ardderchawg,—
Eryri a'i gororawg—elltydd gwêl,
    Cribau uchel crebychawg.

Ysgythrawg grogawg greigiau,—a gelltydd,
    A gwylltion glogwynau,—
Rhaidrawg ddeifr—geifr yn gwau,
    Hyd glonciawg lithrawg lethrau.

Llynoedd gorddyfnion, a llanau—o'n blaen,
    Ysblenydd wrthddrychau;
    Niwl a tharth drwy'r garth yn gwau,
    A miloedd o gymylau.[7]

Yn ddi-os yr oedd y daith trwy Gymru wedi gwneud argraff ddofn arno ac y mae llythyr a anfonodd at Aled o Fôn ddiwedd Medi 1848 yn ategu'r cyffro a brofodd o ganfod gogoniannau tirwedd ei wlad ar derfyn haf:

MY DEAR DRAGON, – I have made a delightful tour through Wales, North and South – enjoying the glorious scenery with a keen eye for its beauties, – beholding the master hand of the Almighty in the bold, rugged grandeur of the mountains; the sweetness, beauty and loveliness of the valleys; the artistical play of outline in wood, water, dell and dingle – scenery worthy of the pencils of Claude, Nicholas Poussin, and Salvador Rosa, – beautiful – grand – sublime; and after three weeks vagabondage, I have arrived in my dear native village to enjoy the hospitality of my kind, good mother, and the hearty welcome and companionship of my early associates.[8]

Y mae'r llythyr hwn yn ddiddorol hefyd am mai ynddo y ceir cyfeiriad at yr awdur yn ymweld ag Ardal y Llynnoedd dair blynedd cyn ei daith drwy Gymru. Y mae'n debyg mai ar egwyl o'r gwaith yn Nottingham y daeth y cyfle i ymweld â'r fro honno a chyfarfod â'r bardd Wordsworth 'when I visited him at Mount Rydal three years ago'. Ymddengys i Aled o Fôn hefyd gyfarfod â'r Poet Laureate beth amser cyn derbyn y llythyr hwn ac y mae Talhaiarn yn gobeithio ei fod wedi clywed Wordsworth yn lleisio cyfaredd yr ardaloedd:

I also trust that he paid thee the compliment of initiating thee into the beauties and mysteries of nature in Westmoreland and Cumberland; and that he described to thee, in his own clear and poetical manner, the loveliness of the scenery in the neighbourhood of Winderemere, Rydal, Grassmere, Legberthwaite, Bassenthwaite, and more especially the view over the Derwent water, in approaching Keswick, which is truly delicious.

Prin fod angen Sais i ddweud wrth un o Fro Hiraethog am harddwch cefn gwlad ond yr oedd clywed prifardd Lloegr yn disgrifio gogoniannau natur mewn iaith farddonol yn rhoi hyder i'r bardd o Gymro yntau i arfer geirfa fawreddog wrth gyfleu ei brofiad o gyfoeth y cread. Yr oedd ymhél â phrofiadau felly hefyd yn dyrchafu iaith llythyr at gyfaill i delynegrwydd *thee* a'r *thou*. Gwelwyd eisoes fel y bu Talhaiarn yn anfon ei farddoniaeth i'r wasg yng Nghymru yn rheolaidd ond wedi iddo ailgydio yng nghyfarfodydd y

Cymreigyddion ar ôl gorffen yn ardal Nottingham, bu hefyd yn llythyrwr pur gyson yn yr un papurau. Câi'r Cymreigyddion yn gyffredinol groeso yn *Y Cymro* gan mai eglwyswyr oeddynt, ac yr oedd y *Carnarvon and Denbigh Herald* yn rhyddfrydol ei osgo ac yn falch o gael cyhoeddi deunydd Cymry Llundain. Bu'n arferiad gan Dalhaiarn i arwyddo ei farddoniaeth a'i lythyrau i'r wasg bob amser gyda'i enw barddol ac fe'i cythruddwyd yn 1848 o ddeall fod rhywun arall wedi defnyddio'i enw wrth lythyr i'r *Cymro* ynglŷn â dadl am yr olyniaeth apostolaidd. Gwrthododd y golygydd ei gyhoeddi am ei fod yn 'rhy anfoneddigaidd, a gwatwarus, yn rhy gecrus a dibarch, tuag at bawb a phob peth'. Ond cafodd y llythyrau gan yr un gohebydd weld golau dydd yn *Seren Gomer* yn ddiweddarach a daeth Talhaiarn i wybod am y mater. Yn *Yr Haul* – papur eglwysig arall – y cyhoeddodd y bardd ei brotest:

MR. GOL., Gelwid fy sylw gan gyfaill at lythyr neu ddau ar Olyniaeth Apostolaidd yn y Seren Gomer am Hydref, wedi eu tanysgrifio, 'TALHAIARN'. Bid hysbys i chwi, ac i'r byd, na ysgrifennais erioed lythyr i'r Seren, nac i un Cyhoeddiad arall yn perthyn i'r Anghydffurfwyr. Synnwyf at haerllugrwydd y dyhirin a ladrattodd fy enw a'i osod wrth geccrus gabldraeth; o herwydd (gwyped pawb) y rhoddwyd yr enw uchod i mi gan Brif-fardd mewn Eisteddfod, 'yng ngwyneb haul a llygad goleuni,' ac yr wyf yn balchio yn yr enw, pa un ai oes achos am hynny ai peidio; a thybiwyf na ddylai undyn arfer fy enw i dynnu anfri arnaf, neu yn hytrach i gelu ei gywilyddus enw ei hun.

Byddwch mor fwyn a chyhoeddi fy llythyryn yn eich Rhifyn nesaf.

Yr eiddoch yn ddiffuant,

TALHAIARN

Is-lywydd Cymreigyddion Caer Ludd.[9]

Mewn un darn byr o ohebiaeth dyma Talhaiarn yn gwneud tri pheth a wnaeth yn aml wedyn; yn gyntaf, ymhyfrydu yn huawdl ei fod yn fardd ac yn fardd wedi ei urddo; yn ail, datgan yn gyhoeddus ei fod yn ddirmygus o'r cecru crefyddol ymhlith yr Anghydffurfwyr; ac yn drydydd, mynegi sylwadau beirniadol yn rymus ryfeddol a'u cyhoeddi mewn Cymraeg cyhyrog.

5 ⊗ Cael Llwyfan yn Llundain, 1849

G AN fod ei waith yn awr yn caniatáu iddo ysbeidiau helaeth a mwy rheolaidd yn Llundain rhwng 1848 ac 1851, bu Talhaiarn yn fwy amlwg yng nghanol gweithgareddau'r Cymreigyddion, yn rhannol o'i ddewis ac yn rhannol oherwydd lle hanesyddol y gymdeithas yn y brifddinas. Ar y naill law yr oedd y gymdeithas yn cynnig cyfarfodydd gweddol reolaidd lle gallai hen lanc ymlacio ymysg eraill o gyffelyb anian. Ar y llaw arall hon oedd yr unig gymdeithas gyffredinol ei hapêl i'r Cymry Cymraeg oedd yn cyfarfod yn rheolaidd yn Llundain mwyach. Yr oedd y Cymmrodorion a'r Gwyneddigion wedi edwino, yr oedd atyniad cyfarfodydd y capeli wedi gwanhau'r awydd am gymdeithasau eang ac anenwadol ac wedi dileu'r angen i ddefnyddio tafarn neu westy fel man cyfarfod. Dangosodd Talhaiarn frwdfrydedd pendant dros gyfarfodydd y Cymreigyddion er mor fach oedd yr aelodaeth, ond o 1848 ymlaen bu'n rhaid iddo fod yn flaengar yn hyrwyddo agweddau eraill ar eu gofalon yn ogystal â hybu rhaglen ddiwylliannol y criw. Sicrhaodd y wasg sylw rheolaidd i'r Cymreigyddion yng Nghymru a gwelir dyrchafu Talhaiarn yn raddol o fod yn ddatgeiniad a bardd ar ei brifiant i fod yn fwyfwy o bersona cyhoeddus – yn seren yn y ffurfafen Gymreig.

Yn Awst 1848 penderfynodd y Cymreigyddion gael cyfres o ddarlithiau gan yr aelodau yn hytrach na rhagor o ddadleuon ffurfiol. Gan ddilyn Gwilym Maredydd, Ioan Meirion ac Aled o Fôn, rhoddwyd y testun 'Digrifwaith y Beirdd' ar gyfer darlith Talhaiarn ym mis Rhagfyr. Yr oedd y penderfyniad i gael darlithiau yn rhan o ymdrech y Cymreigyddion i ddangos gwedd gyfrifol ar eu gweithgarwch gan fod pwysau cynyddol arnynt wedi cyhoeddi'r Llyfrau Gleision i ymddifrifoli fel Cymry alltud ac i ystyried anghenion y famwlad. Ym mis Tachwedd 1848, ac yng nghanol y brwdfrydedd newydd, etholwyd Talhaiarn i lywyddiaeth y

Cymreigyddion, ac yn y cyfarfod hwnnw i ethol swyddogion am y flwyddyn trafodwyd blaenoriaethau'r gymdeithas. Meddai gohebydd *Y Cymro* yn rhifyn 2 Rhagfyr 1848 mewn adroddiad am y cyfarfod: 'Clywais fod y Gymdeithas yn bwriadu cymeryd gwlad y mynyddau dan ei sylw neillduol y flwyddyn nesaf; ac nid oes gennyf yr amheuaeth lleiaf na fydd iddi gael cefnogiad trwyadl.' Ar 1 Rhagfyr 1848, yr oedd y Cymreigyddion yn dathlu pen blwydd y gymdeithas yn 54 oed – 'all the officers wearing the insignia of office, as in the olden times'. Methodd Talhaiarn â bod yn bresennol yn y dathlu a chymerwyd ei le gan Ioan Meirion. Manteisiodd David Davies, yr ysgrifennydd newydd, ar y cyfle yn ei araith ef i ddweud am y gymdeithas: 'that it could be rendered still more useful . . . but let the language and expressions of their meetings be pure and chaste, and their guiding sentiment *undeb a brawdgarwch* (loud cheers)'. Awgrym cynnil sydd yma o'r tyndra oedd yn goferu i'r Cymreigyddion o'r dadlau ymysg y Cymry alltud yn y brifddinas ynglŷn â sut y gallent fod yn fwy effeithiol. Yr hyn oedd wrth wraidd y tyndra penodol diweddaraf oedd yr awydd i greu sefydliad yn Llundain a fyddai'n rym ymarferol i ymdopi ag anghenion Cymru ac yr oedd Talhaiarn yn mynd i'r gadair pan oedd y tyndra'n troi'n chwerw.

Er nad oedd yn aelod, yr oedd Hugh Owen wedi gweld y posibilrwydd o ddefnyddio'r Cymreigyddion fel cnewyllyn parod i'r fath sefydliad. Adeg ethol eu swyddogion yn Rhagfyr 1848, y mae'n atgoffa'r Cymreigyddion fel hyn:

> Some five or six years ago, I attended the London Cymreigyddion Society, when I was permitted to lay before the members a plan for the establishment of a Welsh institution, which would comprise lecture and reading rooms, a library, and classes for various branches of learning; and be a repository of information on all matters affecting Wales and Welshmen. It was designed to attach to the institution a coffee room, where the members and their friends might be supplied with refreshments . . . Opinions favourable to the scheme were expressed by several of those present; but no action was taken in regard to it.[1]

Yn Hydref 1848, ddeufis cyn i Dalhaiarn gael ei ethol i'r gadair, yr oedd Ioan Meirion, y llywydd ar y pryd, wedi gwahodd Hugh Owen i gyfarfod o'r gymdeithas am yr ail dro. Amcan Ioan Meirion oedd cael gan y Cymreigyddion i roi'r pwyslais yn ôl ar amcanion sylfaenol y gymdeithas – 'to improve its regulations, to the end that the existing objects might be more fully carried out'.

Yn y cyfamser yr oedd cymdeithas newydd wedi ei sefydlu sef Y Cambrian Literary Society, a hynny yn dilyn ffrae ymysg aelodau capel Jewin Crescent, Llundain. Esgorodd hyn ar gryn chwerwedd oblegid fe gyhuddwyd y Cymreigyddion o geisio ad-drefnu eu cymdeithas fel gwrthwynebiad i'r gymdeithas newydd. Mynnodd Ioan Meirion mewn llythyr i'r wasg fod trafodaeth ynglŷn â 'restoring and remodelling the Cymreigyddion' ar y gweill cyn gwybod fod eraill yn ystyried sefydlu cymdeithas newydd. Ar drothwy Nadolig 1848, felly, seiniau pur aflafar a glywai Talhaiarn o blith carfan o'i gyd-Gymry ac awyrgylch digon piwis oedd yn hofran uwchben y gymdeithas y byddai ef yn ei llywyddu wedi'r Calan. Fel hyn yr ymatebodd 'Alltud' yn y wasg i lythyr 'Gwladgarwr' a blediai safbwynt y Cymreigyddion:

> I am afraid your correspondent is playing the dog in the manger; because if he, and the tribe to whom he belongs, are so brimful of patriotism, why did they not get an Institution of this nature established long ago? They have had the Metropolis, with thousands of Welshmen, before them, for years.

Serch hynny, cafwyd digon o ysbryd cyfaddawd i alluogi nifer o'r Cymreigyddion i fynychu rhai o gyfarfodydd y Cambrian yn yr Hart Hotel yn Aldersgate a chawn fod Talhaiarn yn eu plith. Pan drefnodd y gymdeithas lenyddol newydd hon gyfres o chwe darlith gyhoeddus, y gyntaf o'r chwech, ym mis Chwefror 1849, oedd darlith gan Ieuan Glan Alarch ar 'Welsh Music'. Y mae tinc cymod i'w glywed yn yr adroddiad am y ddarlith lle dywedir bod llywydd y Cymreigyddion ei hun wedi gwneud cyfraniad: 'At the close Talhaiarn . . . most kindly consented to sing some Pennillion. He was enthusiastically received, and an encore was the consequence of his expressive singing.' Nid ymddengys i'r Cymreigyddion fod yn llestair o gwbl i'r Cambrian ac yr oedd yn amlwg i arweinwyr yr alltudion yn Llundain mai ar drywydd adloniant y byddai'r gymdeithas honno yn ymlwybro fel y gwnaeth cynifer o fân gymdeithasau Cymreig y brifddinas yn eu tro.

Yr ail dro y cyfarfu Hugh Owen â'r Cymreigyddion i drafod 'whether the above Society might not be established on a better footing', yr oedd Talhaiarn yn bresennol ac yn y cyfarfod hwnnw ar 4 Tachwedd 1848 sefydlwyd pwyllgor i ystyried: 'the possibility of support being given to an institution of greater extent, or to the

Society as now constituted, but reformed'.[2] Fel llywydd y Cymreigyddion yn y flwyddyn newydd daeth Talhaiarn yn gadeirydd y pwyllgor hwn. Mewn cyfarfod o'r pwyllgor o dan ei lywyddiaeth yn gynnar yn Ionawr 1849 penderfynwyd bod angen sefydlu 'Society for promoting secular knowledge amongst the Welsh People by means of the vernacular'. Rhaid oedd yn awr wrth bwyllgor arall i sefydlu'r gymdeithas newydd a chafodd Talhaiarn ei ethol yn gadeirydd hwn hefyd, a'i orchwyl cyntaf oedd 'to solicit gentlemen to become the President, Vice President and Committee of Management of such Society'. Yn y cyfamser yr oedd yn rhaid bwrw ymlaen gyda chyfarfodydd arferol y Cymreigyddion a daeth cyfle ym mis Chwefror i'r llywydd newydd i roi'r sgwrs a ohiriwyd oherwydd ei absenoldeb ddeufis ynghynt. Gan i un arall o'r aelodau drafod ei destun gwreiddiol dewisodd bwnc newydd sef: 'Pa un ai lles neu afles yw'r iaith Gymraeg i'r Cymry yn gyffredinawl yn eu gorchwylion tymhorawl.'[3] Nid oes cofnodion o gynnwys y ddarlith ond yr oedd ei ddewis o destun nid yn unig yn amserol ond yn destun y byddai'n ymhél ag ef am flynyddoedd wedyn.

Ynglŷn â'r gorchwyl a roddwyd i'w bwyllgor bu ef a'i gyd-aelodau yn prysur geisio nawdd boneddigion fel Arglwydd Powis a Syr Thomas Phillips, ac erbyn Awst 1849 yr oeddynt wedi llwyddo i gael y cyntaf o'r boneddigion hyn i lunio cylchlythyr yn amlin-ellu amcanion cynllun Hugh Owen a'r Cymreigyddion i'w gyd-foneddigion yng Nghymru.

Yr oedd aelodau fel Ioan Meirion a Gwilym Meredydd yn fwy dwys eu hymdrechion i sobreiddio'r Cymreigyddion ond nid gwaith hawdd oedd cynnal y difrifoldeb gwladgarol yn gyson a phan ddarllenir adroddiadau am gyfarfodydd tebyg i hwnnw ar 14 Chwefror 1849, gellir deall pam yr oedd Ioan Meirion am ddiwygio'r gymdeithas a pham nad oedd Hugh Owen yn aelod. Cynhaliwyd y cyfarfod yn y Green Dragon yn Fore Street ac ni wnaethpwyd dim y noson honno ond yfed iechyd y teulu brenhinol ac yfed iechyd aelodau'r gymdeithas fesul un ac un, gyda phyliau o ganu penillion gan Ieuan Glan Alarch (John Mills) i gyfeiliant Eos Meirion.

Teg cydnabod fod yr aelodau hyn, ar wahân i roi clust i ymdrechion Hugh Owen, wedi dangos rhyw gymaint o barch i draddodiad cymdeithas a oedd wedi ceisio gweithredu yn ymarferol er budd eu cyd-wladwyr yn y ddinas ac yn y famwlad. Yng nghyfarfodydd mis Chwefror 1849, penderfynodd Talhaiarn a'i gyd-aelodau gefnogi cynnig y dylid cael sefydliad i roi hyfforddiant ar ganu'r delyn i ryw hanner dwsin o gerddorion addawol ar y tro;

addawyd cymorth yr aelodau yn y gwaith o gasglu holl 'ysgrifeniadau'
y bardd Alun ar gyfer eu cyhoeddi'n gyfrol, a phenderfynwyd archebu
deg copi o lyfr newydd Gwilym Mai, *Meillion Mai*. Yna ym mis Mai
yr oedd gan ddyddiadur *Y Cymro* yn Llundain hyn i'w adrodd:

> Gymry! y mae Cymdeithas Cymreigyddion Caerludd wedi anfon
> deiseb i'r senedd yn taer erfyn na fydd i neb o hyn allan gael eu
> penodi i unrhyw swydd offeiriadol yn Nghymru, ond Cymry glân
> gloyw. Da chwi dilynwch ei hesiampl, anfoner deiseb o bob plwyf, ac
> arwydd-noder hi gan bob un o'r plwyfolion.

Yn y cyfamser yr oedd y gwaith o gael cymdeithas newydd yn
symud yn araf iawn ac aeth bron i flwyddyn heibio cyn y gellid dweud
ei bod wedi ei sefydlu. Serch bod yr Arglwydd Powis wedi cadeirio
cyfarfod pellach ym mis Gorffennaf 1850 i lunio cyfansoddiad ffurfiol
ni ddeilliodd dim o'r holl ymdrechion. Yr oedd y Cymreigyddion, gan
hynny, nid yn unig wedi methu esgor ar sefydliad newydd ond yr
oeddynt hefyd heb lwyddo i ddiwygio na newid cyfeiriad y gymdeithas
fel y bwriadent yn wreiddiol. Yn ystod y Pasg 1851 bu farw Ioan
Meirion ar ôl damwain, a'r Cymreigyddion o'r herwydd yn colli un
a fu ar flaen yr ymdrech i adnewyddu'r gymdeithas a chefnogi
gweledigaeth Hugh Owen. A Thalhaiarn yn galaru colli un o'i gyf-
eillion gorau yn y frawdoliaeth, dyma alw arno yntau yn ystod yr haf
i adael Llundain oherwydd galwadau ei waith. Ef fu'n ysgrifennu
llawer o gofnodion llyfr 'Pynciau' y Cymreigyddion yn y blynyddoedd
diwethaf ac y mae'r cofnod olaf oll yn hanes y gymdeithas, sef cofnod
diddyddiad yn Ebrill 1850, yn cyfeirio ato ef ei hun ac Aled o Fôn yn
ymdrin â'r pwnc: 'A yw yn deilwng yn ôl Defod a Braint Beirdd Ynys
Prydain roddi Urdd Gadeiriol i unrhyw Fardd mewn Eisteddfod am
Bryddest na bo yn Awdl?'

Cyfnod machlud y Cymreigyddion, felly, oedd y cyfnod pan oedd
Talhaiarn yn Llundain ac yn aelod ohonynt; er mawr siom iddo bu'n
rhaid iddo gydnabod mai cymdeithas wedi marw ydoedd pan oedd
yn ysgrifennu math ar ddramodig fer ar ddiwedd 1851. Cyhoeddwyd
hi yn Ionawr 1852, dan y teitl: 'The London Cymreigyddion Society.
The last dying speech and confession of this garrulous, querulous old
dame.'[4] Y mae'r hen 'ledi' yn cwyno ei bod yn edwino yn ddyddiol a
neb o'i phlant yn dod i'w chysuro. Cais ei 'nyrs' wneud hynny trwy
ddweud iddi yn ei hieuenctid fod yn lodes landeg. Dyna gyfle i
Dalhaiarn ymhyfrydu yn enwogion y gymdeithas:

but let me tell you that when I was in the pride of youth and beauty, I was petted by that wonderfully witty poet, Glanygors, and by the learned Doctor W Owen Pughe, and by Owain Myfyr, who spent a fortune in publishing the 'Myvyrian Archaeology,' and other works connected with Wales, and by John Humphreys Parry, Bardd Môn, Llwynrhudol, and a host of others. In fact, most of the eminent Welshmen that have lived in London for the last half century have flirted with me, or made love to me in earnest, and they took pride in sitting in my chair, flattering me with elegant speeches, poetizing, and praising me incessantly.

Yng nghwrs y sgwrsio mentra'r nyrs ofyn:

Isn't it all owing to the drink that you are in the state that you are in? And havn't I seen your children (fine children indeed) tippling, smoking and gabbling like a lot of geese, and disputing in Welsh at such a rate . . .

Wedi cael diferyn o ddiod gysur gofynna'r claf lle mae ei phlant ieuengaf:

But where is my chief officer, Meredydd? He used to be kind to me; but he ruled my children with a rod of iron. He would insist upon their being sober, sedate, and moral; but the poor bairns got a distaste for me under his adamantine rule.

A dyna adlewyrchu'r anniddigrwydd yn nheulu'r alltud ar ganol y bedwaredd ganrif ar bymtheg a oedd yn gyrru'r awydd i chwilio pwrpas newydd i'r bywyd Cymreig. Y mae Talhaiarn yn cyfeirio hefyd at y rhai eraill oedd amlycaf yn ei brofiad personol ef o'r teulu:

Then there was poor Ioan Meirion: he was always kind to me, and I revere his memory. And then, there is Aled o Von: he has applied his time, his money, his zeal, and his industry to promote my views; but, of late, like all the rest, he has become lukewarm. There are Gwrgant, Twrog, R. ab Dewi, Cadvan, Sam o Von, Ieuan ap Gruffydd, my secretary Evans, and several more who used o take much delight in my society; but I have not seen them for nine months, – oh dear! oh dear!

A beth am y dramodydd ei hun?

And then there is Tal. When he was at the Aberffraw Eisteddvod spouting, he introduced himself as my president, and felt proud of his position. Oh! the boasting, vain-glorious, egotist! if he were here now, I'd give it to him.

A chyda sŵn ffidil yn canu i lawr y grisiau, pwy a ddaw i lofft y claf ond Talhaiarn ei hun. Y mae hi'n cwyno iddo fod y ffidlwr yn chwarae alawon anaddas i godi calon claf ac â'n ddadl enbyd rhwng y bardd a'r ffidlwr. Yn y diwedd:

> *Tal.* (in a Welsh fever) rushes down stairs, kicks the fiddle into the fire, and thrashes the fiddler; but the row has been too much for the old lady's emaciated frame and worn out nerves, and before he returned upstairs her spirit had flown with a murmur, as gentle as the summer breeze, to join the ghosts of Cymrodorion and Gwyneddigion Societies, and a host of other learned societies, that have died from inattention and neglect. Peace be with her.

Dramodig denau ar gyfer darllenwyr y *Carnarvon and Denbigh Herald* oedd y cyfraniad diweddaraf hwn i'r wasg ond y mae'n ddogfen werthfawr yn hanes y cymdeithasau Cymreig yn Llundain. Byddai ugain mlynedd yn mynd heibio cyn y ceid cymdeithas gref o ddiddordeb cyffredinol i Gymry'r brifddinas, sef y trydydd Cymmrodorion. Y mae'n wir i gangen o'r Cambrian Institution gael ei sefydlu yn Llundain yn 1855 ond ni wyddys fawr am ei gweithgaredd. Gwyddom serch hynny mai llywydd cyntaf y gangen honno oedd Gwrgant, un o gyfeillion agos Talhaiarn, a bu'r Cambrian yn ddolen gyswllt rhwng y Cymreigyddion a'r trydydd Cymmrodorion a sefydlwyd yn 1873.

Trwy'r Cymreigyddion cafodd Talhaiarn deimlo'r grymusterau newydd oedd yn cyniwair yng Nghymru a'u canfod trwy lygaid Hugh Owen a'i gyd-wladwyr yn y ddinas; cafodd hefyd gwmni beirdd aeddfetach eu dawn a'u gwybodaeth, a chafodd gwmni cerddorion dawnus a fu'n hwb i'w dalent ym maes canu gwerin.

Fel teithiwr, fel un yn gweithio ym myd adeiladu ac fel un a welodd sawl dinas a thref rhwng 1830 a 1850, yr oedd gan Dalhaiarn brofiad personol o'r problemau cynyddol ynglŷn â'u glanweithdra. Bu Moffatt, ei gyflogwr, yn flaengar ynglŷn â chynllun newydd i sicrhau draeniad effeithiol ar gyfer trefi, a chafwyd manylion gan wyddonydd profiadol o Westminster am ddull cemegol i gysylltu â'r draenio ac i drin carthion. Gwelodd Talhaiarn rinwedd deublyg cyfundrefn felly, a dyma anfon cais i Gaernarfon ddechrau Rhagfyr 1848, i annog cyhoeddi y llythyr gan y gwyddonydd a dderbyniodd Talhaiarn – yn rhinwedd ei waith yn 9 Spring Gardens mae'n bur debyg – 'detailing the chemical part of the process connected with the plan proposed by Mr Moffatt'.

> SIR, – May I request you to insert the accompanying letter in the 'Herald' as I consider it of great importance in connection with the present sanitary movement, as it clearly shews that what has been considered a source of nuisance, can be turned into a source of profit, and what is of more importance, the noxious effluvis arising from ill-constructed sewers in large and densely populated towns poisoning the atmosphere, and an effectual mode of dealing with sewage matter, thus acting most beneficially upon the public health. Mr Higgs is an agricultural chemist of great experience, and his experiments have proved beyond doubt that the manure thus obtained in its concentrated shape, possesses the fertilizing powers of guano, and can be produced at a much less cost, and will consequently be a great boon to all agriculturists.
>
> Trusting that the importance of the subject will justify the insertion of these letters,
> I remain, Sir,
>   Your obedient servant,
>   TALHAIARN[5]

Fel yr awgryma'r llythyr uchod, y mae'r dull cemegol y cyfeirir ato yn ddull a fabwysiadwyd ar raddfa eang – dull sydd yn gynsail i ddulliau cyfoes lle didolir y gwaddod a'i drin â dŵr a chemegau, lle'r ailgylchir y dŵr a phurir yr aer sy'n deillio ar derfyn y driniaeth. Gwelai Talhaiarn felly werth arbennig y dull ar gyfer amaethwyr cefn gwlad yn ogystal â'i rinweddau i'r trefi a'r dinasoedd. Yn ei briod faes yr oedd y bardd yn ymwneud â nifer o ddatblygiadau technegol ac yr oedd eraill i ddod.

Cawsai Talhaiarn eisoes ddigon o sylw yn y wasg yng Nghymru gan iddo gyhoeddi cynifer o lythyrau a chael ei enwi mewn amryfal adroddiadau am fywyd yr alltud yn Llundain. Ond yn 1849 cafodd gyhoeddusrwydd ychwanegol ac nid oedd prin wythnos yn mynd heibio nad oedd ei enw yn ymddangos yn y newyddion ym mhapur neu gylchgrawn rhywun.

Yn dilyn llwyddiant y tair darlith a draddodwyd ganddo yn Llundain ym mis Rhagfyr 1848, aeth ef a'r telynor Eos Meirion ar daith i Lerpwl a gogledd Cymru yn Chwefror 1849 i gyflwyno'r un math o raglen. Gyda hwynt fel cantores y tro hwn yr oedd rhyw Miss Williams y bernir mai un o fyfyrwyr cerdd Eos Meirion ydoedd ac yn gantores fyddai'n canu ambell gân Saesneg. Hysbysebwyd y daith yn y wasg ymlaen llaw – Lerpwl, Treffynnon, Caer, Llanelwy ac yn ôl i Lerpwl am yr ail dro ar y nos Wener yn ystod yr wythnos 19–23 Chwefror, a chwblhau'r daith yn Ninbych a Rhuthun ar ddwy noson gyntaf yr wythnos ganlynol. Gwnaed yn eglur yn yr hysbyseb a'r adroddiadau fod 'darlith' yn rhan o'r cyflwyniad:

> *THE MUSIC OF WALES*
> *ILLUSTRATED BY*
> *LECTURE, SONG AND HARP,*
> *BY*
> *TALHAIARN, MISS WILLIAMS,*
> *AND*
> *MR. ELLIS ROBERTS.*

Dyma eiriad yr hysbyseb yn yr *Herald* ac, wedi rhestru'r lle a'r dyddiad ychwanegir, 'These entertainments have been marked by unbounded applause from crowded audiences in London.' Yn ddi-os y darlithio gan Dalhaiarn oedd craidd y rhaglen bob nos. Rhydd adroddiad *Seren Gomer* am y ddau gyflwyniad yn Lerpwl syniad am gynnwys ei ddeunydd:

> Ei ddarlithiau oeddynt wedi eu cyfansoddi yn gwbl-gyfaddasol, – yn amrywiaethu yn gyfatebol i destunau y gwahanol ganeuon, – yn cynnwys nifer helaeth o adgofion hanesyddol a chwedlau traddodiadol; er dangos y cyssylltiad oedd rhwng ein cerddoriaeth a'n cyn-feirdd, rhoddodd hefyd eir-luniad cywirddull o'r Delyn Gymreig. – profodd ei hynafiaeth, a dangosodd y dylanwad fyddai yn gael ar yr hen Frythoniaid; a diweddai ei ddarlithoedd gydag enghreifftiau bywiog o 'ganu gyda'r tannau,' yr hyn a dynai oddiwrth y gwrandawwyr floeddiadau o gymmeradwyaeth.[6]

Y mae'r adroddiad am y cyflwyniad yn Rhuthun yn dadlennu mwy am arddull y darlithydd:

> The lecture itself, even had it been unaccompanied by the excellence of the harpist, and the satisfactory singing of Miss Williams would, indeed, have been an intellectual feast, the impassioned animation of

the bard's countenance while speaking of the bygone heroes of bardic fame displayed to the most ordinary observer, that his very soul was in his subject; and although he had to contend with the great disadvantage of severe cold, hoarseness, and sore throat, no trivial difficulties to a lecturer – he fully made up for the loss of his singing by the vivacity and quickness with which he related his anecdotes and Welsh jokes, convulsing the audience with peals of laughter.[7]

Am ymateb gan un a fu yn y gynulleidfa y mae gennym sylwadau Gutyn Ebrill mewn llythyr i'r *Cymro* wedi iddo yntau glywed y cyflwyniad yn Lerpwl:

Mae'n gof gennyf i mi ddarllen mewn rhifyn o'r *Cymro* yn ddiweddar am ymweliad TALHAIARN â'r Wyddfa. Yr wythnos ddiweddaf daeth i'r dref hon i ddarlithio ar 'Gerddoriaeth Cymru'. Yr oedd yr adeilad eang, sef y *Concert Hall* yn orlawn y ddwy noswaith . . . Cefais fy moddhau yn ddirfawr, ac yr oedd yr olwg ar y gynulleidfa yn ymddangos yr un modd. Yr oedd gwynebpryd gwrolfrydig y Bardd, ei wên serchus, a'i hyawdledd annesgrifiadol yn yr iaith Gymraeg a'r Saesoneg yn peri peth petruster a oedd y fath ddyn wedi ei fagu ar fryniau Gwalia.[8]

Yn ychwanegol at y sylw a roddod y wasg yng Nghymru i'r nosweithiau hyn, cyhoeddodd yr *Herald* englynion gan Irwedd Min Elwy – 'Ar ymweliad Talhaiarn a'i gyfaill pencerddawl Eos Meirion, i Lanfair-Talhaiarn, Chwefror 1849' – cyn i'r ddau droi'n ôl am Lundain. Adroddodd *Seren Gomer* am y Cymreigyddion yn eu cyfarfod ddechrau Mawrth yn croesawu Talhaiarn yn ôl wedi'r ddarlith a'r darlithydd ei hun yn adrodd am y croeso a gawsant ym mhobman o Lerpwl i Lanfair.

Y mae'n debyg fod y daith gerddorol wedi cynnig egwyl dderbyniol o brysurdeb Llundain ond prin y gallai cerddorion a beirdd, fwy na neb arall, osgoi y cyffro gwleidyddol a chymdeithasol oedd yn cyniwair ym Mhrydain a'r Cyfandir yn y cyfnod hwn, ac ar ddechrau haf 1849 ceir Talhaiarn yn cyhoeddi nifer o gerddi sy'n adlewyrchu ei deimlad ynglŷn â'r cyffro hwnnw. Yr oedd y chwyldro a'r terfysg a gafwyd mewn sawl prifddinas yn Ewrop yn 1848 yn atsain drwy'r gwledydd a daeth terfysg y Siartwyr yn Lloegr yn agos iawn i brofiad Talhaiarn pan ledodd i rannau o ddwyrain Llundain ar ddiwedd y flwyddyn honno. Yr un pryd yr oedd tyndra chwerw yn y wlad yn gyffredinol gan fod un garfan yn cefnogi Marchnad Rydd i hybu diwydiant, a charfan arall yn pledio mesurau i gadw ŷd tramor o'r wlad a diogelu ei bris uchel ym Mhrydain, gan beri cryn ddioddef i bobl gyffredin o'r herwydd. Yn y frwydr hon o blaid Marchnad Rydd ac yn erbyn y Cyfreithiau Ŷd, un o'r arweinwyr radicalaidd amlycaf oedd Richard Cobden, a chyfeirir ato gan y bardd o Gymro yn y gyntaf o'i gerddi gwleidyddol, sef 'Mae'r byd da'n dyfod, Tom'. O ran mesur y mae'n efelychiad o un o gerddi Charles Mackay,[9] 'Wait a little longer' – efelychiad yr oedd rhywun o blith y Cymreigyddion wedi mentro arni bythefnos ynghynt. Proffwydo gwell amodau cymdeithasol a wnâi Mackay yn ei gerdd ond ymosod ar yr hyn a wêl ef fel y 'cythrybliaid' gwleidyddol a wna Talhaiarn:

> Mae byd da'n dyfod, Tom,
>   Mae byd da'n dyfod;
> Sylfaenir cyfraith ar y gwir,
> Ac amddiffynir Trinwyr tir
>   Gan bob Seneddawl Aelod:
> Daw amarch ar gythrybliaid ffôl,
>   Penryddiaid a Chobdeniaid;
> A gwarth ar 'sgymunedig lol
> Y Siartiaid a'r Sosialiaid: . . .
> Bydd hedd a llwyddiant yn y wlad,
> Pan nychir ffyliaid a'u Ffri Trâd,
>   Cobdeniaeth sur a'i sorod; . . .
> Daw bendith ar ein hannwyl wlad
>   Pan ddeil pob ffŵl ei dafod.[10]

Bythefnos wedi cyhoeddi'r gerdd uchod cyhoeddodd Y *Cymro* gerdd o bedwar pennill o'i eiddo sy'n fath o gerdd croeso i Gymry'n ymweld â Llundain ac sy'n efelychiad 'byrfyfyr' o'r gân 'Cambria's Sons'. Ond ar ôl y pennill cyntaf y mae'n troi'n gerdd i annog teyrngarwch i'r Goron ac i gymell ymwrthod â chwyldro. Wele ansawdd y croeso!

> Er fod Ewrob mewn anhwyliant,
>   Blant Cymru Lân;
> Gwres teyrngarwch yw'n anwyliant,
>   Blant Cymru Lân;
> Llaw a llaw a chariad cynnes,
> Tra cur calon yn ein mynwes,
> Amddiffynnwn ein Brenhines,
>   Blant Cymru Lân.

> Os daw helynt a gwrthryfel,
>   Blant Cymru Lân;
> Byddwn gyntaf yn y fatel,
>   Blant Cymru Lân;
> Drwy ufudd-dod i'r Llywodraeth,
> A Victoria ein Hunbennaeth
> Chwim orchfygwn Ddemagogiaeth,
>   Blant Cymru Lân.[11]

Yn y *Cymro* eto ac yn yr un wythnos â'r uchod ceir baled gan Talhaiarn, sef 'Hanes Dic y Dyrnwr' ar yr alaw 'Priodas Siencyn Morgan'. Mewn nodyn ar ddiwedd y faled dywed y bardd nad Cobden yw'r 'arwr' yn y gerdd, ond anodd yw derbyn hynny – i'r bardd yr oedd Dic y Dyrnwr a Cobden yn adar o'r unlliw am mai math ar derfysgwyr gwleidyddol oedd y ddau:

> Gwrandawed pawb yn awr,
>   Ar hanes Dic y Dyrnwr,
> A fu'n areithiwr mawr,
>   Yn llawn o ffroth a dwndwr;
> Yn moedro am ffri trâd,
>   A phrysur gabarlulio,
> Wrth fynd ar draws y wlad,
>   I rythu ac areithio;
> Wac fal di ral lal lal
> Raldi ro.
>
> Un llithrig iawn oedd Dic
>   Wrth sôn am *reformation.*
> A'i dafod yn bur slic
>   Ym mhob *association*;
> Prophwydai deuai dydd
>   Na fyddai yn anghennog;
> Dan fendith masnach rydd,
>   Câi pawb dorth dair am geiniog.
>
> Ac wrth y bobl yn deg
>   Areithiai Dic yn glever,
> A bloeddiai nerth ei geg
>   Hwre! ffri trâd forever;
> Hwre! medd dynion ffôl,
>   Hwre! medd y gwrageddos,
> Gan floeddio ar ei ôl
>   A dotio ar ei lolos.

Wel, daeth ffri trâd i'r wlad
    Gan gyrraedd i bob goror,
Ac ŷd a chigau rhad,
    A menyn gwledydd Tramor:
Ond ple mae'r fendith fawr?
    Pa le mae Ffarmwyr Cymru?
Y maent i gyd ar lawr,
    A'r byd tu chwith i fyny.

Er fod yr ŷd yn rhad
    A mutton, beef, a menyn;
D'oes arian yn y wlad
    I brynu cig na chosyn;
Mae'r gweithwyr druain bach
    Heb waith ac heb gyflogau,
Maent wedi canu'n iach
    I lwyddiant er ys dyddiau.

Daeth ysbryd llidiog gwanc,
    Ar Dicw yn bur sydyn,
A Siani Ben y Banc,
    A Mary Jones yr Odyn:
'O Dic y Bradwr cas,
    Ni dalwn am dy dwrw,
A rhoddwn iti flas
    O'r golch a'r wialen fedw.'

A'r gwragedd yn eu llid,
    Roent Dic mewn cadair ddowcio,
Gan glegar a hel *breed*,
    A'i drin yn flin a'i flingo:
Dywedai'r gwŷr yn ffrom,
    'Cei deimlo pwys ein dyrne' –
I dôn y Galon Drom,
    Y ciciwyd ef o'r Pentre'.[12]

Wythnos yn ddiweddarach ymddangosodd cerdd arall o'i eiddo a chyfeiria ati fel baled. Nid oes iddi deitl ond y mae hon eto yn erfyn am deyrngarwch i 'Deyrnas Prydain Fawr' yn wyneb yr holl areithio o blaid diwygio cymdeithasol:

Boed hedd a gras y nefoedd ar Deyrnas Prydain Fawr,
A chysur a dedwyddyd bob munud a phob awr,
I bawb o ufudd ddeiliaid Victoria ym mhob man,
Sy'n byw mewn diniweidrwydd ym mhob cwmwd, tref a llan.

Mae llawer o Benryddiaid yn treio codi storm,
Wrth ddwndro ac areithio ar *financial reform,*
Ac yn cythryblu'r werin wrth frolio eu Ffri Trâd;
Andwyant yr holl Ffarmwyr drwy dwyll a dirfawr frad.

Pa beth yw mawr ogoniant yr Ynys annwyl hon?
Ond cariad, gwres a dewrder sy'n trigo ym mhob bron,
A'r grym a amddiffyna ein Teyrnas rhag pob brad;
Gorchfygwn ein gelynion o gariad at ein gwlad.

Boed iechyd ac anrhydedd, a chlod a pharch a bri
I'r milwyr ac i'r llongwyr sy'n ymladd drosom ni,
Yn llawn o rym a dewrder a gwir wladgarol fryd
I godi Teyrnas Prydain yn Ddelw i'r holl fyd.

O! gwyliwn rhag y gwenwyn a daenir hyd y wlad
Gan haid o goeg-areithwyr wrth annog eu Ffri Trâd;
Lledaenant eu llysnafedd ar draws a hyd y byd –
Gochelwch Gymry annwyl rhag glynu yn eu glud.

Duw cadw ein Brenhines a dyro iddi hedd,
A boed i'w hufuddolion ei hamddiffyn gyda'r cledd,
Ac ymladd dros Lywodraeth a Gorsedd Prydain Fawr,
A malu ein gelynion yn un â llwch y llawr![13]

Prin ddeuddeng mlynedd y bu Victoria ar ei gorsedd cyn i Dalhaiarn
ganu mor ymfflamychol am fawredd ei theyrnas ac ymhyfrydu mor
llafar ynddi. Nid oedd y cerddi diweddaraf hyn ganddo heb eu
beirniaid. Yn *Yr Herald* cyhuddwyd ef gan un llythyrwr di-enw o
droi ei gefn ar y werin a mynd yn Dori rhonc, ac y mae'n sicr mai'r
cerddi hyn a barodd i olygydd *Yr Amserau* ymosod ar 'ffôl grachfeirdd
Llundain'. Cythruddwyd Talhaiarn ac aeth ati i dalu 'rechwyn adre
gyda llog' drwy gyflwyno cerdd i olygydd *Yr Amserau* dan y teitl
'Hanes Siôn y Siopwr'. Yn y faled hon y mae'n awgrymu'n bur blaen
fod y sôn am ddiwygio cymdeithasol yn esgus i rai ddefnyddio
pulpudau'r Anghydffurfwyr i ddibenion gwleidyddol:

Gwrandewch ar stori lawn o les,
    Sef hanes Siôn y Siopwr,
A'i galon graig a'i wyneb pres
    A llawes llysnafeddwr:
R'oedd Siôn yn llawn o driciau'r byd,
    Ni hoffai drwst na reied,
A rhoddai'i fryd o bryd i bryd
    Ar joinio y Soseiad;
D'oedd ganddo grefydd yn y byd
    Ddim mwy na'r ieir na'r hwyad.

Ond gwelai Siôn fod mantais fawr
    I gawr wrth drin gwirioniaid,
A chasglai arian fel ei daid
    Wrth ffoli haid o ffyliaid:
Aeth Siôn i'r Pulpud gyda rhith
    O grefydd a duwioldeb,
A'i dafod ffals yn mynd ar dith
    Hyd lwybrau hunanoldeb;
Er hyn nid oedd ei weddi a'i lith
    Ond rhagrith yn lle gwirdeb.

R'oedd Siôn yn selog am ffri trâd,
    Ar hyd y wlad yn nyddu
Rhyw stwff am ŷd a menyn rhad –
    Mewn brad yn gorfoleddu:
Yn dyrnu'r Pulpud gyda sêl,
    Fel angel y tywyllwch;
A bloeddio'n erwin, 'doed a ddêl'
    Os cawn ffri trâd a thegwch,
Ceir melus fyd fel diliau mêl
    I'r ffôl a'r ffel gwybyddwch.

R'oedd Siôn yn pesgi ar ei waith
    Gâdd lawer gwaith geiniogau,
I lenwi'r plât pan ar ei daith
    Ac ambell waith câi sylltau:
A rhwng y capel glas a'r siop
    Aeth Siôn i'r top bob tipyn:
Â'i fesur byr a'i nwyddau slop
    Y cogiai lob neu libyn;
Wrth werthu bacwn, te a phop
    Câdd aml grop i'w gribyn.

Wel Gymry annwyl coeliwch fi,
　　Os byddwch ffri o'r boced,
Pan ewch i wrando'r cogiawl gi
　　Ni fydd i chwi ond colled;
Mae Siôn yn gwybod yn bur dda
　　Am dricia yr hudolion;
E sugna'ch gwaed, gan ddweud, 'ha,ha,
　　Hawdd iawn yw gyrru'r gwirion;
Mi gym'ra'r goes, i ffwrdd yr â'
　　Mae fy mhocedau'n llawnion.'[14]

Er garwed ei agwedd yn y faled hon, eto y mae'n amlwg fod y bardd
yn synhwyro mai garw hefyd fyddai'r feirniadaeth ar ei safbwynt ac
felly, ar ddiwedd y gerdd, ceisia liniaru peth ar lymder ei ymosodiadau
trwy ychwanegu:

Gwyped y byd mai nid difrio Ymneillduwyr gwladgarol, heddychol,
a rhinweddol yw fy amcan, ond yn unig tynnu'r gribyn fras ar
draws trwynau y Coeg-areithwyr cythryblus a hauant anufudd-dod i'r
Llywodraeth, *red republicanism*, malais a bwriad drwg yng nghalonnau
anwyl-blant Hen Gymru er afles a melltith iddynt.

Prin fod y geiriau hyn wedi cyrraedd swyddfa'r *Cymro* nad oedd
baled fer a llythyr esboniadol arall ar eu ffordd yno. 'Baled Twm y
Go' a Deio'r Eisin Sil' yw teitl y gerdd a chysylltir hithau ag alaw fel
y baledi eraill – y tro hwn â'r alaw 'Miss Morgans Fawr'. Yn ei lythyr
esboniadol ar y gerdd ac yn y gerdd ei hun, dadlau y mae'r awdur na
ddylai gwerinwyr a chrefftwyr cyffredin ymhél â 'Jac y Lantern, Ffri
Trâd a Financial Reform' gan nad dyna'u priod orchwylion:

Tra 'roeddynt yn pendroni, yr oedd y gwaith ar ôl, –
A phawb yn pwyntio gyda bys, Wel dyma ddynion ffôl:
　　O step i step, y felin glep
　　A'r olwyn gocos aeth i gecsan;
　　Ni chlywid mwyach ordd na hoel
　　Na phedol ar yr engan,
　　　　Hefo'u wac ffal di ral lal . . .[15]

Y mae'n ddiddorol sylwi mai hon yw'r unig un o'r baledi beirniadol hyn a gynhwysodd Talhaiarn yn ei dair cyfrol, a phan ymddangosodd y gerdd yn ei gyfrol gyntaf yn 1855 yr oedd heddychiaeth hefyd, yn ôl y bardd, yn 'moedro 'menydd Tom'. Mewn llythyr yn ateb y J. E. anhysbys hwnnw a'i cyhuddodd o droi ei gefn ar y werin a mynd yn Dori rhonc, dywedodd y bardd mewn llythyr i'r *Carnarvon and Denbigh Herald* ar 28 Gorffennaf 1848:

Is there any reason why I should not be a Conservative? Do I love my country the less for being so? Not a whit: but, on the contrary, I love the greatness of this mighty kingdom, and may Heaven defend it from the flaming discord which rages so fiercely on the Continent, under the prostituted name of Liberty.

Ar ddiwedd yr ymateb hwn rhoddodd gerdd Gymraeg, sef 'Ffyddlondeb Cymru' ar fesur yr alaw 'Hearts of Oak'. Dyma'r gerdd a gyhoeddodd fis yn ddiweddarach yn y *Cymro*, yn Awst 1849, fel math ar ddiweddglo i'r gyfres wleidyddol a gyhoeddodd yn y wasg yng Nghymru yr haf hwnnw. Y mae'r beirniadu a'r gwawdio a gafwyd yn y baledi yn absennol o'r penillion hyn ac yn eu lle ceir ymbil am lwyddiant a lles Cymru a theyrngarwch ei phobl i'r Frenhines.

Fy annwyl gyfoedion, hil Brython, hael bryd,
Boed i chwi ddedwyddyd a hawddfyd o hyd;
Dewr feibion hen Gymru o Fynwy i Fôn,
A'i merched anwylber o dyner fwyn dôn;
I'r Orsedd yn bur y safwn fel mur,
Yn daer fel y dewrion, yn driw fel y dur;
 A bloeddiwn yn hy' a llon ym mhob llu,
 Hedd, iechyd, a mawrles i'n hannwyl Frenhines –
 A dyna ydyw doeth weddi goeth Cymru gu.

Anwyl-blant hen Gymru, pob mab a phob merch,
Gochelwn Deyrnfradwyr di synnwyr, di serch;
Ond boed i Deyrngarwch, Brawdgarwch brwd, gwir,
Ynghyd â Gwladgarwch orlenwi ein tir;
Bob nos a phob dydd, y rhoddwn drwy ffydd,
Ufudd-dod i'r Goron yn rhadlon a rhydd;
 A bloeddiwn yn hy' a llon ym mhob llu,
 Hedd, iechyd, a mawrles i'n hannwyl Frenhines –
 A dyna ydyw doeth weddi goeth Cymru gu.

Gweddiwn yn wastad o gariad a gwres
Am heddwch, a mwyniant, a llwyddiant, a lles
I annwyl ddyffrynnoedd a glynnoedd ein gwlad,
A nerth i'w hamddiffyn rhag terfysg a brad;
Dedwyddyd a dawn, a gwynfyd a gawn
Tra bydd y gydwybod a'r galon yn iawn;
    A bloeddiwn yn hy' a llon ym mhob llu,
    Hedd, iechyd, a mawrles i'n hannwyl Frenhines –
    A dyna ydyw doeth weddi goeth Cymru gu.[16]

6 ෨ *Dinistrio Creadigaeth, 1850*

U
N o eisteddfodau talaith Gwynedd oedd yr un a gynhaliwyd
yn Aberffro (Aberffraw), Ynys Môn, yn Awst 1849 ac yr oedd
cryn frwdfrydedd ynglŷn â hi gan na fu eisteddfod daleithiol
yng Ngwynedd er yn agos i bymtheng mlynedd. Yr oedd tridiau wedi
eu neilltuo ar gyfer ei holl weithgareddau, gan gynnwys beirniadu
cystadleuaeth gwneud teisennau 'Berffro, gwau sgarff i ferch a
dyfarnu'r wobr am y pâr gorau o sanau duon Cymreig. Cyfeiriwyd
eisoes at fwriad Cymreigyddion Llundain i 'gymryd gwlad y mynyddau
dan ei sylw neilltuol' yn 1849 ac y mae'n amlwg fod gwneud rhyw lun o
farc yn Eisteddfod Aberffro yn uchel ar restr eu bwriadau. Byddai
hynny'n ffordd hwylus o atgoffa Cymru – os oedd angen ei hatgoffa
o gwbl wedi cymaint o ohebiaeth yn y wasg – fod Cymdeithas y
Cymreigyddion wedi dathlu ei phen blwydd yn 54 oed, mai hi oedd
flaenaf ymhlith yr alltudion 'gwladgarol' yn Llundain, ac mai hogiau
o Wynedd oedd y rhelyw o'r aelodau blaengar hyn! Ond ar wahân i
lordio ar ei maes fel cynrychiolwyr o'r brifddinas, purion beth fyddai
cael sylw yn yr Orsedd, cael dweud gair o'r llwyfan neu, gwell fyth,
ennill ar rai o gystadlaethau'r eisteddfod. Ar wahân i'w llywydd,
Talhaiarn, yr oedd Gwilym Meredydd yno yn feirniad ar draethawd,
Sam o Fôn yn cyfarch yn y seremoni agoriadol ac yn cael ei ddyrchafu
i'r Orsedd, Aled o Fôn ac Ioan Meirion yn cael annerch y gynulleidfa
ac Eos Meirion yn rhoi datganiad, yn cyfeilio yn ôl y galw ac yn
cystadlu am dlws y Delyn Arian. Ohonynt i gyd, Talhaiarn oedd
wedi buddsoddi fwyaf yn greadigol ar gyfer y brifwyl hon gyda'r
bwriad amlwg o wneud ei farc, nid fel aelod syml o'r Orsedd, ond fel
llenor. Anfonodd gyfansoddiadau i bump o'r cystadlaethau, sef awdl
ar y testun 'Y Greadigaeth', englyn i'r 'Llwynog', cyfieithu rhan o
'Cywydd y Drindod', cyfieithu rhan o ddrama Shakespeare 'Henry
IV', a llunio penillion ar 'Denbigh Castle and the Bowling Green
within its walls'. Ar fore cyntaf yr eisteddfod, wedi gweithgareddau'r

Orsedd ac wedi peth cystadlu a dyfarnu gwobrwyon, adroddir fel a ganlyn:[1] 'Mr John Jones (Talhaiarn), then came forward to address the Eisteddfod in English. He announced himself as Chairman of the London Cymreigyddion Society.' Y mae'n bur debyg ei fod eisoes ar y llwyfan gydag aelodau'r Orsedd ond nid oes cyfeiriad ato'n cael ei wahodd i annerch. Gwahoddiad neu beidio, dyma draddodi anerchiad swmpus. Rhagymadroddi yn gyntaf i ymfalchïo ei fod yn aelod o'r 'congress of Bards' – brawdoliaeth y B fawr a thystion yr Awen. Aeth yr adroddiad ymlaen:

> His remarks would be brief, yet he could not be altogether silent. He felt that he was amongst friends, and that his observations would be well received. The eloquent speaker then seemed to warm with his subject, and threw off a discursive and desultory, but most effective series of national impulses, feelings, and sentiments, which drew forth repeated and prolonged cheers.

Ymhelaethodd yn ddramatig ar hanes cynnar y delyn fel yr offeryn cenedlaethol a fu'n symbylu angerdd milwyr mewn rhyfela gwladgarol. Symud wedyn – gyda dewis o eiriau addfwynach – i ddisgrifio'r delyn fel yr offeryn a newidiodd i weini i bleserau heddychlon a difyrion deallus fel eisteddfodau. Enillodd gymeradwyaeth fyddarol y dorf enfawr am gyfeirio at ymweliad y teulu brenhinol ag Iwerddon ac am y nawdd brenhinol a roddwyd i Eisteddfod Aberffro. Mynd ymlaen wedyn i draethu ar hanes llên cynnar Cymru. Rhoddodd ddyfyniadau a chyfieithiadau o Ganu Llywarch Hen, Canu Taliesin a Chanu Aneirin, ynghyd ag enghraifft o'r Trioedd – darn sy'n nodi hanfodion athrylith farddonol. Aeth ymlaen i sôn am 'the position of the Bards' yn yr Oesoedd Canol gan ddyfynnu darn sylweddol o Statud Gruffudd ap Cynan a mynegi'r farn mai'r cyfnod rhwng teyrnasiad Gruffudd ap Cynan a Llywelyn Ein Llyw Olaf oedd y disgleiriaf yn hanes ein llenyddiaeth. Gorffennodd trwy restru enwau nifer o Feirdd y Tywysogion a phwysleisio fod barddoniaeth y beirdd hynny ar gael o hyd.

Ys dywedodd un o ohebyddion yr ŵyl, 'the above is a most imperfect outline of what Talhaiarn said', ond y mae'n grynhoad o anerchiad a droes yn berfformans helaeth, gyda'r addewid am anerchiad byr wedi ei anwybyddu a phrif waith yr eisteddfod ond prin wedi ei ddechrau. Ni wyddai'r rhelyw o'r dyrfa fod y perfformans a glywsant ac a welsant ond megis rhan o'i uchelgais i ennill bri nodedig yn yr eisteddfod ym Môn. Gobaith Talhaiarn ei hun y bore hwnnw, mae'n sicr, oedd y byddai ei araith ysgubol megis tamaid i aros pryd am sawl llwyddiant oedd yn ei aros ar lwyfan Aberffro.

Yn naturiol, ei awdl oedd y prif gais o'i eiddo am anrhydedd yr eisteddfod ac yr oedd wedi mynd i drafferth anghyffredin wrth ei llunio ac wrth baratoi'r copi terfynol.[2] Yr oedd y copi ei hun wedi cael ei rwymo rhwng cloriau lledr 'morocco' coch ac oddi mewn ceid prif lythrennau y gwahanol adrannau, a rhai dyfyniadau, wedi eu llunio a'u lliwio yn gywrain yn null llawysgrifau'r Oesoedd Canol. Ond nid manylrwydd artistig pensaer oedd y cymhelliad, fel yr esboniodd yn y rhagymadrodd helaeth a roddodd i'r awdl:[3]

> Un gair mewn perthynas i amwisg yr Awdl. Dychmygai yr Awdur y dylai pob Bardd wisgo ei anwylwaith yn y modd dillynaf, fel ac y gwna mam ei phlentyn, ac nid ei adael yn swga a slyfenllyd: o dan ddylanwad y teimlad hwn darfu i'r awdwr wisgo ei waith yn y modd destlusaf a allai, a'r holl ddifyniadau o'r Bibl sanctaidd yn null yr *illuminated manuscripts of the mediaeval ages*, nid gyda un bwriad i dreio cam arwain y Beirniaid, ond yn unig i ddangos mwy o barch i'r Ysgrythyr Fendigaid nac i'w waith ei hun.

Treuliodd y rhan gyntaf o'i ragymadrodd yn rhoi esboniad manwl ar rai nodweddion annisgwyl yn yr awdl:

> Yn gyntaf mewn perthynas i'r cynllun a ddewisodd. Efallai y bernir mai hyfder a berai iddo dorri drwy reolau cyntefig yr hen feirdd gorchestol, gan arfer rhyddiaith yn draphlith a'r cynghaneddion; ond ei amddiffyniad yw hyn: ar ol myfyrio llawer ar y pwngc pwysfawr cyn dechrau cyfansoddi, ac wrth gynllunio *skeleton* o'i waith, dychmygai mai priodol fyddai cymmeryd adnodau disgrifiadol pennod gyntaf Genesis yn destunau i'w fyfyrion, a'u copïo yn eu symledd cyntefig i'w Awdl, heb ymgais at eu cynghaneddu: diammeu y gallasai yr Awdwr eu cynghaneddu, ond gwell oedd ganddo beidio –
> (gwelwch un engraifft
> Bid gwawl, medd Hollawl Allu!
> Boed y goleuni! a bu!)
> Dychmygai hefyd y bydd Côrganau Angylion yn hynod o briodol ar orpheniad y gwaith o ddydd i ddydd, ac yn lle cyfansoddi caneuon iddynt, dewisai adnodau heirddion a barddonawl o'r Psalmau a mannau eraill o'r Ysgrythyr Lân, gan feddwl y byddai hynny yn fwy dewisol gan Engyl na dim a allai ef gyfansoddi, ac efallai y caniatteir

fod y meddylddrych yn farddonawl. Os haerir mai nid priodol yw
canu rhyddiaith, galwyf sylw at '*Messiah*', Handel, lle mae'r holl
fiwsig wedi ei addasu i adnodau o'r Bibl, heb un *penill* yn yr holl
waith, ac hefyd at y *chants* a'r *Anthemau*, a gwelir yn union nad oes
yma droseddiad yn erbyn chwaeth. Nid yw hyn yn newyddbeth mewn
ieithoedd eraill, a gobeithio na feiir yr Awdwr am roddi yr esiampl
gyntaf mewn Awdl Gymraeg.

Cynigiodd wedyn ddau reswm am ddefnyddio mesur y 'Salmau Cân'
mewn awdl:

Mewn perthynas i Emyn Sabbathawl Adda ac Efa, meddyliai'r Awdwr
mae ammhriodol fyddai iddynt ganu yn y cynghaneddion caethion,
ac o ganlyniad dewisai ddull yr hyglod Archddiacon Edmund Prys, er
mwyn rhoddi hylithrwydd a symledd i'r cyfansoddiad, a sylfaenai yr
Emyn ar rannau o'r 'Benedicite Omnia Opera Domini' yn y 'Llyfr
Gweddi Cyffredin'.

Teimlodd fod angen cyfiawnhau rhoi dau ansoddair yn hytrach nag
un 'yn awr ac yn y man' – hynny i 'rwyddhau ac i gryfhau cyfansoddiad
y Bardd'. Er iddo gydnabod yn gynnar yn ei ragymadroddi 'y gallesid,
gydag ychwaneg o amser, gywiro a chryfhau y cynghaneddion' yr
oedd yn cloi ei ragymadrodd yn hyderus: 'Yn olaf, cyfaddefai yr
Awdwr iddo lafurio yn gariadlawn a rhoddi ei holl nerth, ei allu, a'i
serch yn y gwaith, gyda'r bwriad o gyfansoddi gorchestwaith, pa un a
lwyddodd ai peidio, Barned y Beirniaid.' Eben Fardd oedd beirniad
yr awdl ac yr oedd un ar ddeg wedi cystadlu. Pan ddaeth i lunio ei
sylwadau ar ymdrech Talhaiarn disgrifiodd yn gyntaf y modd yr
oedd 'Archadeiladydd' wedi addurno ei gopi a bu'n hael iawn ei
ganmoliaeth i artistri llawysgrif y bardd. Ond nid gwaith dylunio
oedd yn cael ei gloriannu: 'but since this external beauty so highly
creditable to the taste of the author, cannot be admitted in competition
for poetic distinction we must proceed to examine the *bare
composition*'. Yr oedd i'r awdl gynllun diddorol yn ôl y beirniad gan
i'r awdur roi darnau perthnasol o'r Ysgrythur o ddeutu digwyddiadau
dyddiol y creu, ond wedi hynny o ganmol dyma droi at y diffygion
gydag enghreifftiau o bob un. Canfu Eben Fardd ddigon o feiau yn y
gwaith – y cynganeddion ail-law a sathredig, gwallau cynghanedd,
geiriau hynafol a geiriau anaddas. Nododd enghreifftiau o ddiffyg
chwaeth fel yn y disgrifiad o Adda:

Rhedai a neidiai'n nwydwyllt,
Yn abl gawr mal *ebol gwyllt* . . .

Ar y llaw arall, cyfaddefodd y gallai'r awdur lunio ambell gwpled
effeithiol megis:

Oes blaned mor ysblennydd
Yn awyr Duw a Nêr y dydd?

Ond yr oedd un nam sylweddol ar wahân i'r grefft, sef bod dros bum
cant o linellau, allan o'r mil a hanner, yn amherthnasol i'r testun,
gan eu bod yn ymdrin ag Adda ac Efa ym Mharadwys. Yr oedd y
gwendidau'n fwy niferus na'r rhinweddau i Eben Fardd: 'in many
respects the Poem is very clever, and sometimes beautifully poetical,
the vivacity of the Muse is prominent throughout, but it can hardly
advance out of Second Class poetry'. Gosodwyd Archadeiladydd yn
ail yn yr ail ddosbarth, ac wedi clywed y dyfarniad, rhwygodd ei gopi
o'r awdl yn gyhoeddus. Yn ôl Anthropos, gwelsai Gwyneddon ef yn
rhwygo'r awdl ar ben clawdd, ond yn ôl Llew Llwyfo a Chefni, yr
oedd Talhaiarn ar y llwyfan. Dyma ddisgrifiad lliwgar Llew Llwyfo:

Fel dyn mewn cynddaredd, cipiodd y copi ysblennydd oddiar fwrdd yr
Ysgrifenydd, daliodd ef yn agored, a'i ddwy law, at y gynulleidfa, a
llefodd a chrochlef uchel, gan rwygo y copi a lluchio y man ddarnau
o'i amgylch: 'Wele ddinystr y Greadigaeth!'[4]

Gellid disgwyl y byddai ei ymddygiad ar ddydd cyntaf yr eisteddfod
wedi marcio Talhaiarn fel collwr gwael a gŵr cyhoeddus anystyriol
ond, yn hytrach na'i lorio, bu digwyddiadau'r dydd yn foddion i
ddyrchafu ei statws fel eisteddfodwr a phersona llwyfan. Ar ddiwedd
sesiwn cynhyrfus y prynhawn, yr oedd ef ymhlith y gorseddigion
a neilltuodd i bafiliwn arbennig ar gwr gwesty'r Prince Llywelyn i
roi cinio i'r llywydd, O. J. A. Fuller-Meyrick. Yn gynnar yn y
gweithgareddau cafwyd sawl llwncdestun a bu'r beirdd, a Thalhaiarn
yn eu plith, yn ychwanegu englynion addas. Yn nes ymlaen rhoddodd
y bardd ddatganiad o ganu penillion i gyfeiliant Eos Meirion gan
ennyn i'r ddau gryn gymeradwyaeth. Cododd yr Aelod Seneddol,
William Bulkeley Hughes, i gynnig 'iechyd da' i'r ddau ddatgeiniad
ac wrth wneud hynny cyfeiriodd yn benodol at Dalhaiarn a'i ddawn,
gan ychwanegu sylwadau cynnes iawn am 'the very talented and

learned discourse he had delivered in the course of the day', a chynnig 'Mr Jones's good health'. Gafaelodd Talhaiarn yn y cyfle. Cododd i ddiolch am yr 'iechyd da' ond wedyn aeth yn ei flaen i wneud math ar *apologia* am ei ymddygiad ynglŷn â'r awdl ac ymbil am gydymdeimlad y byddigions a'r beirdd:

> 'Talhaiarn' begged to thank the gentleman who so kindly proposed, and the company who so kindly received the toast. While on his legs, he would make a clean breast of it, and honestly confess that he had come down to the country in high hope, high spirits, and high expectation to try for the chief prize (*hear, hear*). Nights of anxious study and preparation had been devoted to the task, and whatever of ability he possessed had been called into requisition in the composition which he had fondly hoped would have been deemed worthy of the prize.
>
> Mr. Bulkeley Hughes – 'I trust Talhaiarn will have better luck next time.'
>
> Talhaiarn, in continuation – 'Well, sir, I trust I bore my disappointment like a Christian and a philosopher' (*laughter and cheers*). It was something certainly to have to have it pronounced by the Judges that of twelve compositions sent in, five were works of merit, and to have heard his own motto set down as third in the list. As it was, he envied not Mr. Morris Williams this distinction he had achieved, and questioned not the decision of the Judges. He wished him health and long life to wear the trophy he had won, no doubt fairly. His faith was to be too enthusiastic; but he was true to the sentiment, 'Hateful is the man who loveth not his country:' – having no feeling in common with the cold utilitarianism which considered one square yard in any one spot as good as another. One who thought this could neither be a good lover, a good husband, or a lover of his country. The orator concluded by passionately apostrophising the land of his sires, – of his birth, – of his affections, and resumed his seat amidst thunders of applause.[5]

Cyn diwedd y cinio yr oedd siaradwr arall, wrth sôn am lwyddiant yr eisteddfod, wedi canmol Cymdeithas y Cymreigyddion am ei hymroddiad i iaith a llenyddiaeth Cymru. Enwodd dri aelod o'r gymdeithas a oedd yn bresennol yn y cinio ac a oedd wedi ennill enwogrwydd – John Williams, Aelod Seneddol Macclesfield, Ioan Meirion a Thalhaiarn – a chynigiodd lwncdestun i'r tri ac i'w cymdeithas. Dyna gyfle arall i'r awdlwr anfuddugol i wneud rhywbeth positif i blesio'r cynulliad trwy godi i leisio diolch. Nid rhyfedd deall felly fod y bardd mewn hwyliau digon da i aros ymlaen i foddi ei ofidiau:

> Ar ôl i'r cerbydau ddyfod at y gwesty i gyrchu y boneddigion adref i'w palasau a gadael yr ystafell wledd i lywyddiaeth Talhaiarn, yr oedd blas y gwin yn dechrau cynesu tipyn ar waed y frawdoliaeth, nes codi 'hwyl' ar galonau y beirdd i luchio englynion byrfyfyr at eu gilydd ac i ddwyn allan rai cerddorion i ganu gyda'r tanau; ac yn eu mysg rhoddwyd anogaeth i'r hen filwr y crybwyllwyd am dano yn barod; a chredaf fod ei gân ef yn dra nodweddiadol o'r cyfarfod: nid wyf yn gwybod i mi ei chlywed na chynt na chwedyn: a dyma'i thestyn: – 'Shake the bottle before using;' ond yn lle fod y gwyddfodolion yn ysgwyd y costrelau, daeth y potelau i'w hysgwyd hwy, fel nad oedd fawr o gysgu i neb yn y *Llewelyn Inn* y noswaith hono.[6]

Ar ail ddiwrnod yr eisteddfod daeth Talhaiarn ymlaen, rhwng dwy feirniadaeth, i sôn eto am ei awdl anfuddugol:

> Mr Jones, (Talhaiarn), of London, next came forward amidst immense cheering to speak a few words declaratory of his sincere respect for the taste and judgment of those who had made the award by which to his Poem on the Creation the prize was not decreed. It was, he said, no disgrace to him to have been beaten by one of the best scholars the Welsh people could shew, the Rev. Morris Williams. Having, however, thrown all his soul, energy, and industry, into his poem, he would recite a few portions, in order to shew to his fellow-countrymen and his fair country-women, how he was capable of treating a serious theme in poetry. He then gave a series of sketches – the sun first dawning on creation – Adam and Eve, &c., amidst the plaudits and most enthusiastic cheers of the multitude around him. The sketch of Eve was encored, and more intensely greeted than we ever heard in the case of any recitation. All around appeared to be struck with a sense of inexpresible and entrancing beauty – the beau ideal of the man and the poet.

Yr eitem a ddilynodd ei berfformiad oedd y dyfarniad ar y cerddi 'Denbigh Castle and the Bowling Green within its walls'. Cafodd wybod nad oedd ei gerdd ef yn fuddugol a byddai felly'n gadael Aberffro yn aflwyddiannus yn ei bum ymdrech barddol. Os methodd yn ei uchelgais i gyflawni gorchest lenyddol, fe lwyddodd i wneud argraff ar lwyfan cyhoeddus o bwys fel areithiwr huawdl a datgeiniad dawnus.

A'r glorian wedi syrthio o'i blaid erbyn diwedd yr eisteddfod gallai fwynhau ei egwyl yn yr Harp ac ymuno yn yr Orsedd yng nghyhoeddi Eisteddfod Rhuddlan cyn troi'n ôl am Lundain. Ond nid oedd y gwreichion o helbul Aberffro wedi llwyr ddiffodd a bu ef ei hun yn gyfrifol i raddau helaeth am ailgynnau'r fflam. Mewn llythyr cyhoeddus dywedodd iddo glywed sibrydion fod Eben Fardd yn gwybod pwy oedd yr 'Addolwr' a anfonodd awdl i Aberffro a gofynnai sut y bu i'r beirniad hwn ysgrifennu at William Ambrose (Addolwr) gan gynnwys copi o'i feirniadaeth dridiau cyn yr eisteddfod. Sut hefyd y gwyddai pwy oedd Addolwr cyn torri'r sêl? Cysylltodd Talhaiarn y sibrydion hyn â'r ffaith nad oedd Eben Fardd wedi mynychu'r eisteddfod, gan awgrymu ei fod wedi pwdu am na chytunai ei gyd-feirniaid i wobrwyo William Ambrose. Yr oedd y cyfan yn gwneud Eben Fardd yn anaddas i eistedd mewn barn ar waith pobl eraill, ac ar ben y cyfan dyma'r dyn oedd wedi gosod Archadeiladydd yn yr ail ddosbarth a gwrthod derbyn mai Adda ac Efa oedd uchafbwynt gogoneddus y Creu ac felly'n uchafbwynt anrhydeddus i awdl y 'Greadigaeth'! Câi'r cyhoedd farnu rhinweddau'r awdl gan fod yr awdur am ei chyhoeddi ar frys! Dyma felly ddechrau ymgiprys eisteddfodol chwyrn mewn Saesneg miniog rhwng y ddau a barodd am bum mis a hynny'n gyhoeddus iawn ar ddudalennau'r wasg. Yn fuan wedyn awgrymodd Talhaiarn iddo glywed i Eben Fardd gael cymorth Dewi Wyn wrth lunio dwy o'i gerddi buddugol ac yn ei lythyr yn ateb yr ensyniad, dywedodd Eben Fardd y gallai fynd draw at y Cymreigyddion a llunio awdl a roddai iddynt y 'sweet immortality you seem to be panting for', a chan roi mwy o halen ar y briw ychwanegodd:

> Think not that the bardic disciple of the high spirited DEWI WYN, is so little imbued with the indomitable awen of his immortal preceptor as to submit tamely to the taunts and insults of '*clerfeirdd and cler-feirniaid*.'[7]

Gellir dychmygu cynddaredd Talhaiarn o weld y Cymreigyddion yn cael eu llusgo i'r ffrae oherwydd gallai gredu i rywun sibrwd am eu cyfraniad yn tacluso ei awdl. Fel llawer yng Nghymru, y mae'n sicr i Eben Fardd sylwi fod y gymdeithas yn uchel ei chloch ers misoedd ond dim ond ar ôl iddo anfon ei lythyr i'r *Herald* y cafodd y llythyr personol oddi wrth 'a perfect stranger' oedd yn aelod o'r Cymreigyddion:

> I perused your letter with much pleasure & altho I know something of Talhaiarn, I thought his allusion to you most unwarranted & was very glad you treated it as you did, but I wish to say this, that being nauseated at his egotism and expecting next Saturday you will be the subject of his abuse which will afford you a foundation for another – You might ask him, whether his? Ode was not a part of the production of some *half a dozen*, you might venture to say . . . that Mr Meredith late of Barmouth, *Mr Jones Gwrgant* & others took every trouble and pain to *correct* its alliteration & revise it, otherwise that there had been alliterative faults, which wd at once have *damned* it: what does it amount '*that he threw all his soul & intellect*' into it, the question is, the extent of his poetical *soul*. Boasting nauseates *good taste* – he boasted at all his *places of resort* that he wd be the Chair Bard & went down full of hope of being immortalized.
>
> You should also say he was Candidate for four other prizes . . . One wd think that his vanity might be subdued & his poetical pretentions be hereafter measured by his efforts at this second rate Eisteddfod. I do hope you will again appear in the (- - -) next on this letter; ond *cymerwch ofal rhag i neb byth* wybod eich bod *gwedi clywed oddiwrthyf*.
>
> I remain in great haste
> Ys. very respectfully
> Owen Wynne Thomas
> – Twrog –[8]

Bu rhyw gweryl bychan rhwng Twrog a Thalhaiarn rai misoedd ynghynt ond nid yw'n esbonio agwedd Twrog y tro hwn. Y mae'n sicr fod nifer o'r Cymreigyddion yn cytuno â'i farn ynglŷn ag ymddygiad cyhoeddus Talhaiarn ond nid ymddengys iddynt ffrwyno ei duedd i barhau'r ymgecru. Ar ddiwedd Medi 1849 cyhoeddodd gerdd faith 'The Bat and the Butterfly' yn gyflwynedig i Eben Fardd. Thema'r penillion yw eiddigedd yr ystlum tuag at y glöyn byw; wedi gweld fod y glöyn mor lliwgar ac yn mwynhau rhyddid a hapusrwydd ymhlith y blodau, y mae'r 'cheerless melancholy bat' yn newid ei feddwl:

> His joyful life of love and play
> Is a sweet sunny holiday,
> While I in twilight pine away
> Nor dare to court the sunny ray:
> I say it with a heartfelt sigh,
> I wish I were a butterfly.[9]

Er minioced oedd dicter awen Talhaiarn, y gwir yw nad oedd ei fywyd mor llawen ag yr awgryma'r pili-pala yn y gerdd. Ar wahân i'r gowt oedd yn ei blagio eto yr oedd yn sylweddoli mai ef ei hun oedd yn gyfrifol am gasineb y ffrwgwd. Bu'n ddigon o ddyn i ddechrau syrthio ar ei fai yn gyhoeddus a gwnaeth hynny mewn cerdd i'r *Carnarvon and Denbigh Herald* ar ddiwedd Tachwedd 1849:

> Alack! Alas what mischief springs
> From vanity and pride,
> When passion is the ruling power
> And prejudice its guide . . .
> *Talhaiarn* in his reckless wrath,
> Uncovered by a shield,
> Sprang like a wild high-mettled colt
> Into the battle field;
> He snorted, kicked and plunged about
> With spirit we must own:
> The kicks recoiled upon himself
> And wounded *him* alone.

Mewn llythyr cyhoeddus yn fuan wedyn cydnabu mai ef a roddodd hysbysrwydd i'r stori am Ddewi Wyn yn helpu Eben Fardd, 'and the affair has hung rather unpleasantly about the neck of my conscience ever since'.[10]

Er i'r bardd syrthio ar ei fai yn gyhoeddus iawn cyn diwedd 1849 yr oedd yn fis Gorffennaf 1850 cyn i Dalhaiarn gael y cyfle i fynd i Glynnog i gymodi'n bersonol â'i feirniad. Y mae'n bur debyg mai un o'r Cymreigyddion a anfonodd yr englyn talcen slip i'r *Cymro* lle cofnodir y cyfarfod gyntaf:

> *Tal. ac Eben*
> *Englyn Talcen Slip*
>
> Talhaiarn fel gafr sy'n farfog,—gwelwyd
>   Y gwalch ddoe yng Nghlynnog,
> Yn drwyn-drwyn gydag Eben Fardd
> Yn nhafarn llun y llwynog.[11]

Fel y ffrae, cafodd y cymodi gryn gyhoeddusrwydd yn y wasg gan i'r ddau leisio'u teimladau mewn barddoniaeth a hynny, y tro hwn, mewn Cymraeg. Y peth cyntaf i ymddangos oedd englyn Talhaiarn:

I EBEN FARDD

Ar awr lidiog her-erlidiais—Arwr
Eryri drwy falais –
Eben Fardd gufardd gefais
Yn fwyn ei drefn – ni fyn drais.[12]

Anfonodd Eben Fardd ei gywydd 'Talhaiarn yng Nghlynnog' i Aled o Fôn yn Llundain. Wedi cydnabod y cywydd trwy lythyr personol ato cyhoeddodd Talhaiarn ei gywydd 'I Eben Fardd'[13] ar ddechrau Medi ac ymddangosodd cywydd y bardd o Glynnog yn yr un papur yr wythnos ganlynol[14] – hyn oll bron i flwyddyn ar ôl Eisteddfod Aberffro. Pan ddaeth Talhaiarn i gyhoeddi'r casgliad cyntaf o'i waith rhoddodd y geiriau 'Cywydd y Cymod' yn is-deitl i'r gerdd. Ynddi disgrifia ei ymddygiad yn Aberffro, y collfarnu ar feirniaid ac yna'r ymbwyllo a syrthio ar ei fai. Cydnebydd fod y derbyniad boneddigaidd a gawsai pan ymwelodd â Chlynnog wedi'i gwneud yn rhwydd i addef ei fai ac i erfyn maddeuant:

Rhoi sawdl ar f'Awdl er f'edliw,
Rhwygo'i llyfr a rhegi ei lliw;
Eis yn siŵr fel gŵr o'i go,
O'm bodd rywfodd i rafio . . .
Dofais a sadiais wedyn,
Dewiswn dda, dois yn ddyn;
I Ddofydd cyfaddefais
Mai drwg, drwg oedd y drwg drais . . .
Yn was teg maddeuaist di,
Drwy barch, fy amharch imi.

Cyhoeddwyd awdl Talhaiarn ar ddechrau Tachwedd 1849, cyn y cymodi mawr ag Eben Fardd, a'r peth cyntaf a wnaeth ei hawdur oedd anfon copi ohoni at Gwallter Mechain – y bardd a'i rhoddodd ar ben y ffordd i ddysgu rheolau'r gynghanedd ond na wyddai Talhaiarn ei fod yntau wedi cystadlu ar yr awdl yn Aberffro:

Byddwch mor fwyn a maddeu yr hyfdra a gymerwyf i'ch anrhegu a chopi o fy Awdl (Anfuddugol) ar y Greadigaeth. Addefa gwlad a chenedl mai *chwi* yw Prif Fardd a Phrif Feirniad yr oes, ac yr wyf finnau, gyda phetrusder a gostyngeiddrwydd yn erfyn arnoch dderbyn fy anrheg fel arwydd o'm parch tuag attoch. Diameu fod beiau a gwendidau yn yr Awdl, ond os rhydd un linell neu un meddylddrych ddywenydd ichwi bydd hynny yn ddigon o daledigaeth i mi.[15]

Derbyniodd Talhaiarn lythyr gan y bardd rai dyddiau cyn ei farw, ac er nad yw'n manylu am y cynnwys dywed ei fod yn 'llythyryn caredig . . . yr hwn a gadwaf yn fwy gofalus na pe buasai yn bwrs o aur a meini gwerthfawr'. Nid oedd problemau'i awdl ar ben ond o leiaf yr oedd yn dechrau eu trin gyda phwyll a pheth ysgafnder. Cafwyd gwallau argraffu yn Y *Cymro* pan gyhoeddwyd rhai dyfyniadau ohoni ac wrth iddo dynnu sylw atynt mewn llythyr i'r papur, sylwodd fod o leiaf rywbeth positif ynglŷn â'r 'Salm' ddiangen a chondemniedig am Adda ac Efa:

> Y mae'r dyfyniad o ddesgrifiad Efa yn gywir, ac y mae yn dda gennyf hynny. Cofiwch fy mod yn *dotio* ar fy anwyl Efa, ac er mwyn pob daioni, ymaflwch ynddi yn dyner a serchlawn, a gadewch iddi ddyfod allan o'r *Wasg* yn ddifrychau.

Anffafriol gan mwyaf fu pob beirniadaeth ar yr awdl yn y wasg a hawdd deall hynny gan fod cynganeddu fel a ganlyn yn annerbyniol o ansoniarus hyd yn oed i genhedlaeth o feirdd pur ansoddeiriog:

> I fawr, folwyn Forfilod—yr egyr
> Yr eigion yn drigfod;
> Mawrgawg i besgawg bysgod,
> Lu heigiawg i fywiawg fod.

Er mai mewn llythyr personol – at Eben Fardd – y ceir ei sylwadau, y mae barn finiog Creuddynfab yn cynnwys cnewyllyn y gwir:

> Ni thybiais erioed o'r blaen y byddai cyfansoddiadau tebyg i un Talhaiarn yn cael eu hanfon i Eisteddfod yn y byd gyda'r bwriad i enill y prif destyn. Engraifft nodedig debygwn i o gynddeiriogrwydd neu wallgofrwydd awen heb un argoel o'i hysbrydoliaeth.[16]

Fel y dynesai'r flwyddyn lawn a chynhyrfus hon at ei diwedd ceir y bardd yn sydyn yn seinio nodyn crefyddol a hynny, hyd y gellir barnu, heb unrhyw gymhelliad neu gomisiwn o'r tu allan. Ym mis Tachwedd yr ymddangosodd ei gerdd 'Diolchgarwch am y cynhauaf, 1849' ac y mae'r pedwar pennill fel chwa o awyr iach wedi myllni di-awen ei awdl:

Dyrchafwn ein clodforedd rhwydd
I Arglwydd Dduw y lluoedd;
Addolwn a moliannwn Ef,
Sy'n llenwi nef y nefoedd.

Trugarog ydwyt, Arglwydd Dduw,
Rhagorol yw dy gariad;
Tydi yw Tarian, Nerth a Thŵr
A Noddwr yr amddifad.

Dy hael fendithion rif y gwlith
Roist inni, Dduw Goruchaf,
A llawnder er ein lles a'n llwydd,
O! Arglwydd y Cynhauaf.

Creawdwr nef a daear lawr,
Dy werthfawr drugareddau
A'th gariad a glodforwn fyth
Yn ddilyth o'n calonnau.[17]

Mesur cwbl gyfarwydd i'r bardd oedd y mesur hwn oherwydd fod
ganddo wybodaeth eang o'r canu rhydd traddodiadol, a hefyd oherwydd
ei ymlyniad wrth wasanaethau eglwys ei febyd. Anodd gwybod pa
mor reolaidd yr addolai ond gwyddys mai yr eglwys Gymraeg yn
Holborn a fynychai pan oedd yn Llundain a hynny gyda nifer o'i gyd-
Gymreigyddion.

Yn *Yr Haul* y mis canlynol y cyhoeddodd 'Carol Nadolig', cerdd
o saith pennill gyda'r nodyn o dan y teitl 'Cenir ar unrhyw Dôn
addasol'.[18] Pan ymddangosodd y geiriau yn netholiad Thomas Jones,
sef *Bwrdd y Beirdd*, cysylltwyd y geiriau â'r dôn 'Old Derby' a
dyna'r dôn a roddodd Talhaiarn oddi tani pan gyhoeddodd y garol
yn ei gyfrol gyntaf yn ddiweddarach. Bardd y mesurau rhydd a welir
yma eto a cheir ganddo y rhwyddineb ymadrodd a'r mynegiant
dirodres hwnnw oedd mor absennol o'i awdl chwe mis ynghynt.
Gwelodd golygyddion *Emynau'r Eglwys* rinweddau'r gerdd a rhoesant
dri o'r penillion fel emyn yn adran Yr Ystwyll, a dyna awdlwr
anfuddugol Aberffro yn cael lle anrhydeddus gyda'r prifardd buddugol,
Nicander, yn oriel yr emynwyr!

Gogoniant yr Arglwydd ddisgleiriodd,
O'r nefoedd y llifodd i lawr;
A Seren y Dwyrain a wenodd,
A'r ddaear ryfeddodd yn fawr:
Pan welid y tecaf Blodeuyn,
A aned o Forwyn Fam wiw:
Mewn preseb gorweddai y Plentyn
Bendigaid, yn Ddyn ac yn Dduw . . .

O wele Iachawdwr a Cheidwad,
Anfeidrol ei gariad gwir yw;
Arweinydd i fywyd tragwyddol,
A nefol a Dwyfol Oen Duw;
Gogoniant i'r Arglwydd a roddwn,
A chanwn, tra byddom ni fyw,
Â'n lleisiau, â'r delyn, â'r dectant,
Ben-moliant addoliant i Dduw.[19]

Cyn diwedd y flwyddyn lluniodd Talhaiarn gerdd 'Ar Sylfaeniad
"Sefydliad Addysgol" Llanymddyfri, ar y 13eg o Ragfyr, 1849' ac fe'i
cyhoeddwyd yn *Yr Haul*. Tri phennill achlysurol, brysiog a geir ynddi
a'r rheini heb fawr rhinwedd ond eu bod, fel y coleg ei hun, yn
gynnyrch yr ateb i Adroddiad y Dirprwywyr Addysg 1847. Y mae'r olaf
o'r tri phennill yn dyst diddorol i'r gobeithion a'r optimistiaeth ynglŷn
ag addysg a fynegwyd gan Eglwyswyr ac Ymneilltuwyr yng nghanol
chwerwedd yr ymateb i'r 'Llyfrau Gleision':

Os bu anwybodaeth yn aeaf o oerfel
Yn gwywo daioni a llygru ei had,
Daw duwies dysgeidiaeth ar edyn yr awel
I chwalu y caddug fu'n hulio ein gwlad;
Try aeaf annysgiaeth yn haf o wybodaeth,
A'r awen ymloewa dan aden athroniaeth;
Doethineb a noddir gan ddwyfol Ragluniaeth,
A dysg a gynydda drwy fendith (y) Tad.[20]

Gyda'i waith beunyddiol yn ei gadw yn Llundain, a'i bwyllgora ar
ran y Cymreigyddion yn cymryd ond cyfran fach o'i oriau rhydd,
efallai fod iddo fwy o hamdden i ymroi i'w ddiddordebau llenyddol.
Yn sicr y mae ei lythyrau cyhoeddus yn 1850 yn awgrymu rhai oriau
o gyfansoddi gan iddo, ar wahân i lythyrau achlysurol, gyhoeddi

rhwng Ionawr a dechrau Mehefin y flwyddyn honno un ar ddeg o 'fân-gofion hanesyddol, hynafiaethol, chwedleuol a barddonol mewn perthynas i bentref fy ngenedigaeth', ac y mae rhai o'r llythyrau hyn yn benodau helaeth.[21] Y wedd hanesyddol i'w ardal a bwysleisir gyntaf gan sylwi'n arbennig ar y plastai a'r teuluoedd cysylltiedig – yr Henllys, Melai a Garthewin. Y mae'r ymdriniaeth â Melai yn arwain at y cywydd a'r gerdd farwnad a ganodd Huw Morys i Barbara Wynne o Felai – merch a fu farw o'r frech wen yn 1695 yn fuan wedi ei phriodas yn eglwys Llanfair â Risiart Miltwn o'r Plas Newydd, Llansilin. Un o hoff feirdd Talhaiarn oedd Huw Morys ac y mae'n amlwg i'r gerdd farwnad yn y mesur rhydd wneud argraff fawr arno oherwydd 'ei symledd, ei thynerwch, a'i thosturi, ac anhawdd . . . yw cael galareb mor orlawn o wir deimlad, ac mor serch-gynhyrfol a hon' (t.12). Rhoddodd y cywydd a'r gerdd farwnad yn ei lythyr gan ychwanegu fod yr olaf hefyd 'fel esiampl o *wir-alarnad*, a rhybudd i feirdd Cymru i ymgadw rhag rhodres a chwyddiaith yn eu marwnadau.' Cyfeiria'r pum llythyr sy'n dilyn at y llenorion fu'n gysylltiedig â Llanfair Talhaearn, sef Ieuan Brydydd Hir, Robert Thomas (Y Clochydd), Dafydd Siôn Pirs, Siôn Powel o Ryd yr Eirin a Thwm o'r Nant. Bu Ieuan Brydydd Hir yn gurad yn y plwyf rhwng 1761 ac 1765 ac yr oedd Talhaiarn 'yn cofio (pan yn fachgen) dottio ar ei englynion i Lys Ifor Hael' er nad oedd yn cofio ond y cyntaf a'r trydydd ohonynt erbyn 1850. Dywed fod amryw chwedlau am y beirdd hyn ar gael yn y fro ond yn achos Ieuan, 'gan eu bod yn dwyn perthynas â'i brif bechod (sef serch at y ddiod), gwell, efallai, yw taflu clôg drostynt . . . ond er hyn, y mae miloedd o galonau tyner yn gofidio am ei anffawd, a gobeithio nad oes un mor ddideimlad ac ymffrostio yn ei gwymp' (tt.13–14). Cyfoeswyr ag Ieuan Brydydd Hir oedd Dafydd Siôn Pirs, ysgolfeistr y pentref, a Robert Thomas – y naill yn fardd gwlad a'r llall yn fwy am ieithoedd ac yn dipyn o sgolor mewn Saesneg, Groeg a Lladin. Mam Dafydd Siôn Pirs a gadwai dafarn yr Harp bryd hynny ac yno y cyfarfyddai'r tri, a chesglir eu bod yn gwsmeriaid rheolaidd, gydag Ieuan a Dafydd â monopoli ar y ddau bentan o ddeutu mantell fawr y simne pwy bynnag fyddai yn y tŷ.

Yn ei lythyr ar Dafydd Siôn Pirs dywed fod rhai o'i gerddi wedi mynd ar ddifancoll ond yr oedd rhai wedi eu cyhoeddi, gan gynnwys ei gampwaith, yn ôl Talhaiarn, sef y 'gerdd orchestol i'r Delyn' (t.18). Gwir iddo orlwytho'r gerdd, meddai, ac yr oedd yn rhy faith i'w dyfynnu yn ei chyfanrwydd ond 'ni theimlaf ar fy nghalon roddi llai na hanner rhag i mi wneuthur anghyfiawnder â gwir Fardd yr hwn

oedd yn anrhydedd i Lanfair'. Cafodd darllenwyr Y *Cymro* dri ar ddeg
o'r penillion allan o 'Molawd y Delyn' a'r sylwadau hyn ar y diwedd:
'Bravo! Dafydd Siôn Pirs! onide? Pwy fuasai yn meddwl cael cystal
cân gan ddyn na fu erioed "yn mhell o fwg ei dwll," chwedl Robin
Siôn Töwr.' Clywsai Talhaiarn y straeon lleol am ddiogi honedig y
bardd Siôn Powel o Ryd yr Eirin ond ychydig o'i farddoniaeth a wyddai
ar wahân i'w gywydd i'r Haul ac ambell englyn a hir a thoddaid. Er
mai ychydig enghreifftiau o'r cerddi y gallodd eu cynnwys yn ei lythyr
ar y bardd hwn, dengys sawl tro fod cof gwlad yn llenwi peth o'r
bwlch ac yn ei wneud yn falch o gael rhestru y gwehydd o fardd
ymhlith llenorion Llanfair. Yr oedd chwedl 'ar gof a chadw yn ein
cwmwd ni, fod Goronwy Owen wedi dweyd pan fu farw Siôn Powel
yn unarbymtheg ar hugain oed, fod prif fardd Cymru wedi marw'.

Wrth ddarllen y llythyrau hyn a llawer un arall o'i eiddo, sylwir
mor eang oedd yr wybodaeth a gafodd ar lafar yn ifanc am feirdd a'u
barddoniaeth, a phriodol yw cofio'i edmygedd o gerdd fel 'Molawd y
Delyn' gan fod ei harddull yn fyw iawn iddo ac yn rhan annatod o'r
drysorfa farddol a blannwyd yn ei gof yn hogyn, penillion fel:

> Brenhines pob miwsig, hardd adail urddedig,
> Wych haelfraint uchelfrig goethedig ei thop:
> Am adlais mwyn odlau, pur lesol pêr leisiau,
> Gan hon y mae'r sain oreu sy'n Europ.
>
> Gwagen pob gwiwgerdd, i lusgo melusgerdd,
> Mae'n agor mwyneiddgerdd, wych haelgerdd a choeth;
> Esgoldy'r ysgowldant, a chadair y chwiwdant,
> Cegindant, Parlwrdant, perl eurdoeth.[22]

Nid rhyfedd i olion yr arddull lithro i linellau gorlwythog awdl 'Y
Greadigaeth' a chynifer o'i gerddi rhydd cynnar.

Nodweddir y seithfed llythyr yn y gyfres gan asbri arbennig o'i
ddechrau i'w ddiwedd: 'Diwrnod mawr yn Llanfair oedd y 19eg o
Chwefror, 1763. Dyna'r diwrnod y priodwyd Tomos Edwards, (Twm
o'r Nant,) y Bardd ffraethlymaf yn ei oes.' Wedi dyfynnu o'r gofrestr
lle'r oedd y gŵr yn llofnodi ei enw, a'i briod Elizabeth yn gosod 'the
mark E', esbonia Talhaiarn:

> Gwelwch mai Ifan Brydydd Hir oedd yr Offeiriad, ac yr oedd ei
> glochydd dysgedig, Robert Thomas, yn gweinyddu gydag ef, ac
> ymhlith y gwyddfodolion gwelid Dafydd Siôn Pirs a Siôn Powel o Ryd

yr Eirin. Dyna i chwi lon'd trol o wir Feirdd. Gwyn fy myd pe buaswn yno gyda hwynt.

Yn anffodus nid yw'r llythyrwr yn cyfeirio ond at ddau ymweliad arall gan Twm â'r ardal:

Rhoddodd ddiwrnod o fedi i'w dad ynghyfraith, yr hwn oedd yn byw yn mhen uchaf ein Plwyf, a digwyddodd iddo fedi'n fudr, ac yr oedd y llanciau, wrth gerdded yn eu holau ar hyd y cefn lle bu Twm yn medi yn striccio'r gwellt a'r twysennau a adawsid yn eu llawndŵf. 'Wel, wel,' ebai yntau,
>   'Rhaid i mi fedi neu fadel –
>   Nid tro hardd bod tri yn hel.'

Rhydd yr ail gyfeiriad hanes am Dwm o'r Nant yn dod i'r pentref mewn rôl mwy cyfarwydd:

Ym mhen ychydig ar ôl hynny bu yn chwarae Anterlude yn Llanfair, a byddai pawb yn myn'd i'r Anterlude yn y dyddiau hynny, fel ag y byddant yn myn'd i Sassiwn y Bala yn awr . . .Wel, yr oedd Tomos yn actio'r Cybydd, ond anghofiodd ei bastwn wrth fyn'd ar y *stage*.

Er cymaint oedd balchder Talhaiarn o enwogrwydd yr anterliwtiwr a'i gysylltiad â Llanfair rhybuddiodd yn erbyn cymhariaeth amhriodol:

Gelwir ef yn gyffredin 'the Cambrian Shakespeare,' ond yn fy marn i nid oedd yn fwy tebyg i Shakespeare nac yw tas wair i Foel y Wyddfa . . . Yr oedd yn hynod o ffraethlym, llygadgraff ac awenawl, wrth frathu Personiaid a Stiwardiaid, ac yn orlawn o nerth a bustleiddiwch gwerinol; ond nid oedd ganddo fymryn o dynerwch, addfwynder, boneddigeiddrwydd a gwir fawredd Shakespeare. Diolch i'r bobl nad ydyw yn gwrando arnaf neu buasai yn fy chwippio yn dippiau yn fy nghroen.

Ceir hanesyn arall am drefnu anterliwt i'r Llan yn ei lythyr ar yr hen ysgolfeistr a gellir synhwyro Talhaiarn yr adroddwr a'r dewin ymadrodd yn afiaith ei ddisgrifiad o'r achlysur:

Yr oedd Dafydd un tro yn gyrru gwahoddiad i Siôn Powel o Ryd yr Eirin i ddyfod i'r Llan i chwarae Anterlute gydag ef, a desgrifia ei hun mewn pennill yn y modd mwyaf trawiadol: nid wyf yn cofio dechreu y pennill yn awr, ond dyma'r rhan a'm plesiai bob amser. Byddaf yn dychmygu wrth adrodd y llinellau, weled Dafydd yn ddrychiolaeth o'm blaen, yn un scramgi tal rhwng dwylath a thair o hyd, anystwyth ei rodiad, a'i farf fawr heb ei shafio er ys pymthegnos, ac ôl y frech wen yn ei wyneb, a llygaid eryr, er hyny, efallai, – ond gwelwch y pictiwr, –

> 'Adwaenoch chwi'r dyn sy o lun yn un *sly*,
> Yn genaw go hagar, mor sgwâr a Syr Guy;
> Carwr y cwrw, llwyd foddau lled feddw;
> Cwman cûl, heglau mûl ar dduwsul bydd asw:
> Mae ar ei ên glyd chwyn cyd a chawn cyrs,
> A'i drwyn megis gratur, mae'n dostur ei dirs, –
> Wel, 'dwaenoch chwi Dafydd siâp hylwydd Siôn Pirs?'[23]

Fel hogyn wedi ei fagu yn y dafarn nid yw'n syndod fod Talhaiarn nid yn unig wedi clywed y 'chwedlau' am feirdd y ganrif gynt ond ei fod, hefyd, yn ifanc, wedi cyfarfod â'r prydyddion a'r storïwyr a fyddai'n galw yno. Disgrifia ambell un yn siarad llawer ond yn colli'r trywydd wrth adrodd y stori 'ac yn dyrysu yn ei ffordd fel lleuan mewn cnu o wlân'. Cyfeiria at ffraethineb y cwsmeriaid hyn a chrybwyll ambell stori sydd i ni yn fryntni ofer yn llechu o dan ddoniolwch tybiedig, fel yn yr enghreifftiau am wragedd yn dod i'r Harp i erfyn ar eu gwŷr i adael am fod y teulu'n llwgu neu am fod y teulu wedi ymuno â'r seiat: 'A dyna fel y byddent yn myn'd yn mlaen am oriau wrth ei morio hi yn nghegin yr Harp, a minnau yn dottio arnynt, ac yn llyncu y cwbl yn llyfn.' Ond wedi pennod am y storïwyr, y beirdd biau'r prif le yng ngwedd:ll y llythyrau. Caiff Caledfryn le yn oriel yr enwogion lleol:

> Bu ef, pan yn wr ieuanc, yn byw yma am ddwy flynedd, ac o ganlyniad cymeraf yr hyfdra o'i restru ym mhlith ein Beirdd. Nid oes a fynwyf â'i opiniynau Dissenteraidd a Pholiticaidd, ond o'r ochr arall, yr wyf yn ei barchu fel un o Feirdd godidocaf ein hoes. Y mae ei Awdl ar 'Long-ddrylliad y Rothsay Castle' yn orlawn o dân awenawl, ac yn anfarwol glod iddo.

Yr oedd amryw o englynion ar y cerrig beddau ym mynwent Llanfair gerllaw yr Harp a dewisodd Talhaiarn i'r llythyr olaf hwn englynion a gyfansoddwyd gan Pedr Fardd, Robert Davies, Nantglyn a Dafydd Siôn Pirs ar gyfer tri o'r beddau. Daw wedyn i gyfeirio gyda balchder at y ffaith fod y fro yn dal i gynhyrchu beirdd a dyfynna 'gaingc fechan a gyfansoddwyd yn ddiweddar gan Ffermwr ieuangc yn ein Plwyf, yn yr hên ddull Cymreig', sef cerdd i'w chanu ar yr alaw 'Dimau Goch' ac a luniwyd i fynd gydag anrheg o lwy bren i un o'r cymdogion. Wrth gloi'r gyfres y mae Talhaiarn yn sôn am ei serch dwfn at fan ei eni ac yn pwysleisio mai tynnu 'sylw y wlad at y fangre a garwyf' fu'r cymhelliad i lunio'r gyfres llythyrau.

Fel eraill o'i gyfeillion yn y Cymreigyddion ymroi i farddoni ar gyfer ambell achlysur a wnaeth Talhaiarn yn y misoedd yn dilyn helynt Aberffro. Ymunodd â hwynt i lunio englynion cyfarch i Robert ap Gwilym Ddu a lluniodd gerdd ar gais y Lady Erskine, Pwll y Crochan, i Eos Meirion a oedd wedi cael teitl swyddogol fel Telynor Tywysog Cymru. Tua'r un adeg ag y lluniodd y gerdd ar achlysur gosod carreg sylfaen ysgol Llanymddyfri, ysgrifennodd gerdd 'Cân yr Aderyn' ar gyfer plant ysgol Tremeirchion, a chyflwynodd y penillion i Mrs W. H. Owen, chwaer Mrs Hemans, y bardd a dreuliodd rai o'i blynyddoedd cynnar yn ystad y Gwrych, heb fod nepell o gartref Talhaiarn. Eithr pennaf ddiddordeb y gerdd yw i'r geiriau gael eu seilio'n benodol ar enw'r gainc a ddewisodd iddi, sef 'Y Deryn Pur', a dyma'r enghraifft gyntaf o'r math hwn o briodi geiriau ag enw alaw. Fel cerddi achlysur hefyd y mae'n rhaid cynnwys a deall nifer o'i gerddi a sbardunwyd gan faterion y dydd. Yr oedd pwnc Marchnad Rydd yn dal i gorddi, ac adlewyrchai'r wasg y cyffro a ymledai i Brydain o effeithiau'r chwyldro gwleidyddol yng ngwledydd y Cyfandir. Ni allai Talhaiarn ymatal rhag traethu ei farn ond fe welwyd nifer cynyddol o lythyrwyr yn ysgrifennu i'r papurau a'r cylchgronau i feirniadu ei safbwyntiau. Fel math o adroddiad o'r sgwrsio yn y Green Dragon efo rhai o gyfeillion Llundain yr ymddangosodd llythyr o'i eiddo yn Ebrill 1850 dan y teitl 'Dragonian Nights'. Ynddo y mae'n dadlau yn erbyn y Gymdeithas Heddwch ac yn dweud 'I believe that fighting is as natural to man as making love'. Wedi clodfori Lloegr am ei dynion milwrol y mae'n cloi ei lythyr gyda'r gerdd 'Britannia' – dau bennill sy'n gorfoleddu'n afieithus yn y 'Genius of England' a'i pharodrwydd i ddangos ei dannedd:

> Britannia, regardless of traitors and foes,
> Triumphantly rides on the billow;
> Behold her majestic in peaceful repose,
> The deep-rolling ocean her pillow . . .
> Should war blow her clarion with fury and strife
> And terrify cowardly railers,

A thousand swords flashing will leap into life,
In the hands of our soldiers and sailors.
Mid the tumult and havoc of death-dealing guns,
While the grim face of battle is gory,
The Genius of England will smile on her sons,
And lead them to triumph and glory.[24]

Fis yn ddiweddarach yr oedd yn taranu yn erbyn mudiad Marchnad Rydd eto ond y tro hwn aeth ymlaen i gysylltu'r mudiad â'r perygl o hybu teimladau gweriniaethol:

What care cotton lords for the real interests of the nation? Their only care is to feather their own nests, to enable them to aim an insidious blow at the Queen, Lords and Commons – to get all the power into their own hands – to sweep away the time-honoured institutions of the land – to crush the aristocracy – to swamp the throne, and to proclaim a republic as vile, vulgar and worthless, as their own trumpery calicoes.[25]

Nid rhyfedd i olygydd y *Carnarvon and Denbigh Herald* rhyddfrydol feirniadu Talhaiarn mewn golygyddol ar ddiwedd Mai 1850 a'i annog i ddal at farddoni yn hytrach na rhyddiaith y 'flam and fiction of the kind in which he is so liberally indulgent'.

Ond nid ei ofn am y teimladau gweriniaethol a gynhyrfodd ddarllenwyr *Yr Herald* fwyaf ond ei sylwadau am yr adwaith i'r chwyldro yn Hwngari; yn ystod haf 1850 cafwyd nifer sylweddol o lythyrau yn *Yr Herald* a'r *Amserau* yn feirniadol ohono ac nid ychydig o'u hawduron yn cuddio dan ffugenwau. Pan gafwyd cyfeiriad at Hwngari yn ystod y llythyra dywedodd Talhaiarn, 'I believe the Hungarian revolution to have been part and parcel of that fiery discordant element which devastated the Continent two years ago, and which had its origin in Paris, that seething cauldron of socialism'. Yr oedd yn agos i'w le, wrth gwrs, wrth awgrymu mai wrth ddilyn esiampl pobl Ffrainc yr oedd yr Eidal o dan arweiniad Garibaldi a Mazzini, a Hwngari o dan Kossuth wedi ceisio eu hannibyniaeth a hawliau i'w gwerinoedd. Ond yn ystod yr adwaith i'r chwyldro bu raid i rai o'r arweinwyr fel Ledru-Rollin ffoi o Ffrainc a chwympodd gwrthryfel Hwngari. Brawychwyd y gwledydd gan y newyddion am greulondeb y Cadfridog Baron von Haynau a fu'n gyfrifol am fflangellu gwragedd a lladd milwyr a ddygwyd yn garcharorion gan fyddin Awstria. Dyma'r dyn a benodwyd wedyn yn llywodraethwr unbennaidd ar Hwngari

yn 1849. Cafodd yr erchylltra gryn gyhoeddusrwydd yng Nghymru a
phan oedd Talhaiarn yn 1850 yn disgrifio'r rhai oedd o blaid yr
Hwngariaid fel 'abettors of rebellion', cyhuddwyd ef o gydymdeimlad
â Haynau mewn llythyr gan awdur dienw yn *Yr Amserau*. Wrth ymateb
cafwyd crynodeb o safbwynt y bardd i holl gyffro'r chwyldro
rhyngwladol mewn llythyr a gyhoeddwyd yn *Y Cymro* yn ogystal:

> Diamau eich bod yn cael rhyw fath o ddifyrwch wrth fy mhardduo, a
> gresun fai spwylio eich sport. Ond dylech gofio na saif anwiredd ger
> gwydd pelydrau ysplenydd y gwirionedd. Gwyddoch yn eithaf da na
> ddarfu i mi amddiffyn ymddygiad Haynau mewn un dull na modd, ac
> na atto Duw i mi wneuthur hynny. O ganlyniad, y mae eich saethau
> llymion yn tincian ar fotwm fy ngwasgod heb boeni dim ar fy monwes.
> Am hynny, ewch yn mlaen yn eich gwasanaeth – baeddwch chwi, mi
> chwarddaf innau. Os ydych chwi yn caru *rebels* a *revolutionists*, y
> mae i chwi groesaw o'm rhan i, i wneuthur hyny; ond goddefwch imi
> ddweyd fod red-republicanod, sosialiaid, vagabondiaid, a dieifliaid,
> fel Mazzini, Ledru Rollin, Louis Blanc, a holl deulu'r felldith sydd
> ynglŷn a hwynt, yn ddrewedig fel y gingroen i'm ffroenau; a gobeithio
> na bydd i anwyl wlad fy nhadau byth syrthio yn ysglyfaeth i opinynau
> gwrthryfelgar haid o ddyhirod o'u bath.[26]

Mewn llythyr at Eben Fardd yn Awst 1850 dywedodd Talhaiarn:

> I am going to Rhuddlan by Mail Train to-night, to examine the
> arrangements of the Castle, which are being carried out according to
> my design. I shall return here [Llundain] on Tuesday. They expect to
> have a splendid festival, inspite of the preliminary rows, and I hope to
> have the pleasure of seeing you there.

Yn rhannol oherwydd ei gyfrifoldeb am y safle o fewn y castell bu
iddo le amlwg iawn yn Eisteddfod Rhuddlan, a gynhaliwyd 24–9 Medi
1850. Cafwyd seremoni cyhoeddi'r eisteddfod flwyddyn ynghynt, sef
wythnos ar ôl cloi Eisteddfod Aberffro ac yr oedd Talhaiarn yno
ymhlith y gorseddogion ac yn adrodd englyn o'i eiddo:

> Gelwir ar holl feirdd Gwalia—i Ruddlan,
>   Ireiddwledd gewch yma;
>   Toraeth o farddoniaeth dda –
>   Yn addwyn Duw a'ch nodda.

Ar noson y cyhoeddi cynhaliwyd 'a grand dinner to Talhaiarn at the White Lion, Rhyl' gyda'r Aelod Seneddol John Williams, Bronwylfa, yn llywyddu. Yr haf canlynol, ryw ddeufis cyn yr eisteddfod, cyhoeddodd lythyr yn *Yr Herald* lle cyfeiriodd ato'i hun fel 'architect' y pafiliwn a lle rhestrodd y tair ystyriaeth bwysig oedd yn ei feddwl pan oedd yn gwneud y cynllun, sef:[27]

> 1. Security of life. 2. Economy in the construction. 3. The convenience and comfort of the audience.

Yn yr un llythyr rhydd ei farn ar fater iaith yr eisteddfod:

> If I were guided by my own feelings, I should like the Eisteddfod to be *entirely Welsh*, but we must go on the broad principle of considering what will be most attractive to the aristocracy, the gentry, the middle classes, and the people generally.

Diddorol yw'r cyfeiriad cyntaf hwn o'i eiddo at lefelau'r gymdeithas a ganfyddai ef yn y Gymru gyfoes, a'r cyfeiriad hefyd at broblem yr iaith a ddaeth yn fyrdwn cyson yn ei areithiau ac yn ddilema ddiddiwedd iddo fel eisteddfodwr o Dori. Yn eisteddfod Rhuddlan y perfformiwyd oratorio Handel, *Messiah*, am y tro cyntaf yng Nghymru ac yn yr un llythyr yr oedd yn cymeradwyo'r cyngherddau a'r oratorio fel 'an additional attraction to the English visitors'. Y mae ar gael ddisgrifiad o'r pafiliwn a gynlluniodd Talhaiarn oddi mewn i'r castell,[28] a gellir barnu ei fod gyda'r pafiliwn helaethaf a ddarparwyd ar gyfer eisteddfod ganol y ganrif. Yr oedd ar ddull sgwâr gyda'r eisteddleoedd yn codi'n rhengoedd ar hyd yr ochrau a chan adael llawr agored (*pit*) ar gyfer y ddawns nos Wener. Neilltuwyd llwyfan ar yr ochr ogleddol i ddangos celf a chrefft ac i fod yn safle i'r pwyllgor a'r wasg. Yr oedd llwyfan mawr digon eang ar gyfer y gerddorfa a'r corau wedi ei osod ar yr ochr ddeheuol. Gosodwyd to uwchben y safle gyda phum ffenestr do ac awyryddion ynddo. Trefnwyd candelabra i hwyluso goleuo'r lle at y nos ac, ar y cyrion, trefnwyd bythod bwyd a diod a 'creature comforts'. Ymhlith yr enghreifftiau o waith celfyddyd a diwydiant a arddangoswyd o flaen cadair y llywydd yr oedd y portread newydd o Dalhaiarn gan yr artist William Roos a welir ar glawr y gyfrol hon. Portread mewn olew oedd hwn ac un o gampweithiau'r artist. Ar gefn y llun nodedig rhoddodd Roos yr is-deitl 'The Bard in Meditation'. Ni fyddai'r bardd ei hun wedi dewis disgrifiad cymhwysach.

Pan ddaeth yr eisteddfod yr oedd Talhaiarn yn feirniad gyda Gwrgant ar y canu penillion ac yn dyfarnu'r wobr i Idris Fychan. Yr oedd hefyd yn un o'r arweinyddion ac, ar y diwrnod cyntaf, ef, Meurig Idris a Nicander oedd y tri bardd a gyrchodd y bardd buddugol, Ieuan Glan Geirionydd i'r Gadair Farddol. Ar yr un diwrnod, sef y dydd Mercher, manteisiodd ar ei gyfle fel un o'r arweinyddion i draddodi araith helaeth – araith oedd yn amlwg wedi ei saernïo'n ofalus ac a erys o ddiddordeb am ei rhyddiaith gaboledig yn ogystal â'i chynnwys.[29] Agorodd trwy gyfeirio at y nawdd a roddai tywysogion Cymru i eisteddfodau ac ymhyfrydodd yn y ffaith fod Eisteddfod Frenhinol Rhuddlan hithau yn mwynhau nawdd y Goron. Wrth edrych ar ffawd cenhedloedd fel yr Asyriaid, yr Eifftiaid, y Rhufeiniaid a'r Groegiaid a fu unwaith mor falch a blaengar, y mae i Gymry le i ymhyfrydu yn eu cenedligrwydd:

> We, it is true, have been conquered, and deprived of the fairest portion of our inheritance; but we still speak the same language as Taliesin spoke 1200 years ago . . . We can still boast of our ancient Bards, literature, and national music.

Ac wrth gwrs, erys y delyn sy'n parhau i lesmeirio calon pob gwir Gymro. Aeth ymlaen wedyn i gyfeirio at safle'r eisteddfod a'r holl gysylltiadau hanesyddol a berthyn i'r lle – brwydr Morfa Rhuddlan a'r lle bu Edward I yn llawenhau ym marw Llywelyn. Yma, mae'n debyg, y cyhoeddodd 'the infamous statute, wherein he described the Bards as "rogues and vagabonds"'. Bu'r effaith yn andwyol meddai, gan i'r beirdd fynd yn fud hyd oni ddaeth gwrthryfel Owain Glyndŵr a rhoi cyfle iddynt i ddathlu ei arwriaeth. Dyna gyfle i'r areithiwr i ddyfynnu o ddrama Shakespeare ac o un o gerddi Mrs Hemans. Serch yr holl frwdfrydedd a daniwyd gan Glyndŵr, ni wireddwyd breuddwyd y Cymry am annibyniaeth, 'but perhaps it is better for us that Wales should now be an integral portion of the greatest nation in the world, than to have been an independent nation on a small scale'. Er bod y canrifoedd wedi mynd heibio y mae'r dychymyg yn caniatáu darlun o rialtwch bywyd y castell, bydded wledd neu anturiaethau carwriaethol. Ond Rhuddlan y beirdd gafodd y sylw mwyaf yn y berorasiwn fawr ar derfyn yr araith:

> We may also, without a great stretch of the imagination, fancy that some of our ancient Bards have recited their glowing verses on this

very spot, long before this castle was built, and that by their spirit-stirring appeals they incited their countrymen to engage in furious and deadly struggles with their enemies – kindling a flame of patriotism in their bosoms and giving a keen edge to their valour while they defended their hearths, their homes, and their country – mixing their swelling odes to Liberty with wild shouts of victory.

Aeth ymlaen i dynnu darlun dychmygol o'r 'ancient Bard' yn adrodd ei gerddi'n ymfflamychol ac yn tynnu ei ysbrydoliaeth o fawredd byd natur:

> If we dwell upon these things, we can then easily imagine the might and majesty of his intellect; his burning words and glowing eloquence; and, with the Britons of old, we may indeed call him the inspired Bard. In revelling amidst these things, I feel a spirit within me that would burst this strong tenement, and fly on the wings of imagination around the whole surface of the globe: but whatever bright spots it might dwell upon, whether in the sunny East or the golden West, it would return weary and worn, like the dove to the ark, to seek repose in the land of my fathers.

Ymddengys i'r pendefigion, y byddigion, y dosbarth canol a'r werin roi derbyniad gwresog i'r perfformans annisgwyl hwn mor gynnar yn rhaglen y bore cyntaf. Y diwrnod canlynol, sef y dydd Iau, yr oedd Talhaiarn yn y dorf yn gwrando ar gystadleuaeth i'r telynoresau. Pan oedd y dyrfa'n cymeradwyo â'u traed a'u dwylo berfformiad yr ail delynores, ysigodd yr oriel gefn a rhan o'r llwyfan a syrthiodd yn agos i gant o bobl rhwng pymtheg a deunaw troedfedd i'r llawr. Cafodd Talhaiarn gymaint o fraw fel y gadawodd yr eisteddfod ar ei union. Penodwyd pwyllgor y diwrnod hwnnw i archwilio achos a maint y ddamwain. Ond ar y dydd Sadwrn gwnaeth Talhaiarn anerchiad byr yng nghyfarfod y bore y rhoddodd y *Carnarvon and Denbigh Herald* sylw iddo yn rhifyn 5 Hydref:

> I deeply lament the unfortunate accident which took place the other day. I, unhappily, was in a state of excitement bordering upon delirium when I saw the gallery down . . . On the irresistible impulse of the moment, I foolishly left the place. I much regret it.

Aeth ymlaen i fynnu gan y swyddogion

that you will appoint an architect, at my expense, to examine my plans, sections, and specification, as well as the construction of the galleries. I will abide by his decision. I believed the contractor to be an upright honest man, and I still believe it. Heaven forbid that I should blame him. I ask you for justice. I ask no more, and I will take no less.

Cafwyd mai achos y ddamwain oedd fod yr adeiladwr wedi gosod y polion i gynnal yr oriel a'r llwyfan bob pedair troedfedd ar ddeg yn hytrach na phob deg troedfedd yn ôl cynllun y bardd. Ar yr adeiladwr neu'r contractor yr oedd y bai; yr oedd Talhaiarn, felly, yn ddi-fai. Bu Talhaiarn yn achos peth sylw hefyd y tu allan i'r eisteddfod ei hun oherwydd rhyw sylwadau a wnaeth mewn cinio gyda'r nos. Yn ôl yr adroddiad yn *Seren Gomer*:

Pan gynnygwyd 'Y Fyddin a'r Llynges, ynghyd ag iechyd y Cadfridog Syr Love Parry, ac hir oes iddo,' gwnaeth Talhaiarn rai sylwadau a dybid yn wrthwynebol i Gymdeithas yr Heddwch, y rhai a barasant beth terfysg yn mysg y pressenolion.

Cyn diwedd y cinio hwnnw ymesgusododd am ei sylwadau rhyfelgar ac adroddodd rai penillion gan adennill ffafr y gynulleidfa wrth wneud hynny. Ond gadawodd Ruddlan yn ymwybodol iawn, ar waethaf ei lythyra, ei areithio a'i farddoni, fod cwmwl du wedi gordoi ei ymweliad â *national festival* arall ac nid oedd y cwmwl wedi codi pan ysgrifennodd at Ioan Madog ym mis Rhagfyr:

According to my present state of feeling I may venture to say that I shall *not be* at your Eisteddfod for I have taken it into my head that *Fate ordained at the Creation that I should make a fool of myself at every Eisteddfod.* I shall therefore keep from them for the future, however much I may have to curb my inclinations.[30]

Hyn hefyd a gyfrif pam nad yw ei enw fel hen aelod o'r Orsedd yn amlwg yn y ddadl a gododd yn Eisteddfod Rhuddlan oherwydd cadeirio Ieuan Glan Geirionydd am gerdd ddigynghanedd.

7 ∾ 'Teml Fawr Diwydrwydd', 1851

Os dychwelodd Talhaiarn o Ruddlan braidd yn isel ei ysbryd yr hydref hwnnw nid oedd fawr i godi'i galon yn ôl yn Llundain chwaith. Bu'n anesmwyth yn ei waith yn swyddfa Moffatt ers blwyddyn ond nid yw'r rheswm yn eglur. Gwyddys iddo ar ddiwedd 1849 gynnig am swydd yn arolygu'r gwaith o adeiladu aseilam newydd yn Middlesex – swydd ymarferol yn y maes yn hytrach na gwaith mwy caethiwus swyddfa'r pensaer efallai. Bu tystebau ei feistri diweddaraf bryd hynny yn dra chynnes.[1] Dyma farn Moffatt:

> He was at first engaged by me from a perfect knowledge of his superior talents as well as his application to every duty required of him. For the last five years he has carried out most important works under my directions with great credit to himself as shown by numerous testimonials, and to my entire satisfaction. Mr Jones is a good draughtsman, can write specifications and reports admirably – has had considerable experience in designs – is thoroughly conversant with Lunatic Asylums, Churches, public buildings etc., and completely so with the general routine of an Architect's office, as well as all points in practical construction.

Llawn mor ganmolus yw tysteb Gilbert Scott, a deuair dethol ei gymal olaf yn arbennig o addas: 'an excellent draughtsman and a thoroughly practical man, besides being as I have always considered a man of decided talent'. Dyma flwyddyn arall yn mynd heibio felly a dim argoel o her newydd yn Llundain. Nid oedd fawr o farddoni chwaith ond ym mis Tachwedd 1850 fe droes at farddoniaeth i fynegi peth o'i deimlad ar y pryd a'i gyhoeddi yn y wasg mewn cerdd chwe phennill. Ar y wedd gyntaf y mae ei 'Hiraeth-gân am Lanfairtalhaiarn' ar yr alaw 'Mary Blane' yn ymddangos fel mynegiant o sentiment syml yr alltud. Ond, a chaniatáu fod yr elfen o hiraeth yn gwbl ddidwyll, ceir yn y penillion gryn seiadu mewnblyg a melancolig am gyflwr presennol yr awdur:

> Er cael pleserau o bob rhyw,
> A byw mewn hufen byd;
> Ni roddant imi fawr o hedd,
> Ond gwagedd ŷnt i gyd . . .

> Rhoir clod i Lundain gain ei gwedd
> A'i mawredd ym mhob man;
> Er hynny hoffwn fyw yn rhydd
> A llonydd yn ein llan . . .

Byddai byw yn sŵn edmygedd ei fam a chael ei eilunaddoli gan hogiau'r fro yn ateb ei awydd am glod a sylw:

> Cael eiste'n ymyl aelwyd hardd
> Fy Mam, yn Fardd o fri,
> Yng nghwmni bechgyn bochgoch iach,
> Mil mwynach yw i mi.

Y mae'r anesmwythyd yn ei swydd, y methiannau eisteddfodol a'r beirniadu cyson ar ei sylwadau gwleidyddol fel pe baent yn tanseilio'i hyder mawr arferol ac yn creu ysfa i ddianc:

> Nid oes i mi ond gofid dwys
> Wrth fyw dan bwys y byd;
> Rhyw oerfel drwy fy mynwes draidd
> A gwelwaidd yw fy mhryd:
> Er holl bleserau'r ddaear hon
> Ni fydd fy mron yn iach
> Yn unman arall dan y ne'
> Ond yn ein pentre bach.

Ni wyddom chwaith pryd yn union y gadawodd ei waith gyda Moffatt a chychwyn ar swydd newydd yn y brifddinas, ond mewn llythyr at Ioan Madog chwe diwrnod cyn Nadolig 1850, gallai ddweud 'I have left Spring Gardens. I gave up my situation as it did not suit me to remain there any longer.' Bernir mai rhyw fis ynghynt yr aeth i weithio i Joseph Paxton, y garddwr hynod a ddaethai i lawr o Chatsworth i Lundain ar ôl i'r comisiynwyr ar y funud olaf dderbyn ei gynllun ar gyfer eu 'Great Exhibition of the Works of Industry of All Nations' a oedd i agor ym mis Mai 1851. Rhydd bywgraffiadau Talhaiarn yr argraff mai Paxton oedd pensaer ac adeiladydd y safle ar gyfer yr arddangosfa – y lle a alwyd wedyn y Palas Grisial – ac mai'r bardd oedd y 'clerk of works' yno. Hawdd deall sut y bu i ewfforia yr Arddangosfa Fawr, pan ddaeth, greu'r argraff hon, ond y mae'n wybyddus mai cynllunydd y lle yn unig oedd Paxton ac mai Fox a Henderson oedd y contractwyr, gyda gŵr o'r enw Mr Earee yn glerc y gweithfeydd iddynt. Gan i gynllun enfawr a beiddgar Paxton gael ei dderbyn mor ddiweddar bu'n rhaid iddo logi tair swyddfa yn Llundain i roi cnawd ar frys ar lu o is-gynlluniau ac ar syniadau am offer addas i hyrwyddo gwaith yr adeiladwyr. Yr un pryd yr oedd ganddo waith ar y gweill ar gyfer Castell Lismore yn Waterford a phlasty newydd yn Mentmore. Nid enwir ei gynorthwywyr yn Llundain ond y mae'r dystiolaeth yn awgrymu mai Talhaiarn a gyflogwyd ganddo i fod yn brif gysylltwr i Paxton ynglŷn â'i waith ar gyfer y Palas Grisial ac i fod yn ddeheulaw iddo yn y trafodaethau a'r braslunio ynglŷn â Mentmore. Er na ddywed ef air ei hun am natur ei swydd newydd cesglir fod Talhaiarn yn flaengar yng nghoridorau Paxton yn Llundain ac i'w swydd roi iddo rwydd hynt i wylio'r datblygiadau ar y safle a alwodd yn 'Deml Fawr Diwydrwydd'.

Gyda'r darpariadau am yr Arddangosfa Fawr yn tynnu cymaint o sylw'r byd i gyfeiriad Llundain, aeth Talhaiarn ati i gynnig darlun i'w gyd-wladwyr o brif atyniadau'r brifddinas mewn cyfres o lythyrau i'r *Cymro* rhwng Ionawr a Mai 1851. Y maent yn benodau difyr ag iddynt arddull agos-atoch llythyrwr yn anfon at ei deulu megis, gan ddefnyddio ffurf sgwrs fer fan hyn a rhoi ei brofiadau fel llygad-dyst dro arall. Y mae fel petai'n tywys ei ymwelwyr yn bersonol ar deithiau i safleoedd nodedig y ddinas, gan wneud ambell sylw crafog yng nghanol y disgrifio ffeithiol a diweddu trwy roi sylw priodol i'r Arddangosfa Fawr ei hun.[2] Egyr y gyfres gyda disgrifiad helaeth o eglwys gadeiriol St Paul a hwnnw'n pwysleisio nodweddion a champ y bensaernïaeth, a chywreinrwydd y grefftwaith mewn coed a meini. Yna mynd â'r ymwelwyr dychmygol i uchelfannau'r eglwys:

I fynu, lads, i'r stone gallery, ac yma ceir golygfa ogoneddus o Lundain, bump ar gloch y boreu, cyn i fwg myrdd o geginau orhulio y ddinas, a'i gwneud fel y dywedodd Eryron: – 'Dinas fawr dan nos o fwg.'

Wedi arwain ei ymwelwyr i eithaf y 'bellen', y mae un wedi blino'n arw yn holi beth yw'r cam nesaf:

TAL. I'r Daniel Lambert, o ddeutu can' llath oddiyma, hên dy Jack Glan-y-Gors, yn mhen uchaf Ludgate Hill. 'A pot of half-and-half, waiter.' 'Yes, sir.' Dyma lle bu Glan-y-Gors yn byw – y bardd ffraethaf a digrifaf yn ei oes. Dyma lle byddai Doctor Pughe, Robert Davies o Nantglyn, John Humphreys Parry, Bardd Du Môn, Owain Myfyr, Llwynrhudol, ac eraill o enwogion Cymru yn difyru eu hunain (t.219).

Yn y daith o Temple Bar i Sgwâr Trafalgar daw gwas y pensaer yn dra amlwg eto trwy gyfeirio at glochdy Eglwys St Bride – 'un o'r clochdai harddaf yn y ddinas', ac yn ddiweddarach at eglwys St Martin-in-the-Fields, 'un o'r eglwysi harddaf yn Llundain, yn y dull Italaidd'. Cyn cyrraedd honno rhaid oedd:

pasio tafarndy Doctor Johnson, Bolt Court, Fleet Street, a geill y rhai a hoffant gerddoriaeth glywed canu rhagorol yno rhwng naw o'r gloch a hanner nos. Pob math o gerddi, glees a duetts. Y mae dwy dafarn nodedig yn agos i Temple Bar, yr Enfys ar y llaw chwith, a'r Ceiliog ar y llaw dde, lle ceir bwydydd da a'r *porter* a'r *stout* goreu yn Llundain (t.220).

Caiff y penseiri Syr Christopher Wren a Syr William Chambers sylw ar y daith – y naill am ei waith yn Temple Bar a'r llall am gynllun Somerset House; a phan ddeuir at Sgwâr Trafalgar lle'r oedd cofgolofn Nelson heb ei llwyr orffen, sylwir ar y cerrig gwenithfaen a'i 'chap Corinthaidd' o fetel. Wrth gyfeirio at y cerflun o Siarl y Cyntaf ar y Sgwâr rhaid oedd nodi:

Y mae'r brenin yn edrych yn uniongyrchol at Whitehall, y man y dienyddwyd ef gan y gwaedgi ysgymun Cromwell, a'i fleiddgwn, y rhai a wlychasant eu dwylaw yn ngwaed eu teyrn ac a fathrasant y goron o dan eu traed (t.221).

Cafodd ei ddarllenwyr anogaeth arbennig i ymweld â dau le a oedd yn amlwg wrth fodd Talhaiarn, sef yr Oriel Genedlaethol ac Arddangosfa'r Academi Frenhinol. Lle bu yntau'n syllu ar waith Michelangelo, Titian, Rubens a Claude Lorrain cyn symud ymlaen i'r Academi i weld gwaith artistiaid newydd, y mae am i'r ymwelydd o Gymru hefyd allu cyferbynnu y cewri a'r cyfoes:

Diamheu y bydd llawer o honoch yn gweld y pictiwrs yma yn smartiach, gloywach, a thlysach o lawer na gwaith yr hen gampwyr. Ond bydd y manylgraff, er disgleirdeb y lliwiau, yn cael anfoddlondeb, un ai yn y cynllun, y dull o drin y pwnc, neu yn yr anghyfartalrwydd, neu yn y lliwiau, neu rywbeth. Bydd rhyw fwlc neu walc yn rhywle. Bum i, amryw droiau, ar ol hir syllu yn y fan yma, yn mynd yn ol yn sydyn at yr 'hen lanciau drosodd drachefn,' ac yn wir, yn fy marn i, yr hen lanciau a'i pia hi (t.223).

Wedi edmygu gwaith yr artistiaid gellid, wrth fynd tua Whitehall, aros i edmygu'r Horse Guards sydd 'bob amser yn Llundain i amddiffyn y Frenhines, pe bai achos am hynny'. Yn y cyffiniau y mae'r Banqueting House a adeiladwyd gan 'yr enwog archadeiladydd, Inigo Jones, i Siarls y Cyntaf'. A dyna gyrraedd Whitehall Gardens – un arall o'r gerddi y bu Talhaiarn yn hamddena ynddynt. Ond y prif atyniadau yw'r Senedd-dai, neu'r 'New Palace of Westminster' fel y gelwid ef yn 1851 pan oeddid yn dal wrth y gwaith o godi'r adeiladau newydd:

Efallai mai hwn yw'r adeilad, yn y dull Gothicaidd, mwyaf yn Ewrop, neu yn y byd. Y mae yn sefyll ar wyth acer o dir, ac yn nodedig am ei orwychder, maintioli, a thlyswaith adeiladyddol; a bydd, yn ddiammeu, yn glod hir-barhaol i'r archadeiladydd, Charles Barry, Yswain, R.A. (t.224).

Wedi rhoi manylion am faintioli'r gwahanol adrannau a chost yr adeiladu, rhoddir cyfarwyddiadau ar sut i gael mynediad i'r ddau Dŷ. Y mae'n amlwg fod Talhaiarn wedi ymweld â Thŷ'r Cyffredin a gwrando ar yr areithiau yno fwy nag unwaith oblegid rhydd ddisgrifiad o'r gweithgareddau ar lawr y Tŷ a'i argraff o sawl siaradwr. Rhybuddia'r darllenwyr rhag tybio y bydd y rhai sy'n llunio deddfau'r wlad 'mor ddistaw ag y byddwch chwi yn Eglwysi a Chapeli Cymru. Yr ydych yn misio yn ofnadwy, mhlant i.' Rhyw furmur, pesychu a sŵn a geir:

Pan fydd rhyw aelod yn codi heb berchen dawn, hyawdledd, nac aidd, ac yn siarad yn hir, hir, ac yn ammhriodol i'r pwnc, bydd rhyw furmur yn rhedeg drwy'r ystafell – rhai yn cerdded yn ol ac ymlaen – rhai yn gorwedd hyd y meinciau – rhai yn siarad â'u gilydd – y rhan fwyaf a'u hetiau am eu pennau; . . . Y mae yn werth dioddef tipyn er mwyn hyn. Cofiwch fy mod wedi siarad yn awr am ryw lolgwn fel John O'Connell, Chisholm Anstey, ac ysglodion sychion eraill, a phob math o hymbygolion o'r un rhyw; ond pan fyddai y diweddar Syr Robert Peel, Lord John Russell, Disraeli, neu ryw rai o bwys, ar eu gwadnau, byddai pawb cyn ddistawed a llygoden, yn yfed eu hyawdledd, ac yn manylgraffu ar eu rhesymau. Un o'r areithwyr mwyaf *perswadiol* a glywais fawr un amser oedd Syr Robert Peel, a phe buasech yn gwrando arno, ni fuasai yn rhyfeddu fod ei swynion wedi llithio y Senedd i gario amryw fesurau yn groes i egwyddorion politicaidd.

Aiff y llythyr ymlaen i roi disgrifiad o Westminster Hall. Wedi annog pawb 'sydd yn hoffi campwaith pensaerniol' i syllu ar y to a gyfrifir yn 'ben-ogoniant seiri coed yr holl fyd', manylir ar rai o'r achosion cyfreithiol nodedig a glywyd yno – fel prawf Syr Thomas More – a huodledd anghymarol enwogion fel Burke a Sheridan. Cloir yr adran gyda disgrifiad o'r llysoedd cyfagos a barn hynod hael y llythyrwr am y 'barnwyr godidog' sy'n 'ogoniant i'r deyrnas ac i'r natur ddynol yn eu medrusrwydd, didueddrwydd, eu barn a'u hegni i wneuthur cyfiawnder'. Cafodd Abaty Westminster bennod gyfan iddo'i hun yn y gyfres a cheir y teimlad mai'r Abaty yw un o'r prif atyniadau i Dalhaiarn, a hynny oherwydd y cyfuniad o hen hanes, pensaernïaeth gain ac amrywiaeth o elfennau hynod ar yr un safle. Gan i feirdd fel Keats a Scott hefyd gael eu hysbrydoli gan y lle, fe gânt hwy eu rhan yn y disgrifio. Nid arbedir y darllenwyr yng Nghymru rhag y Lladin na'r termau pensaernïol – 'Early English Style' yr eglwys, 'y gwydr brith mewn ffenestri Gothicaidd' a 'Late Perpendicular Style' capel Harri VII yn y fynachlog. Dyma 'deml' oedd yn ei wir gyffroi:

> Er fod y tu allan yn taraw â syndod, yr wyf yn barnu fod y tu mewn yn fwy gogoneddus o lawer. Gwell genyf o'r haner lygadrythu yn Westminster Abbey, nac ar du mewn Eglwys Gadeiriol St. Paul. Bydd rhyw deimlad o serch a pharch at seiri gorgampus y Canol Oesau yn rhedeg fel mellten drwyddof. Mor fychan yw dyn, ac mor fawr yw ei ddeall, i lunio ac i weithio teml mor fawreddog a hon! Edrychwch ar y pileri, yr *arches*, y *groins*, y ffenestri, y cerfwaith, y maintioli, y cyfartalrwydd, a phriodolrwydd yr holl adeilad, fel teml i'r Hollalluog Dduw. Rhyfeddol! Rhyfeddol! Rhyfeddol! Onide?

Y mae cywreinrwydd hyd yn oed yn y beddfeini lluosog yng nghapeli'r fynachlog a'r cofgolofnau niferus ar hyd y lle, ac y mae i bob un ei hanes. Ond tystion i freuder bywyd ydynt ac y mae Talhaiarn yn cloi'r bennod gyda'i gyfieithiad o 'fyfyriad Jeremy Taylor ar Westminster

Abbey' – cyfieithiad sy'n diweddu gyda'r brawddegau: 'Yma yr hûna
y rhyfelgar a'r heddychol, y llwyddianus a'r aflwyddianus; y tywysogion
a garwyd a'r rhai a gasawyd gymysgant eu llwch, ac yn eu marwoldeb
dangosant i'r byd mai "unrhyw brenin a chardotyn".' Yn ei lythyr ar
'Y Parciau' ni cheir dim am hanes eu datblygiad ond yn hytrach gip
ar le'r gerddi helaeth hynny ym mywyd y ddinas, mwynhad y bardd
wrth gerdded ynddynt a'i ymwybod ag awyrgylch terfysg a chyffro:

> Ar ol ymadaw â Westminster Abbey, awn drwy Great George Street i
> barc St. James. O'r tri pharc, hwn a hoffwyf fwyaf. Pan oeddwn yn byw
> yn glos iddo, yn Spring Gardens, byddwn, yn aml, yn vagabondeithio o'i
> gwmpas, ar brydnawn-gwaith braf yn yr haf.

Braidd yn annisgwyl yw sylwadau cyntaf Talhaiarn wrth agosáu at y
palas brenhinol:

> Yr ydym yn awr yn ymyl palas ein Brenines (*Buckingham Palace*). Nid
> rhaid ymdrafferthu i ddesgrifio y palas, o herwydd nid yw, yn ei ddull
> archadeiladyddol yn fawr amgenach na rhai o'r siopau yn *Regent
> Street* neu *New Oxford Street*. Bid siwr y mae yn fawr, ond nid yw yn
> grand. Yr unig beth sydd yn ei wneuthur yn werth ein sylw yw, mai
> efe yw llys y foneddiges sydd yn llywodraethu ein teyrnas ogoneddus.

Wrth ymlwybro i fyny Constitution Hill cyfeirir at y ddau gais a
wnaed i ladd y frenhines yno – yn 1840 ac 1842 – ac at y ffaith i Syr
Robert Peel farw ar ôl cael ei daflu gan ei geffyl yno. Dywedir, heb
ymhelaethu, fod Green Park yn 'lle digon hyfryd' ond manylir ar Apsley
House ar ben yr allt gan mai yno y gwelid palas Duc Wellington gyda'i
lenni haearn ar y ffenestri:

> yn ddigon cryfion i wrthwynebu nerth bwlet, y rhai a osodwyd yna
> gan y Duc yn amser y terfysg ynghylch y *Reform Bill*, pan dorwyd ei
> ffenestri, a sarhawyd ei berson, gan haid o hymbygolion a vagabondiaid
> Llundain.

Y parc olaf – a'r lle olaf – i gael sylw cyn dod at yr Arddangosfa
Fawr ei hun yw Hyde Park, a rhybuddia Talhaiarn ddarllenwyr Y
Cymro rhag bod yn llawdrwm ar drigolion y ddinas am wneud defnydd
o'r parc a'r gerddi ar y Sul:

Awn yn awr i rodio i *Hyde Park*, un o
   'dri pharc y Brenin;
  P'le mae hyd orllewin well llawr?'
Medd Robert Davies o Nantglyn. Y mae y parc yma yn fwy o lawer
na pharc St. James; ac y mae llyn y *Serpentine* yn wahaniad rhyngddo
a *Kensington Gardens*. Llefydd hynod o hyfryd i rodio ynddynt yn yr
haf yw'r parc yma o Gerddi Kensington. Ceir gweled canoedd o
gerbydau yn gyru o gwmpas, a miloedd o bobl yn rhodiana yn ol ac
ymlaen. Dylech fod yma o bedwar i chwech ar y gloch, ar brydnawn
dydd Sul, i weled rhes ddiddarfod o gerbydau godidog, a cheffylau
gwychion, arglwyddi a boneddigion ein gwlad, a miloedd ar filoedd o
bobl yn mwynhau awyr iachus y parc. Diameu y bydd llawer o
honoch yn barnu hyn yn drosedd yn erbyn y Sabbath; ond dylech
gofio fod miloedd o bobl yn Llundain yn gweithio yn galed mewn
awyr afiachus ar hyd yr wythnos, a bydd yn iechyd ac yn fendith
iddynt gael anadlu anadl anllygredig y nefoedd ar y Sul. Pa fodd
bynnag, ni fedrwch chwi na minnau ddim attal y mwyniant yma, pe
teimlem ar ein calon wneuthur hynny. Yscelcio yn tŷ i'r rhai a'i hoffo,
a'r parc i minnau.

'Y mae'r Palas Gwydyr ar ben cael ei orphen; ac y mae yn un o
ryfeddodau'r oes.' Dyma'r uchafbwynt i'r llythyrau blaenorol a dyma'r
frawddeg agoriadol afaelgar i'r cyntaf o bedwar llythyr ychwanegol
ynglŷn â'r Arddangosfa Fawr.[3] Ysgrifennodd y cyntaf o'r llythyrau
hyn ryw wythnos cyn yr agoriad swyddogol ac yr oedd yn gallu
cyfleu ei argraffiadau fel llygad-dyst:

> Bum yn rhodio a llygadrythu ynddo heddyw am deirawr neu bedair,
> ac y mae'r olygfa dufewnol yn hynod o bleserus i'r llygad. Y mae wedi
> ei baentio mewn modd chwaethus a destlus, o dan arolygiad Mr.
> Owen Jones, mab i'r Cymro clodwiw, Owain Myfyr.

Ac yntau'n berchen ar wybodaeth dechnegol Paxton am y cynllun,
gallodd roi i'r darllenwyr y manylion am ystadegau'r adeilad gan
gynnwys y pedwar can tunnell o wydr, ac y mae'n cyfleu'r rhyfeddod
a deimlai fod adeilad o'r fath faintioli wedi ei gwblhau mewn chwe
mis pan oedd Palas Newydd Westminster, a safai ar lai o dir, heb ei
orffen ar ôl mwy na deng mlynedd. Disgrifia'r 'nwyddau mewn rhyw
dryblith o annhrefn' ddyddiau cyn yr agoriad a miloedd ym mhob
twll a chornel yn ceisio rhoi trefn ar y cyfan mewn wythnos:

Diben y ffair fawr yma yw dangos cywreinrwydd celfyddol y byd, mewn pob dull a modd. Peirianau o bob math – cerfluniau mewn marmor, bronze, a phlaster – carpedau, llieiniau, gwisgoedd gwychion, 'sidanau a lasiau dileswych,' – gwydr amryliw, offerynau cerdd, dodrefn, &c. &c. &c. Pob math o bethau a fedrwch feddwl am danynt yn perthyn i ddyfais ddynol, gyda miloedd o wrthrychau naturiol. Y mae Ewrop, Asia, Affrica, ac America, fel pe baent yn tynu yn y dorch am fuddugoliaeth ar yr achlysur. Mi fydd *prizes* yn cael eu rhoddi am y nwyddau mwyaf cywrain, a diammeu y bydd llawer o'r awdwyr, fel Beirdd Cymru mewn eisteddfod, yn hiraethu am weled eu henwau yn y rhestr fuddugol. Pan oeddwn yn myned yno ar ben omnibus heddyw, gwelais steam-engine yn cael ei chyflwyno yno ar wagen, a deunaw o geffylau yn ei thynu hi; ac yn ymyl y fan gwelais angor fawr wedi cael ei gweithio mewn dull tra chywrain, yn pwyso pum tunell.

Er mai diben Ffair Fawr y Byd oedd dangos cynnyrch celfyddyd y pum cyfandir, i Dalhaiarn fel i lawer un arall, yr oedd yn llawn cymaint o achlysur i ganmol dyfeisgarwch Lloegr ac i loddesta'n emosiynol ar orchest Prydain dan lywyddiaeth Victoria. Cafodd y bardd fod yn agos i brif borth y Palas Grisial ar gyfer dyfodiad y frenhines a'i gosgordd i agor y lle yn swyddogol ar 1 Mai 1851, ac anfonodd i'r *Cymro* lythyr manwl i ddisgrifio'r amgylchiad. Gyda'r llythyr hwnnw cyhoeddwyd baled o'i eiddo sef 'Ar agoriad yr Exhibition' sy'n adlewyrchu i'r dim y modd yr oedd Victoria yn gymaint canolbwynt i'r ewfforia – y mae dwy ran o dair o'r gerdd yn cyfeirio ati hi a'r croeso a roddwyd iddi yno. Mawr fu'r ymweld â'r Arddangosfa gan y miloedd, gyda'r tyrfaoedd yn tyfu'n fwy fyth ar ôl 25 Mai gan fod pris mynediad ar bedwar diwrnod yr wythnos wedi ei ostwng i swllt. Faint o Gymry tybed a berswadiwyd i deithio o'r famwlad gan ddilyn cyfarwyddyd Talhaiarn: 'Cynghorwn chwi i ddyfod i fynu oddeutu dechreu Mehefin; hynny yw, y rhai sy'n hoffi myned i mewn am swllt yr un.' Byddai ei lythyr nesaf wedi cyfleu iddynt y bri arbennig a berthynai i'r Ffair a'r modd yr oedd y miloedd yn tyrru i Lundain:

Y mae Ffair Fawr y Byd yn cynnyddu yn ei bri o ddydd i ddydd. Y mae pob peth arall dan gysgod, mewn cymhariaeth â'r Palas Grisial a'i drysorau costus ac ardderchog. Ni wna y senedd-dai, y chwareudai, pob math o sioiau, a gwrthrychau a welir yn Llundain, ddenu fawr o sylw y bobl yn bresennol. Yr Exhibition yw'r cwbl – yr Alpha a'r Omega i bob peth. Pe baech yn cyfarfod cant o'ch cyfeillion, y naill ar

ol y llall, yn y stryd, y cwestiwn cyntaf yw, 'Fuoch chwi yn yr
Exhibition?' Os byddwn gartref, neu yn y bwytteidai, neu'r yfdai, son
am yr Exhibition sydd ym mhob man.

O fynd yno awgrymodd iddynt gyfeirio ar eu hunion i 'barth Prydain':

Ni ddeuwn byth i ben a nodi yr holl ryfeddodau a welir yma; ond
tybir gan graff-feirniaid ein bod ni yn rhagori ar yr holl fyd mewn
pethau buddiol, megis peiriannau o bob math er lles i ddynolryw, yn
hytrach na chywreinrwydd yn y celfyddydau breiniol (*fine arts*).

O fynd i'r orielau tramor gellid canfod pam fod rhai yn tybio 'fod y
tramoriaid yn ein curo mewn llawer o bethau, yn enwedig y *fine arts*,
a phethau mwy cywrain na buddiol'. Yn y cyferbynnu hwn rhwng y
'buddiol' a'r 'fine arts' yr oedd Talhaiarn i ryw raddau yn adlewyrchu'r
bwlch a deimlai ef ei hun yn ymddangos yn y diwylliant cyfoes.
Cawsai ragflas o'r bwlch mewn cyfarfod yn Ionawr 1849 pan oedd
ymysg y criw o Gymry Llundain yn trafod sefydlu 'Society for
promoting secular knowledge amongst the Welsh People by means of
the vernacular'. Gwnaed yn amlwg nad hyrwyddo'r iaith oedd eu
bwriad ond llunio gwerslyfrau Cymraeg yn ymdrin â phynciau o fudd
ymarferol. Er na flodeuodd y gymdeithas honno bu dilema'r buddiol
a'r breiniol yn anesmwytho'r pensaer o fardd am flynyddoedd wedyn.
    Synhwyrai y byddai llawer o Gymry yn dod i Lundain, a chyn cloi
y gyfres llythyrau ar yr Arddangosfa lluniodd lythyr arall i awgrymu
i ymwelwyr ragor o hynodion y brifddinas y dylent ymweld â hwy, y
mwyafrif yn rhad ac am ddim neu gyda gostyngiad yn y pris mynediad.
Rhoddodd yr Amgueddfa, y Banc, y Guildhall, y Mansion House, y
Tŵr, Ysbyty Greenwich a Gerddi Cremorne ar y rhestr, ac hefyd y Sŵ,
lle'r oedd 'cyw Elephant' newydd ymhlith y rhyfeddodau. Cymhellai
hefyd daith bur bensaernïol ar un o'r 'agerlestri o Bont Westminster,
ar fynwes yr hen Dafwys, i syllu ar y pontydd, a'r holl adeiladau,
clochdai &., a welir oddi yma i lawr i Greenwich'. Yn y gyfres llythyrau
rhoddai Talhaiarn fanylion am gostau adeiladu a phris mynediad i'r
atyniadau lle'r oedd hynny'n addas, a chesglir ei fod yn dra ymwybodol
o gost pethau'n gyffredinol gan amled ei gyfeirio at brisiau ac arian. Ni
allai ymatal rhag rhoi paragraff cyfan i ddisgrifio'r diemwnt *Koh-i-
noor* yn yr Arddangosfa Fawr a chloi'r paragraff hwnnw ag un o'i
sylwadau ysgafn nodweddiadol:

Rhyfedd fel mae'r byd yn prisio rhai pethau, ac yn dibrisio pethau eraill sy ganwaith mwy buddiol. Dau fyrddiwn o bunnau am ddeimond! Wfft fawr! Onide? Cyfrifir fod yr holl bethau tu mewn i'r Palas Grisial yn werth pum myrddiwn ar ugain o bunnau! Gwyn fy myd pe bawn yn aer ar y cwbl, gael i mi fyw fel Tywysog a chanu fel Bardd.

Yng nghanol gofalon ei swydd a'r gwaith o lunio'r gyfres llythyrau uchod ni fu'n segur fel bardd. Ymhlith nifer o gerddi achlysurol yn 1851 cyfansoddodd chwe englyn ar gyfer cystadleuaeth a drefnid gan bwyllgor yn Llandudno fel rhan o'r darpariadau i ddathlu dyfod aer teulu Mostyn i'w oed. Cafwyd ei chwe englyn yn fuddugol, ac ym Mawrth 1851, teithiodd i'r Gloddaeth, lle'r oedd dros ddwy fil yn y dathlu, ac yno y gwisgwyd ef â thlws y buddugwr gan yr Arglwyddes Erskine. Cafodd wedyn gyfle i wneud araith, i adrodd ac i ganu, gan ychwanegu at yr edmygedd o'i dalent ymhlith gwreng a bonedd yr ardal. Wedi canu i'r boneddwr bu'n cynnal rhan arall o'r traddodiad barddol trwy dderbyn gwahoddiad i gyfansoddi 'Cerdd i ofyn "Dwy Droedfedd" i Robert y Tyddyn, gan Robert Hughes, Ysgubor Newydd, Llanfairtalhaiarn'. Aethai o'r dathlu yng Ngloddaeth i'w gartref yn Llanfair ac y mae'n bur debyg mai yno y cafodd y gwahoddiad i lunio'r gerdd hon. Gallai ymdoddi'n rhwydd yng nghwmni'r werin a chwmni'r boneddigion ond yr oedd yn fwy o ganolbwynt y sylw yn Llanfair nag yng Ngloddaeth. Yn yr Harp yr oedd

pob cwrr o'r ystafell yn dan sang, a'r cwrw yn llifo fel llaeth buwch Siôn Pirs yn mis Mai . . . Cododd Tal. i fyny yn dalgryf a serchlawn, ac areithiodd gyda'r fath danbeidrwydd a hyawdledd, nes oedd pob calon yn fflamio gan serch. Yna canu cerddi, traethu chwedlau digri, a barddoni, nes i Gwen Jones ddweud, – 'Dewch bobol bach, mae hi'n amser cadw noswyl.'[4]

Neilltuwyd noson 14 Mehefin i gyflwyno'r 'ddwy-droedfedd', sef y pren mesur newydd i Robert y Tyddyn, ac yr oedd 'yr ystafell fawr yn yr Harp yn orlawn o wreng a bonedd'. Er nad oedd Talhaiarn yn gallu bod yn bresennol cafodd gryn sylw yn ei absenoldeb mewn noson helaeth a thra hwyliog, ac unwaith eto, 'Pan oedd pawb yn ei afiaeth a neb yn hidio am y cloc, dyma Gwen Jones yn dyfod i ddrws yr ystafell gan ddweud ei bod yn awr yn bryd cadw noswyl.' Cafwyd adroddiad am y noson hon yn Y Cymro ond lleolwyd yr hanes yn y golofn o dan 'Llanfaircaereinion'. Sylwodd Talhaiarn ar hyn ac anfonodd lythyr i'r papur lle mae'n cyfeirio yn y rhan gyntaf at y

camgymeriad ac, yn ei ail ran, yn rhoi'r cefndir i gerdd bwysig newydd
o'i eiddo. Cywair ysgafn sydd i ran gyntaf ei lythyr:.[5]

Diameu y bydd y Caereinioniaid a'r Talhaiarnod yn eiddugus am y
camgymeriad, oherwydd mae y Talhaiarnod, yn fechgyn a beirdd, yn
tybio o wraidd y galon mae iddyn nhw y perthyn pob llawenydd a
miri, oherwydd ni chafodd Duwies ffroenuchel Titoliaeth erioed mo'i
thraed dani yn eu mysg. Pe gwelech chwi nhw yn ei morio hi yng
nghegin yr Harp, mi gurech eich nain yn y llawr, o lawenydd chwedl
Siôn Hafod Elwy

Y mae'r frawddeg nesaf yn trawsnewid cywair ei lythyr yn llwyr – ac
yn annisgwyl braidd – o gofio mai llythyr i'r wasg gyhoeddus ydyw:

Yr oeddwn ddeuddydd neu dri yn ol yn ymsoddi mewn pruddglwyf,
ac yn ymwingo o ganol y cymylau duon a hulient fy nghalon; ac wrth
geisio ymryddhau, tarawodd yn fy mhen, i gyfansoddi Cerdd, ac fel
arferol pan golynir fi gan wenynen yr awen, ati hi yr aethum yn union
deg. Pa beth fydd y testun? ebai fi. Fy Mam, ie, fy Mam, nid oes
modd i mi gael testyn gwell. Ac ymlaen â myfi gyd â phrysurdeb dyn
yn lladd gwânaf o wair ar un daliad.

Cyhoeddodd y gerdd fel diweddglo i'w lythyr a nodir mai 'Clychau
Rhiwabon' yw'r alaw a berthyn iddi. Y mae'n gerdd sy'n agor fel
teyrnged i'w fam, Gwen Jones, ond at ei diwedd yn troi yn fwy o
gyffes am gyflwr meddyliol y bardd ei hun ym Mehefin 1851. Yn yr
wyth pennill cyntaf portreadir y fam yn magu'r mab ac yn eidduno ei
lwyddiant wrth dyfu'n ddyn, a'r mab yntau yn ei blentyndod ddim
yn amgyffred 'pa faint oedd gwerth a chryfder cariad Mam'. Sonia
am ei cholledion – colli ei gŵr yn 1831 a'i mab Robert yn cael ei
gladdu yn yr un bedd yn fuan wedyn yn ddim ond naw ar hugain
oed. Cyfeiria at y ddau yn serchus ac y mae'r deyrnged i'w dad yn
arbennig o gynnes:

Pwy fel efe mor onest, mor ddiwyd efo'i waith,
Mor dyner efo'i deulu, mor ddistaw ar ei daith;
Mor gywir yn ei gariad i chwi a minnau, Mam,
Ni wyrai o'i ddyletswydd, ni fynnai wneuthur cam.

Gwelodd ei fam yn ysgwyddo'r colledion yn ddirwgnach ac yn dangos
cryfder cymeriad:

Treialon a helbulon a geir tra yn y byd,
Daeth rhan o'r rhain i chwithau i dduo'ch aelwyd glyd:
Er gofid corff a meddwl, buoch ufudd dan yr iau,
Rhinweddol eich ymddygiad, a phur eich calon glau.

Wedi tystio i'r fagwraeth dda a gawsai a chyfeirio at gymeriad ei fam,
try'r bardd yn sydyn i ystyried ei gymeriad ei hun. Rhydd ddarlun
ohono'i hun fel person gofidus sy'n teimlo cryn euogrwydd o dan
gragen yr hyder cyhoeddus:

Pe buaswn i mor dduwiol a moesol a fy Mam,
Rhodiaswn hyd yr union ffordd yn lle y llwybr cam;
Ni chawswn ofid calon ym mysg morynion ffôl
A'r meddwon mewn oferedd, a'r gwatwor ar ei stôl.

Cyffesa i'w wendidau a'i fethiannau fel person ac yna lleisia'i ddyhead
am gael ei arwain i amgenach ffordd o lywio'i fywyd:

Troseddais a gwasgerais, a ffolais yn fy ffyrdd,
Fel Solomon a Dafydd a miloedd mwy, neu fyrdd;
Er hyn i gyd mae llygad Duw i'm gwylio ymhob lle,
Efallai deuaf wedi hyn yn un o blant y Ne'.

Ac yna try'n ôl i fynegi'r serch at ei fam mewn pennill i gloi'r gerdd:

Mewn galar a llawenydd, pa un ai llwfr ai llon,
Hapusrwydd yn fy meddwl neu brudd-der dan fy mron,
Fy nghalon lam, fy annwyl Fam, wrth feddwl am eich gwedd,
Trwy fendith Duw mi'ch caraf nes byddaf yn y bedd.

Pan ddaeth i anfon copi o'r gerdd at ei frawd yn Valparaiso ddechrau
1852, ychwanegodd yn ei lythyr: 'The mere copying of it has brought
tears to my eyes, and I wept like a child when I composed it, for I was
poor, ill and helpless at the time.' Ond ni ddywedodd wrth ei frawd
fod elfennau ar wahân i'r gowt a'r euogrwydd wedi cyfrannu at y
'cymylau duon' a dwysáu'r iselder ysbryd ddechrau haf 1851. Ar 24
Ebrill bu farw ei 'serchlawn gyfaill' Ioan Meirion o effeithiau cic gan
ei geffyl pan oedd criw o Gymry Llundain, a Thalhaiarn yn eu plith,
wedi mynd i farchogaeth i'r wlad yn ardal Blackheath ar ôl mynychu'r
gwasanaeth yn yr eglwys Gymraeg ar Ddydd Gwener y Groglith. Bu'r
bardd gyda'i gyfaill yng nghorff yr wythnos ganlynol ac yr oedd gydag

ef pan fu farw – profiad a effeithiodd arno yn fawr ac a amlygir yn y golygyddol a luniodd y dydd hwnnw i'r *Cymro* yr oedd Ioan Meirion yn olygydd arno:

Peth rhyfedd ac ofnadwy yw angau. Ni anghofiaf byth yr olygfa. Ni welais undyn yn marw o'r blaen. Gweled y llygaid fuont yn gwreichioni yn serchlawn arnaf, yn pylu – y tafod a lefarai mor hyawdl, wedi distewi – y galon a ddychlamai o gariad at gyfaill, wedi oeri – y traed heb rawd, a'r llaw heb deimlad. Peth rhyfedd ac ofnadwy yw angau![6]

Prin bythefnos ynghynt yr oedd un arall o Gymry Llundain wedi ei gladdu, sef Bardd Alaw (John Parry), y cerddor a'r casglwr alawon a fu'n cyfeilio sawl tro i Dalhaiarn yn rhai o weithgareddau'r brifddinas. Mis Mai y gofidiau oedd y mis hwnnw i'r bardd ac y mae'r tristwch i'w glywed yn y gerdd o'r un enw a gyhoeddodd ar ddiwedd y mis. Ceir ynddi bedwar pennill sydd ar un olwg, yn mynegi'r llawenydd o ganfod holl natur yn 'blaendarddu' a bywyd newydd yn pefrio drwy'r wlad.[7]

> Yr Haf, a thlysion flodau
> Mewn llwyn a dôl a gardd
> Lawenant yn yr heulwen
> Mewn gwynfydedig rith;
> Tryfrithant wedd daearen,
> Ymloywant yn y gwlith.

Ond tristwch y bardd yw uchafbwynt y gerdd:

> Mae'r awyr las yn glirlan,
> A'r haul mewn breiniawl fri –
> Ymddengys fod holl anian
> Yn hapus, *ond y fi*.

A'r mis Mai hwn heb droi'n Fehefin cafodd y bardd wybod am farwolaeth unig ferch ei gyfaill Aled o Fôn, yn ddwyflwydd a deufis oed, ac un o'r pethau cyntaf i ymddangos yn *Y Cymro* dan yr olygyddiaeth newydd yn Nhreffynnon oedd cywydd tyner gan Dalhaiarn i Aled a'i briod. Dyma'r diweddglo:

> Er y galar a'r gwylio,
> Aeth o'r byd i gryd y gro,
> Duw da a bia bywyd,
> Efe yw Awdwr ei fyd;
> Efe roes – Efe a rydd
> Orau gwir, er ei gerydd,
> Yn gysur i ddoluriau,
> Ac elïon i'r fron frau.
> Boed i'r hylwydd Arglwydd Iôn
> Dy gynnal dan dy gwynion.[8]

Elfen arall yn ei bruddglwyfni oedd ei ymdeimlad â'i unigrwydd ac yn arbennig gan ei fod o fewn mis i adael Llundain a chychwyn ar waith newydd yn Swydd Buckingham. Yn hen lanc ac wedi ei wahanu oddi wrth ei gyfeillion yn y Cymreigyddion, y mae'n sicr y byddai'r dyfodol agos yn ymddangos yn bur llwm. Aeth dwy flynedd heibio er pan fu'n herian ei gyfeillion â nifer o gerddi a awgrymai y gallai fod wedi syrthio mewn cariad:

I may, might, could, would or should be in love; and I want you to find out which of the above *little signs* governs the following song which I have written:–
    TO MY LADY LOVE.

Hynny mewn llythyr cyhoeddus – yn y *Carnarvon and Denbigh Herald*, 21 Gorffennaf 1849 – i'w gyfaill Aled o Fôn. Yn yr un mis cyhoeddodd 'Cân – I fy nghariad' yn *Yr Haul* – y gerdd mewn cynghanedd a ymddangosodd yn nes ymlaen dan y teitl 'I Gwenno', ac sy'n agor gyda'r englyn:

> I fy ngolwg, fy ngwylan,—wyd eilun
>   Hudolaidd a mwynlan:
> 'Rwyt ti fel y lili lân –
> Main dy goes – mwyn dy gusan.[9]

Os bu cariad go iawn yn ei fywyd yn 1849, nid oes sôn amdani yn 1851, dim ond atgof efallai a hwnnw'n rhan o'r hunandosturi helaeth a geir yn ei gerdd 'Cwyn y Bardd' a gyhoeddodd yn *Y Cymro* rai dyddiau cyn gadael Llundain. Cyferbynnir dedwyddwch yr ehedydd ag annedwyddwch y bardd i ddechrau, ond buan yr anghofir yr aderyn:

Mae galar i'm gwylio ble bynnag yr âf,
Mae rhew yn fy mynwes yng nghanol yr haf:
Mae'r heulwen yn ddisglair a'r ddaear yn werdd,
Er hynny mae niwl am fy nghalon a 'ngherdd.

'Rwy'n soddi mewn pruddglwyf di-lwydd a di-les,
Heb feinwen i'm llochi drwy gariad a gwres:
Amddifad wrth gwyno wyf heno fy hun,
Heb obaith, anwylder, na mwynder na mun.

Heb wadu dywedaf a seliaf yn siwr,
Mai crwydryn anynad heb gariad yw gŵr:
Creadur blinderus, anhapus ei nod,
Heb wraig yn ei barlwr nac aur yn ei god.[10]

8 ∞ Tyrrau Mentmore, 1851–1856

Y N rhifyn 20 Awst 1851 o'r *Cymro* cafwyd y nodyn hwn:

Y mae ein cyfaill serchog ac athrylithgar 'Talhaiarn,' wedi ymadael â Llundain am oddeutu dwy flynedd i fyned i Mentmore i adeiladu yno, gyd â Mr. Paxton, adeiladydd y Palas Gwydr, balas gorwych i Baron Rothschild.

Prynwyd ystad Mentmore, yn Nyffryn Aylesbury, yn fuan ar ôl 1836 gan weddw Nathan Mayer Rothschild ac ychwanegodd y Baron Mayer, mab Nathan, yn raddol at yr ystad nes dod o'r lle yn barc o 700 erw. Pan briododd y Baron Mayer yn 1850 penderfynodd gael tŷ newydd yn ganolbwynt i'r ystad a hwnnw i fod:

An enduring monument in Mentmore and its village; an amazing creation of a great house in a wide park and noble gardens, transmuted, as if by the hand of a genie, from its first state of rolling pastures sloping up to the crest of a foothill of the Chilterns, and dotted with fattening bullocks.[1]

Gyda'r rheilffyrdd yn awr yn hwyluso teithio yn ôl a blaen i Lundain, yr oedd bri ymhlith yr ariannog newydd i gael 'tŷ' yn y wlad, a pho fwya'r cyfoeth, mwya'r ystad. Yn yr un modd yr oedd bri arbennig ar gynllun mwy beiddgar, a chlywsai y Rothschilds eisoes am syniadau newydd Paxton pan ymwelodd â Paris yn 1841. Paxton felly oedd y *genie* dewisol a chafodd gomisiwn i lunio plasty, parc a phentref ar yr ystad, a rhwydd hynt, mae'n amlwg, i weithio i gynllun y plas ei lwyddiannau blaenorol a blaengar gyda gwydr, gwres canolog ac awyru. Cymerodd y fenter fawr hon dair blynedd ar ddeg i'w chyflawni, gan gynnwys y cynllunio gwreiddiol, ac wrth adrodd hanes yr adeiladu cofnododd cylchgrawn *The Builder* yn 1857: 'The contractor for the works was Mr George Myers of Lambeth . . . under the able

superintendence of Mr John Jones the clerk of works.' Ni ddywed
Talhaiarn lle y bu'n lletya wedi cyrraedd Mentmore gyntaf ond erbyn
Hydref 1852 gwnâi ei gartref yn yr hen faenordy ar ochr bellaf y
'green'. Dyma'r plasty bychan oedd hefyd yn llety i Paxton pan ymwelai
â'r gwaith; ac yntau'n awr yn 'Syr', yr oedd morwyn ar gael i weini
yn y faenor a'r Mary hon oedd yn tendio ar Dalhaiarn ac yn trefnu
croeso i'r llenorion a ymwelai ag ef o bryd i'w gilydd. Wrth adrodd
am ymweliad pedwar cyfaill o Lundain dywedodd un ohonynt iddynt
gael tamaid o fwyd wedi cyrraedd, wedyn cawsant fynd i weld 'Palas-
dŷ' newydd Mentmore lle 'Mae'r gwaith allanol o gerrig nadd . . . ac
oddi mewn o fynor gwyn o chwarelau Caen yn Normandy.' Mary
wedyn yn gweini swper i'r criw yn ôl yn y faenor a'u gadael yn y man
iddynt ymroi'n hwyliog i drafod beirdd a barddoniaeth. Rhaid oedd
codi'n fore trannoeth i fynd mewn 'cerbyd fastardaidd' am ryw bedair
milltir ar hyd ffyrdd culion i ddal y trên i gyrraedd Llundain erbyn
wyth y bore. Eithriadau yw'r cyfeiriadau at fywyd beunyddiol Talhaiarn
ac y mae'r rheini yn fwy bylchog yn achos Mentmore nag unrhyw
gyfnod yn ei hanes. Ond ceir un cyfeiriad mewn llythyr ganddo at ei
frawd-yng-nghyfraith yn Ebrill 1852, lle dywed fod 130 o ddynion yn
gweithio bryd hynny ar y plas a enwyd yn y man yn Mentmore Towers.
Rhydd hyn nid yn unig syniad o gyfrifoldeb sylweddol Talhaiarn ond
hefyd ymddiriedaeth Paxton yn ei oruchwyliwr newydd.

Nid oedd prysurdeb ei swydd yn lleihau fawr ar ei ysfa i lythyra.
Yn Awst 1851 cythruddwyd ef gan ddau beth i anfon dau lythyr
grymus i'r *Carnarvon and Denbigh Herald*. Pan fu'n gwrando ar gorau
o ardal y chwareli yn cyflwyno cyngerdd o gytganau, anthemau a
glees yn Llundain, arswydodd o glywed i rai o gapeli'r brifddinas
rybuddio eu haelodau rhag mynychu'r cyngerdd 'because the perfor-
mances were only fit for a theatre'. Disgrifiodd y bobl a goleddai'r
fath ragfarn tuag at gyngerdd fel 'self-sanctimonious animals'. Yr ail
beth a'i cythruddodd oedd y beirniadu cynyddol ar yr iaith a'r
eisteddfodau gan rai fel y gŵr o Lerpwl a gondemniodd eisteddfodau
ac a awgrymodd y dylid gadael i'r Gymraeg drengi. Fel rhan o'i ymateb
i hyn y cafwyd un o sylwadau cynnar Talhaiarn ynglŷn â'r rheilffyrdd
a thynged yr iaith – 'Let them learn English by all means . . . An act
of Parliament would never put the Welsh language down, *but railways
may*.' Aeth ymlaen yn y llythyr i amddiffyn eisteddfodau yn eofn gan
fynnu:

We have too much work, and too little play in this over-wrought generation, if no other good resulted from our national festivities but a holiday for the people, that is something to be thankful for. I thoroughly believe that our good God never intended us to pass our lives in one everlasting grind for the purpose of money hoarding.[2]

O bryd i'w gilydd gwelid llythyrau yn y wasg yn gofyn barn Talhaiarn am ryw gerdd neu englyn, ac wrth ymateb i gais am ei sylwadau ar gyfieithiad o un o emynau William Williams y cafwyd y sylw hwn ganddo o Mentmore:

> I should confess that I am not much of a hymn reader, and I know little or nothing of old 'Pantycelyn'; but I have been told by good judges that he was the sweetest hymn poet we ever had.[3]

Cyn diwedd y flwyddyn yr oedd llythyrwr arall di-enw yn ei annog i gyhoeddi 'un casgliad cryno o Ganiadau Cenedlaethol . . . mae y pennillion a genir gyd â'r Delyn, yn gyffredin, yn fasweddol, yn wallus ac yn anghymreigaidd'. Byddai Talhaiarn yn ymdrin â'r broblem hon yn y man ond nid trwy lythyr.

Nid oedd ei ofalaeth newydd yn Mentmore yn ei rwystro rhag cymryd egwyl i ddod i Eisteddfod Tremadoc a gynhaliwyd yn Hydref 1851. Manteisiodd ar y cyfle i ymweld â'r llenor Ellis Owen, Cefn-y-meysydd ar ei ffordd i'r eisteddfod – hynny ar ddiwrnod gwlyb i sgwrsio ag un oedd yn ganolbwynt cylch o feirdd ac ardalwyr difyr:

> Teithiwr ydwyf trwy y gwlych
> I edrych am y prydydd:
> Tu ôl yr hen farddonol drefn
> Mi âf i Gefn-y-meysydd –
> Câf yno groeso wrth y tân,
> A cho', a chân a chywydd.[4]

Eisteddfod dridiau oedd Eisteddfod Tremadoc ac yr oedd Talhaiarn yn 'Fardd yr Eisteddfod' – y swydd a adweinir heddiw fel 'Arweinydd'. Mewn llythyr at Eben Fardd cyfeiriodd at ei waith yno:

> Gwaith ofnadwy oedd o i mi i ddilyn y programme a chadw'r *steam* i fynu, a *rheoli'r* cyfarfod am dri diwrnod, a gwaith mwy oedd rheoli fy nheimladau rhag myn'd i ddiotta ac ymloni efo'r beirdd wedi bod nos, a bod yn ganolbwynt digrifwch iddynt.[5]

Fel yn Rhuddlan, yr oedd ganddo araith fawr i'w thraddodi a dyna'i gyfle i ymhelaethu ar fater yr iaith a gwerth eisteddfodau. Gwnaeth hynny mewn dwy araith, y gyntaf yn Saesneg a'r ail ar y diwrnod canlynol yn y Gymraeg. Ymosododd ar y rhai a gondemniai eisteddfod trwy ddatgan fod gwladgarwch yn rhinwedd a thrwy fwrw dirmyg ar y rhai a fynnai fesur gwerth materol popeth. 'Away with this everlastingly-dinned-into-our-ears doctrines of utility.' Anrhydeddir barddoniaeth mewn eisteddfod a bu barddoniaeth yn ganolog i'n profiadau fel Cymry: 'Cold, mathematical reasoning may convince the mind, but the heart must have poetry. Yes, in spite of all reasonings and imaginings, we cling to the poetry, songs and music we have heard in our childhood.'[6] Dadleuai fod barddoniaeth ym mhob dim sy'n 'great, good, or beautiful' ac yn 'all the fine arts'. Ymhelaethodd ar hyn trwy gyfeirio at ogoniannau natur a chreadigaethau o law dyn, gan gynnwys yr enghreifftiau diweddaraf, sef y Britannia Tube dros y Fenai a'r Palas Grisial. Mynnai fod barddoniaeth mewn pensaernïaeth a cherfluniaeth ac enwodd i gynulleidfa Tremadoc rai o'r mawrion y daeth ef ar draws eu gwaith yn Llundain:

> In painting, we have it in the force and vigour of Michael Angelo, the grace and beauty of Raphael, the gorgeous colouring of Titian, the wildness of Salvator Rosa, the wit of Hogarth, and the serene sunniness of Claude. In music, again, who can listen to the sublime strains of Handel, the sweet melodies of Mozart and Bellini, and the sombre grandeur of Beethoven, without feeling that these great masters were imbued and influenced by the most poetical ideas?[7]

Ond y beirdd eu hunain gafodd y sylw llawnaf ganddo, ac yn eu plith ei hoff driawd o feirdd Saesneg – Byron, Burns a Shakespeare. Yr oedd arddull yr areithio yn flodeuog ac yn eiriog ond unwaith eto ceir yr argraff o *tour de force* a saernïwyd i lifo o lwyfan yn berfformans caboledig yn ogystal ag i ddyrchafu 'pethau'r galon' ac i amddiffyn dibenion eisteddfodau. Yr oedd yn ddigon gonest i gydnabod mewn llythyr dyddiedig 22 Hydref 1851 at Eben Fardd ynglŷn â'r eisteddfod hon fod yn ei araith elfen o ymhyfrydu myfïol yn ei ddawn gyhoeddus:

> Y llyfrgell a'i distawrwydd i chwi a'r platform i mi. Dyna'r lle i mi i O'Connoleiddio'r bobol, ac i ymhyfrydu yn ardderchowgrwydd fy ngwag-ogoniant-hum! – Gwn fy mod yn rhy fyrbwyll, ac yn rhy esgeulus i gyfansoddi at gystadleuaeth – ond nid yw hyny nac yma nac accw –.

Cyfeirio yr oedd yn y cymal olaf hwn at y bryddest aflwyddiannus a
anfonodd i Eisteddfod Tremadoc ar y testun 'W. A. Maddocks, Ysw.
Sylfaenydd Tremadoc'. Mewn llythyr at Ioan Madog ym mis Tachwedd
yn gofyn am ei help i gael y copi o'r bryddest yn ôl, ceir cyfeiriad at
beth fu'n ei boeni yn ystod yr haf blaenorol:

> Darllen hi – y mae ynddi *bictiwrs* ond y mae ynddi *wendidau* hefyd: o
> herwydd cyfansoddwyd hi pan oeddwn yn fy ngwely yn dioddef llym
> waeau uffernawl y *gout*, yn ol trig(u)ain llinell yn y dydd – rhywbeth,
> rhywbeth, rhywbeth i dreio llareiddio y dieiflgŵn melldigawl oeddynt,
> (yn ffigyrawl,) yn cnoi bodiau fy nhraed yn dipiau.

Nid oes sôn am y gowt wedi iddo ddychwelyd i Mentmore o
Eisteddfod Tremadoc ond yn hytrach ceir ganddo nifer o lythyrau i'r
wasg ar amrywiol faterion a thair cerdd newydd – deufis o lythyra
cyson. Yr oedd fel pe bai'n benderfynol nad oedd Cymru am gael ei
anghofio ef hyd yn oed os oedd yn lletya ym mherfeddion cefn gwlad
Lloegr. Rhaid oedd yn gyntaf ganmol y *Carnarvon and Denbigh
Herald* am yr adroddiad manwl ar Eisteddfod Tremadoc – adroddiad
oedd yn profi, meddai, sut y gall eisteddfodau wneud lles i'r genedl.
Wedyn ar ddechrau Tachwedd dyma gyhoeddi carol newydd a hynny
yn *Yr Herald, Yr Eglwysydd* a'r *Cymro*. Yr oedd y garol 'Wele siriol
Rosyn Saron' yn gerdd o chwe phennill seiliedig ar rannau o Eseia, ac
wedi ei threfnu gyda *Recitative, Air* a *Chytgan*. O'r llythyr a anfonwyd
gyda'r cyfansoddiad i'r *Cymro*, ymddengys ei fod am i'r corau
Cymraeg sicrhau 'tôn briodol', a lle ceid digon o leisiau dymunai
iddynt ddiweddu gyda 'chydgân ardderchawg, ogoneddus, a
gorfoleddus, Handel – yr "Haleluia Chorus"' – adlais o'r argraff a
adawodd y gytgan hon arno wedi iddo'i chlywed yn y Palas Grisial ac
yn Rhuddlan. Yn ei lythyr nesaf cwynai fod trefnwyr Eisteddfod
Dolgellau wedi gosod englyn Saesneg i dywysog Cymru fel testun
cystadleuaeth, 'for of all abominations, to me, an English englyn is
the most abominable'. Anfonodd y gân 'A Wide Awake Dream' i'r
Carnarvon and Denbigh Herald bythefnos wedyn yn dychanu'r
eisteddfod uchod. Cyfraniad positif oedd ei gyfraniad olaf i'r *Cymro*
am 1851, sef y gerdd 'Canig' a ymddangosodd yn rhifyn noswyl y
Nadolig. Y dôn ar ei chyfer yw 'Drink to me only' ac y mae'n delyneg
a saif ymhlith ei oreuon. Nid cyfieithiad mohoni. Fe'i cyfansoddwyd
yn yr un cyfnod â'i garol 'Wele siriol Rosyn Saron' ac ymddengys
iddo weld addaster rhai o ddelweddau Llyfr Eseia ar gyfer cân serch.

Y mae y lili, y rhosyn, 'ofnus galon', 'safn y mudan' a 'dwyfol wedd'
yn ymddangos hefyd yn ei garol.

CANIG

Mae nghariad fel y lili lân,
    Ac fel y rhosyn coch,
Y lili yw ei gwddw gwyn,
    A'r rhosyn yw ei boch:
Mae gwrid yn t'wynu yn ei gwedd,
    A phurdeb yn ei gwên;
A gwell i'r Bardd na blodau'r ardd,
    Bydd hon yn hardd yn hen.

Ond ber yw oes y blodau cain;
    Y lili syrth i lawr,
A'r rhosyn tecaf yn yr ardd
    A gyll ei wiwlys wawr:
Pan fyddant hwy heb lun na lliw
    Yn wyw mewn isel fri,
Ni wywa henaint flodau serch
    Y ferch a garaf fi.[8]

Ei gyfraniad olaf i *Herald* Caernarfon am 1851 oedd copi o lythyr
a luniodd i William Roos yn canmol y portread mewn olew a baentiodd
o'r bardd ac a gyrhaeddodd Mentmore ar drothwy'r Nadolig gan ei
blesio yn fawr. Comisiwn preifat oedd y portread hwn. Nid ystyrir ef
gan feirniaid heddiw fel gwaith mor feistrolgar â phortread Rhuddlan
ond, ym marn Talhaiarn, hwn oedd y gorau o'r tri a baentiodd Roos
ohono:

MY DEAR ROOS, – Permit me to thank you for the care, affection,
and artistic feeling you have bestowed on my portrait. I consider it an
excellent likeness, and as highly finished as one of Gerard Davis
paintings.

    It is, in my opinion, the best thing you have ever done. Clear and
forcible, without sacrificing the breadth of light and shade to any
namby-pamby prettiness.

    The expression also pleases me: it looks *seriously serene*, as I
generally do, when not at 'high jinks' with brother bards and
enthusiastic lovers of mirth.

You have engraved it admirably. You know that I am fastidious in matters of art, and consequently you must not consider the expression of my satisfaction as a mere idle compliment, but just praise, for you deserve it.

Yours ever,

TALHAIARN[9]

Y mae'n amlwg fod Talhaiarn yn derbyn – ac yn darllen – yn rheolaidd amryw o'r papurau a'r cylchgronau o Gymru ac ni allai lai na sylwi ar y cynnwrf diwinyddol yng ngwlad ei febyd. Ofnai fod Y *Cymro* a fu'n fwy na charedig iddo dros y blynyddoedd hefyd yn rhoi mwy a mwy o le i drafod dadleuon crefyddol ac fe'i cynhyrfwyd yn Ionawr 1852 i leisio protest wedi gweld y pennawd 'Her John Jones' uwchben cyfres o lythyrau gan rai yn dadlau am natur Eglwys:

Syr, – Ai oes dim possib cael papyr newydd yn *bapyr newydd* yng Nghymru? hynny yw, papyr yn trin materion cartrefol, gwladol a thramorol: politics, hanesiaeth, addysgiaeth: tipyn o farddoniaeth a llawer o newyddion? Rhywbeth i blesio'r llygad, y glust a'r galon. Rhywbeth i'n goleuo a'n harwain i wybodaeth am y byd a'i helyntion. Ymddengys i mi fod rhyw dawch o goegni cûl-grefyddol yn gordôi papyrau a misolion Cymru. Paham na wna rhywun chwythu y tawch cebyst yma o'r neilldu, a dilyn esiampl ein cyfeillion y Saeson? Pa bryd y gwelsoch y *Times*, neu rhyw newyddiadur arall ymhlith y Saeson yn clonciawc-rygnu o ddydd i ddydd, o wythnos i wythnos, ac o fis i fis, ynghylch Hèr John Jones, Herr Von Dunck, hèr canwyll ddimeu, na'r un hèr arall? Fyth o'r fan yma, yr wyf wedi diflasu fy nghalon ar y ffreuo crefyddol sy'n pardduo gwyneb glân y CYMRO.[10]

Cyn gorffen y llythyr hwn ychwanegodd gymal arall a fu'n foddion i gynhyrfu'r dyfroedd yng Nghymru:

Boed i fy nghyfaill Iorwerth Glan Aled beidio a phriodoli ei ganeuon ei hun i'w ferch, rhag i'r byd dybio y medr geneth fach dlôs, ddeuddeg oed, ganu yn well na'i thad, Iorwerth, *poet laureate* Palestina.

Cyfeirio yr oedd at y gerdd 'Tynerwch' a ymddangosodd dan enw 'Eos Aled' yn Y *Cymro* yn gynharach yn y mis, a bu'r cyhuddiad yn agorawd finiog i gyfraniad Talhaiarn i'r dadlau mawr ynglŷn â cherdd Iorwerth, 'Palesteina'. Yn fuan wedyn ymroes Talhaiarn i ragor o lythyrau a baledi beirniadol. Yn y cyntaf, heddychiaeth ddaeth dan y lach, ac wrth ymosod ar syniadau y gwleidydd John Bright, mynegodd ei ragfarn tuag at Henry Richards a'r Gymdeithas Heddwch yng Nghymru:

> John Bright and the belligerent peace party, lose no opportunity of pitching into our soldiers and sailors. I, therefore, consider it perfectly legitimate on my part to pitch a bit into Broad Brim Bright. Now, for my new ballad to an old tune, which I dedicate to H. Richards, Esq., and the tag rag and bobtail of the 'Peace (at any price) Society.'[11]

Y mae'r pum pennill Saesneg yn ddirmygus iawn o Napoleon a'r Ffrancod ac yn hawlio agwedd gadarn yn eu herbyn ar ran Lloegr. Yna yn union wedyn ceir ei gerdd 'I'll sing of gallant Wellington' a fwriedid yn amlwg fel math o foddion at y gwenwyn! Mynnai mai dyletswydd gwlad oedd bod yn barod i'w hamddiffyn ei hun yn rymus rhag ymosodiad oddi allan a gwrthryfel oddi mewn. Dyna'r byrdwn yn ei gerdd 'Cân y Milisia' a anfonodd i'r *Cymro* gyda'r cyflwyniad 'to the pugnacious secretary of the "Peace (at any price) Society".'

> Diffynwn bob rhyw feinwen fwyn
> Rhag ing a chwyn a chyni,
> Ein brodyr a'n chwiorydd gŵyl,
> Rai anwyl a'n rhieni:
> Gadawn wŷr meddal, sâl eu sŵn
> I gachgwn 'Undeb Heddwch',
> Gadawn i lyfrgwn sefyll draw
> I silio ban eu salwch.[12]

Cythruddwyd Samuel Roberts (S.R.) gan yr ymosodiad hwn ar Henry Richard a chyfeiriodd at y gerdd yn ei gylchgrawn *Y Cronicl*: 'Y mae yr adeg i wawdio "cachgwn heddwch", ac i frolio "curo Boni" ar ben. Y mae ffordd fwy rhagorol na hono i ennill serch y fun fwyn, ac i ddiffyn ein Brenhines lan, a rhyddid Prydain.'[13] Cawsai Talhaiarn dystiolaeth newydd yn 1852 i ategu ei safbwynt ynglŷn â therfysg pan ddaeth llythyr o Valparaiso gan ei frawd Thomas, yn disgrifio fel y bu bron iddo gael ei saethu gan derfysgwyr wrth ymlacio mewn café:

> I am very glad that you escaped the bullet, which might have nailed you to the table had you been in your usual seat, and I thank God that you were not there. You see now that the ruffianism of democracy is not such a fine thing after all, and that the *vox populi* is as often the *vox diaboli*, as it is the voice of God.

Bu'r bardd hefyd yn dilyn hynt yr etholiad hanesyddol yng Nghymru yn 1852 pan gafwyd Ymneilltuwr i sefyll am y tro cyntaf ym Mwrdeisdref Caernarfon yn erbyn cynrychiolwr y Torïaid, William Bulkeley Hughes. Ym mherson Richard Davies, y masnachwr o Borthaethwy, cafodd yr Ymneilltuwyr eu hymgeisydd rhyddfrydol o Fethodist. I Dalhaiarn, a dybiai na ellid cael aelod seneddol oni bai ei fod o dras y teuluoedd bonedd a breintiedig, yr oedd enwebu Richard Davies, a chefnogaeth yr Anghydffurfwyr blaengar, yn arwydd fod safiad John Elias a'r Methodistiaid yn erbyn radicaliaeth yn cael ei wyrdroi gan y Methodist hwn a'i gefnogwyr ymneilltuol. Y Dr O. O. Roberts, Bangor, oedd un o brif ysgogwyr y safiad ac yr oedd ganddo nifer o lenorion yn ei gefnogi yn yr ymgyrch, pobl fel Caledfryn, Emrys a Hiraethog. Er na roes Talhaiarn ei enw arferol wrth gwt ei gerdd i'r *Cymro*, ef yn ddiau yw'r 'Tal dafod aur' a arwyddodd 'Cân y Lecsiwn' ar y dôn 'Siencyn Morgan':

> Mae helynt tost yn awr
> Yn llenwi y D'wysogaeth,
> A phawb am blygu i lawr
> I Dduwies fawr Calfiniaeth:
> Er tynned yw ei rhaff
> O amgylch ei disgyblion,
> Mae hi yn ddigon craff
> I floeddio 'RHYDDID' weithion.

> Mae'r CORPH yn llawn o sêl
> Am godi un o hono
> I riwlio, doed a ddêl,
> Pob pader, sect, a chredo:
> Os caiff o seintiau'n haid,
> Wesleyiaid, Annibyniaid,
> Bedyddwyr a phob plaid
> Fe'i gwna nhw oll yn ffyliaid.

> Mae gwŷr yr isel bris,
> A'r Pab sy'n byw ym Mangor,
> Yn dringo o ris i ris
> Ar 'sgwyddau y ddau Ddoctor:
> Gan floeddio 'Masnach rydd,
> I lawr â ffermwyr Cymru,
> Mae sense yn colli'r dydd,
> A humbug ar i fyny.'

Mae ffeilsion â gwên deg
Yn bloeddio 'Rhyddid gwladol,'
Ac eraill nerth eu ceg
Am 'ryddid cydwybodol':
Waeth disgwyl gwawl mewn gwyll
Neu datws ar goed eirin,
Neu grabas ar góed cyll,
Na rhyddid gwlad gan Galfin.

Mae Dafis Min y Don
Yn eithaf dyn am brynu,
Ond gwylied Cymru lon
Rhag iddi gael ei gwerthu;
Gall Dafis fod yn gall
Wrth werthu te a siwgwr,
Ond eithaf dwl a dall
Fel Gwladydd a Seneddwr.

Mae Bulkeley Hughes yn ddyn
Da, gonest, a digynnwr',
Yn deall deddf, ei hun,
A'i gwneuthur fel Seneddwr;
Nid gwalch a thafod lefn,
Nid spowtiwr arwynebol,
Na bwliwr baeddwr trefn
I hymbygoli'r bobol.

Am hynny Gymry glân,
Wrth roddi eich pleidleisiau,
Meddyliwch am fy nghân
A chwifiwch eich banerau:
Shall Davies be the man
To represent us? never!
Ond bloeddiwch ym mhob man,
Bulkeley Hughes forever.[14]

Dyma'r baledwr a gyhoeddodd yn y wasg rai wythnosau ynghynt mai coron ei uchelgais fyddai cael digon o fodd i fyw a gwneud dim ond ysgrifennu barddoniaeth ar gyfer y bobl. Gwyddai ei fod yn creu peth gelyniaeth trwy ei lythyrau ond prin y sylweddolai gymaint yr oedd yn ymbellhau oddi wrth guriad calon Cymru yn yr 1850au cynnar. Yr oedd *Y Cymro* hyd yn oed, yn niwedd 1853, yn gwrthod cyhoeddi rhagor o'i 'fyfyrdodau' ynglŷn â'r heddychwyr Cymreig.

Rhoddai'r papur hwnnw, serch hynny, rwydd hynt i ffraeo am farddoniaeth ac yr oedd Talhaiarn mor barod â neb i 'gicio row farddonol' ynglŷn â phryddest Iorwerth Glan Aled.

Yn Eisteddfod yr Wyddgrug, 1851, yr enillodd Iorwerth Glan Aled yng nghystadleuaeth y Bryddest ar y testun 'Palesteina'. Arwrgerdd faith ddigynghanedd oedd ei bryddest a'i hiaith yn aml yn fwriadol fawreddog i gyd-fynd â'r awydd i roi gwisg briodol i ddisgrifio elfennau ym myd natur a byd yr emosiynau a ystyrid yn 'aruchel'. Bu'n destun trafod a dadlau helaeth ymhlith y llenorion ond yr oedd cyfraniad Talhaiarn i'r drafodaeth wedi ei suro gan ymateb Iorwerth Glan Aled i'w haeriad blaenorol ynglŷn â thadogi peth o'i farddoniaeth ar ei ferch Eos Aled. Cyhuddodd Iorwerth hefyd o sôn am 'hunanoldeb bostfawr' Talhaiarn a gwneud hynny dan ffug-enwau yn *Y Cymro* a'r *Amserau*. Gallai'r ffrwgwd bersonol hon fod wedi ei dirwyn i ben pe baent wedi derbyn cyngor golygydd *Y Cymro* ym mis Mai 1852 ond cyhoeddodd Talhaiarn yn yr un papur bum pennill yn dychanu awdur y bryddest am ei ddawn yn meithrin cyhoeddusrwydd ac am ei ddiffyg gwyleidd-dra ynglŷn â hi. Serch bod peth sail i'w farn, prin fod Talhaiarn yn ddieuog o'r ffaeleddau a ddychanai! Lluniodd y gerdd eironig am Iorwerth ei hun:

> Hi gawsai eirda Glan Geirionydd
> Pe b'aswn heb ei drin yn ddigywilydd,
> A Gwalchmai hefyd onibai i mi ei flingo:
> Na hidiwch gloncwy, boys, am hynny,
> Er gwaethaf Tal a manfeirdd Cymru,
> Bydd Palesteina'n em ac yn goron
> Pan fo'i 'Greadigaeth' *wedi ei rhwygo'n ufflon*:
> Sing high, sing ho, a ffalal lina,
> Pwffied pawb fy Mhalestina.[15]

Mwy sylweddol oedd cyfraniad Talhaiarn i'r ddadl gyffredinol am y bryddest pan luniodd adolygiad arni. Cydnabu fod iddi rai rhinweddau prin mewn ambell ddernyn mwy telynegol, ond ei feirniadaeth graffaf yw honno ar yr holl briod-ddulliau Saesneg sydd ynddi ac ef, o blith yr holl feirniaid a fu'n cloriannu'r gerdd, oedd yr unig un i sylwi ar hyn:

> y mae llinellau . . . yn debyg i gyfieithiadau clogyrnog o iaith arall. Y mae y dull yna yn hollol annghymreigaidd . . . Ymddengys dull Iorwerth i mi fel pe bai rhyw hên wreigan yn Nghymru yn dweud wrth y forwyn, 'Cadi, y dwr dos i nol, y cettal llenwa, ac ar y tân dyro fo,' yn lle dweud, 'Cadi, dos i nol dwr, llenwa'r cettal, a dyro fo ar y tân.'[16]

Ar ben hyn, wrth geisio cryfhau ei ansoddeiriau, meddai, yr oedd
Iorwerth yn eu gwanychu – defnyddio ffurfiau fel 'sobreiddiol',
'wyleiddiol', 'ireiddiol' a bychanu grym y gwreiddyn – 'sobr', 'gwylaidd'
ac 'iraidd'. Rhyw bythefnos yn ddiweddarach ymddangosodd 'Derwen
Farddol Cymru yn y Flwyddyn 1852' yn *Y Cymro*, sef darn o fardd-
oniaeth gan Iorwerth Glan Aled wedi ei lunio ar ffurf coeden lle'r
oedd yn cloriannu beirdd cyfoes:

> Cadeiriwyd mewn coed derwen
> Y *Beirdd* a farnwyd yn ben.

Rhoddwyd y bardd o Lanfair ar linell 16 gydag Emrys ac Ioan Madog:
'*Tlws* iawn yw EMRYS: IOAN MADAWG, dillyn yw: TALHAIARN, *arab* iawn'. Fel
enw neu ansoddair yr oedd miniogrwydd y mwysair mor llym â'r
dychan a ddioddefodd Iorwerth, a dyna brocio'r llythyrwr o Mentmore
i lunio'r 'Arabgan' a droes, yn y man, o fod yn ddychangerdd i fod yn
gynsail i gyfres o weithiau gorau Talhaiarn. Ymddangosodd y gerdd
mewn llythyr wythnos ar ôl cerdd goediog Iorwerth:

> Syr, – Y mae y moesgar, boneddigaidd, anrhydeddus, mawreddus, a
> gogoneddus Iorwerth yn bygwth fy chwipio i ddiddymdra mewn
> pryddest o ddwy fil o benillion! . . . Gan y bydd Iorwerth, yn
> gyffredin, yn anghofio awgrymiad Lady Mary Wortley Montague, sef
>> 'Satire should like a polished razor keen,
>> Wound with a touch that's scarcely felt or seen,'
> ac yn lle hyn, yn mynych shafio hefo rasal o haiarn bwrw wedi rhydu,
> dymunwn gyda'ch cennad, ddangos iddo sut i shafio hefo rasal finiog.
> Dechreuwn.

TAL AR BEN BODRAN.
  (PRIF FYNYDD LLANFAIR TALHAIARN.)

> Odidog Iorwerth, nyddaist ddoniawl gân
> I Foses a'i olygfa o ben Pisgah,
> A'r blodau amryliwiant fantell lân
> Gororau cysegredig Palesteina;
> Ehedaist fel yr eryr – neu fel brân –
> Uwchben Giboa, Sodom a Gomorrah.
> Drwy rym darfelydd hollol awenyddol
> A choethder chwaeth medd beirniaid sy'n dy ganmol.[17]

Yn ei bryddest ef, cyfeiriodd Glan Aled at yr Awen yn ei arwain drwy Balesteina ac at Moses yn canfod gwlad yr addewid o ben Pisga. Dynwaredodd Talhaiarn y confensiwn gan fwrw golwg ar y wlad sydd i'w chanfod o gopa Mynydd Bodran ger Llanfair Talhaearn ac, mewn un ar bymtheg o benillion, disgrifiodd gyda chymysgedd o ysgafnder a dwyster yr hyn a welai ac a deimlai. Ar wahân i'r pennill cyntaf ac un o'r rhai olaf ni cheir sôn am Iorwerth Glan Aled a'i bryddest, a phan gyhoeddodd Talhaiarn y gerdd yn ei gyfrol gyntaf dair blynedd yn ddiweddarach, ni chynhwysodd y ddau bennill hynny. Wrth wneud hynny dilëwyd y cysylltiad â ffrwgwd Palesteina a diddymwyd yr elfen o ddychan. Rhoddodd yr is-bennawd 'canto' i'r gerdd yn ddiweddarach a lluniodd bedwar canto ar bymtheg arall atynt, ond nid oes i'r un ohonynt gysylltiad â'r cymhelliad a symbylodd y canto cyntaf.

Nid oedd pall ar ddicter Glan Aled a pharhaodd i ymosod yn y wasg dan sawl ffugenw, ond penderfynodd Talhaiarn ddirwyn y cecru i ben trwy lythyr arall yn *Y Cymro* gyda 'Cân ffarwel i "Iorwerth Gu"' – anrheg Nadolig ddigon pigog yn Rhagfyr 1852 ar ôl bron i flwyddyn o ymgecru:

> Prynaf gap o laurels gwyrddion
> I'w roi yn goron am dy ben;
> Lilis, pins a rhosys cochion
> I addurno'th wasgod wen:
> Cei ddeimond ring a chadwen arian
> O gylch dy fys ac am dy fol,
> I'th wneud yn smart uwch ben dy glorian
> Fel 'Jupiter' a brenin brol . . .
>
> Bildiaf blas ar ffasiwn newydd
> I'r AWENYDD mwya 'rioed:
> Cawr o ddawn, cei orau ddeunydd,
> Marmor, brics a checs a choed:
> Plastraf ef â mwd a rhwbal,
> Y pethau hoffi di dy hun,
> Ac ar astyllen uwch y fantal
> Â brwsh a pharddu gwnâf dy lun.

Yng nghanol y llythyra piwis o Mentmore yn 1852 ynglŷn â phryddest Palesteina a gwleidyddiaeth, cafwyd ganddo nifer o gerddi Cymraeg a Saesneg, a sawl llythyr o sylwedd yn ymdrin â'i ddiddordeb mewn iaith a llên. Bu farw'r bardd Gwyddelig, Thomas Moore ar ddechrau'r flwyddyn a gwelir edmygedd Talhaiarn o'r bardd hwn mewn llythyr i'r *Herald*:

> Since I last wrote to you, we have lost Tom Moore, the prince of lyrists. Although he never stood as high in my estimation for grasp, strength, and calibre of mind as did Burns, still the elegance of his diction, his sparkling wit, and glowing fancy, always fascinated me, and above all, the sunniness of his joyous mind; his grace, feeling, and sensibility – his melodious patriotic heart – have, at all times, delighted me . . . and to read his 'Lalla Rookh' is similar to lolling on a bed of roses.[18]

Cafodd flas arbennig ar gyfrol Cynddelw, *Tafol y Beirdd*, a dderbyniodd gan gyfaill ychydig cyn Nadolig 1852 a dyma anfon llith helaeth i'r *Cymro* i fynegi ei falchder:

> Darllenais ef drwyddo, un diwrnod glawog, gyda dywenydd ac adeiladaeth. Fyth o'r fan yma, ebyr fi, piti na fuaswn yn gwybod rhywbeth am fesurau bendigedig y cynfeirdd cyn hyn. Ni welais erioed mo 'Gyfrinach y Beirdd', gan Iolo Morganwg, ac o ganlyniad yr wyf wedi bod mewn tywyllwch eithaf mewn perthynas â'r 'Hen Ddosparth', hyd yn hyn . . . Y peth a'm boddiodd fwyaf yw y *rhyddid* a geir yn ol yr hen ddull, rhagor yn y rhan fwyaf o fesurau gwirionffol D. ap Edmwnt.[19]

I hen lanc heb gartref parhaol nid peth hawdd oedd cadw llyfrgell ac yn un o'i lythyrau o Mentmore y flwyddyn hon edrydd y gweithiau oedd yn cartrefu ar ddwy silff ei gwpwrdd tair troedfedd o led. Gyda'r Beibl a'r Llyfr Gweddi yr oedd gweithiau gan Shakespeare, Moore, Goronwy Owen, Caledfryn, Cawrdaf, Dafydd Ionawr, Milton, Eben Fardd, Lewis Glyn Cothi, Pindar, Byron, Twm o'r Nant a 'my pet Burns'. Yn ychwanegol yr oedd ganddo *Gorchestion Beirdd Cymru*, geiriadur Dr Pughe a chopïau o *Blackwood's Magazine* a'r *Traethodydd*. Ymhlith y llenyddiaeth Saesneg a thramor yr oedd *Tristram Shandy*, *Comedies* Sheridan, *Faust* Goethe a *Candide* Voltaire. Dim ond pedwar gwaith ar bensaernïaeth a enwir ond y maent yn gyfrolau allweddol, sef *Glossary of Architecture*, *Ecclesiastical Architecture* gan Pugin, *Monumental Remains* gan Blore a *L'Histoire de L'Architecture*.

Sylwasai Talhaiarn mor aml yn nhrafodaethau ei gyfoedion o feirdd Cymreig y byddai'r defnydd o ansoddeiriau yn destun beirniadaeth.

Gwelwyd iddo ef ei hun fod ymhlith y beirniaid a'r condemniedig yn hynny o beth mor ddiweddar â'r sgarmes rhyngddo ag Iorwerth Glan Aled. Y mae'n sicr fod y pwnc yn corddi yn ei feddwl yn y mis Medi hwnnw pan aeth ati i ddadansoddi ei safbwynt personol mewn erthygl-lythyr i'r *Cymro* ar ôl cael ei symbylu gan un o'r hoff awduron yn ei lyfrgell:[20]

> Dylid dweyd mai wrth ddarllen Shakespeare un noson yn ddiweddar y daeth ysfa arnaf i ysgrifenu pennod ar ansawdd-eiriau. Daliais sylw fod ei ansawdd-eiriau yn anghyffredin ac yn hynod o darawiadol.

Dyfynnodd ddarnau lluosog allan o chwech o'r dramâu ac o waith beirdd o Gymry fel Goronwy Owen, William Wyn, Dewi Wyn, Caledfryn ac Eben Fardd i ddangos nad gormod neu ry ychydig o ansoddeiriau sy'n bwysig ond eu priodoldeb yn y disgrifio. Wedi cael blas arbennig ar ei ymchwil meddai:

> Ha! ebyr fi, mi welaf yrwan y dylai'r Bardd fod yn ofalus iawn efo'r geiriau yma, ac nid eu harllwys allan fel cerrig o drol. Dyma lle mae'r Gwirfardd yn rhagori ar y Crachfardd, ebyr fi.

Gyda pharagraff nodweddiadol ysgafn yr oedd yn cloi pennod faith o lythyr sy'n llawn edmygedd o artistri'r awduron ac sydd hefyd yn adlewyrchu ei adnabyddiaeth eang o'u gwaith. Mynych yng nghanol yr holl lythyru i'r *Cymro* ynglŷn â barddoniaeth ac eisteddfodau gan bob gradd o feirdd, ceid nifer yn edrych at Dalhaiarn am sylwadau a chyngor, fel y 'Taliesin' hwnnw a ofynnodd iddo am dri pheth, sef enw y gramadeg Cymraeg gorau, am iddo restru beiau gwaharddedig y pedwar mesur ar hugain a gofyn iddo gyfansoddi awdl ar y testun 'Cymro, Cymru a Chymraeg' – y cyfan mewn un llythyr cais! Beth bynnag oedd barn y prifeirdd am Dalhaiarn ymddengys fod llawer o lenorion cefn gwlad yn edrych arno fel bardd medrus ac yn fath o athro barddol. Yn ei dro porthai yntau y syniad hwn trwy roi ambell anogaeth dadol fel y gwnaeth gyda'i lythyr nodedig ar ansoddeiriau: 'Am hynny . . . chwi feirdd ieuainc, astudiwch y bennod yma. Cymmerwch anian a chwaeth yn llaw-forynion i'ch harwain, a "Llaw Dduw i'ch arwedd".' Nid oedd mor barod i ymateb i'r pwysau blynyddol arno i lunio carol Nadolig newydd, ac wrth anfon carol 1853 i'r wasg – yr olaf a luniodd – bu'n ddigon diymhongar i esbonio'i amharodrwydd:

Byddaf yn synu na ofynech i rai o feirdd duwiol Cymru ysgrifenu Carolau i chwi, o herwydd y mae digon o honynt yna, ond am danaf i, mae pawb yn gwybod na fum i erioed, nid ydwyf yn awr, ac efallai na fyddaf fyth yn dduwiolfrydig. Nid ydyw natur wedi fy nhynghedu i'r pwrpas. Ni wn i ond y nesaf peth i ddim am gredöau a phynciau ffydd, ac o ganlyniad byddaf yn ymnesu at bwnc fel hyn yn fy anwybodaeth, 'gyda gwylder a pharchedig ofn.'[21]

Wedi dweud hynny, cafodd Y *Cymro* ei charol mewn da bryd – carol orfoleddus i gyd-fynd â'r dôn 'Gorhoffedd Gwŷr Harlech'. Ar ddechrau'r flwyddyn newydd yr oedd awdur y garol yn destun stori ofidus gan ohebydd dienw yn yr un papur newydd:

Clywais neithiwr fod Talhaiarn druan wedi bod yn wael iawn dan ymosodiad y gymmalwst yn y cylla!! Yr wyf yn ofni mai un ymosodiad o'r fath etto a'i gorphena, a thrwy hynny, difeddiannir y wlad o'r dyn mwyaf talentog; y Bardd, y Cyfieithydd, a'r Areithydd goreu a fedd, ac un o'r Cymry mwyaf haelfrydig ac addfwyn a fedd yr oes.

Yr haelioni a'r poenau a geir mewn llythyrau a welodd Elfyn o'r cyfnod hwn. Yn y naill y mae Talhaiarn yn ysgrifennu at Aled o Fôn ac yn y llall y mae'n copïo cynnwys llith a anfonodd at un o'r cymeriadau hynny fyddai'n troi at y Cymreigyddion am help llaw. Ysgrifennai'r bardd â'i law chwith y tro hwnnw am fod y gowt yn ei law dde, ei liniau a'i draed:

Er fy mod wedi rhoi gormod o aur i ti eisoes, eto, er hyn, yr wyf yn dymuno ar fy nghyfaill Aled o Vôn roi deg swllt i ti drosof fi . . . Mae arnaf ofn fod yn well gennyt feddwi a chanu a llwgu efo rhyw rapscaliwns hyd dafarnau Llundain na bachu yn dy waith o ddifri. Ond mi gei di weld dy fod yn misio. Mi wn i ar [*sic*] goreu nad wyt ti ddim ffit i fod yn Llundain, ac os leici di fynd yn ol i Gymru, mi dala i dy gost ti hefo'r tren i Gaer, ac oni wnei hyn, rhaid i ti gymeryd dy siawns a pheidio a bod yn blâg i mi.[22]

Cyfeiriodd sawl ysgrifennwr at natur haelionus Talhaiarn ac y mae cryn dystiolaeth i ochr hynaws ei berson. Dangosai hynawsedd arbennig p'un ai oedd yr anghennus yn fardd neu'n gerddor. Dywedodd ef ei hun am Eos Crwst (Bob Owen) mewn llythyr yn Y *Cymro* ym mis Mai 1854 ei fod yn 'rhyw labi afler o ddadganwr o Lansannan accw; un hollol anfelus ei ymddygiad, ond cantwr gwych'. Ond

dyma'r cymeriad y dywed Glaslyn i Dalhaiarn anfon arian lawer gwaith
i ofal cyfeillion iddo er mwyn ei alluogi i fynd i wahanol eisteddfodau.
Ymddengys na fyddai'r Eos hyd yn oed wedyn yn cyrraedd mewn pryd
i ganu gan iddo ymroi i feddwi ar y ffordd yno. Soniwyd eisoes fel y
daeth Talhaiarn yn ifanc i sylweddoli fod cysylltiad rhwng ei yfed, ei
loddesta a'i anhwylder ac wedi'r dioddef diweddaraf hwn yn 1853
daw ei ymdeimlad o euogrwydd ynglŷn â hyn yn amlwg. Fis wedi'r
adroddiad yn Y *Cymro* cyhoeddodd ddau englyn 'Gweddi a Chyffes':

> Dod drysawr, Dduw mawr, i mi—o gu ras
>   I'm gwared rhag meddwi;
>   O! Lyw fy nghred, clyw fy nghri
>   O'r ddwyfron ar awr ddifri!

> Nid oes im hedd wrth feddwi;—os ebrwydd
>   Y sobraf o ddifri,
>   Mwy grasol gwnaf ymgroesi,
>   Duw, Iôn, Dad, yn dy enw Di![23]

Wedi cael egwyl fer o Mentmore dychwelodd at ei waith heb gael
gwellhad llwyr ac erbyn dechrau'r haf hwnnw yr oedd ei gyflwr
corfforol yn ailgynnau'r hen bruddglwyfni. Fe'i clywir yn ei englyn
'Profedigaeth':

> I'm Naf ynganaf fy nghwynion; isel
>   Ac ysig yw nghalon;
>   Erglyw, O! Dduw, Arglwydd Iôn,
>   Gwared fy enaid gwirion.[24]

Yr oedd yn gwbl barod i rannu ei euogrwydd a'i bruddglwyfni â'r
cyhoedd trwy roi'r englynion hyn yng ngholofnau'r *Cymro*. Yr oedd
hefyd lawn mor agored pan ysgrifennodd lythyr cyhoeddus yn Y *Cymro*,
2 Medi 1853, yn cyfeirio at y gloddesta pan fu rhai o gyfeillion Llundain
yn ymweld ag ef ym Mentmore. Cadfan ac Aled o Fôn fu yno ddiwedd
Awst:

> Cyfarfu'r tri ym mharlwr Tal
> I ganu ffaldi raldi ral,
> Ac ebai Tal, My boys you shall
> Drink whiskey toddy with your pal;
> 'Roedd cig rhostiedig ar bob plât,

A'r tân yn rhuo yn y grât,
A gogoneddus oedd ystât
   Ein Tal a'r Ddraig a Chadfan;
Ni welwyd dynion mwy bwyttaig,
   Wrth hifio slaffio, sewio saig,
   A chyfeillgarwch oedd fel craig,
   Rhwng Tal a'r Ddraig a Chadfan.

Nid rhywbeth nodweddiadol o Lanfair Talhaearn yn unig, wrth gwrs, oedd canmol cwmni diddan, bwyd da a diod. Tystia adroddiadau'r wasg Gymreig yn y cyfnod am lawer o ddathlu a chiniawa pan oedd y wledd yn troi'n loddest o lwncdestunau, ond rywfodd gallai Llanfair gystadlu â'r gorau yn ei chroeso. Dridiau wedi Nadolig 1852, er enghraifft, trefnwyd cyfarfod i groesawu Talhaiarn ar ei ymweliad â'i gartref ac yr oedd o leiaf saith deg o wreng a bonedd yr ardal yn bresennol. Agorwyd y gweithgareddau gyda chinio am dri o'r gloch ond, wedi clirio'r byrddau, a rhwng ambell gân ac adroddiad, buwyd yn cynnig iechyd da i unigolion a pharau oedd yn y cynulliad tan naw o'r gloch y nos! Er bod mudiad dirwest ar gerdded ar ganol y ganrif nid oedd y pwyslais cynnar ar lwyr ymwrthod ac nid oedd y dosbarth canol yn brin o'r modd i dalu am fwyd maethlon gyda'u cwrw. Yn wahanol i Dalhaiarn nid oedd llawer yn cyhoeddi i'r byd orfoledd y wledd yn ogystal â'r loes wedi'r loddest.

Cafodd y bardd groeso arbennig iawn hefyd yn Hydref 1853 pan fu yn eisteddfod ddeuddydd Cymreigyddion y Fenni. Nid oedd yn arwain yno ond fe gafodd gyfle i draddodi araith. Wedi tanlinellu gwerth eisteddfodau a phwysigrwydd barddoniaeth, adroddodd ddarnau sylweddol o waith Dafydd ap Gwilym a Thudur Aled. Yna newidiodd y cywair gan ddweud na ddylid aros gormod gyda'r gorffennol:[25]

While we venerate and cultivate our own native language, we should by no means neglect the English language, for he who knows two languages knows twice as much as his neighbour who knows only one.

Ac nid mater o ddwyieithrwydd yn unig ydyw; y mae addysg a 'progress' ar gerdded:

A bright rainbow already gleams in the darkness, and the gloomy winter of ignorance will be turned into a blooming summer of knowledge – genius and science walk hand in hand throughout the length and breadth of the land, performing miracles . . .

Y mae posibiliadau 'practical science' yn aruthrol, meddai, ac y mae holl natur fel pe'n annog dynoliaeth i symud ymlaen ac ymlaen. Ymddengys y berorasiwn hon ar ddiwedd yr araith, gyda'r gair 'Forward' yn seinio wyth gwaith, ac yn atgoffa rhywun o'r math o berorasiwn a glywid ym mhulpudau Cymru – yr emosiwn yn fawr a'r sylwedd yn denau er mor soniarus yr iaith. Yr oedd Talhaiarn mewn cwmni cymharol newydd iddo yn y Fenni – Llawdden, Cynddelw, Ioan Emlyn, Dewi Wyn o Esyllt, Ieuan ap Gruffydd, Cuhelyn a Thomas Stephens o Ferthyr:

> Yr oedd Llawdden, o ddyfnder ei serch at y Beirdd, yn cadw ll ŷs agored iddynt . . . a minnau, yno'n ddyddiol, yn bwytta, yfed, ac ymlonni, yn ol braint a defawd, a'r rhan fwyaf o honom yn lletŷa yno hefyd.

Nid yn unig fe gafodd 'gerddi ymweliad' gan Islwyn a nifer o'r beirdd hyn ond gwelodd deyrnged hynod ganddynt yn *Y Cymro* ar ôl yr eisteddfod:

> *Eben Fardd*, a *Thalhaiarn* ydynt y ddau a gerir ac a berchir yn fwyaf cyffredinol yn y Deheudir . . . Yr ail, o herwydd ei arabedd, ei ddigrifwch, ei haeledd, ei wresawgrwydd Cymroaidd, ei hynawsedd, a'i ddidwylledd, ond yn bennaf oll, o herwydd annibynrwydd ei ymddygiad gwastadol, a'i dalentau ysplennydd fel penigamp gyfansoddwr cerddi, a chathlau rhyddion.

Am y 'pleser a'r mwynder' a gafodd yn eu cwmni aeth ati ar ei union i lunio a chyhoeddi y 'Cywydd Annerch i Feirdd y Deheudir'.

O gofio am yr holl lythyrau a luniodd, yr anhwylder corfforol, a'i ymweld ag Eisteddfodau Lerpwl a'r Fenni, y mae'n syndod sylweddoli mai rhwng Gorffennaf a Thachwedd 1853 y lluniodd hefyd chwe llythyr swmpus arall ynglŷn â beirdd a'u gwaith, ac agweddau ar iaith. Wrth eu crynhoi yn ddiweddarach rhoes y teitl 'Beirniadaeth' arnynt a'u cyplysu â'i lythyrau blaenorol ar 'Tafol y Beirdd' a'r bennod ar ansoddeiriau.[26] Yn y chwe llythyr newydd clywir ei bwyslais cynyddol ar arddull Gymreig. Maentumiai fod cynifer o'i gyfoeswyr – yn

1. Yr Harp presennol

2. Castell Gwrych, ger Abergele (*Casgliad personol Mr Alan Eames*)

3.   Pool Park, ger Rhuthun

4.   Plas yn Llan, Efenechdyd (*Gyda chaniatâd Archifdy Sir Ddinbych*)

5. Parc y Faenor, Aberriw

6. Carchar Trefaldwyn (*Llun gan Janet a Colin Bord*)

7. Eglwys Dewi Sant, y Drenewydd

8. Eglwys All Saints,
Bingham, yn 1855
(*Gyda diolch i
Eglwys y Plwyf, Bingham*)

9.   Eglwys St Mary the Virgin, Nottingham
(*Llun gan Mr James Newton*)

10.   Eglwys Sant Mihangel, Tre-main, ger Aberteifi

11. Mentmore Towers, Swydd Bedford
(*Gyda chaniatâd y Maharishi University of Natural Law*)

12. Grand Hall, Mentmore Towers
(*Gyda chaniatâd y Maharishi University of Natural Law*)

13. Château de Ferrières, Seine-et-Marne (*Gyda diolch i Brifysgol Paris*)

14. Battlesden House, ger Woburn (*Archifau National Monuments Record*)

Uchel iawn, llewychawl ynt
A glân y claerfoglynynt:
Neufedd gwych y nefoedd gu
Llusernawl i'w llasarnu.

Cydgan yr Eingyl

"Y nefoedd sy'n datgân gogoniant DUW,
a'r ffurfafen fynega waith-er ddwylaw.
Dydd i ddydd a draetha ymadrodd,
A nos i nos a ddengys wybodaeth."
Haleluia! Haleluia!
Amen!

15. Rhan o awdl 'Y Greadigaeth' yn llaw ac addurniadau'r bardd
(*Gyda chaniatâd Llyfrgell Ddinesig Abertawe*)

16. Talhaiarn adeg Eisteddfod Rhuthun 1868
(*Gyda chaniatâd Llyfrgell Genedlaethol
Cymru, Aberystwyth*)

feirdd a rhyddieithwyr – yn arfer iaith rodresgar, arddull rwysgfawr a
chystrawennau Seisnig, ac ambell un yn defnyddio orgraff hynafol.
Dyna fyrdwn ei lythyr 'Cymraeg Glân Gloyw'. Nid oedd yn dilorni
ymdrechion llenorion i oleuo tipyn ar egwyddorion iaith ond mynnai
fod yn rhaid i'r Gymraeg fyw wrth batrymau amgenach na Chymraeg
y Dadeni Dysg os oedd i fod yn ystwyth ac addas i'w oes ef:

> Pa beth yw diben iaith? Tybiwyf mai cyflwyno fy meddwl i arall yn
> ddestlus a chywir ydyw, a pho llithricaf ac ystwythaf yr iaith, gorau
> yn y byd . . . Tybiwyf fod ein hiaith ni, fel holl ieithoedd y byd, yn
> cyfnewid o oes i oes, a gwell i ninau fyned gyda'r ffrwd na throi'r
> llanw yn ei ol.

Cafwyd un llythyr ganddo a oedd yn feirniadol iawn o gerddi meithion
a'r rheini mor aml yn ymwneud â chrefydd:

> Y mae llawer o'r Cymry o dan balf cath lefn-flewog Calfiniaeth, yn
> tybio nad oes dim barddoniaeth ond mewn rhyw siwtrws o hymnau a
> rhimynau o ganeuon ffug-dduwiol. . . . Yr ydym ni, y beirdd y
> dyddiau diweddaf, yn tybio os gallwn nyddu mil o linellau, fod hynny
> yn gampwaith. Bid siwr, y mae mor hawdd rigmarolio mil o linellau
> ag yw nyddu pedair; ond pa les, oni bydd enaid, synwyr a doethineb,
> neu lawenydd a digrifwch ynddynt? Pa'nd gwell yw cwpanaid o hufen
> na barilaid o lasdwr?

Dyfynnodd nifer o hen benillion i ategu ei safbwynt – penillion oedd
yn cynnwys y *peth byw* yn hytrach nag yn *dynwared* teimlad. Cytunai
â Chaledfryn a ddywedodd mai 'Prydyddiaeth ydyw gwirionedd wedi
ei ysprydoli gan deimlad'. Ymhelaethodd ar y themâu hyn mewn dau
lythyr arall. Yn y naill y mae'n canmol cerdd Lewis Morris, 'Caniad
y Gog i Feirionnydd' am gynifer o rinweddau ac yn y llall cais ddangos
fel y mae'r beirdd diweddar yn llusgo crefydd i'w cerddi: 'Anaml y ceir
cân yng Nghymru, bid y testyn a fo – serch, digrifwch neu ymloniant,
– heb lefain crefydd ynddi. Crefydd, a chrefydd a chrefydd – a chrefydd
blaen tafod yw y cwbl.' Dewisodd un o gerddi y 'melusfardd' Dafydd
Ddu Eryri i dynnu enghraifft, gan ddyfynnu o'i gof ddarn yn disgrifio'r
'feinir wen lawenles':

> Er fod dy gorff mwyneiddiol
> Yn llawn o bechod marwol,
> Ni fedraf lai na chanmol
> Dy dirion gnawd daearol –

Pa lanc ieuanc nwyfus, deunaw oed, a soniodd erioed am arch ac amdo wrth garu . . . Cofiwch mai nid beio athrylith a melusder y bardd yr ydwyf, ond beio ei farn am fod yn grefyddol wrth garu, yn lle bod yn serch glwyfus.

Dyfynnodd gerdd enwog Huw Morys yn llawn i ddangos gymaint gwell oedd ei ymdriniaeth ef o destun serch:

> Y fun iraidd fwyn clyw ganu, clau gŵyn,
> A wnaeth im dy ganmol am ddoniol ymddwyn; . . .

Nid oes yma ddim chwyddiaith, gormodiaith na hymbyg, ond y mae y geiriau yn llifo yn alawaidd o galon dyner a serchlawn.

Rhinwedd arall o bwys yng nghlorian Talhaiarn oedd y ffaith fod y gerdd hon o waith Huw Morys, fel yr hen benillion, yn gofiadwy ac yn fyw yng nghof gwlad:

> Yr oedd Huw Morris yn enwog fel gwladwr a bardd yn amser Cromwel. Yr oedd ef yn deyrn-garwr gwresog, ac yn chwipiwr tost ar y Pengryniaid a'r Puritaniaid, a thybiwyf mai dyna'r achos nad yw yn cael mawrglod gan drigolion Phariseaidd yr oes hon. Etto, er hyn, y mae llawer o'i bennillion yn llithro o dafodau y bobol, yn Nyffryn Clwyd accw, hyd heddyw, a byddant fyw tra pery y Gymraeg.

Yn sicr, cafodd gorwelion llenyddol Talhaiarn eu hymestyn trwy'r Cymreigyddion a thrwy ei ddarllen helaeth mewn Cymraeg a Saesneg. Serch hynny, rhyw seiadu newyddiadurol a glywir yn y llifeiriant llenyddol a ddaeth o Mentmore yn hytrach na beirniadaeth bwyllog. Ond wrth roi ei sylwadau ar bapur yr oedd yn graddol grisialu yr hyn a ystyriai ef yn nodweddion barddoniaeth dda a hefyd yn crynhoi ei safbwynt ynglŷn â sicrhau Cymraeg rhywiog wrth lenydda.

Mewn llythyr o Mentmore at Nefydd ganol Ionawr 1854, ceir hyn o esboniad am fod yn hwyr yn ymateb i lythyr y Bedyddiwr a'r llyfrbryf:

> Daeth y rhew a'r eira ar ein gwarthaf yma tua'r Gwyliau, a chan na fedrem weithio, cymerais wibdaith [i'r] hen wlad i ymweled a fy mam a'r Llanfairolion . . . Drwg gennyf na [theimlaist] yn wych ac iach a hoyw i ddyfod yma pan yn Llundain, – yr oedd darn o gig eidion rhostiedig cygymaint a thin Marged Sion Towr yn mygu ar y bwrdd gyferbyn a'th ymweliad. Gofyni ai 'fu gennyf erioed chwaeth i bendwmpian uwchben hen lyfrau Cymreig?' Y nesaf peth i ddim.[27]

Diléit pennaf Talhaiarn oedd llythyra a barddoni yn nhawelwch ei lety ac ymroi i drafod beirdd a'u gwaith pan fyddai yng nghwmni hwyliog llenorion o gyffelyb anian. 'Gwnaed amryw sylwadau beirniadol ac ymarferol ar weithiau Milton, Addison, Byron a Burns' yn ôl yr adroddiad am y 'cyfarfod barddol' a gynhaliwyd yn Llanelwy, yn nhŷ chwaer Talhaiarn, pan oedd ar yr ymweliad uchod ac yn mwynhau cwmni dynion fel Ioan Elwy, Thomas Cambria Jones a Llew Llwyfo. Bu yn Llundain deirgwaith y gwanwyn hwnnw – yn dathlu Dydd Gŵyl Ddewi, yn mynychu cyfarfod o 'Gymdeithas Wladgarol Llundain' ac mewn cyfarfod dan gadeiryddiaeth y Parchedig Robert Jones, Rotherhithe, yn y 'London Tavern' i drafod y bwriad o sefydlu 'Cymdeithas Lenyddol Gymreig Llundain'.

Wedi dychwelyd i Mentmore cyffrowyd ei awen i gyfansoddi gan y cwmwl oedd yn ymddangos ar y gorwel rhyngwladol, y cwmwl a droes yn fuan yn Rhyfel y Crimea. Cynhyrfwyd y farn gyhoeddus yn Paris a Llundain gan y newyddion fod Rwsia wedi hawlio awdurdod dros ddeiliaid Uniongred Twrci, a phan aeth yn wrthdaro rhwng llongau rhyfel y Tsar a llongau Twrci, danfonwyd llyngesau Prydain a Ffrainc i'r Môr Du ac arwyddodd y ddwy wlad gytundeb â Thwrci. Mewn dychangerdd fer yn y wasg,[28] bu Talhaiarn yn goeglyd iawn ar ôl clywed fod dirprwyaeth o Grynwyr wedi mynd i St Petersburg 'to convert the Czar into a member of the "Peace Society"', ond mwyach yr oedd sŵn rhyfel go iawn yn y gwynt, a'r Arth, fel y gelwid Rwsia, yn wrthrych dirmyg Ewrop. Sbardunwyd y bardd i lunio dwy gerdd ymfflamychol yn Saesneg ac un yn y Gymraeg. Yn 'Rhyfel-floedd 1854' ceir adlais o deimladau'r wlad am sail yr anghydfod:[29]

> Fe glywir murmur rhyfel
> Dros fôr a mynydd ban;
> A'r awel rydd a seinia'n brudd,
> Mae'r cryf yn treisio'r gwan.

Ceir hefyd adlewyrchiad o gymhlethdod Talhaiarn ei hun – yr ymffrost a'r ymfflamychu arferol yn ei Brydain ar y naill law ond ei ymwybod ag erchylltra rhyfel ar y llaw arall:

> Gogoniant Prydain enwog
> Yw noddi'r llesg a'r gwan:
> Hi wna i'r Arth gusanu gwarth
> Am reibio mwy na'i rhan:
> Pan chwythir utgorn rhyfel,

Ai Prydain saif yn ôl?
Na, na, mewn awr, myn Arthur gawr!
Maluria'r gweilch di-rôl . . .
Bydd Dewrder yn llawenu
Uwchben cyflafan dost,
A Rhinwedd yn galaru,
Ond, pwy a dâl y gost?

Ar 27 Mawrth 1854, cyhoeddwyd rhyfel ar Rwsia gan osod y llwyfan ar gyfer cyflafan erchyll y Crimea. Cafodd y cerddor Blockley[30] ryddid gan ei gyfaill Talhaiarn i osod ei ddwy gerdd Saesneg i gerddoriaeth a manteisio, mae'n siŵr, ar yr awydd cyfamserol i gyhoeddi rhagor o ganeuon gwlatgar. Mor wahanol i'r bardd oedd troi wedyn at yr hyn oedd yn mynd â sylw'r wasg Gymraeg pan oedd Mentmore a Llundain yn ymboeni cymaint am furmuron rhyfel. Unwaith eto dyma anfon protest i'r *Cymro*:

Ai oes un genedl dan haul mor hoff o gecri duwiol â'r Cymry? Y mae yn anhawdd genyf gredu fod un genedl arall yn troi eu papurau newyddion yn bwlpudau . . . Pa bryd y gwelsoch y 'Times' yn cadw clul diddiwedd o wythnos i wythnos, ac o fis i fis, mewn perthynas â phyngciau ffydd na therfynir monynt tra bo'r byd yn bod. Nid pwlpud ydyw papur newydd. Nid cerpyn i hanner dwsin o Offeiriadon i ddangos ceisbwliaeth a chasineb duwiol! Wele ddadl y *trawsylweddiad* wedi bod yn addurno colofnau y CYMRC er ys deufis neu dri . . . Da chwi, gadewch i ni gael papyr newydd, hyny yw, erthyglau grymus a thalentog ar wleidyddiaeth, – hanesion cartrefol a thymhorol – newyddion o bob math . . . ambell stori fer, *smart*, ychydig, (pur ychydig) o farddoniaeth – ac uwchlaw dim, Golygydd deallus a synwyrgraff i ddethol ac i drefnu yr holl faterion, ac i roddi tân, bywyd, ac athrylith yn y papyr.[31]

Annisgwyl braidd ar ôl ymosodiad fel hwn yw canfod yn yr un papur bythefnos yn ddiweddarach gerdd mor gynnes wlatgar o'i eiddo sef 'Gogoniant i Gymru', lle mae 'anwylwlad fy nhadau' yn bur baradwysaidd:

Fy henwlad fendigaid mae anian yn urddo
Pob mynydd a dyffryn, pob clogwyn a glyn!
Ac ysbryd prydferthwch a'i liw yn goleuo
Pob afon ac aber, pob llannerch a llyn;

Gwladgarwch a rhinwedd fendithiant dy enw,
Dy feibion a'th ferched a garant dy fri;
Gorhoffedd dy feirddion yw denu dy sylw,
Er gwaethaf pob gelyn eu testun wyt ti.

Wedi eu dal yn ôl gan dywydd caled ddechrau'r flwyddyn yr oedd mynd gwyllt ar y gwaith adeiladu ym Mehefin a Gorffennaf, a'i gyfaill Andreas o Fôn a gafodd yr esboniad ddechrau Awst am y deufis anghyffredin o ddi-lythyr o Mentmore:

Yr ydym yn hynod o brysur gyda ein palas godidog, a drwg gennyf ddweud y bydd yn amhosibl i mi dy gyfarfod yn y brif ddinas yr wythnos nesaf. Os teimli ar dy galon ddyfod yma ar dy *hald* cei gan' croesaw,

a photel fawr a phibell hir
a bwyd a bir y bardd.
Yr eiddot ar frys gwyllt
Talhaiarn.[32]

Erbyn canol Medi ysgafnhaodd pwysau gwaith yn ddigon i'w alluogi i fynd i Eisteddfod Treforys, 1854, lle bu'n beirniadu ac yn areithio. Dengys ei areithiau a'i lythyrau ei fod yn ymwybodol iawn o ddau beth yn arbennig wrth ystyried hynt eisteddfodau'r cyfnod. Yn gyntaf, fel yr oedd tynged yr iaith ynghlwm wrth nawdd i'r eisteddfodau mawrion. Sylweddolai fod bygythion i'r iaith Gymraeg a gwelai fygythiad arbennig iddi trwy ddylanwad y rheilffyrdd: ond mynnai fod yn rhaid wrth gefnogaeth ariannol y boneddigion a'r 'English friends' i lwyfannu eisteddfodau mwyach. Yn ail, teimlai fod yn rhaid sicrhau nad oedd gweithgareddau'r Orsedd i ddwyn anfri ar yr eisteddfodau; yr oedd digon o bobl yn barod i wneud sbort am y Gymraeg ac i ddilorni eisteddfodau heb i Gymry twymgalon fynd ati i ddiraddio'r Beirdd a'u hurddau. Er mor ysgafnfryd ac anwadal oedd osgo Talhaiarn yn aml, yr oedd o ddifrif ynglŷn â diogelu braint ac anrhydedd brawdoliaeth y B fawr ac ynglŷn â sicrhau urddas i'r eisteddfod fel sefydliad. Yn 1855, tynnodd allan o'r trefniadau ar gyfer eisteddfod Llundain oherwydd iddo weld fod diffyg trefn a pharatoi doeth yn mynd i ddwyn anfri ar yr achlysur. Dr Thomas Roberts, MD, llywydd y London Welsh Patriotic Society, oedd cadeirydd pwyllgor yr eisteddfod ac ymddengys iddo fethu â chynnal pwyllgor effeithiol na sicrhau fod arian digonol yn dod i mewn i wynebu'r costau. Ar ben hynny, mynnai Talhaiarn a Chadfan, yr ysgrifennydd, mai trwy dwyll yr oedd y Dr Roberts wedi ennill cefnogaeth Sir Benjamin a Lady Hall i'r eisteddfod. Nid oedd ryfedd, yn ôl Talhaiarn, 'that the aristocracy and gentry of Wales have a prejudice against these meetings, on account of the egregious follies we perpetrate at them'. Heb eu cefnogaeth ariannol ni ellid cael eisteddfod lwyddiannus yn Llundain. Gwireddwyd ei ofnau pan gafwyd mai dim ond rhyw drichant o bobl a'i mynychodd er fod y Dr Roberts wedi trefnu lle ar gyfer dwy fil. Yn Eisteddfod Treforys areithiodd yn helaeth ar y materion hyn, buont yn destun llythyr i'r wasg ar ei hôl ac yn bynciau a drafodwyd mewn llythyrau rhyngddo ac Eben Fardd yn fuan wedyn. Yn araith y bore yn Nhreforys, defnyddiodd y ffaith fod Eben Fardd wedi cynnig am urdd yng Ngorsedd Glan Taf, Myfyr Morganwg, fel enghraifft o beryglon y 'Sarph Dorchog' a 'puerilities of this Gorsedd'. Sut y gallai urdd o'r fath ychwanegu 'one bright spot to the lustre of his genius'? Bu'n ddigon anrhydeddus i ddweud hynny yn bersonol wrth y prifardd hefyd:

> Chwi a welwch yn y *Carnarvon and Denbigh Herald,* yn yr adroddiad o Eisteddfod Treforris, fy mod wedi rhoi *clec* a *chompliment* i chwi ar yr un gwynt. Ond gan fod y *compliment* yn ddeng-waith mwy na'r *clec*, yr wyf yn disgwyl eich maddeuant.
>
> Darllenwch lythyr 'Myfyr', ac os rhoddwch unrhyw gred ynddo fo a'i Sarph Dorchog ar ol hyny, fe fydd y byd ar ben, oblegid can' ffarwel i ddoethineb a rheswm, os Myfyr sydd i riwlio'r beirdd . . . mae'n ddiddadl genyf fy mod wedi tynu nythiad o gaccwn meirch o gwmpas fy nghlustiau, oherwydd i mi chwerthin am ben pethau a berchir gan eraill.[33]

Ymddengys fod Eben Fardd wedi ateb y llythyr hwn ac wedi ymhelaethu ar fater yr iaith a'r eisteddfodau. Wrth gydnabod llythyr yr 'Annwyl ac enwog Brif-fardd' dywedodd Talhaiarn:

> Yr wyf yn hollol yr un farn a chwi, mai rhy anhawdd fydd i ni, byth ond hynny, gael Eisteddfod Genedlaethol – h.y. Eisteddfod rwysgfawr a gogoneddus i'r Cymry fel Cymry. Os ceir Eisteddfod fawr, rhaid cael help llaw boneddigion ein gwlad a'r Saeson a rhaid i nhwythau gael *Saesonaeg*, ac y mae hyny yn ddigon teg. Pawb ei ddewis am ei arian. Os Eisteddfod Gymraeg lân loyw, ni cheir ond y werin bobl i'w chefnogi ac ni ddeillia llawer o anrhydedd o hyny. Tybiwyf fod pobol Machdraeth Môn wedi cychwyn Eisteddfod unochrog, a digon prin y

byddant yn llwyddianus. Hwyrach eu bod yn llwybro yn ol plan Gweirydd ap Rhys, yr hwn sydd yn perchen mwy o zêl, rhagfarn a Chymrygarwch, nac o farn a doethineb.[34]

Yn hytrach na llu o fân eisteddfodau dadleuai Talhaiarn o blaid eisteddfod fawr bob tair blynedd a honno i fod yn llawforwyn diwylliant ac i anrhydeddu llwyddiant teilwng:

> My notion is that an Eisteddfod should be the handmaiden of civilization . . . Let us also do all we can to raise modest merit, and give solid tokens of our approval; but let us not shower down honour on forward or presumptious ignorance, lest we become the laughing stock of wise men.

Yr oedd o blaid rhoi lle i gelfyddyd, gwyddoniaeth, busnes ac amaethyddiaeth mewn eisteddfod, ond ei gwerth pennaf oedd noddi'r gwir fardd a bod yn gyfle i ddatgan fod i fywyd werthoedd eraill amgen na'r materol. Cafodd cynulleidfa Treforys ar ddeall nad trwydded i dreiddio i'r profiad crefyddol yn unig yw barddoniaeth. Y mae i'r gwir fardd ryddid i ymhél ag ystod lawn y profiadau dynol:

> Let him, if he choose, drive into the deepest recesses of his own heart, and paint its joys and sorrows – its longing love and bitter hatred – its mirth and despondency – its strength and its weakness – its mysterious aspirations and restless ambition.[35]

Gwyddai Talhaiarn cystal ag unrhyw fardd erbyn hyn y gallai barddoniaeth fod yn fodd i fynegi'r teimladau a'r emosiynau mwyaf personol. Ysgogwyd ef eisoes i farddoni felly ond ei uchelgais oedd tyfu'n fardd poblogaidd, a gwyddai ond yn rhy dda am y tyndra rhwng rhoi mynegiant i deimlad ar y naill law a phorthi'r awch am lwyddiant cyhoeddus ar y llaw arall. Wedi gadael gwres y croeso brwd yn Nhreforys am lety'r hen lanc ym Mentmore nid oedd y tyndra hwnnw ddim llai. Yn wir, yn fuan wedi dychwelyd o'r eisteddfod cafodd wybod fod Paxton yn ystyried ei anfon i'w gynrychioli mewn cynllun arfaethedig yn Ffrainc. Wele'r Tori mawr yn cael ar ddeall y gellid ei anfon i grud sosialaeth ac i ganol y 'red-republicanod' y bu mor ddirmygus ohonynt! Y mae prinder ei lythyrau yn Nhachwedd a Rhagfyr 1854 yn awgrymu fod rhywbeth arbennig yn dwyn ei sylw ac nid yw heb arwyddocâd mai'r unig farddoniaeth a gyfansoddodd y gaeaf hwnnw ar wahân i'w englynion i 'Beirdd y South' oedd 'Cywydd y Gauaf'.

Y cyfeiriad cyhoeddus cyntaf a geir ynglŷn â symud o Mentmore yw'r adroddiad am Eisteddfod Calan 1855 yn Llanfair Talhaearn. Hon oedd yr eisteddfod gyntaf erioed i'w chynnal yn Llanfair a dywedir iddi ei bwriadu

> yn fwyaf neillduol er anrhydedd i'r Bardd Talhaiarn, yr hwn oedd yn ymweled â'i le genedigol, cyn ei ymadawiad a Ffrainc, lle y mae yn bwriadu myned i arolygu gweithydd adeiladol dan Syr Joseph Paxton.[36]

Eisteddfod ddeuddydd oedd hon gyda'r ail ddydd yn llai ffurfiol ac yn fwy o ffair wen. Daeth beirdd a gorseddogion fel Iorwerth Glan Aled, Hwfa Môn, Trebor Mai ac Owain Alaw ar gyfer rhaglen y diwrnod cyntaf ond cafodd y beirdd a'r llenorion lleol flaenoriaeth y dydd canlynol. Rhoddwyd rhwydd hynt i Dalhaiarn i lywio'r cyfarfodydd, ac yn ystod un o'i areithiau yno yr esboniodd sut y bu iddo fedyddio pedair llinell cwbl gocosaidd yn 'englyn talcen slip'.

Ym mis Mawrth 1855 y mae Talhaiarn yn dal yn Mentmore ac mewn llythyr at Eben Fardd rhoddodd fanylion llawnach ynglŷn â mynd i'r Cyfandir:

> Yr ydym yn myned i adeiladu palas gogoneddusach na Mentmore i'r Baron James Rothschild, oddeutu pum' milltir tu hwnt i Paris, yr hwn a gŷst dros gan' mil o bunnau, ac os penderfyna Sir Joseph Paxton fy nghyrru yno, neu yn hytrach, os caniatta ein Barwn ni yma, i mi fyned, bydd fy lle yn well a 'nghyflog yn uwch.
>
> 'Am arian mae pob ymyraeth,' medd rhywun, ac y mae yn gofyn cryn lawer o arian i'm cadw i, yn fy null gwastraffus o fodoli yn y byd helbulus yma. Dymuniad fy nghalon fa'i byw yn Nghymru, pe ba'i genyf fodd, ond ni ddymunwn weithio am fy nhamaid yn Nghymru, mewn un modd. O ganlyniad, rhaid i mi ddilyn fy nhrwyn lle'r arwain tynged, er cael pres yn y boc. A dweyd y gwir, yr wyf yn trachwantu myned i Gâl, o drwst a byddariaeth helyntion dwy a dimai beirdd Cymru. Tybiwyf fod natur wedi camgymeryd wrth ddewis Cymru yn lle Ffrainc yn ngwlad fy ngenedigaeth, oblegid yr wyf yn haner Ffrancwr o anian – h.y. yr wyf yn hoffi *wit, ease, elegance*, and *gaiety* yn fwy na doethineb na philosophi. Ni hoffwn byth eich swydd chwi o fod yn Feirniad Eisteddfodol, a gorfod darllen, pwyso, a chloriannu pob math o ysgymun bethau, a nithio ffioled o fanus cyn cael tair gwenithen. Gwarchod pawb! be pe clywa'r beirdd fi – mi fydda'n helynt. I droi'r stori – Bu son ddwy flynedd neu dair yn ol fod y Rothschilds yn bwriadu prynu gwlad Canaan ac ail adeiladu Teml

Jerusalem. Beth meddech, pe bai achos i chwi gyfarwyddo llythyr ataf cyn pen pum 'mlynedd (os byddis byw) fel hyn: Talhaiarn, Clerk of the Works, Solomon's Temple, Jerusalem. Ac i minau, o'r ochr arall, eich gwahodd chwi yno i gyfansoddi Awdl odidocach (os oes modd) ar yr ail adeilad nac ar y Dinystriad.[37]

Gall mai'r posibilrwydd o orfod mynd i Ffrainc a symbylodd Talhaiarn i gyhoeddi cyfrol o'i waith yn 1855. Ar wahân i ddidoli'r deunydd i'w gynnwys rhaid oedd hefyd sicrhau tanysgrifwyr. Bu'n hynod o lwyddiannus yn hynny o beth gan ennill cefnogaeth dros bedwar cant ohonynt o bob cwr o Gymru a Lloegr. Amlwg iawn yw'r beirdd, gorseddogion a Chymry Llundain ar y rhestr: felly hefyd nifer sylweddol o'r teuluoedd bonedd, o'r Fonesig Parry, Madryn, yn Llŷn, i deulu'r Rothschild yn Mentmore, a'r teuluoedd bonedd bron yn ddieithriad yn archebu nifer o gopïau. Elwodd ar gefnogaeth ei gydnabod eang ym myd adeiladu a phensaernïaeth, gan gynnwys teulu Penson o gyfnod Croesoswallt a Paxton ei hun. Bu nifer da o weinidogion ac offeiriaid yn gefnogol ond yr oedd y mwyafrif o'r tanysgrifwyr yn gyffredin gwlad o Gymry y cyfarfu'r bardd â hwy ar ei deithiau. Daw'n amlwg fod llu o gyfeiriadau defnyddiol, yn ogystal â chorff helaeth o farddoniaeth wedi eu trysori yng nghilfachau ei gof sylweddol. O blith y Llanfairolion a gafodd sylw arbennig wrth argraffu'r rhestr yr oedd 'Mam y Bardd' a 'Sion (ap Robert, Clochydd Ieuan Brydydd Hir, gynt o Lanfair-Talhaiarn, Gwerthwr Hen Lyfrau yn Nghaerllleon)'. Awgryma'r ddau gyfeiriad olaf hyn mai Talhaiarn ei hun yn hytrach na'i argraffwyr a roes drefn ar restr y tanysgrifwyr – ffactor arall sy'n esbonio prinder ei lenydda diweddar ac a ysgogodd ei gyfaill Aled o Fôn i ofyn mewn cywydd a ymddangosodd yn y *Carnarvon and Denbigh Herald* ar 11 Gorffennaf 1855:

> P'le mae d'awen ers ennyd,
> Ai marw hon am ryw hyd?
> Ni chlywais, yn iach lawen,
> Yr un gair mewn ffair o'i phen.

Yn ystod haf 1855 y cyhoeddwyd *Gwaith Talhaiarn: The Works of Talhaiarn, in Welsh and English*. Cynhwysai gorff helaeth o'i farddoniaeth Gymraeg a Saesneg, rhai o'i areithiau a'r pwysicaf o'i lythyrau llenyddol i'r papurau newydd hyd at ddiwedd 1854. Ceir peth barddoniaeth yn y llyfr nas cyhoeddwyd yn unman arall hyd y gellir barnu: englynion achlysurol a chaneuon Saesneg yw'r mwyafrif yn y categori hwnnw. O ddarllen y gyfrol, prin y byddai neb yn ei hadnabod fel gwaith Talhaiarn y dychanwr a'r llythyrwr gwawdlyd. Dilëwyd y cyfeiriadau beirniadol at Iorwerth Glan Aled ac eraill o'r llenorion a brofodd ei fflangell, a gadawyd allan o'r gyfrol bob un o'r cerddi a'r llythyrau lle bu'n dychanu arweddau ar grefydd a gwleidyddiaeth y cyfnod. Cynnyrch y saith mlynedd rhwng 1848 ac 1855 yw corff helaethaf y deunydd ac, yn ddiau, y mae'r llythyrau sy'n ymdrin â'i fro, ei fywyd fel alltud ac â'r manion llenyddol yn tra rhagori ar ansawdd cymaint o'i farddoniaeth hyd yn hyn.

Y mae enw Cadfan ymhlith enwau argraffwyr y gyfrol. Yr oedd y ddau yn aelodau o'r hen Gymreigyddion ac yn hen gyfeillion agos er pan oedd Cadfan yn olygydd *Y Cymro* (Bangor) ac yn rhoi lle parod i lythyrau'r bardd. Mwyach gweithiai yn Llundain ac ef oedd ysgrifennydd Eisteddfod Llundain 1855 hyd nes iddo, fel Talhaiarn, wrthod parhau i weithio gyda'r cadeirydd Dr Roberts. Mewn llythyr at Syr Love Jones Parry rhoddodd Talhaiarn beth o hanes yr anhawster a gafodd Cadfan i sicrhau'r arian parod tuag at yr argraffu wedi i'r Dr Roberts dorri ei addewid i warantu benthyciad, a hynny pan oedd chwarter y gyfrol wedi ei hargraffu. Cafodd yr awdur pryderus fenthyg arian gan ei frawd – a oedd newydd ddychwelyd o Valparaiso – i ad-dalu'r decpunt olaf o fenthyciad Cadfan. Mwy fyth yn awr oedd cynddaredd Talhaiarn yn erbyn y meddyg o Greenwich a chafodd teulu Madryn nid yn unig gip ar broblemau cyhoeddi, ond hefyd beth o flas y gwenwyn a ddeilliodd o eisteddfod anffodus Llundain:

Thus you will see that the Doctor did not advance one farthing after getting me into a scrape. What did he do instead? Why the moment the bill became due, and dishonoured, he went the round of the Welsh Public Houses in London, abusing H.W. and myself, and calling us scamps, vagabonds, and all the vilifying terms that his viperous slanderous tongue could form and utter, threatening us with vengeance, and I know not what besides.[38]

Digon llugoer fu'r derbyniad a gafodd ei gyfrol gyntaf. Yn yr adrannau sy'n cynnwys barddoniaeth, yr efelychiadau, yr englynion a'r cywyddau yw'r mwyafrif, a cherddi achlysurol i bersonau a dathliadau gan mwyaf a geir yn y mesurau caeth hynny. Erys ei gerddi gwreiddiol yn y mesurau rhydd yn brin mewn cymhariaeth ac o blith y rheini saif 'Molawd Cymru', 'Gogoniant i Gymru', 'Hiraeth-Gân am Lanfairtalhaiarn', 'Cŵyn y Bardd', 'Mis Mai' a 'Mae nghariad fel y lili lân' fel chwechawd prin lle ceir cyfuniad cymeradwy o lais unigryw bardd a'r ddawn i'w fynegi mewn ieithwedd syml a barddonol. Dyna'r math o gerddi oedd yn ennill iddo edmygwyr. Ar y llaw arall bu cynnwys 'Cywydd y Cwrw' a dau gywydd 'I'r Haul' yn ddigon i gadarnhau barn eraill mai dyn diffygiol iawn ei chwaeth oedd y bardd. Dywedai mam yr Athro T. Gwynn Jones fel y byddai pobl yn sôn mai anffyddiwr oedd Talhaiarn a'i fod yn addoli'r haul.[39] Soniai rhai pobl amdano, meddai hi, gyda math ar ofn. Yn sicr nid oedd ei gyfrol wedi gwneud dim i ddad-wneud y farn negyddol amdano ymhlith Anghydffurfwyr y cyfnod. Nid oedd fawr o obaith i ddyn a ddymunai dyfu'n fardd poblogaidd pan oedd yn rhaid i golofnydd yng nghylchgrawn *Yr Haul* – Brutus ei hun efallai – geisio ei amddiffyn fel hyn:

Mae yn amlwg iawn bod ein sectwyr ni yng Nghymru, yn neillduol yr Independiaid, yn elynion i Dalhaiarn; ac er pan y mae ei waith gwedi cael ei gyhoeddi, y mae egnion y sect Independaidd yn neillduol felly, gwedi, ac yn cael eu gosod ar waith, i ddiraddio Talhaiarn a'i gyfansoddiadau! Mae Talhaiarn ryw fodd neu gilydd gwedi tynnu parchedigaeth y sectariaid am ei ben . . . mae wedi cyhoeddi ei feddyliau a'i syniadau am danynt fel dynion ffaeledig, ac nid fel bodau perffeithedig hollol ar y ddaear . . . Mae yn sicr fod Talhaiarn gwedi pechu yn erbyn yr awdurdodau Dissenteraidd, ac yn neillduol yn erbyn gorsedd Independia fawr; canys y mae o dan ei rheg a'i melltith . . . Ac nid ydym yn gwybod am unrhyw amgylchiad ag y mae rhagfarn anwybodusion crefyddol gwedi ymddangos yn fwy ffiaidd ac annioddefol, nag yn ei pherthynas â Thalhaiarn ac â'i waith. 'Dyw Talhaiarn ddim yn brydydd. Mae Talhaiarn yn cael ei ladd yn yr 'Amserau' – Mae y 'Cronicl' gwedi claddu Talhaiarn am byth. Nid oes ond y dwldod mwyaf yng ngwaith Talhaiarn – Mae Talhaiarn yn ddyn annuwiol iawn – Mae Talhaiarn yn meddwi – Dyn gwyllt iawn yw Talhaiarn.[40]

Serch bod y prif waith allanol ar Mentmore yn dirwyn i ben, ac er cymaint ei ddyhead i ddianc o 'drwst a byddariaeth beirdd Cymru', daeth Calan 1856 ac yntau'n dal yn Lloegr ac yn destun math newydd o feirniadaeth. Bu Ceiriog a Chreuddynfab ers rhai wythnosau yn cydweithio ar ohebiaeth i'r *Herald Cymraeg* dan y ffugenw 'Bywbythfardd'. Yn y llythyrau hynny y cyflwynwyd Syr Meurig Grynswth a buont yn gosod y 'Taclau Beirniadu' a'r 'Peiriant Gwyntyllio' ar waith eu cyfoeswyr. Yn Ionawr 1856, daeth Talhaiarn dan sylw a rhoesant awdl anfuddugol Aberffro drwy'r 'peiriant gwyntyllio'. Er troi o'r peiriant cafwyd anhawster i ddarganfod y cynnyrch! Daethpwyd o hyd i'r cloriau morocco ar lawr yn wag, ac wedi dyfal chwilio darganfuwyd darn bach o asgwrn rhwng y cloriau – darn diamheuol o asgwrn Efa:

> Y mae hyn yn dipyn o gysur i Talhaiarn ei hun, oblegid yr oedd wedi cymeryd trafferth dybryd gyda chlyniau yr hen chwaer hono. Anfonwyd y darn asgwrn i'r *British Museum*, fel yr unig weddillion sydd yn aros o Greadigaeth gyfan sydd wedi ei chwythu i ddiddymdra tragwyddol.

Am ryw reswm ni chafwyd ymateb y bardd i'r dychan miniog hwn ar ei waith tan y mis Medi wedi iddo ymsefydlu yn Ffrainc, pan gyhoeddodd ddychangerdd 'Y Llew a'r Corgi'. Ynddi disgrifir Creuddynfab, awdur *Y Barddoniadur Cymraeg* yn cael ei gam-drin yn arw gan lew, sef y bardd Caledfryn, er na chyfeirir ato wrth ei enw:

> Mae Llew o ddoniol rym ymhlith y beirdd yng Nghymru;
> Un cryf a chraff a llym wrth drin ei daclau barnu;
> Mae'n onest yn ei sêl wrth goethi gwaith y beirddion,
> Ond chwipia, doed a ddêl, erthylwaith hymbygolion.

> Daeth corgi bach ymlaen gan gyfarth yn bur brysur,
> A llyfr di-reddf, di-raen, a elwir 'BARDDONIADUR'
> Yn rhwym wrth 'snoden las yn hongian am ei wddw:
> Cenfigen, llid a chas a genedlasant hwnnw.

> Ac ebe'r cor ar frys, cewch weled sbort yn union,
> Pan ddaw y Llew o'i lys mi a'i blingaf at ei gynffon;
> Wel, bravo! ebe'r cŵn, hai, hai, y Corgi annwyl –
> By Jove, how very soon yr oedd y Llew yn ymyl.

> Fe aeth y cŵn yn fud a'r Corgi bach i grynu,
> Wrth weld mawryddig bryd a phalf y Llew a'i allu:
> Fe godai'r Llew ei goes, yn llon, heb loes na dolur,
> A ph—dd gyda moes am ben y 'BARDDONIADUR'.[41]

Bu'n frwydr eiriol a phersonol filain rhwng Creuddynfab a Thalhaiarn ar ôl cyhoeddi'r gerdd hon, gyda'r ergydion yn fynych yn cael eu hyrddio trwy gyfrwng y wasg. Lle na bu cymodi rhyngddo a Chreuddynfab yr oedd Talhaiarn wedi magu cyfeillgarwch arbennig ag Eben Fardd. Anfonai lythyr yn achlysurol at yr 'Anwyl ac Enwog Brif-Fardd' a gellir tybio mai'r bardd o Glynnog oedd un o'r ychydig prin a dderbyniodd gopi o'i gyfrol gyntaf yn anrheg. Aeth i gryn drafferth hefyd wrth sicrhau fod y prifardd yn cael gweld y copi o gyfrol o lawysgrifau gwerthfawr a oedd yn ei feddiant:

> Ysgrifenwyd y 'Piser Hir' yn hynod o ddestlus, gan D. Elis, Curad Amlwch, cyfaill a chyfoeswr y gorenwog Oronwy. Prynais ef gan weddw y 'Pura gŵr Pari o Gaer,' am dair punt, ac nid oedd na byw na marw nes i Mr Jones, Person Rotherhithe, ei gael gennyf am yr un pris. Yr achlod iddo am bwyso arnaf, ac i minnau am fy meddalwch. Ond be' wnewch chwi? Yr oeddwn ar fin cychwyn i Ffraingc, a mawr fydd y difrod a'r galanastr ar fy llyfrau bob tro y symudaf. Y pigion i mi, a'r rhelyw i'r neb a'u mynnont.[42]

Dyna ddisgrifiad diweddarach o'r gwerthu, ond pan fenthyciodd y gyfrol i Eben Fardd ym Mawrth 1856, cydnabu Talhaiarn fod Person Rotherhithe[43] 'bron a dyfod a lloiau am y llyfr' ac iddo yntau 'yn fy meddalwch uwch y gwin o dan ei gronglwyd' gytuno i'w werthu iddo am arian parod. Er mwyn cadw'r fargen, a chyn iddo weld lliw arian y Person, addawodd Talhaiarn i Eben y cai fenthyg y gyfrol ar yr amod ei fod yn rhoi llythyr iddo yn addo gyrru'r llyfr i Rotherhithe ym mhen deufis ar ôl iddo gyrraedd Clynnog. Lluniodd Eben gytundeb mewn Saesneg hynod o gyfreithiol i'w 'good Friend, TALHAIARN', ac ymddengys i'r llyfr gyrraedd Clynnog 'yn ei gist bach o bren ffawydd', ac i'r prifardd yn ei dro anfon y gyfrol yn y gist at ei berchennog newydd yn Rotherhithe.[44] Cafodd yr 'Awenawl a Godidog Fardd' brawf o rywbeth na welai llawer yng Nghymru, sef yr ochr broffesiynol fanwl ac anrhydeddus a berthynai i'r 'llonfardd'. Wrth adael Mentmore am ei swydd newydd, nid llyfr a gafodd y tro hwn ond incstand arian a'r arysgrif arno 'A present to Mr. Jones, Talhaiarn, by Baroness Mayer Amschel de Rothschild', sef meistres y plas. Y mae'r anrheg hon yn awr yn yr Amgueddfa Werin yn Sain Ffagan.

9 ❧ 'Mewn Ffrwyn yn Ffrainc', 1856–1859

WEDI sawl mis o gyfeirio at y tebygrwydd o symud i swydd yn Ffrainc, yr oedd yn ganol mis Mai 1856 cyn i Talhaiarn fynd yno. Nid yw'n esbonio'r oedi ond y mae'n amlwg nad oedd Paxton wedi cael comisiwn clir ynglŷn â'r cynllun a fynnai'r cwsmer i'w blas newydd. Sylfaenydd cangen Ffrainc o dylwyth y bancwyr enwog oedd James, Baron de Rothschild. Yn 1829, prynodd hen *château* Ferrières gan ddisgynyddion Fouché, un o weinidogion Napoleon I ac, am chwarter canrif, bu'r barwn yn araf ychwanegu rhagor o diroedd cyfagos at y cnewyllyn gwreiddiol hwnnw yn ardal Seine et Marne. Erbyn canol y ganrif daethai'n berchen ar ystad o dros 3,000 hectar o goed a thir – un o'r darnau tir agored mawr olaf ar gyrion dwyreiniol dinas Paris. Ei uchelgais oedd cael *château* newydd diamheuol fodern ar y safle gwreiddiol ond, er mwyn hyrwyddo'i ddiddordeb mewn amaeth, mynnai hefyd gael ar y cyrion fferm a hufenfa fel ag a geid yn Lloegr, gyda thai ar gyfer prif weithwyr yr ystad, ac adeilad addas fel yn yr Alban i fagu ffesantod. Byddai gweddill yr ystad ar batrwm parc gyda helaethrwydd o goed, ac yma ac acw ambell ddarn o lyn. Mor gynnar â Rhagfyr 1853 bu Paxton a Stokes, ei fab-yng-nghyfraith, yn Paris yn trafod anghenion y barwn, ond wynebai Paxton anawsterau lu gan i'r barwn fynnu newid cynllun ar ôl cynllun a mynnu rhywbeth mwy uchelgeisiol bob tro. Bu cryn chwerwedd rhwng y ddau ond cytunwyd yn y diwedd i greu plasty ar gynllun heb fod yn annhebyg i Mentmore ond byddai iddo ambell gyfleustra newydd fel dŵr rhedegog poeth ac oer yn y llofftydd, a rheilffordd fach dan ddaear i gysylltu â'r ceginau a leolid mewn adeilad annibynnol. Anfonwyd Myers, contractwr Mentmore, allan yn 1855 i ddymchwel yr hen blas a'i adeiladau a dyna pryd y daeth y sôn y byddai Talhaiarn yn mynd i arolygu'r gwaith ar y plas newydd yn Ferrières.[1] Ym mis Mai 1856 y daeth yr alwad, serch fod y barwn yn dal i newid rhai o'r gofynion yn y cynllun. Rhaid fod gan Paxton ffydd arbennig yn Nhalhaiarn i anfon bardd o Gymro nid yn unig i weithio i ddyn mor hafing â'r barwn, ond hefyd i fod yn brif gynrychiolydd i Paxton ac yn bennaeth ar weithlu cymysg o Ffrancod a Phrydeinwyr – Saeson gan mwyaf. Pan gychwynnodd ar y swydd newydd gallai adrodd fod 'genym dri chant o weithwyr yn y Palas, a deucant yn gwneud y rhodfeydd a'r mawr-lynau yn y Parc'. Cafwyd nifer o drafferthion gyda'r tir yn rhoi o danodd ond mwy o fwgan oedd gofynion symudol y barwn ei hun. Yn wir, bu ailwampio sylweddol ar y cynllun cyntaf ac yn 1858, flwyddyn wedi dechrau'r gwaith, yr oedd mwyach am gael *château* cwbl gyfoes ond yn steil y Dadeni Eidalaidd. Yn ei chyfrol ar dai y Rothschilds *Les Rothschild batisseurs et mecenes*,[2] y mae Pauline Prevost-Marcilhacy wedi cynnwys nifer o ddyluniau ynglŷn â Ferrières sy'n dwyn nodweddion llaw Talhaiarn ac sy'n adlewyrchu'r newidiadau hwyr yng nghynllun y plas y bu'n gweithio arnynt. Yn y cynllun diweddaraf hwn yr oedd y Ffrancwr, Eugene Lami, yn gyfrifol nid yn unig am yr addurniadau mewnol ond hefyd am bensaernïaeth rhai o'r ystafelloedd. Tra oedd Paxton yn colli'i amynedd â Ferrières, ni chlywir gair croes am y prosiect gan Dalhaiarn. Yn sicr, cynigiai'r safle gyfle am nifer o brofiadau newydd ac ni bu'n brin o roi gwybod i Gymru am rai ohonynt mewn ambell lythyr i'r wasg. Yn ei lythyr cyntaf o Ffrainc i'r wasg cyfeiria at yr angen i ddysgu'r iaith:[3]

> Ar ol noswylio fe welir Tal. yn rhodiana yn y Parc, ei ddwylaw ar ei gefn llydan-gryf a'i glol yn yr awyr, yn gwrando ar yr eosiaid yn pyncio per-oslefau yn y llwyni, ac yn sisial rhyngo a'i hun, *Avoir* To have.

Wedi ysgrifennu rhediad y ferf gofynnai:

> Pa beth yw *conjugation* yn Gymraeg wys? Crogi neb wyr, os gwn i, oblegid ni ddarllenais erioed yr un Gramadeg Cymraeg . . . Y mae y Ffrancaeg yma yn iaith anwesog ofnadwy. Y mae y geiriau yn llithro i'w gilydd fel irad i botes.

Saif pentref Ferrières ar gyrion safle'r plas ac ni fu raid i'r bardd fynd ymhell i gael blas o'r bywyd lleol:

> Y Sul cyntaf y daethum yma oddeutu tair wythnos yn ol, yr oedd math o wylmabsant yn myned ymlaen – *Fête* y'i gelwir gan y Ffrancod. Gyda'r nos gwelid ffidil a chornopean yn nwylaw'r peroriaethwyr

'Ar y fainc
Yn canu cainc am geiniog,'
a'r gwyr ifainc a'r gwyryfon yn dawnsio'i hochor hi ar hewl y llan.
Myn cebyst! ebyr fi, dyma fi wedi dyfod i fyw i blith pobol synwyrol
o'r diwedd.[4]

Gwnaeth gwylmabsantau Ffrainc gryn argraff arno, yn rhannol
oherwydd fod cymaint ohonynt ar gael o hyd, a hefyd am fod
amrywiaeth o ddawnsfeydd yn wybyddus i ddawnswyr cefn gwlad.
Cyfeiria at wylmabsant yn nhref gyfagos Lagny yn cael ei chynnal ar
ddau Sul yn olynol, ac yn Ferrières ei hun cafodd fod yr ŵyl yn ymestyn
o ddydd Sul i ddydd Iau. Yng ngwylmabsant y pentref y prynodd 'a
penny song-book' a chael ei swyno gan symlrwydd sentiment un o'r
caneuon, 'Mon ame a Dieu, mon coeur a toi' ac aeth ati i'w throsi i'r
Saesneg, 'My Soul to God – My Heart to Thee'. Yn ddiweddarach
daeth o hyd i dair o 'French Drinking Songs' a apeliai ato a gwnaeth
efelychiad ohonynt yn Saesneg a'u cyhoeddi yn y *Carnarvon and
Denbigh Herald*. Cyfeiriodd hefyd at y math o gerddoriaeth newydd
a glywsai:

They have beautiful melodies in France. I do not mean scientific
squalling, but the melodies attached to the songs of the people. Our
workmen of an evening, march about the village singing French
songs. What is remarkable to me is, that though a dozen or more of
them sing together, they always sing in unison.[5]

Yn ystod ei gyfnod yn Ferrières y daeth y Cymro ar draws gwaith
bardd o Ffrancwr o gyffelyb anian. Er na chyfieithodd ond un o gerddi
Béranger, dywedodd Llyfrbryf fod Talhaiarn wedi cael mwynhad
arbennig o ddarllen ei waith am weddill ei oes. Dychanwr poblogaidd
a chyfansoddwr cerddi ysgafn oedd Pierre-Jean Béranger (neu Jean
Pierre de Béranger fel y'i galwai ef ei hun). Ganed yntau yn fab i
dafarnwr, yn 1780, a bu farw yn 1857. Yn ei gyfnod ymddengys mai ef
oedd bardd mwyaf poblogaidd y dosbarth canol yn Ffrainc. Nid yw'n
anodd deall ei swyn i rywun fel Talhaiarn. Meddai un awdur am waith
Béranger:

These songs range over a wide variety of subjects and tones, from the
merely gay and jovial, through the amatory and convivial to the *chanson*
of political satire, and even to a kind of half-philosophical ballad . . .
Even such as they are, his ideas have no stability or consistence,

his politics being an incongruous mixture of imperialism and republicanism, his religious belief (if the expression may be pardoned) for the most part a curious mixture of paganism and Christianity.[6]

Gydag ychydig gyfnewidiadau, byddai'r darn yna yn addas fel disgrifiad o Dalhaiarn ond ni ellir dweud i waith y Ffrancwr ddylanwadu nemor arno. Yr oedd nodweddion canu Talhaiarn, a'i syniadau i'w gweld yn bur eglur cyn iddo erioed sôn am fynd i Ffrainc. Sylwodd y bardd o Gymro, er mor boblogaidd yr ymddangosai gwaith Béranger, nad oedd y gweithwyr a phentrefwyr Ferrières yn canu ei waith, ond yn hytrach yn glynu wrth gerddi traddodiadol – awgrym i ddangos mor anodd oedd i fardd cyfoes fod yn fardd gwir boblogaidd. Wedi'r cyfan, dim ond nifer bychan o'u cerddi a ddug enwogrwydd i Burns a Moore – cysur mawr i fardd uchelgeisiol oedd yn awchu am lwyddiant wrth oglais calon cenedl â'i gerddi. Cesglir nad yn aml y cafodd gyfle i ymweld â Paris ond cafodd ddarllenwyr yng Nghymru wybod yn fuan am y pleser arbennig a ddeilliai o gael pryd bwyd yno pan ddeuai'r cyfle:

SIR, – I reside in a village in the country, twenty-three miles east of Paris, and not far from the rich, fertile, and beautiful valley of the Marne. I occasionally, go to Paris on a Sunday morning to see life, and if you choose you may accompany me. First of all, we will turn to the Hotel Meurice, Rue de Rivoli, and have a French breakfast at twelve o'clock.

'Waiter.'

'Yes, sir.'

'Stewed kidneys with mushrooms, cutlets and truffles, a bottle of claret (Chateau Latour) and fruit to follow.'[7]

Yna disgrifiodd daith drwy'r Tuileries a'i ymweliad â'r Louvre newydd, cyn mynd i dreulio prynhawn yn y Bois de Boulogne a oedd erbyn hyn yn gyrchfan poblogaidd i drigolion moethus y ddinas. Erbyn 5.30 p.m. y mae'n ôl yn yr Hotel Meurice yn bwyta ac yn canmol y bwyd:

The beauty of these French dinners is, after you have been eating and drinking for an hour and three quarters, digestion proceeds comfortably in the meantime, that you almost feel inclined to begin again at the end of the feast. Heaven has certainly blessed Paris with exquisite cooks.

Mewn llythyr i'r *Carnarvon and Denbigh Herald* yn Ionawr 1858 dywedodd ei fod weithiau yn ymlwybro trwy orielau'r Louvre pan fyddai yn Paris. Tra'n cydnabod ei fod yn cael gweld gweithiau prin gan rai o feistri mawr celfyddyd, cyfeddyf ei fod weithiau'n sinigaidd ynglŷn â hanfod arlunio ac yn gofyn 'what is art?' Er enghraifft, serch fod Reubens yn un o'r gwir fawrion, 'his nude women are unmitigated dowdies'. Ond ar y llaw arall yr oedd Murillo wedi llwyddo i roi wyneb hardd i'r Forwyn yn ei ddarlun 'Y Geni Gwyrthiol'. Talodd llywodraeth Ffrainc £23,000 am y llun hwnnw a dyna elfen arall yn y sinigiaeth – gallasai'r bardd brynu mynydd yng Nghymru am y fath bris a thybiai y byddai'n well ganddo'r mynydd gan y byddai iddo ogoniant cyfnewidiol a fyddai'n plesio'r llygad a'r galon trwy ei dymherau a'i dymhorau. Wrth hel meddyliau am y Louvre daeth iddo atgof am brofiad a gafodd yng nghwmni arlunydd pan oedd yn gweithio i Scott a Moffatt:

> This brings into my mind a circumstance which happened many years ago, when I superintended the restorations of St. Mary's Church, Nottingham. My friend Parrot, the landscape painter, and I, mounted up the tower one summer's evening to see a gorgeous sunset. The clouds in the far west were brilliant with crimson and gold, there was a pinky haze over the Trent Valley, and Wollaton Hall stood out as black as thunder in the mid-distance. Parrot cried out with great emphasis – 'The Almighty is the only genuine artist after all.' I, willingly, subscribed to this declaration at the time, and I believe it still; for the older I grow, the less I care about man's works, and the more I adore the works of the Almighty.[8]

Ychydig iawn o farddoniaeth wreiddiol a gyfansoddodd Talhaiarn yn ystod ei gyfnod yn Ffrainc ond yno y cyfansoddodd dair o'r cerddi a ddaeth yn hynod o boblogaidd, sef 'Cymru lân, gwlad y gân', 'Mae Robin yn swil' a 'Gweno fwyn gu'. Anfonodd y gyntaf i'r *Carnarvon and Denbigh Herald*, gyda'r is-deitl 'Calennig', ar gyfer Nadolig 1857, ac ymddangosodd y ddwy arall yn yr un papur yn gynnar yn y flwyddyn newydd. Cysylltodd y tair â cheinciau, y gyntaf gyda 'Lili Lon', yr ail gyda 'My father was a most wonderful man', a'r olaf gyda'r alaw Wyddelig 'Widow Machree'. Ysgafn yw cyfarchiad y calennig er fod yn y pennill cyntaf awgrym o hiraeth yr alltud:

Gwyn fy myd pe gwelwn Gymru
A'i llu annwyl yn llawenu,
A phob llan a thref yn crefu
Mwy o gynnydd, mwy o ganu:
Cymru lân, gwlad y gân,
Cymru lân, gwlad y gân;
Hyfrydwch bardd yw arddel
Tonau mêl y tannau mân.

Fel math ar lofnod ar ddiwedd y calennig hwn ychwanegodd bedair llinell lle cyfeiriodd ato'i hun fel 'Tal a'i drwyn mewn ffrwyn yn Ffrainc'. Y gwir oedd na ffrwynodd ei alltudiaeth fawr ar ei ddefnydd o'r wasg Gymreig ac ymddangosai ei enw'n bur rheolaidd yng ngholofnau'r llythyrwyr. Yr oedd yn gocyn hitio hawdd ei adnabod ac ym Mai 1858, rhoddodd Creuddynfab y rhan helaethaf o un rhifyn o Y Punch Cymraeg i wawdio'r alltud. Edliwiodd iddo ei gysylltiad â damwain yr oriel yn Eisteddfod Rhuddlan, gwnaeth sbort am awdl Aberffro ac, mewn cartŵn, dychanodd hoffter Talhaiarn o Ffrainc a'i gwinoedd. Ond bai pennaf Creuddynfab oedd cynnwys awgrym enllibus mewn un adran: 'celwydd dybryd yw y chwedl fod Tal wedi pawnio pâr o fotasau heb dalu amdanynt, coat uchaf fenthyg, umbrella sidan ei gyd letywr . . . a chyfrol o Iolo MSS yn perthyn i Dr. Roberts'. Ys dywedodd Talhaiarn: 'There is a vast difference, in my opinion, between ridiculing a man's pamphlet, and charging him with downright dishonesty without the least foundation for the accusation.'[9]

Bu ei hen elyn, y gowt, yn ei flino eto ym mis Mehefin 1858 ac fe waethygodd at ddiwedd y flwyddyn. Wrth ysgrifennu at ei nith ddeuddydd cyn y Nadolig mynegai ofid ynglŷn â'r dirywiad:

My health is still in a precarious state. Although I am able to go for an hour to the works daily, still I make but little progress towards recovery. The weather is miserably wet here, and has been for some time, and this is much against me, and I dread the two next months of January and February. It is very probable that I shall have to give up my situation, and if so, I shall come to Wales to nurse myself and to make every effort to recruit my health.[10]

Un peth arall a'i poenai y Nadolig hwnnw, ac a fu'n destun llythyr i'r wasg cyn gadael Ffrainc, oedd deall fod Owain Alaw, ar ôl cyfansoddi melodi newydd i'r gerdd 'Mae Robin yn Swil', am ryw reswm wedi gadael allan yr ail a'r trydydd pennill. Pwysleisiai'r bardd ei fod ef yn cymryd cryn drafferth i drin a newid y drafft cyntaf o gerdd a rhoi sglein arni, gan awgrymu mai rhyfyg oedd i neb arall ei newid: 'It is an easy matter to write verses, but a most difficult thing to write a song that will cling to the hearts of the people.' Prin y gallai'r awdur na'r cerddor rag-weld eu bod yn ymdrin ag un o'r caneuon mwyaf poblogaidd a ddeuai o'u dwylo ond, yn y gŵyn gynnil, gyhoeddus hon, ceir awgrym o ddwy farn wahanol am yr hyn a fyddai'n plesio cynulleidfa yn yr 1860au. Nid oedd yn argoeli'n dda am bartneriaeth gysurus nac am therapi ar gyfer y gowt! Ond nid felly y bu. Daeth Talhaiarn yn ôl o Ffrainc ar 22 Ionawr 1859, ac aeth i Lanelwy i aros at ei chwaer Maria – yr oedd ei fam wedi marw tra bu'r bardd yn Ferrières. Ni fu wrth ei alwedigaeth wedyn tan Hydref 1859 ac ni ddychwelodd o gwbl i Ffrainc.

Ar 14 Mai 1859, ymddangosodd hysbysiad yn y *Carnarvon and Denbigh Herald* yn dweud fod Talhaiarn ac Owain Alaw yn bwriadu ymweld â nifer o leoedd yn ne a gogledd Cymru i gynnal 'poetical and musical entertainment'. Trwy gyfrwng yr eisteddfodau y daethai'r ddau i adnabod ei gilydd a buont yn canu gyda'i gilydd mewn sawl cyngerdd eisteddfodol. Aeth y ddau ar y gylchdaith yn ystod Mehefin, Gorffennaf ac Awst 1859, gan ymweld â Chaerdydd, Merthyr, Aberdâr, Pen-y-bont ar Ogwr, Llanelli, Y Waun, Rhosllannerchrugog, Corwen, Y Bala, Caernarfon, Llanelwy a Llanfair Talhaearn. Byddai Owain Alaw yn canu unawdau ac yn canu'r piano a'r bardd yn adrodd, areithio a chanu penillion. Yn yr ardaloedd Cymreiciaf cyflwynid y rhaglen fel 'Noswaith gyda Tal. ac Alaw' a dyna a gafwyd yn y Rhos, lle

'daeth lluoedd o'r rhai mwyaf parchus yr ardal yn nghyd er talu teyrnged i fedrusrwydd yr anfarwolion Tal. ac Alaw a da gennym allu dweyd mai 'noswaith' a foddhaodd pawb ydoedd, ac yr ydym yn gwir gredu nad oedd yn y dorf barchus a lluosog yr un o'r un teimlad a gohebydd yr 'Herald Cymraeg' o Ferthyr Tydfil; ond gwir yw nas gall angel foddio pawb, felly hefyd gyda Tal. ac Alaw, oherwydd y mae rhai o sych sancteiddolion ein gwlad yn rhy hir eu gwep i roddi clust o ymwrandawiad hyd yn nod i wir dalent ac athrylith.[11]

Fel gohebydd y *Carnarfon a Denbigh Herald*, ar 23 Gorffennaf 1859, y mae'n dra thebyg fod sawl cynulleidfa wedi sylwi fod y rhaglen 'of a varied character, though inclining to the mirthful, the droll, the facetious and the amusing'. Sylwodd gohebydd *Yr Herald Cymraeg* i

Dalhaiarn yng Nghaernarfon adrodd ei gywydd 'I'r Haul' lle ceir 'lluaws o linellau tlysion ond y mae tua'r diwedd braidd yn myned yn rhy bell, pan y dywed, "Dy ddelw di addolaf"'. Nid oedd Bangor ar y gylchdaith wreiddiol a fwriadwyd ond fe'u perswadiwyd i fynd yno a rhoi y cyngerdd olaf ond un. Erbyn hyn daethai Talhaiarn i sylweddoli nad canmoliaeth yn unig oedd ar gael ond bod hefyd gryn deimlad yn y wlad yn erbyn y cyngherddau, ac yn ei araith agoriadol ym Mangor mynnodd amddiffyn ei hun yn gyhoeddus:

> Some ill-conditioned people have blamed me for going round with my friend Mr. Owen, to give a poetical and musical entertainment as we have done during the last six weeks, at several places in North and South Wales. They say that it is lowering and degrading to do so . . . It is merely my amusement, while I was making endeavours to establish my health. The trip through Wales has done me a great deal of good, and I hope soon to return to my legitimate duties, in Sir Joseph Paxton's office, more healthy and vigorous than I have been for several years past.[12]

Pan oedd yn aros yn Llanelwy yn ystod y gylchdaith hon cyfansoddodd yr ail o'r 'Ballads', sef dwy ddramodig sy'n cynnwys rhyddiaith a barddoniaeth yn dychanu agweddau newydd ar Gymry'r cyfnod. Esboniodd fwriad y 'Ballad' gyntaf fel hyn:

> This has been written purposely to ridicule the untruthful notions of the handful of Welsh literati who maintain that everything mortal, is either Welsh, or of Welsh origin. Why should we claim more than we are entitled to? Let us be honest and just, as well as patriotic. Humbug is great, but Truth is greater.[13]

Fel alltud synhwyrai fod yr ymdrech i ddyrchafu Cymru ar ôl ensyniadau maleisus y Llyfrau Gleision yn esgor ar haeriadau amheus neu ddi-sail am ei hanes ymhlith y Cymry eu hunain. Yn yr un modd y mae ei ail ddramodig, 'Mrs Jones's Trip to Wales', yn gwawdio'r ffug hanes a'r esbonio ffôl ar enwau lleoedd oedd yn treiddio i dwristiaeth yng Nghymru. Yr oedd peth gwir yn safbwynt Talhaiarn ond yr oedd hefyd sensitifrwydd newydd yn y tir, a mwy yn barod i wawdio'n gyhoeddus unrhyw feirniadaeth am Gymru. Nid cynt nad oedd Talhaiarn wedi amddiffyn y cyngherddau nad oedd yn cael ei feirniadu am ei safbwynt ynglŷn â'r iaith. Ddiwedd Medi 1859, mewn cinio yn Lerpwl i'w anrhydeddu, cythruddwyd amryw gan ran o'i araith yn y wledd, ac yng Nghymru ymosododd Y *Gwladgarwr* yn chwyrn arno am y sylwadau hyn:

> The principal sin which I have committed in the eyes of my countrymen, has been to state once or twice before that the English language is preferable to the Welsh for all the practical purposes of life . . . The Welsh language is a vigorous language for bards, preachers and orators. But will anyone in his senses tell me that it is equal to the English for arithmetic, science, commerce, law, statesmanship, and the higher branches of learning? Well, then, if the English language makes such rapid progress in one or two generations, who can say what may happen in five hundred, or five thousand years (hear, hear). According to the laws of nature the weakest must go to the wall, and however unpleasant it may be to us to reflect on the extinction of our cherished language, we must console ourselves as best we may, and submit to our fate.[14]

Mewn parodi ar un o gerddi diweddar y bardd, ymosododd Creuddynfab yntau ar sylwadau Talhaiarn:

> Pa wlad sydd mor ragorol â'n gwlad *Saesonol* ni,
> Pob cig a phwdin hyfryd a rydd i ti a mi . . .
> Corws – Loegr lân, gwlad y tân, Loegr lân, gwlad y tân,
> Dy feibion oll a unant i gyd yn ddiwahân,
> Mewn agerdd, mwg a thrafferth i'th anrhydeddu di,
> A'th garu yn oes oesoedd, Loegr lân, wlad y tân.[15]

Derbyniad pur gymysg felly a gawsai'r alltud yn ystod y naw mis a dreuliodd yn Llanelwy. Er cymaint yr holl gyhoeddusrwydd a'i ddawn llwyfan nid oedd ei holl farddoni, ac eithrio ambell gerdd rydd, yn tycio i wireddu'r uchelgais mawr i fod yn fardd y bobl. Ond fe ddaeth llygedyn o gysur iddo drwy'r cysylltiad ag Owain Alaw a pharodrwydd y cerddor i wneud defnydd o un neu ddwy o gerddi cyfnod Llanelwy, megis 'Y Ddeilen ar yr Afon'. Yn wir, ac yntau'n tynnu at yr hanner cant oed, yr oedd cyfnod mwyaf sylweddol Talhaiarn fel llenor ar fin agor. Yr oedd cyfnod newydd yn agor hefyd yn ei yrfa bensaernïol.

10 ⚙ *Parc Battlesden, 1859*

AETH Talhaiarn i Lundain ac yn ôl at ei waith gyda Paxton ryw-bryd ar ddiwedd hydref 1859. Lletyai ar aelwyd Guto o Lŷn yn 14 Bayham Terrace, Camden Road, ac yn fynych ymwelai Aled o Fôn â'r ddau i fwynhau cwmnïaeth a llenora fel yn nyddiau'r Cymreigyddion. Cawsai Paxton gomisiwn i gynllunio ac adeiladu plas yn Battlesden, Swydd Bedford i Sir Edward Page-Turner, a Thalhaiarn unwaith eto fyddai prif gynrychiolydd y pensaer yn y fenter. Buont yn hirymarhous yn dechrau ar y gwaith adeiladu ac nid aeth y bardd i letya ar y safle tan fis Medi 1860.

Ym mis Ebrill 1860, ailgydiodd yn y cantoau 'Tal ar Ben Bodran' a'u cyhoeddi yn *Y Cymro*. Fe gynnwys y canto cyntaf yn y gyfres newydd delyneg ar yr alaw 'Codiad yr Ehedydd' ac wrth ei chyhoeddi yn y wasg ychwanegodd Talhaiarn y nodyn:

> Dalier sylw, fy mod wedi rhoddi'r hawl i gyhoeddi y ganig 'Codiad yr Ehedydd,' *ynglyn a miwsig*, i Mr. J Thomas, Telynor, Professor of Music, Royal Academy, Llundain, ac aelod o gymdeithasau alawaidd Paris, Rhufain, Dresden, Vienna etc.[1]

Ar ddechrau'r wythfed canto ysgrifennodd lith lle dywed iddo addo cyfansoddi amryw ganeuon i'r 'Pencerdd Dawnus a dysgedig', sef Pencerdd Gwalia (John Thomas), a oedd ar y pryd yn llunio ei waith *Welsh Melodies*. Defnyddiodd Talhaiarn y gyfres 'Tal ar Ben Bodran' i gyhoeddi ynddi ei eiriau newydd ar gyfer yr alawon yn y casgliad hwnnw. Rhydd yr wythfed canto ddarlun o fwriad y pencerdd a dulliau'r bardd. Dangosodd Talhaiarn fod yr hen alawon Cymreig wedi eu cyhoeddi sawl gwaith gyda geiriau Saesneg. Enwodd George Thompson, Bardd Alaw (John Parry) a Mrs Hemans fel y tri phwysicaf a fu'n darparu'r alawon at eu cyhoeddi a dangosodd sut y bu iddynt wneud anghyfiawnder ag alawon trwy gael geiriau anaddas neu fesur anghymwys. Pwysleisiai fod Pencerdd Gwalia am gadw symledd cyntefig yr alawon a'i fod wedi siarsio'r bardd i gadw hynny mewn cof wrth lunio'r geiriau. Yn ôl y bardd, eiddo'r pencerdd oedd y syniad o lunio testun y gerdd wrth enw'r dôn. Canmolai Talhaiarn y syniad a bu'n ymwybodol iawn o'r angen i barchu ysbryd y dôn wedi siars y cerddor. Daeth caethiwed amodau'r Pencerdd i'r amlwg yn fuan pan fu'n rhaid cael geiriau i 'Glan Meddwdod Mwyn':

> Ond cofia mai nid *Bacchanalian* a fyn ef, oblegid y mae yn disgwyl y bydd ei lyfr ar fyrddau *drawing rooms* goreuon ein gwlad yng Nghymru, Lloegr, a Llanrwst. Ar yr un pryd, y mae yn disgwyl tippyn o loniant 'Glan Meddwdod Mwyn' yn y gân rywsut neu gilydd.[2]

Tra oedd y bardd yn llunio cerddi i Bencerdd Gwalia yr oedd hefyd yn gwneud gwaith tebyg i Owain Alaw. Yn wir, casgliad Owain Alaw a ymddangosodd gyntaf, yn 1860, pan gyhoeddwyd y gyfres gyntaf o *Gems of Welsh Melody*; yn 1862 y cyhoeddwyd y gyfrol gyntaf o *Welsh Melodies* Pencerdd Gwalia. Cyfansoddodd Talhaiarn bump ar hugain o gerddi gwreiddiol ar gyfer casgliad Owain Alaw, wyth ar hugain ar gyfer Pencerdd Gwalia ac un arall iddo ef gyda Cheiriog. Rhwng dychwelyd i Lundain a chyhoeddi ei ail gyfrol ym mis Gorffennaf 1862, yr oedd y bardd wedi llunio dros hanner cant o gerddi newydd ar gyfer y casgliadau hyn.

Er tebyced oedd bwriadau'r ddau gerddor y mae peth gwahaniaeth rhwng eu casgliadau. Cyhoeddodd Owain Alaw ei waith ef mewn pedair rhan rhwng 1860 ac 1864 ac y mae ynddynt rai alawon o waith y cerddor ei hun. Yn ail argraffiad yr ail gyfres ceir hefyd eiriau a melodi Talhaiarn ei hun sef 'Gweno Fwyn Gu'. Gyda llawer o'r cerddi ceir cyfieithiad Saesneg y bardd o'i gerdd wreiddiol. Ni ddywed fod Owain Alaw wedi gwahodd geiriau'n seiliedig ar deitl y gainc ond dyna'r dull a fabwysiadodd. Canfyddir wedyn duedd i gadw at dri dull ar ymdriniaeth. Os llon yr alaw, serch fydd testun y gân. Lle ceir awgrym hanesyddol yn nheitl alaw, gwlatgar fydd cyffyrddiad y penillion. Os trist yw ansawdd y gainc, hiraeth a galar yw pwnc y geiriau. Ar ddiwedd ei bedwaredd gyfres cynhwysodd Owain Alaw drefniant o rai alawon i ddangos y dulliau o'u canu. Yma hefyd y daw'r cyfeiriad at Dalhaiarn yn codi'r alaw 'Moel y Wyddfa' pan glywodd y telynor Robert Rowland, Llanarmon, yn ei chwarae tua 1830 – darganfyddiad hynod werthfawr o eiddo'r bardd ifanc. Rhoddwyd yr alaw sy'n dilyn, sef 'Ffarwel Phylip Ystwyth', hithau i Owain Alaw gan y bardd, ond ni wyddys ym mhle y daeth ef o hyd iddi. Arbenigrwydd y gân yw fod y trefniant wedi ei wneud, nid yn y dull a elwir heddiw yn 'ganu penillion' ond yn syml fel alaw a sampl o eiriau. Yn ôl y bardd, hwn oedd y dull 'campusaf a mwynaf o ganu gyd a'r tannau, yn fy marn i'. Cyfeirio yr oedd at y dull lle byddid yn canu rhibidirês o benillion o fesur cyffelyb nad oedd rhaid iddynt fod ar un testun. Byddai'n ddull cyffredin o ganu'r penillion telyn traddodiadol ac efelychiadau ohonynt gan feirdd cyfoes, a hwn oedd y math o 'ganu gyda'r tannau' yr oedd Talhaiarn ei hun yn feistr arno ac yn feirniad rheolaidd arno yn yr eisteddfodau.

Ym mis Mehefin 1860, bu Talhaiarn yn y Palas Grisial ar gyfer yr 'Orpheonist Festival', sef cyngerdd gan gôr unedig o Ffrainc yn cynnwys tair mil o leisiau, a gwnaed argraff ddofn arno gan ansawdd eu perfformiad o'u caneuon a'u cytganau Ffrengig. Yn ei lythyr – sy'n cynnwys ei rydd gyfieithiad o rai o'u caneuon – dywed:

> Our choirs in Wales are established on a similar principle, but then our choirs do not sing our national music. Suppose some learned musician were to arrange some of our national melodies . . . in a way that could be easily sung by a thousand people . . . I think we might produce an effect at the Crystal Palace too.[3]

Gwaith cwbl wreiddiol a newydd oedd ei benillion i Bencerdd Gwalia hefyd er bod nifer o'r ceinciau yn gyffredin i'r ddau gasgliad. Cyffelyb yw'r ymdriniaeth gyda serch, gwladgarwch a thristwch yn destunau cyson, a byd natur yn ymrithio yn y cefndir ond weithiau'n cael lle blaenllaw fel yn y gân 'Codiad yr Haul'. Bu'r bardd farw cyn i Bencerdd Gwalia orffen ei drydedd gyfrol a hynny sy'n esbonio pam fod cyn lleied o'i waith yn y ddwy gyfrol olaf.

Cyn dechrau ei waith i'r cerddorion, cyhoeddodd yn *Y Cymro* gerdd yn dwyn y teitl 'Y Gau Ddiwygiad' – hyn yn Chwefror 1860 pan oedd yn ôl yn Llundain. Chwe phennill ynglŷn â diwygiad crefyddol 1859 a geir ynddi lle mae'r bardd yn hynod finiog ei sylwadaeth ar rai agweddau o'r cyffro hwnnw yng Nghymru. Ni chawn wybod ai ar sail ei brofiad yn Llanelwy ynteu ar sail ei ddarllen wedi hynny y lluniodd ei farn ond fe'i mynegodd yn finiog ryfeddol. Portreadir y diwygiad fel:[4]

Coel-grefydd ffôl ei gwep,
Penboethni olwg ufel,
A rhagrith ffals ei step
Warthruddant wedd y capel.

Cyfeirir at y gorfoleddu llafar yn y cyfarfodydd, a'r awyrgylch afieithus wedi'r oedfaon yn arwain at anfoesoldeb ymhlith yr ifanc:

> A'r cariad dwyfol hwn
> A dry yn gariad cnawdol.

Dwyn gwaradwydd ar Gymru y mae'r math hwn o ddiwygiad, meddai, ac y mae'n cloi'r gerdd gydag apêl:

> O! Gymry mwynion mad
> Dilynwch well arferion:
> Gofidus yw fy ngwlad
> Ac ysig yw ei chalon:
> Doluriau rif y sêr
> Ddaw o grefyddol-feddwi;
> Mae deddf drag'wyddol Nêr
> Yn erbyn y gwrthuni.

Ar ei ffordd i Eisteddfod Dinbych 1860 daeth cyfle i'r bardd i ymweld â'i Lanfair enedigol ar ddiwedd Gorffennaf a dyna pryd y cynhaliwyd y gyntaf o Eisteddfodau Pen Bodran. Cyfle brodorion y cylch i groesawu Talhaiarn oedd yr achlysur, ac ys dywedodd ef ei hun, math o 'bicnic barddonol ydoedd' yn fwy nag eisteddfod. Nid oedd yno gystadlu ond cafwyd areithio, canu, adrodd, diota a ffug orsedd. Gall mai yn yr 'eisteddfod' hon neu'r un gyffelyb yn 1864 y cafwyd yr 'urddo' y sonia T. Gwynn Jones amdano:

> Cof gennyf am un creadur diniwed a 'urddwyd' ganddo ef a'i gymdeithion. Buont yn chwilio'i ben i edrych 'a ellid bardd o honaw.' Cawsant nad oedd yr 'Awen' ynddo, ond y gellid ei dodi yn ei ben. Torasant ei wallt yn y gnec a dodi plastr o fwstard am ei gorun. Bwriodd y truan ei wallt, ond aeth yr 'Awen' i'w ben ac 'urddwyd' ef tan y 'ffug enw' 'Lleuen gorniog Llangernyw.'[5]

Pan oedd gwerin Llanfair yn ymlonni ar ben Mynydd Bodran cyfagos, mynych oedd eu canmol o'r ymwelydd o Lundain – edmygedd a ymylai bron at eilunaddoliaeth. Llai brwd ond nid llai cynnes oedd y derbyniad a gafodd rai dyddiau'n ddiweddarach yn Eisteddfod Genedlaethol Dinbych. Bu eisoes yn gyfrifol am gynllun y babell ar gyfer yr eisteddfod o fewn y castell ac yn ystod y tridiau bu'n arwain gyda Chlwydfardd ac yn flaengar yn seremonïau'r Orsedd. Bu'n areithio ac yn adrodd wrth lenwi bylchau yn y rhaglen, ac yng nghyngerdd y nos Fawrth galwyd arno o'r gynulleidfa i ymuno gydag Owain Alaw, Llew Llwyfo ac eraill i ganu penillion, a chael cymeradwyaeth gynnes y dorf am ei gyfraniad. Yna ar y prynhawn dydd Iau ymunodd eilwaith â Llew Llwyfo i ganu gyda'r tannau a chanwyd un o'i ganeuon newydd i Owain Alaw yn y cyngerdd ar y nos Wener. Rywbryd yn ystod yr ŵyl cyfarfu â chantores enwog y cyfnod, sef Eos Cymru (Edith Wynne), a chytuno i lunio cân ar ei chyfer a fyddai'n fath o 'gyfeilles' i 'Mae Robin yn Swil': o'r cyfarfyddiad hwnnw y daeth ei gerdd 'Peidiwch â dweud wrth fy Nghariad'. Am y cyfraniadau amrywiol hyn i brifwyl Dinbych fe'i disgrifiwyd gan *Herald* Caernarfon fel 'the warm hearted patron saint of the eisteddfod'.

Yn fuan wedi dychwelyd o'r eisteddfod symudodd Talhaiarn i Battlesden Park, ger Woburn yn Swydd Bedford, lle'r oedd y perchennog newydd, Sir Edward Page-Turner, wedi penderfynu chwalu gweddillion yr hen blas, adeiladu plas newydd ac ailfodelu tir yr ystad.[6] Dyma'r ystad lle dechreuodd Joseph Paxton ar ei yrfa yn brentis o arddwr. Bellach yr oedd yn bensaer o fri rhyngwladol ac er mai ef oedd yn bennaf gyfrifol am y cynllun newydd yn Battlesden, ei fab-yng-nghyfraith, G. H. Stokes, oedd yn datblygu'r manylion, a chydag ef y gweithiai Talhaiarn agosaf. 'I lead a very lonely quiet life here, but it suits me well enough,' meddai'r bardd yn fuan wedi cyrraedd yno. Un o'r tasgau cyntaf oedd llunio'r 'garden cottage' a fu'n llet, i'r bardd am weddill ei arhosiad. Nid oedd y cynlluniau ar gyfer Battlesden Park mor uchelgeisiol â Mentmore, ond yr oedd i'r plas ei hun ryw ddeugain o ystafelloedd a nifer o dai allanol – yn swyddfeydd, stablau, tai i'r prif weithwyr, tai gwydr a thai golchi, yn ogystal â dau borthordy, yr ardd lysiau, y lawntiau a'r llwyni.

Sylwyd eisoes fel yr ailafaelodd Talhaiarn yn y gyfres 'Tal ar Ben Bodran' wedi iddo ddychwelyd o Ffrainc gan eu defnyddio i gyhoeddi rhai o'i gerddi i'r ddau gerddor. Ond wedi taro ar ddull Byron o ddefnyddio cantoau, cyhoeddodd ynddynt beth deunydd ar wahân. Fel y defnyddiodd Byron ei gerdd 'Childe Harold's Pilgrimage' i drin amrywiaeth o bynciau, felly hefyd y defnyddiodd y Cymro ei gantoau i gyflwyno ymgom amrywiol rhyngddo a'r Awen ac i drefnu'r deunydd. Mewn rhyddiaith y cyflwynir peth o'r ddeialog, gyda'r Awen yn arddel y pethau rhinweddol a'r Bardd yn arddel yr agweddau negyddol neu ysgyfala. Cafodd Talhaiarn yntau felly batrwm hwylus i gyffwrdd â sawl pwnc nad oes cyswllt amlwg rhyngddynt ar wahân i'r elfen o ymgom. Ceir ei ymarferion â rhai o fesurau'r awdl a'r tribannau mewn dwy o'r cantoau, a'i feirniadaeth ar ddull ei gyfoeswyr o drin y fugeilgerdd mewn un arall. Ceir peth pruddglwyfni mewn sawl rhan, ac yn arbennig yn 'Canto'r Ddraenen', ond y mae yn y cantoau hefyd elfen o fyfiaeth ddiniwed ac o wawd. Fel y dywed yr Awen yn 'Canto Afon Elwy', 'Yr wyt yn rhy chwannog i chwerthin am ben pawb a phob peth, pan fydd y *falan* heb fod yn dy flino.' Y mae'r gerdd faledol a elwir 'Canto Garibaldi' yn diweddu gyda'r 'Hymn i Dduwies Rhyddid', sef math ar emyn sy'n enghraifft nodedig o demtasiwn y bardd i wau haniaethau i'w gerddi. Fe wnaeth 'rhyddid' yn dduwies yn y gerdd ac y mae rhywbeth mor annelwig ag 'athrylith' yn ei mawrhau: disgrifir hi fel 'enaid gwlad', y mae pawb yn llawenhau yng 'ngwawl dy wedd' a deellir mai

> Anfarwol yw dy glod,
> A'th fraint a'th fri.

Byddai'r edmygedd amlwg o'r arwr Eidalaidd a geir yn rhan gyntaf y canto yn gwisgo'n well heb yr 'emyn' gwyntog sy'n ceisio crisialu ei athroniaeth wleidyddol. Catalog rhyddiaith mewn arddull Feiblaidd yw'r canto 'Psalm i'r Haul' ac ergyd foesol a geir yn 'Canto Modryb Modlan'. Wrth gyfansoddi ar gyfer y cantorion, daeth yr elfen sentimental i'r amlwg yng ngwaith Talhaiarn a hynny mewn penillion lle mae person neu gymeriad yn destun y gerdd. Fe welir yr elfen yn y pymthegfed canto lle ceir 'Un Seliad iawn yw Sali' a 'Siân fwyn Siân' – cymeriadau addas i lwyfan cyngerdd lle gellid goglais elfen o ddoniolwch ohonynt. Yn 'Canto Moel Iago' defnyddiodd ddyfais y freuddwyd i ymweld ag oriel yr anfarwolion ym myd diwylliant y gwledydd, a dod yn y diwedd at lenorion enwog ei wlad ei hun. Yn y freuddwyd clyw'r dyfarniad nad yw ef yn deilwng o le gyda'r mawrion ond aeth tair meinir ieuanc ag ef gerbron sedd Taliesin, Llywarch ac Aneirin, gan fynnu ei fod yn haeddu anrhydedd am un wedd arbennig ar ei farddoni. Penderfyniad y tair meinir oedd: 'Coronwn ef yn Fardd y Serch-Ganeuon', ond ofer eu gwobr gysur gan i'r bardd ddeffro a chanfod mai breuddwyd oedd y cyfan! Pan luniodd y canto hwn yn Hydref 1860 fe wyddai iddo gael peth llwyddiant gydag ambell gân serch syml ac ambell gerdd yn mynegi serch at ei fro a'i wlad, ond synhwyrai nad oedd yn llwyddo yn ei uchelgais i gael ei gydnabod fel bardd poblogaidd. Nid oedd Cymru erioed wedi gosod yr un urddas ac anrhydedd ar feidrolion am arwain eisteddfod, areithio a chanu penillion; y bardd oedd eilun y Cymry ac ymhlith yr eilunod y carai Talhaiarn fod.

Yn y ddau ganto olaf ymdrinnir â thema y cyffyrddodd Talhaiarn
â hi sawl gwaith yn ei gerddi caeth a rhydd, sef breuder bywyd. Cododd
pruddglwyf ei ben yn gynnar yn ei englynion a bu'r Awen yn ei
ddwrdio am ei sinigrwydd a'i negyddiaeth yn rhai o'r cantoau cynnar
o 'Tal ar Ben Bodran'. Pan ddeuir at y ddau olaf o'r cantoau y mae'r
sinigrwydd a'r negyddiaeth yn drwch. Ymddangosodd canto 19 ac 20
ar ddechrau 1862 ac y mae ynddynt ddau ar hugain o benillion sy'n
llunio dilyniant cyflawn heb ddim rhyddiaith na barddoniaeth arall
rhwng yr adrannau.[7] Yma cyfyd y pruddglwyf i'r wyneb yn llifeiriant
byrlymus, a thry'r ymgom â'r Awen yn awr yn litani alaethus o
besimistiaeth, a'r 'gwagedd' sy'n gwau trwy Lyfr y Pregethwr i'w
glywed yma fel cytgan alarus drwy'r llith. Gaeafol yn wir yw'r
awyrgylch:

> Anhygar yw y coed a llwm yw braenar,
> Mae'r egin mân yng nghlo nes dêl y Gwanwyn;
> Mewn llwyni, llafar gwynt a distaw adar,

meddai'r Awen wrth sôn am ffarwelio â'r bardd wrth i'r ymgom
rhyngddynt ddirwyn i'w diwedd. Cydnebydd ei bod yn cael y bardd
yn ddigalon:

> Diobaith yw, pruddglwyfus yw ei gri,
> Yn synfyfyrio ac yn ofni adfyd;
> Yn barnu ac yn beio ei wendidau,
> Ac edifaru am ei ffolinebau.

Awgryma'r Awen mai rhan o ofid dynolryw yw gofid y bardd:

> Nid oes i'r gwych a'r gwan ar ôl eu geni
> Ond gwynfyd gwael yn gymysg â thrueni.

Y mae'n dynged greulon ond y mae'n rhan o ddeuoliaeth bywyd. Daw'r
tymhorau yn rheolaidd yn eu tro, a bydd haul a lleuad yn ddigyfnewid
yn eu rhod, ond i feidrolion daear, byr yw bywyd:

> Yn byw am ennyd bach ar ddaear lawr,
> Annedwydd, hyd yn oed yn eu dedwyddyd.

Etyb y bardd mai'r un, yn wir, yw ei ddyfarniad ef am fywyd.
Cenhedloedd, brenhinoedd, pendefigion, rheibwyr cyfoeth, seneddwyr,

pregethwyr, athrylith a thalent, y gloddestwr a'r mynach – yr un yw eu tynged:

> Er gwynfyd, blinfyd, clod a sen a chyfoeth,
> I'r naill a'r llall yr unpeth sydd yn digwydd;
> Ac angau heddiw, fory, drennydd, drannoeth
> Ysguba hwynt i lety di-leferydd;

Adleisir cyflwr y bardd ei hun yn ei gyfeiriad at 'hyder rhwysg, a balchder Brenin':

> Pan fo y ffyrnig gowt yn cnoi yn erwin,
> A scriwio ei gymalau yn ei helfen;
> Pa les yn awr yw popeth yn y byd
> I luddias gwaew? Gwagedd ŷnt i gyd.

Ac yn y pennill sy'n dilyn, er mai teyrnas brenin a ddisgrifir, yr ydym yn amlwg ym myd y Rothschilds a Phalas Grisial ei feistr, Paxton:

> Bu gynt yn adeiladu teg balasau,
> A llunio gerddi gwychion i'w ddifyrru;
> Yn plannu ei winllannoedd a pherllannau,
> Ac yn ei ofer waith yn ymhyfrydu;
> Ond wele ef yn awr yng ngwinedd angau,
> Yr hwn yn sydyn wna ei amddifadu
> O'r cwbl oll a luniodd yn ei fywyd –
> O! wagedd, gwagedd, a gorthrymder ysbryd.

Er holl rwysg yr Orsedd a'r eisteddfod, a chanu clodydd yr alltud o fardd a'r canwr penillion pan ddychwel ar egwyl i'w Lanfair, y mae hyd yn oed yr uchel alwedigaeth ei hun yn methu, ac felly y datgeiniad:

> Cerddorion, peroriaethwyr, a dadganwyr,
> Athrylith, talent, dawn a phob rhagoriaeth.

Nid oedd unrhyw lwyddiant eisteddfodol o bwys wedi dod i'w ran fel bardd, ac yr oedd dirwest a diwygiad yn lleisio beirniadaeth anesmwyth ar rai o'i ganeuon. Y teimlad y gallai fod yn wrthodedig fel bardd oedd un o'i ofnau pennaf, ac yntau wedi gosod y fath uchelgais i'w awen. Uchafbwynt ei ofid a'i bruddglwyf yw'r diffyg cysur mewn barddoni. Dyma wacter yn wir:

A gwagedd yw barddoni a phrydyddu,
Pa les i ni yw clod, na pharch na geirda!
Ffarwel, fy Awen annwyl, byth ond hynny
Ni chanwn ganto ar y mynydd yma:
Cenfigen ac eiddigedd geir am ganu,
Ac anghlod ac anghysur ddigwydd amla',
A gofid calon ac anhunedd meddwl –
'Gwagedd o wagedd, gwagedd yw y cwbwl.'

Yn ei ddychangerddi cymdeithasol ac yn y cantoau olaf hyn y mynegodd Talhaiarn mewn barddoniaeth ei wir deimladau, ond y mae'r cantoau yn mynegi dwyster emosiwn mewn arddull lawer mwy caboledig lenyddol nag a welir yn y dychangerddi. Cynhaliodd gyfres o benillion sy'n mynegi teimladau pesimistaidd a dwys mewn cyfoeth o eirfa sy'n tanlinellu'r negydd ac yn hoelio gorthrwm yr 'anhunedd meddwl'. Rhoddodd 'Ecclesiastes' fel is-deitl i'r canto olaf oll, ond y mae geirfa'r trymder i'w gael yn helaeth trwy'r canto o'i flaen yn ogystal. Digalon, diysbryd, diobaith, diddymdra, adfyd, alaeth, anwybodaeth, afiechyd, annedwyddyd, anhrugarog, anghlod, anghysur, anorchfygol, anghyfannedd, anhrefn, gwag, gwael, oferedd, ynfydrwydd – dyma'r eirfa, a'r rhain o fewn cwmpas llai na deugain pennill. Y mae'r cyferbynnu diarhebol, cynnil a geir yma'n dra effeithiol fel erfyn i angori oerni'r teimlad, fel yn 'truenus fu – truenus fydd' ac 'o'r pridd y daethom ac i'r pridd yr awn'. Yng nghanol y llifeiriant geiriau y mae'r ansoddeiriau ar brydiau'n syfrdan eu cyfuniad – 'distawrwydd oesol', 'gwynfyd gwael', 'cybyddion crintach', 'gwael leoedd anghyfannedd' a 'llety dileferydd'. Yn ein canrif ni, daethom i werthfawrogi'r adleisio awgrymog – bwriadus neu anfwriadus – o lên gynharach, ac y mae yma sawl enghraifft, fel 'llafar gwynt a distaw adar'. Tuedd i fod yn or-eiriog ac amlhau geiriau gwneud a welir yn ei gerddi meithiaf, ac y mae'r gwendid hwnnw i'w gael yn y cantoau, ond y mae wedi llwyddo i amrywio'r acennu a sicrhau nad yw'r ymdriniaeth yn llusgo. Y mae'r gair 'gwagedd' yn taro fel cnul angladdol bron ugain gwaith yn y gyfres ac y mae cwpledi clo pob pennill yn y canto olaf un yn dangos ei fedr i amrywio rythmau ac osgoi undonedd. Ychwaneger at hyn yr adleisio celfydd ac estynedig o'r Beibl, a deellir pam yr oedd y gyfres yn arbennig. Dyma un o'r rhesymau a barodd i Saunders Lewis ddweud am 'Tal ar Ben Bodran' ei bod:

yn un o weithiau barddonol pwysicaf y bedwaredd ganrif ar bymtheg,
ei bod yn gerdd fawr, yn rhagflaenu yn ei syniadau gyfieithiad John
Morris-Jones o Omar, yn fynegiant cyntaf i agnostigiaeth mewn
Cymraeg, ac yn rymus ryfeddol yn ei Byroniaeth ac yn ei mynegiant
a'i mydryddiaeth. Bid sicr, y mae hi'n anwastad, ond ar ei gorau dyry
inni ddisgrifio na cheir mo'i hafal gan y ganrif oll . . . Daliaf mai
Talhaiarn oedd yr unig fardd yn ei gyfnod a chanddo ymwybod â
thrasiedi bywyd dyn, a hynny'n angerddol.[8]

Cyhoeddodd Talhaiarn yn *Y Brython* lythyr sy'n taflu goleuni pellach
ar y cantoau chwerw-dywyll. Yr oedd ei gyfaill Robert Jones,
Rotherhithe, wedi casglu nifer o lythyrau ar gyfer llyfr arfaethedig ar
hanes Goronwy Owen ac yn eu plith canfu Talhaiarn un arbennig lle
disgrifiai Lewis Morris, braidd yn llym, gyflwr enbydus y bardd o
Fôn. Ymatebodd y bardd o Battlesden i'r disgrifiad fel un yn siarad o
brofiad:

Wel, dywedwch chwi a fynoch, hawdd genyf ddychymmygu Goronwy
druan mewn helbul a thrafferth beunyddiol; agos yn droednoeth, ac
heb geiniog yn y boc, yn gweled ryw garpiau dienaid dirinwedd yn
marchogaeth yn rhwysgfawr yn eu cerbydau, ac yn byw ar frasder y
wlad, ac yntau * * * * * Myn cebyst! Yr oedd pethau fel hyn yn ddigon
a gyru archangel i yfed i anghofio tylodi a thrybini. Heblaw hyny, y
mae rhyw beth yn yr elfen farddonol yn gwneyd ei pherchenog yn rhy
ddigalon a diymdrech i ymladd ei ffordd ym mhlith bleiddiaid rheibus
yr hen fyd dyrus a thwyllodrus yma. Ond ar ol y cwbl, ac er gwaethaf
pawb a phob peth,

> Enwogwyd arbenigedd—Goronwy,
> A'i gywreinion rhyfedd:
> Sieryd wrth y byd o'r bedd,
> Anfarwol yw ei fawredd.[9]

Y patrwm i Dalhaiarn pan oedd angen mynegi ei deimladau dyfnaf
am fywyd oedd Byron. Yn ei bruddglwyf, ei emosiynau negyddol, ei
ddychan ar gyflwr cymdeithas, yn ei ddyfalu ar freuder bywyd a hyd
yn oed yn ei anghysonderau, bu Byron yn batrwm ac yn eilun. Byron
oedd yr unig fardd y tu allan i Gymru y canodd Talhaiarn gerdd iddo
ac fe luniodd y deyrnged honno ar fesur Byron ei hun. Y mae'n
dechrau:

Quiescent is the master hand that drew
The faults and follies of this life so well;
Cold is the heart that magically knew
The way to bind our feelings in a spell;
Your household gods were crushed – the wind that blew
O'er your domestic hearth with sullen swell,
Swept all the kindest feelings from your heart,
And made you play, they say, a demon's part.[10]

Yng nghwmni Robert Burns a Byron, cafodd Talhaiarn yn ieuanc yr hyder i dorri ei gŵys ei hun a mynegi ei deimladau yn eofn. Byron hefyd a roddodd iddo hyder pellach a phatrwm o fydr addas i grynhoi cynhaeaf yr emosiynau dwys a thywyll oedd wedi cyniwair yn ei brofiad erbyn Chwefror 1861.

Ni ellir gorbwysleisio mor helaeth oedd cynnyrch Talhaiarn yn y cyfnod wedi iddo symud i Battlesden. Wedi ei ysgwyd yn Ffrainc gan oblygiadau dwys ei anhwylder corfforol i'r gwaith o ennill ei fara menyn ac, yn llythrennol ar brydiau, i ysgrifennu o gwbl, yr oedd fel pe bai wedi penderfynu manteisio ar y gwelliant yng nghyflwr ei ddwylo i ysgrifennu'n ddyfal bob cyfle a gâi. Lluniodd y chwe chanto olaf o 'Tal ar Ben Bodran' wedi mynd i Battlesden a chyn eu gorffen yr oedd wrthi yn llunio tri llythyr pur swmpus dan y teitl 'Beirniadaeth', pedair pennod ar hen benillion a thri chyfraniad dan y teitl 'Man Gofion Barddonol' – a'r cyfan yn cael eu hanfon i'r wasg yng Nghymru. Yn 1860 hefyd y cyhoeddodd *Oriau'r Hwyr* Ceiriog, ac anfonodd Talhaiarn adolygiad cynnes iawn ar gyfrol y bardd ieuanc i'r *Carnarvon and Denbigh Herald*. Egyr trwy gyfeirio at yr ymystwyrian llenyddol oedd ar droed yng Nghymru a'r ymdrechion a wneid i ddatblygu'n genedl lythrennog:[11]

Amidst the ferment and upheaving of Welsh literature, it is a pleasant thing to have a cheerful little book like 'Oriau'r Hwyr' issuing from the Welsh press. Ceiriog has made rapid strides in popularity, and deservedly so, for he is unquestionably a genuine poet. His book contains many sweet flowers and pretty gems.

Canmolodd ef Geiriog ar ei allu i gyfleu teimladau tyner, am ei wladgarwch, am naturioldeb ei ymdriniaeth ac yn arbennig felly yn ei gerddi serch: 'Most Welsh poets become *religious* instead of *loving* in their love; whereas Ceiriog is delicately and intensely loving, without cant and hypocrisy.' Y mae'n amlwg i Dalhaiarn weld yng Ngheiriog fardd o'r un anian ag ef ei hun a bu'n hael ei groeso iddo. Cafodd Ceiriog groeso personol ryw ddeufis ar ôl yr adolygiad pan fu yn Llundain adeg gwyliau'r Nadolig a chael mynd gyda Thalhaiarn a nifer o gyfeillion i weld y Palas Grisial newydd yn Sydenham. Cawsai Paxton dŷ sylweddol ar les gan gwmni'r ail balas grisial i fod yn gartref ac yn swyddfa iddo yn Sydenham, ac i 'Rockhills' y deuai Talhaiarn ar brydiau i drafod cynlluniau a chynnydd y gweithfeydd. Yr oedd felly mewn safle hwylus i groesawu a thywys pe digwyddai cyfeillion fod yn y brifddinas yr un pryd.

Cawsai Talhaiarn argraff dda o'r *Brython* ar ôl gweld copïau benthyg pan oedd yn lletya yn Llundain ddechrau 1861 a phenderfynodd y dylai ei gael yn rheolaidd:

> Wel, ebai fi wrth eu darllen, wele gyhoeddiad o'r diwedd yr hwn a fydd yn anrhydedd i Gymru; yr hwn ni chynnwysa ragfarn grefyddol na pholiticaidd; ac o'r hwn yr alltudir malais, bwriad drwg, a phob anghariadoldeb. Gwneuthum fy meddwl y fynu i gael y BRYTHON i fy anneddle newydd yn swydd Bedford, i fod yn gwmni boneddigaidd i mi yn fy ystafell unig pan ddelo hirnos gauaf.

Wedi esbonio'r cylchgrawn fel hyn mewn llythyr yn *Y Brython* ei hun, aeth ati i anfon iddo dri llythyr maith dan y teitl 'Beirniadaeth', a hynny pan oedd yn dal i borthi'r *Cymro* â'i ddeunydd i'r ddau bencerdd.[12] Trafod fel y gall un gair anurddo darn o farddoniaeth oedd byrdwn y 'feirniadaeth' ond rhyw bigo manion a gafwyd, a hynny braidd yn sgwrslyd. Cyhoeddodd yn y llythyr olaf yr hanesyn a roddodd i Eben Fardd yn gynharach am y modd y daeth copi o *Y Piser Hir* i'w feddiant ac fel y bu i Robert Jones, Rotherhithe, ei brynu ganddo. Y tro hwn ychwanegodd gyfeiriad at gasgliad o hen farddoniaeth a oedd ym meddiant ei gyfaill Aled o Fôn – cyfeiriad sy'n awgrymu i'r Cymreigyddion olaf ddal ati hyd y diwedd i ddangos diddordeb ymarferol mewn casglu hynafiaethau llenyddol.

Yn y deufis ar ddiwedd 1860 y cyhoeddodd y llythyrau ynglŷn â 'hen benillion',[13] gan esbonio nad ei fwriad oedd gwneud casgliad ohonynt ond:

> croniclo pigion o honynt, y rhai a'm bodlonasant pan oeddwn yn laslangc – y rhai a'm boddlonant y munud yma – a'r rhai a ddadgenais gyd â'r tannau ugeiniau o weithiau yn yr 'hen amser gynt.'

Yma y mae'n cyfeirio at ei lencyndod a'r modd yr ymhyfrydai yn y delyn a 'chanu efo'r tannau' ond yn awr, 'ar ol heneiddio, nid oes gennyf fawr o flas ar na thelyn nac un peth arall'. Serch hynny fe gafodd ryw gymaint o flas ar hel atgofion am y cymeriadau lleol a glywodd yn canu'r penillion, ac yn arbennig am Sam y Teiliwr yn Efenechdyd – anllythrennog ond â'i gof yn orlawn 'o garolau, cerddi, a phenillion', fel y gwelwyd eisoes uchod (t.7). Y mae yn y pedwar llythyr amrywiaeth o benillion ar sawl mydr gan gynnwys y rhai 'priodol i diwniau rhedeg, megis "Plygiad y Bedol Fawr," "Bro Gwalia," "Cnoccell y Coed," "Ffarwel Phylip Ystwyth," etc., – y dull campusaf a mwynaf o ganu gyd â'r tannau, yn fy marn i.'[14] Penillion o sawl cwr o Gymru a geir yn y casgliad ac yn eu plith gwelir amryw a ystyrir mwyach fel clasuron y penillion telyn – penillion fel 'Hiraeth mawr a hiraeth creulon' a 'Mae 'nghariad i'n Fenws'. Er iddo gydnabod nad oedd mwyach yn cael fawr o bleser o'u canu fe grisialodd ei werthfawrogiad ohonynt yn ei drydydd llythyr:[15]

Nid oes fawr o farddoniaeth uchelradd ynddynt, nac iaith flodeuog hedegog, na ffugyrau wedi eu darfelyddu yn gampus. Ond etto y mae ynddynt rywbeth yn peri iddynt lynu yn y cof a'r galon er gwaethaf pobpeth . . . Efallai mai rhyw wir tarawiadol, tipyn o wit ffraethberth, neu symledd dirodres, neu y cwbwl y'nglyn a'u gilydd, sydd yn achosi'r swyn. Pe bynnag, y mae'r peth bach byw hwnnw ynddynt, sydd yn peri i englyn neu bennill fyw o genhedlaeth i genhedlaeth.

Er mai deunydd i'r *virtuoso* lleisiol oedd y penillion telyn yn wreiddiol i Dalhaiarn, erbyn 1860 yr oedd wedi canfod eu gwerth fel barddoniaeth hefyd. Ac y mae hyn o glod yn ddyladwy iddo – fe welodd ogoniant alaw a gogoniant hen bennill am eu bod yn bethau byw iddo. Yr oedd arbenigrwydd yn y gerddoriaeth ac yn y farddoniaeth ac nid yn y ffaith eu bod yn greiriau. Yr oedd y traddodiad yn fyw ym mherson Talhaiarn ei hun, ond i Geiriog, Mynyddog, Pencerdd Gwalia, Owain Alaw a Brinley Richards, ffenomena ail-law oedd hen bennill ac alaw werin.

Wythnosau'n unig wedi gorffen cyhoeddi 'Tal ar Ben Bodran' fe anfonodd i'r wasg y tri llythyr 'Man Gofion Barddonol' a'r llall gyda'r pennawd 'Cymraeg Glân Gloyw'.[16] Gohebiaeth yn *Y Cymro* ynglŷn â tharddiad geiriau a sbardunodd yr olaf o'r llythyrau hyn. Wrth ymuno yn yr ohebiaeth cydnabu nad oedd ganddo fawr o ddiddordeb mewn ysgolheictod fel y cyfryw ond yr oedd yn dra amheus o rai ymdrechion cyfoes i esbonio tarddiad geiriau. Pwysicach na hynny oedd iddo sylwi ar wendidau ysgrifenwyr cyfoes wrth arfer y Gymraeg:[17]

> Byddaf yn synnu yn aml pa sut yr ydych chwi, y Cymry yng Nghymru, yn ysgrifenu Cymraeg mor drwsgl a chlogyrnaidd, oblegid y mae gennych fantais i glywed llafar gwlad, llên y werin, dywediadau doeth ac annoeth hen boblach, mwyseiriau, ffraetheiriau, a chantoedd o bethau cyffelyb . . . Dylech wrido . . . am adael i ryw Anglo-Franco-Gallois fel y fi ysgrifenu Cymraeg mwy Cymreigaidd na Chymraeg y Cymry unieithog. Ni astudiais Ramadeg Cymraeg am ddwyawr erioed. Yr unig reol sy genyf yw clust, llaw, a llygad, ac adgof am ddull brodorion Llanfair Tal yn siarad. Bydd priod-ddull Seisonig-Cymraeg *Young Wales* yn gwneud imi wenu a gwrido yn ddigon aml.

Yr oedd cryn wirionedd yn ei feirniadaeth, ac er iddo ei fynegi mewn modd hunangyfiawn, gallai'r alltud ei hun lunio ei lythyrau mewn Cymraeg hynod o ystwyth a rhywiog a hynny, fel y dywedodd, wedi iddo dreulio deng mlynedd ar hugain gan mwyaf ymhlith y Saeson. Ceir tystiolaeth barod i hynny yn y 'mân gofion barddonol' a luniodd ychydig ddyddiau cyn y llythyr am loywder iaith. Ynddynt disgrifia'i ymweliadau â beirdd a llenorion fel Bardd Nantglyn, Dr William Owen Pughe a'i fab Aneurin a Gutyn Peris. Yma hefyd y soniodd am y troeon pan gyfarfu â Gwallter Mechain ac â Wil Ysceifiog, a dengys y disgrifiadau hynny gyfoeth ei iaith wrth ysgrifennu rhyddiaith. Yn wir, y mae camp arbennig iawn ar y disgrifio a'r deialog yn yr hanesyn am ei gyfarfod â Wil Ysceifiog yn Ninbych – camp storïwr talentog oedd yn tynnu'n rhwydd ar gyfoeth ei famiaith.

Mewn llythyr at Nefydd ddechrau Gorffennaf 1861 dywed Talhaiarn:

> Cefais lythyr oddiwrth Owain Alaw ddoe o Newcastle Emlyn. Y mae yn rambandio drwy y South yna ar wibdaith beroriaethol. Yr wyf wedi cyfansoddi wmbreth o ganeuon iddo'n ddiweddar, gan mwyaf i ffitio hen dônau Cymreig.

Ar yr un pryd daliai i weithio ar gerddi i Bencerdd Gwalia. Nid mater o anfon geiriau'n unig ydoedd. Fel yr esboniodd wrth ei nith, wrth anfon y deunydd iddo rhaid oedd rhannu'r geiriau'n sillafau: 'The upright strokes divide the *words* into *syllables* or correct principles. I always had to do this for Pencerdd Gwalia. He is not a *Welsh* scholar

– no more is my niece Lizzie.' Weithiau deuai cyfle am gyfarfod ac yr
oedd hynny'n haws i Bencerdd Gwalia gan y gallai fynd yn rhwydd o
Lundain i Battlesden. Bu yno ar ddechrau Medi 1861 pan oedd
prysurdeb gosod y garreg sylfaen trosodd o'r diwedd: 'My friend,
John Thomas the Harpist came here on saturday evening last and
stayed till monday morning. We talked incessantly about songs,
melodies et cetera, and we passed a very pleasant time together.'
Gwyddys i Owain Alaw ymweld â Battlesden yn ystod haf 1862 ac
yno y bu Talhaiarn yn canu penillion iddo ar yr alaw 'Ffarwel Phylip
Ystwyth' fel y gallai'r cerddor nodi'r alaw a'r gyfalaw ar gyfer eu
cyhoeddi yn y *Gems* fel esiampl o'r dull arbennig hwn o ganu penillion.
Cododd y cerddor nodau'r alaw 'Consêt y Siri' hefyd yn Battlesden ac y
mae'n dra thebyg mai yn ystod yr un ymweliad y canodd Talhaiarn
yr alaw 'Moel y Wyddfa' iddo fel y gallai'r pencerdd nodi'r
gerddoriaeth ar gyfer ei gasgliad. Hon oedd yr alaw a ddysgodd y
bardd pan glywodd y telynor Robert Rowland yn ei chwarae yng
ngwylmabsant Efenechdyd yn 1830. Wrth anfon alaw anghyfarwydd
drwy'r post yn 1865 cofnododd y bardd, fel y gwelwyd eisoes (t.8), yr
anhawster o gyfathrebu'n gerddorol ag Owain Alaw:

> Sir Watkin's March is a lively dancing tune which goes well on the
> harp. I have tried to set it down from memory. I dare say you will
> laugh at my system of notation, and as to the *key*, you will have to
> find that out by inspiration.

Yn 1861 y cafwyd dwy garfan o orseddogion yn croesi cleddyfau
ynglŷn â threfn eisteddfodol ac yn peri fod dwy Eisteddfod
Genedlaethol wedi eu cynnal yr haf hwnnw, y naill yng Nghonwy a'r
llall yn Aberdâr. Nid yr ymryson gorseddol hwn a barodd i Dalhaiarn
absenoli ei hun o'r ddwy ond prysurdeb y gwaith yn Battlesden. Yno,
wedi peth oedi, dechreuwyd o ddifrif ar y gwaith o godi'r plas ei hun
ac ni feiddiai gymryd tridiau neu bedwar o egwyl o'r gwaith er cymaint
y demtasiwn i fynd i Aberdâr lle'r oedd yr eisteddfod fwyaf swyddogol
o'r ddwy. Cafodd yr eisteddfod honno gryn sylw yn y wasg gan fod yr
anniddigrwydd ynglŷn â statws eisteddfod 'genedlaethol', ei gorsedd
a'i lleoliad yn ffrwtian ar ben y berw cystadleuol arferol. Yn Aberdâr
hefyd y bu Hugh Owen yn cymell cydio 'Social Science Section' ffurfiol
wrth yr eisteddfod. Ddyddiau wedi'r ŵyl yr oedd Talhaiarn yn darllen
yr adroddiadau o Gymru yn ei 'hermitage', fel y galwai ei fwthyn, a
rhaid oedd iddo draethu ei farn. Gwnaeth hynny ar ei union mewn

llythyr cynhwysfawr i'r wasg ddechrau Medi. Manteisiodd ar y cyfle i gyfeirio'n gyntaf at y gofid a achoswyd gan ei broffwydoliaeth ddeng mlynedd ynghynt ynglŷn â thynged yr iaith (gw. t.107). Fe'i beirniadwyd gan ei gyfeillion meddai, ac fe'i melltithiwyd gan ei elynion am y cymal 'that the railways would kill it at last'. Fel pob gwir broffwyd meddai, bu'n ofalus i beidio â nodi amser gwireddu'r dynged: 'All those who are sceptical on the point are heartily welcome to disbelieve the prophecy, but they need not abuse the prophet.'[18] Anaml iawn y gwelid ef yn mynegi'n gyhoeddus y gallai fod yn sensitif i feirniadaeth! Aeth ymlaen i gyfrannu'n gadarnhaol trwy awgrymu gwelliannau a nodi enghreifftiau o wendidau trefniadol yr oedd angen eu newid yn yr eisteddfod. Soniodd am un achlysur lle'r oedd yn arwain a phan oedd pedwar ar ddeg o ymgeiswyr am gystadlu ar adrodd 'Cywydd y Daran' Dafydd Ionawr! Cynddrwg â dim iddo oedd cymaint o'r canu penillion, o bopeth: 'Penillion singing is generally a lamentable exhibition' a hynny gan amlaf am fod y datgeiniaid yn canu rhibidirês o benillion anghyswllt a rhai masweddus a di-chwaeth yn llithro i'w plith. Wedi rhoi amryw enghreifftiau fel hyn a phwysleisio ei fod yn siarad o gryn brofiad, fe luniodd nifer o argymhellion:

(a) I beidio â rhoi gwobr am ddarllen nac am adrodd.

(b) I beidio â gwobrwyo unawdwyr amatur.

(c) I gynnal cystadleuaeth gorawl unwaith y dydd yn unig, a hynny ar ôl rhagbrofion.

(ch) Ni ddylid cael cystadleuaeth canu penillion, ond yn hytrach berfformiad gan rai medrus.

(d) Dylid cael beirniadaethau byrrach a'u cyhoeddi yn llawn.

(dd) Dylid atal darlithiau dysgedig yn yr eisteddfod rhag iddi droi yn 'social science meeting' a mynd fel Sasiwn y Bala!

Wrth gyfeirio at yr angen i gwtogi'r beirniadaethau o'r llwyfan ac awgrymu eu cyhoeddi, yr adran lenyddol oedd ganddo dan sylw'n bennaf:

I would suggest to the adjudicators, to compress . . . as much as possible, or at any rate to read only what is necessary on the Eisteddfod day. The adjudications might afterwards be published *in extenso*, for the benefit of the literary world.

Rhagwelodd y byddai rhai yn beirniadu ei awgrymiadau gan eu bod yn tanseilio bwriad hanfodol eisteddfod, sef cystadlu. Dim o'r fath beth meddai:

The real competition would still remain in the shape of prizes for poems, essays, composition in music, choirs, bands, harp playing, carving, painting, mechanical works, or anything you like, which is likely to promote the public good, without being unpleasant to the audience.

Plesio cynulleidfa fu llinyn mesur Talhaiarn ym mhob peth a oedd yn ymwneud â'r celfyddydau. Yn y gwelliannau uchod yr oedd yn anelu at wneud hynny trwy gael perfformiadau proffesiynol, yn arbennig mewn cerddoriaeth, rhwng y beirniadu ar y cystadlaethau llenyddol. Tua diwedd ei lythyr ceir y sylwadau sy'n nodweddu'r tyndra a oedd wedi ymddangos ymhlith rhai fel Talhaiarn, a oedd mor bleidiol i eisteddfota ond a oedd hefyd am gydnabod y llanw cynyddol o blaid defnyddio'r eisteddfod a'i gweithgarwch er lledaenu gwybodaeth ymarferol a buddiol – y math o raglen y bu ef a'i gyd-Gymreigyddion yn ei thrafod â Hugh Owen yn Llundain ddegawd ynghynt. Dadleuai'r bardd mai rhywbeth i'r mwyafrif oedd eisteddfod ac nid lle i drafod diddordebau'r lleiafrif dethol: 'some wish to turn the Eisteddfod into a social science meeting . . . Perfect it as much as you like, but do not turn it into something that would be foreign to the hearts of the people.' Ond mewn ôl-nodyn i'r llythyr y mae *apologia* hael:[19]

In the allusion I mean no offence to the Social Science Institution . . . Science is the favorite [*sic*] child of civilization. Poetry gives pleasure to dreamy indolence, but science for practical usefulness beats it hollow . . . I do not wish to deprecate the gentle art, but science should have the first place, and poetry may take the second if it chooses.

Ddechrau hydref 1861 yr oedd Talhaiarn yn arfaethu cyhoeddi ail gyfrol o'i waith ond ymddengys o'i lythyr at Eben Fardd ym mis Tachwedd nad oedd yn llwyddo i ddenu cyhoeddwyr: 'As regards my second Vol., I have not had an offer of even three-half-pence for it; therefore, I cannot say when or where it may come out.' Ond erbyn mis Awst y flwyddyn ganlynol gallai ddweud wrth y prifardd ei fod 'yn brysur ryfeddol yn gyrru'r copïau o'm llyfr ar draws hyd a lled y wlad'. Rhoddodd y teitl syml *Talhaiarn* ar y gyfrol hon a dengys y wyneb-ddalen iddo ymgymryd â'r cyfrifoldeb am gost y cyhoeddi, yn Llundain: 'Printed for the Author by Thomas Piper, 32, Paternoster Row, 1862.' Unwaith eto y mae'n amlwg i'r awdur weithio'n ddygn i sicrhau noddwyr i'w fenter a gellir casglu iddo argraffu o leiaf 650 o gopïau. Gwir a ddywedodd wrth Eben Fardd iddo orfod treulio cryn amser yn dosbarthu'r gyfrol oblegid yr oedd iddo danysgrifwyr lluosog ym mhob cwr o Gymru a Lloegr, un yn yr Iwerddon, un arall yn Efrog Newydd, sef Bardd y Bowery (John Evans) a rhyw un T. Thomas yn Port Natal yn Ne Affrica. Y mae'r rhestr tanysgrifwyr yn ddiddorol hefyd fel tystiolaeth i gysylltiadau eang y bardd a'r diddordeb ynddo. Ar wahân i'r tafarnwyr – o Lanelli ac Aberdâr i Sir Fôn – ceid llu o ficeriaid a rheithoriaid, nifer o ysgolfeistri, gorseddogion niferus a chymdogion Llanfair – gan gynnwys gweinidog y Bedyddwyr yno. Unwaith eto y mae'r penseiri, y syrfewyr a'r adeiladwyr yn niferus, a'r mwyafrif yn amlwg yn Saeson a adnabu'r awdur yng nghwrs y blynyddoedd. Y mae'r byddigions yma fel o'r blaen ac felly Gymry Llundain. Gwelir nifer bychan o lyfrwerthwyr ond ceir nifer sylweddol iawn o wŷr proffesiynol ac o wŷr y busnesau bach. Yn y rhestr hynod amrywiol hon caiff un cwsmer sylw arbennig unwaith eto sef, 'Sion Robert (ap Robert Thomas, Clochydd Ieuan Brydydd Hir yn Llanfair Talhaiarn), Caerlleon', ond ni ddywedir y tro hwn ei fod yn 'werthwr hen lyfrau'.

Cynnyrch y cyfnod 1860–1 yw rhan helaethaf y cynnwys a hwnnw'n ddeunydd a oedd eisoes wedi gweld golau dydd yng ngholofnau'r wasg a'r cylchgronau. Yma felly cawn y geiriau a gyfansoddodd i'r cerddorion, ei gyfieithiadau o'r Ffrangeg i'r Saesneg, yr un canto ar bymtheg o 'Tal ar Ben Bodran' a nifer o'r fersiynau Saesneg o'i eiriau i gerddorion dan y pennawd 'Songs'. Cynhwysodd yma hefyd ei lythyrau 'llenyddol', nifer o'i englynion, a'r cywydd 'Ymweliad y Bardd a'i Gar Elias Griffith yng Nghastell y Waen, Gorphenaf 8fed, 1859' – y cywydd gorau a ddaeth o'i law hyd yn hyn. Yn wir y mae'r cywydd unig hwn yng nghanol tri chant o ddudalennau o ddeunydd amrywiol fel pe bai'n awgrymu fod Talhaiarn wedi rhoi heibio'r ymdrech i ennill ei blwyf ymhlith y cynganeddwyr.

Yn *Y Brython* y cafwyd yr adolygiad mwyaf manwl a chytbwys ar yr ail gyfrol:

> Ni buom erioed yn meddwl ei fod yn un dwfn, nac ychwaith mor gaeth ag y dylai: eto mae rhyw fywiogrwydd a thlysni neillduol yn ei ganeuon . . . Nid yw byth yn ymddarostwng i fod yn rhigymydd. Y mae'n gwastadol gadw mewn cof ei fod yn fardd. Y mae'n sefyll ryw hanner ffordd rhwng *BURNS* a *MOORE*; a saif amryw o'i ganeuon ochr yn ochr a goreuon y ddau awdur godidog a enwyd . . . Ym mysg yr ysbwriel y mae'r darnau Seisoneg, '*My Uncle Shon ap Morgan,*' a '*Mrs Jones's Trip to Wales.*' Y mae'r ddau ddernyn yma yn waeth nag

ynfydwaith, ac yn anurddiant ar y Gyfrol: nid oes yn y naill na'r llall, na wit na synwyr . . . Byddem yn coelio bob amser, mai mewn barn y mae TAL yn colli arni fel bardd. Er y gŵyr am geinion a dillynion pawb eraill, yr ydys yn ofni nas gŵyr ddim am y darnau sy'n anurddo ei waith ei hun. Y mae'r Gyfrol sydd o'n blaen yn argoeli hyny. Pe cymmerai fwy o amser i dlysu ac addurno ei gyfansoddiadau, a phe byddai yn peidio a cheisio canu yn y mesurau caethion, di-odid nad oes neb yng Nghymru a safai wrth ei ochr. Nid oes neb a fedr ganu cerddi mor swynol a gwladol. Er nad ydyw efallai, mor *ddysgrifiadol* â GLASYNYS, nac ychwaith mor chwareus ag ydyw CEIRIOG; eto y mae TAL o'u blaen ym mhell iawn – yn enwedig o flaen y blaenaf a nodasom. Y mae cerddi TAL yn fyrion a melus – yn gryno a destlus – yn ddigrif a chwareus; ac ambell dro yn wladol.[20]

Wrth gloriannu 'Tal ar Ben Bodran' dywed yr adolygydd hwn:

Y mae ynddynt ehediadau gwir farddonol. Y mae ynddynt hefyd bethau digon ynfyd a di-awch: rhyw gymysgedd ydynt; er hyny, y maent oll yn werth eu darllen, ac yn dwyn nodau diddadl o athrylith gref a beiddgar. Gwell genym y Cantoau na'r rhelyw.

Ymhlith y cantoau, wrth gwrs, yr oedd y cerddi rhydd a'r cerddi Byronig, ac yno, yng nghanol yr ymgom wasgarog â'r Awen, yr oedd prif rinweddau'r bardd yn hytrach nag yn ei lythyrau 'llenyddol' a'i ddeunydd Saesneg, yn ôl yr adolygydd. Wrth nodi'r ddau eithaf yn y gyfrol – yr 'ysbwriel' a'r 'ehediadau gwir farddonol' – rhoddodd awdur yr adolygiad hwn ei fys ar athrylith anwastad Talhaiarn.

Sylwyd eisoes ar y penillion Byronig a'u cefndir a rhaid aros yma i ystyried gweddill y canu rhydd – y llifeiriant o gerddi a ymddangosodd rhwng 1859 ac 1862, ac a gyhoeddwyd yn 1862 yn y gyfrol *Talhaiarn*. Yr oedd y byd llenyddol wedi gweld barddoniaeth gyfoes Talhaiarn yn ymddangos yn y wasg fel telynegion unigol cyn eu bod yn ymddangos fel corff o 'lyrics' mewn cyfrolau o gerddoriaeth, ond priodol yw pwysleisio mai fel 'lyrics' i'r cerddorion yr ysbrydolwyd y mwyafrif o'r cerddi rhydd yn y gyfrol. Cerddi comisiwn ydynt felly; telynegion wedi eu harchebu. Ni ddylid chwilio ynddynt am brofiad enaid a myfyrdod ar deimladau'r bardd ei hun. Yn ysbeidiol daw'r elfen o brofiad personol i'r wyneb mewn ambell delyneg ond gwrthrychol a disgrifiadol ydyw'r ymdriniaeth gan amlaf. Glynodd yn glòs wrth gomisiwn Pencerdd Gwalia i lunio geiriau o gwmpas teitl yr alaw. Ar gyfer 'Rhyfelgyrch Gwŷr Harlech' lluniodd alwad rymus a gwlatgar:

> Harlech, cyfod dy faneri,
> Gwêl y gelyn, ennyn ynni,
> Y Meirionwys oll i weiddi,
>   Cymru fo am byth:
> Arwyr, sawdwyr sydyn,
> Rhuthrwn ar y gelyn,
> Gyrrwn ef i ffoi o nant,
> A bryn a phant a dyffryn;
> Chwifiwn faner goruchafiaeth,
> Gorfoleddwn yn ei alaeth;
> Clywir llef ein buddugoliaeth,
>   Cymru fo am byth.

I'r un categori o gerddi hanesiol a gwladgarol y perthyn ei eiriau i alawon fel 'Difyrrwch y Brenin', 'Y Gadlys' a 'Morfa Rhuddlan'. Wrth ymdrin â'r alaw 'Llwyn Onn' aeth Talhaiarn am thema colli cariad a'r tristwch sy'n deillio o hynny gan fod Pencerdd Gwalia yn gweld yr alaw hon fel un araf a'i thuedd at y prudd a'r galarus. I'r bardd yr oedd yn un o'i amrywiaethau ar gyfansoddi cân serch. Byd natur sydd flaenaf yn yr ymdriniaeth ar gyfer alaw fel 'Toriad y Dydd' ond y mae hefyd yn enghraifft o'i duedd i gyferbynnu hyfrydwch natur â thristwch dynol, a'r tristwch hwnnw yn rhyw led awgrymu profiad Talhaiarn ei hun:

> Cantorion pêr y llwyni gydleisiant gynnar gân
> O groeso i Aurora fwyn sy'n dod ar gymyl glân;
> Mae anian yn llawenu a'r ddaear werdd mewn bri,
> A phopeth byw o fewn y byd yn ddedwydd ond y fi.

Cyfeiriwyd eisoes at y ffaith fod y bardd yn llunio geiriau i Owain Alaw ar nifer o'r alawon yr oedd Pencerdd Gwalia yntau i gynnwys yn ei gyfrolau. Hyn sy'n esbonio pam fod gan y bardd dair cerdd wahanol ar gyfer 'Llwyn Onn'. Yr oedd Owain Alaw am gynnwys dwy fersiwn o'r alaw hon er mwyn dangos y newid yn acennu'r brawddegau os yw'r alaw yn agor ar y curiad cyntaf yn y bar yn hytrach na'r curiad olaf. I'r cerddor hwn lluniodd Talhaiarn benillion gwladgarol ar gyfer un fersiwn o 'Llwyn Onn' a phenillion am deimladau bardd wrth adael ei wlad yn y llall. Yn y ddwy fersiwn clywir tinc o brofiad personol yr awdur.

Daw hyn â ni at fater gwladgarwch yng nghanu Talhaiarn. Yn y degawd 1845–54, sef ei gyfnod cyntaf yn Lloegr, fe luniodd y cerddi 'Hiraethgan am Lanfair Talhaearn', 'Cân i Afon Elwy', 'Molawd Cymru', 'Ffyddlondeb Ein Gwlad', 'Cwymp Llywelyn' a 'Gogoniant i Gymru' – cerddi a fynegodd ei ymwybod real â'r wlad a'i magodd ac ymffrost yn hunaniaeth ei famwlad. Yn yr ymwybod cynnar hwnnw ceir ystod o serch tyner at fro ac ystod o wladgarwch mwy ymfflamychol tuag at genedl unigryw. Ymddengys mai Talhaiarn oedd y cyntaf o'r beirdd telynegol i ganu i Gymru ac fe wnaeth hynny nid fel gwir edmygydd o'i harddwch yn unig, ond fel un oedd hefyd yn ei chanfod fel cartref cenedl ac iddi hanes hen. Pan ddaeth i lunio'r cerddi comisiwn i'r ddau bencerdd gwnaeth ddefnydd helaeth o wladgarwch ac fe drodd y gwladgarwch hwn yn elfen braidd yn artiffisial – yn wladgarwch ansylweddol ac yn wladgarwch haniaethol nad oedd yn braiddgyffwrdd â'r Gymru real. Dyma 'Hen Walia yw F'anwylyd', 'Ffyddlondeb Cymru', 'Calennig i Gymru', 'Cymru lân, gwlad y Gân', 'Cymru yn ddiddan a ddyd'. Dyna'r penawdau ac, oddi tanynt yng nghorff y canu, ceir 'Cymru rydd', 'Cymru fu, Cymru fydd', 'Cymru annwyl', 'Walia deg a Walia lân' a 'Walia hardd'. Y mae'r gwladgarwch wedi troi'n fwndel o Gymreictod ewfforaidd niwlog ac yn fwy o ffenomenon i'w wisgo ag alaw ar gyfer llwyfan cyngerdd. Yn ei gerddi i Owain Alaw canfyddir cynnydd yn yr elfen sentimental yng nghanu Talhaiarn. Gellir esbonio hyn i ryw raddau gan y ffaith nad oedd y cerddor yn gosod pwnc yr alaw fel man cychwyn i'r bardd. Yng nghasgliadau Owain Alaw ceir mwy o gerddoriaeth nad yw'n draddodiadol, fel cerddoriaeth Owain Alaw ei hun. Rheswm arall dros amlygrwydd y caneuon sentimental yw'r ffaith fod adladd y Llyfrau Gleision wedi dwyn pwyslais newydd ar safle merched ar ôl y dirmyg a ddangoswyd yn adroddiadau'r comisiynwyr. Trodd y pwyslais hwn yn feddalwch yn nwylo'r llenorion a dirywiodd y meddalwch yn sentiment arwynebol a dagreuol. Lle bu Talhaiarn unwaith yn gallu canu'n deilwng am ei fam ac yn llunio amryw o ganeuon serch diniwed fel 'Mae nghariad fel y lili lân', dyma ddechrau llunio cerddi fel 'Pictiwr fy mam', 'Roedd mam yn cofleidio ei baban bach glân', 'Y Ddeilen ar yr afon' a 'Galar gwraig y milwr'. Dengys yr olaf o'r rhain mor rhwydd ydoedd i fardd poblogaidd wyro ei ddychymyg a'i osgo wleidyddol wrth greu telyneg:

> Dolurus fy nghalon, a gwelw fy mhryd,
> P'le'r wyt ti, f'anwylyd, yn aros cyhyd?
> Mae'r plant yn dy ddisgwyl bob munud o'r dydd,
> A minnau'n bryderus, a'm meddwl yn brudd:
> > O! tyred yn ôl,
> > O! tyred yn ôl;
> Pe gwyddwn lle'r ydwyt, ehedwn i'th 'nôl.

Yr oeddit bob amser yn llariaidd a llon,
Mae hiraeth am danat yn ysu fy mron;
O! tyr'd i dy fwthyn yng nghysgod y Nant,
I lonni calonnau dy wraig a dy blant:
 O! tyred yn ôl,
 O! tyred yn ôl;
Pe gwyddwn lle'r ydwyt, ehedwn i'th 'nôl.

Mae Rhyfel yn difa cenhedloedd y byd,
Mae Rhyfel yn ffyrnig, a fflamgoch ei bryd,
Yn mathru y gweiniaid a'r cedyrn dan draed,
Mewn gloddest a bloddest yn meddwi ar waed:
 O! boed ini hedd,
 O! boed ini hedd;
Terfyner y rhyfel a gweinier y cledd!

Wedi nodi tuedd at sentimentaleiddiwch ffuantus, teg cydnabod iddo barhau i gynhyrchu nifer o gerddi serch ysgafn heb fod mor ddagreuol. Cerddi serch barddonol iawn ydynt, ffansi felodaidd fel y gerdd ar 'Mentra Gwen' i Owain Alaw:

'Rwyf fel colomen wen,
 Gweno fwyn, Gweno fwyn,
Mewn cariad dros fy mhen,
 Gweno fwyn;
Yn cwyno ac yn canu
Amdanat, eneth fwyngu;
Gwnawn bopeth i'th ddiddanu,
 Gweno fwyn, Gweno fwyn.

Y demtasiwn fwyaf i Dalhaiarn oedd defnyddio'r rhyddid a gynigiai Owain Alaw iddo a mynd fwyfwy i gyfeiriad cerddi yn llinach 'Mae Robin yn swil' – y gân i Owain Alaw o'i gyfnod yn Ffrainc ac a oedd wedi dechrau taro deuddeg fel cân boblogaidd yng Nghymru. Ceir gweld yn y man i ba raddau yr ildiodd i'r demtasiwn hon.

Dyma'r lle i aros a sylwi ar nodweddion y grefft a wnaeth ei waith mor dderbyniol i'r cerddorion ar y naill law, ac a enillodd iddo ei le ymhlith beirdd telynegol y bedwaredd ganrif ar bymtheg. Yn gyntaf, yr oedd miwsig yr amrywiaeth mawr o alawon y bu'n ymhél â hwynt yn rhoi canllaw cerddorol i rythm a mydr ei eiriau ac yr oedd yn gyson ufudd i symudiad y gerddoriaeth. Yr oedd hynny yn ffordd o ddianc o undonedd patrymog y canu rhydd carolaidd a mesur y tri thrawiad yn arbennig. Wedyn fe roddodd yn ei linellau gyffyrddiadau cynganeddol a chytseinedd ond, gan fod ganddo ystod o fesurau rhydd, nid yw'r cyffyrddiadau hyn yn taro ar y glust mor ormesol ag yng ngherddi beirdd fel Huw Morys, dyweder. Mewn cerdd fel 'Codiad yr Ehedydd' defnyddiodd hen offer y traddodiad barddol gyda synwyrusrwydd newydd. Dyma'r odl fewnol yn y llinellau:

> Cwyd, cwyd, ehed*ydd* llon
> O'th ddedw*ydd* nyth ar ael y fron;

Ac y mae'r gynghanedd yn ymddangos yng ngwead llinellau ond nid y gynghanedd ddeddfol mohoni:

> Cân yn Eden, yn dy *grud*,
> A roist i'r *grea*digaeth hardd;

Y mae'r bardd hefyd wedi ymddisgyblu i ddethol cytseiniaid sy'n gweddu i awyrgylch ei ddeunydd. Melodedd a mwynder sy'n gweddu i'r ehedydd:

> Iddi'n awr o bryd i bryd
> Alawaidd dôn o'th big a dardd;
> A chanu wnei o hyd o hyd
> Tra haul, a byd a bardd.

Ergydion y cytseiniaid caled sy'n gweddu yn 'Y Gadlys':

> Mae cyffro yn y Gadlys
> A chyffro yn y wlad,
> Mae gwŷr y breichiau grymus
> Yn gedyrn yn y gad.

Rhoddodd Talhaiarn hefyd fwy o bwys ar ailadrodd llafariaid, neu gyseinedd, er mwyn tyneru gryn dipyn ar rym cytseiniaid mewn llinellau, gan wneud iaith felys neu iaith alawaidd i greu swyn i'r glust, yn yr un modd ag y mae cytseiniaid mor drawiadol yn swyn y gynghanedd. Nid Talhaiarn oedd y cyntaf i ddefnyddio iaith alawaidd, wrth gwrs, ond ymddengys mai ef oedd y bardd Cymraeg cyntaf i fynd ati'n ymwybodol i arbrofi gyda'i chyfuniadau, i'w hymarfer yn rheolaidd a'i hogi i fod yn erfyn artistig.

Gwelwyd fel y bu'n feirniadol o duedd beirdd ei gyfnod i lunio cerddi maith. Bardd y cwmpas byr oedd ef a bu hyn yn rhinwedd pan ddaeth i lunio geiriau i'r casgliadau alawon ac i gerddoriaeth wreiddiol. Y mae ei gerdd 'Plygeingan' yn enghraifft dda o'i ddawn i lunio telyneg gymesur a byr ei chwmpas:

> Pan fo'r bore glas yn gwawrio
> Canaf bennill i fy mun;
> Gwylied undyn byw ei deffro,
> Mwyn a melys yw ei hun:
> Yn ei chwsg y mae'n breuddwydio
> Bod hi'n rhodio gyda mi,
> Lle mae rhosys yn blodeuo
> Ger y Llan ar fin y lli.
>
> Diniweidrwydd yw ei tharian,
> Purdeb cariad yw ei bri;
> Mwynach yw nag aur ac arian
> I fy nghalon serchlon i;
> Er ei bod yn awr yn huno
> Hed ei ffansi ataf fi;
> Tra bo nghalon innau'n curo
> Hed fy nghariad ati hi.

Dyma adeiladwaith clòs a chryno, a chân serch syml, ddiwastraff yn dweud ei neges mewn dau bennill gorffenedig. Y rhinweddau hyn wedi eu cyfuno â llithrigrwydd rhwydd y llinellau sy'n creu'r 'tlysni neilltuol' a edmygid gan gyfoedion Talhaiarn. Yn 'Y Gwlithyn', un o'r ychydig gerddi lle nad oedd y bardd yn canu o fewn ffiniau alaw, y mae'n cyfansoddi fel telynegwr annibynnol ac ar yr un pryd yn mentro'n llwyddiannus i ymestyn ffiniau mesurau'r canu rhydd. Cerdd un pennill yw 'Y Gwlithyn' a dyma eto delyneg orffenedig mewn cwmpas byr:

> Pur yw gwlithyn ar y rhosyn,
> Annwyl yw ei lun a'i liw,
> Pan fo gwên y wawr yn euro
> Glyn a dôl a bryn a rhiw;
> Byr ei amser i belydru
> Ar y rhosyn teg ei lun,
> Fel y deigryn fo'n disgleirio
> Yn y gwrid ar ruddiau mun:

Ymaith hed y gwlithyn hardd,
  Ond y rhosyn
  Erys wedyn
I gysuro bron y Bardd.

Gwelodd Owain Alaw yn dda i lunio cerddoriaeth wreiddiol i'r delyneg hon a chanfod ynddi, mae'n sicr, *lyric* hynod addas i gân newydd gyfoes.

Tra oedd y cerddorion yn mwynhau cryn lwyddiant cyhoeddus gyda'u casgliadau,[21] deuai anesmwythyd i glustiau'r bardd am ei ran ef yn y fentr. Ymddangosodd dwy gyfrol gyntaf Pencerdd Gwalia ym Mawrth 1862 ac ymddengys i rai o'r corau droi atynt yn fuan am eu deunydd ond erbyn y mis Tachwedd yr oedd y bardd yn clywed beirniadu ar beth o'i gyfraniad ef:

> Dywedwyd wrthyf fwy nag unwaith fod Corau Dirwestol Cymru yn gwrthod canu 'Glan Meddwdod Mwyn' o lyfr John Thomas, Pencerdd Gwalia. Rhoddodd y Pencerdd siars fawr arnaf i gadw ysbryd y dôn mewn golwg . . . ac yn anad dim, enw y dôn oedd i fod yn destun y gerdd . . . A chan na wnaiff y corau ufuddhau i Tal, rhaid i Tal ufuddhau i'r corau . . . Yr wyf, gyda chenad y Pencerdd, wedi cyfnewid y pedair llinell a fu ac a sydd yn faen tramgwydd.[22]

Wythnos wedi cyhoeddi'r llythyr hwn yr oedd cais gan un gohebydd yn yr un papur ar i Dalhaiarn ddiwygio ei gerddi i gyd! Ond nid oedd mewn hwyl i ymateb: 'Yr wyf yn rhy ddiog a diawydd i ddadlu y pwnc, pa un ai doeth ai annoeth fy nywediadau am y ddiod.' Dyma felly feirniadaeth o gyfeiriad annisgwyl iddo ac arwydd fod elfennau yn y gynulleidfa yr oedd mor awyddus i'w phlesio yn pigo beiau ar sylwedd ei eiriau. Yr oedd eironi hefyd yn y ffaith mai 'Glan Meddwdod Mwyn' oedd dan lach y corau, oblegid hon oedd yr union alaw y soniodd amdani pan gyhoeddodd yn y wasg nad *Bacchanalian* a fynnai Pencerdd Gwalia gan y disgwyliai y byddai ei gasgliad ar fyrddau *drawing rooms* y deyrnas! Yr oedd Owain Alaw â'i lygad yn fwy ar gyngherddau ac ysgolion cân, ac ni chomisiynodd ef eiriau i'r alaw drafferthus hon. Y ffurf ddiwygiedig a gyflwynodd Talhaiarn oedd:

Ceir pleser, dedwyddyd a gwynfyd di-gŵyn
Heb gwrw na gwirod, na 'Glân Medd-dod Mwyn':
Melusach i'r galon, mwy cyson yw cân
I Walia wlad ufudd, gu, lonydd a glân:

Ar derfyn y llythyr yn esbonio'r newid hwn ychwanegodd:

> Coeliwch fi neu beidiwch, y mae hen alawon Cymru wedi eu hargraffu ar fy nghalon er's pan oeddwn yn hogyn, ac yr wyf yn meddwl mwy o lawer am alawon nac am fy nghaneuon. Bendith ar weddillion yr hen feirdd a thelynorion dienw am eu cyfansoddi.

Aethai ysgrifennu yn gryn ymdrech i'r bardd ar brydiau o 1862 ymlaen oherwydd bod y gowt yn amharu ar ei ddwylo. Bu'n arwain yn Eisteddfod Caernarfon y flwyddyn honno a'i fraich dde yn dal mewn sling, ac mewn llythyr at Eben Fardd dywedodd iddo fod yn Llanelwy am chwe wythnos wedi'r eisteddfod honno yn dioddef 'poenau dirfawr ddydd a nos, a nos a dydd, ac yn Llundain am bythefnos ar ôl hynny o dan law y Doctor'. Y mae'n amlwg iddo gael digon o ymwared i barhau gyda'i waith yn Battlesden ac, yn 1863, i gyflawni cryn swmp o gyfansoddi a llythyra. Lluniodd saith ysgrif helaeth ar faterion llenyddol ac eisteddfodol, bu'n ateb i alwadau ychwanegol gan y cerddorion a bu'n cystadlu ar yr awdl yn Eisteddfod Abertawe. Ar ben hyn bu'n llythyra'n gyson ag aelodau o'i deulu a nifer o'i gyfeillion yn Llundain.

11 ∞ 'Parodwaith a Wna Prydydd', 1859–1865

WEDI ei gael yn awdur cerddi mor gymeradwy ganddynt yr oedd yn naturiol i'r cerddorion droi at Dalhaiarn am eiriau pan ddeuai galw arnynt i lunio cantawd, sef y 'cantata' a oedd yn tyfu'n ffurf mor ffasiynol. Brinley Richards a ddaeth ar ei ofyn gyntaf a hynny gan i'r cerddor dderbyn cais gan bwyllgor Eisteddfod Abertawe am waith i ddathlu priodas tywysog Cymru. Cyhoeddodd y bardd ddau bennill o'i *libretto* yn *Yr Herald Cymraeg* sef: 'Y Ddyweddi o Gantata, neu Briodasgan Tywysog Cymru', a cheir y ddau bennill Saesneg ganddo sy'n cyfateb i'r uchod hefyd ym mis Mawrth 1863.[1] Ond oherwydd gwaeledd Brinley Richards rhoddwyd y gantawd hon heibio a galwyd ar Bencerdd Gwalia i ymgymryd â'r comisiwn. Dewisodd ef lunio cantawd ar hanes Llywelyn Fawr a galwodd ar Dalhaiarn i lunio geiriau Cymraeg ac ar Thomas Oliphant, ysgrifennydd mygedol y Madrigal Society, i lunio geiriau Saesneg. Y tebygrwydd yw fod y dewis o hanes Llywelyn wedi ei symbylu gan lwyddiant arbennig y gantawd *Tywysog Cymru* gan Geiriog ac Owain Alaw yn Eisteddfod Caernarfon y flwyddyn cynt. Yr oedd yn awr yn fis Gorffennaf ac er bod brys i gyflawni'r holl waith ar gyfer performiad ym mis Medi, yr oedd y testun newydd yn plesio'n well. Meddai Talhaiarn mewn llythyr at ei nith: 'Our *Llewelyn Cantata* is a grander subject, and will be a greater work. It will occupy two hours in the performance.' Bu cryn fynd a dod rhwng Battlesden a Llundain i ymdopi â'r gwaith. Ddechrau Gorffennaf, tro Talhaiarn oedd mynd i Lundain:

I went to London on Wednesday. I had three hours with yr anfarwol Pencerdd hammering away with might and main at the Llewelyn Cantata. I then went to the City to buy a new hat, and afterwards to Mr Davis the Sculptor to sit for my Bust, which he is doing for himself and at his own expense.[2]

Tro Pencerdd Gwalia oedd mynd i Battlesden ar ddiwedd y mis, gan dreulio tan hanner nos ar y Sadwrn a'r Sul i orffen y gwaith. Ganol Awst galwodd y Pencerdd yn Battlesden i ddangos i'r bardd lythyrau a gawsai 'from *Court*' yn dweud fod y frenhines, y tywysog a'r dywysoges wedi eu plesio gan y gwaith: 'To have pleased the Queen, the Prince, and the Princess is a feather in our caps, though it has added no weight to our pockets.' Wrth lawenhau fod y gwaith wedi ei gyflawni ac yn barod i'r eisteddfod, ychwanegodd:

> The Pencerdd, Mr Oliphant, and myself, have done our duty towards our hero Llewelyn; towards Wales, and towards ourselves, and if the work does not crown us with glory, it will be a marvel to me. We have endeavoured to make it *thoroughly artistic* throughout.

Cafodd *Llewelyn* dderbyniad brwd yn yr eisteddfod yn Abertawe:

> The Pencerdd was called at the end of the performance, and was nearly drowned with applause, and showers of *bouquets*. Then there were shouts for Talhaiarn from the six thousand, and when I made my appearance, I was welcomed with thundering cheers and one bouquet.[3]

Bu'r gantawd yn boblogaidd hefyd mewn cyngherddau yng Nghymru a Llundain wedi hynny a chafodd darn o *libretto* Talhaiarn sylw nodedig. Daeth y darn am draddodiad Beddgelert yn boblogaidd fel cân unigol ac fe ddaeth yr adran sy'n dechrau

> O'r helfa ar ei fuan farch
> Llewelyn ddaeth i'w lys

yn adnabyddus fel darn adrodd mewn cyngherddau. Yr oedd *Llewelyn* felly yn un o'r uchafbwyntiau yn hanes Talhaiarn fel bardd y poblogaidd a'r cymeradwy, ac fel bardd y gwladgarwch barddonol.

Gallasai Talhaiarn fod wedi gadael Eisteddfod Abertawe ym Medi 1863 yn fodlon ei fyd, rhwng ei dderbyniad cynnes yno eto fel arweinydd llwyfan a hefyd fel bardd y gantawd lwyddiannus. Fel arall y bu, gan i'w gais am y gadair yng nghystadleuaeth yr awdl droi'n fethiant chwerw. Gofynnwyd am 'Awdl er Coffadwriaeth am y diweddar Dywysog Cydweddog "Albert Dda"', a chafwyd gan Dalhaiarn ddau reswm dros gystadlu ar ôl blynyddoedd o ymatal rhag mentro ar awdl: 'Y cyntaf, – Serch dwfn trwyadl a theyrngarol at ein grasusaf Frenhines a'i gwr graslawn a daionus. Yr ail – ymgais teg am fod yn olynydd i

Ddafydd ap Gwilym yn Nghadair Morganwg.' Aflwyddiannus fu ei gais ond soniarus fu ei ymateb gan iddo, y tro hwn, roi ei fys ar flerwch eisteddfodol a chyhoeddi hynny yn y wasg. Cyneuodd dân a fu'n llosgi ar dudalennau papurau a chylchgronau Cymraeg o fis Medi 1863 tan fis Mehefin y flwyddyn ganlynol. Fel hyn y bu. Cyhoeddodd lythyr yn Yr Herald Cymraeg yn tystio iddo glywed ar brynhawn Mercher yr eisteddfod bod anghydwel rhwng y beirniaid ynglŷn â'r awdl y dylid ei gwobrwyo. Clwydfardd ac Iago Emlyn oedd y beirniaid a Gwilym Hiraethog yn ganolwr. Deallodd Talhaiarn fod Clwydfardd wedi dewis un awdl o'r deg, sef awdl 'Ceinfryd Cwynfron' (Talhaiarn), fel yr orau ond fod Iago Emlyn wedi dewis un wahanol. Heb ymgynghori o gwbl â'i gyd-feirniaid anfonodd Iago Emlyn bum awdl at Hiraethog am farn annibynnol. Er mai awdl Gwalchmai oedd ffefryn Iago, pan ddywedodd Hiraethog mai awdl Emrys a ddyfarnai ef yn orau, cytunodd Iago Emlyn ag ef a chadeiriwyd Emrys. Yr oedd y stori a glywsai Talhaiarn yn wir a phan ddadlennodd hi yn y wasg, ffrwydrodd y ffrwgwd fawr. Wedi canfod ei uchelgais yn cael ei wireddu gan ddyfarniad un prifardd, canfu'r siom o weld yr anrhydedd yn diflannu mewn anhrefn weinyddol. Yn wahanol i ffrwgwd Aberffro, yr oedd sail i'w siom ac yr oedd ei ymateb yn fwy boneddigaidd a llai dramatig. Apeliai am i bwyllgor Eisteddfod Abertawe edrych ar yr holl dystiolaeth yn fanwl a rhoi ei ddyfarniad ar 'yr aflerwch annymunol hwn'. Ni fynnai fynd i gyfraith er y gwelai ar un wedd mai mater o statws cyfreithiol beirniad a chanolwr ydoedd. Cynigiodd Iorwerth Glan Aled – hen elyn 'Palesteina' o bawb – y dylid agor cronfa i gael gwobr i Dalhaiarn a blwch snisin yn gerfiedig: 'I Talhaiarn, am y cam a gafodd yn Eisteddfod Abertawe, yn y flwyddyn 1863.' Nid cynt nad oedd llythyrau gweddol ddiplomyddol fel hyn yn ymddangos nag y cymysgwyd yr elfennau â llythyrau'n cyfeirio at feiau cynganeddol a sylwadau beirniadol cyffelyb gan nifer o feirdd ynglŷn â'r hyn a oedd yn dderbyniol neu'n annerbyniol mewn cerdd dafod. Gofynnodd Talhaiarn ar i'r beirdd aros nes cyhoeddi ei awdl cyn barnu'r achos a mynd ati i hel cronfa neu drafod gwobr, ond ofer fu ei apêl. Pan ddechreuwyd pigo beiau yng ngwaith y naill a'r llall ni allai Talhaiarn ymatal rhag yr elfen bersonol yn ei lythyrau. Dirywiodd yr achlysur yn gymysgfa o ffraeo personol a llenyddol gyda chryn rwygo cyfeillgarwch ymhlith y beirdd. Anfonodd Creuddynfab, ysgrifennydd yr Eisteddfod, lythyr i'r wasg yn amddiffyn penderfyniad Iago Emlyn. Ni wnaeth hynny ddim i adfer barn Talhaiarn am yr ysgrifennydd ac yn wir, bu ymyrraeth Creuddynfab yn y ffrae yn fodd i lesteirio'r ymdrechion cynnar i greu trefn amgenach a chyfansoddiad effeithiol i'r Eisteddfod Genedlaethol.

Awdl o dros naw cant o linellau oedd eiddo Talhaiarn ac er bod iddi gynllun amlwg ac adrannau cytbwys, y mae'n rhy faith a gwasgarog. Cydnabu Clwydfardd fod ynddi gynganeddion lled sathredig a llinellau gwallus ond nid oedd y bardd yn cynganeddu bywgraffiad fel y lleill: 'mae yr awdur hwn yn teimlo'i destyn, ac yn taflu ei deimlad i'w destyn, nes y mae yn peru i'r darllenydd deimlo hefyd'. Yng nghanol yr ail-ddweud ac ailfoli yr un gwrthrychau a rhinweddau mewn amryfal ddulliau – nodweddion sy'n gwneud yr awdl yn llafurus – y mae darnau sy'n mynegi teimlad ac edmygedd yn gynnil a didwyll. Yn yr adran ar farwolaeth y tywysog a galar y teulu a'r deyrnas y mae'r bardd ar ei orau; yno hefyd y mae'r teimlad a oedd yn gwneud iawn ym marn Clwydfardd am y beiau cerdd dafod:

> Ar eu hynt ednain' yr ha',—chwibanant
> Uwch ben ei orweddfa!
> Ond obry ni ddadebra
> Albert goeth, y doeth a'r da.

> Yn welw daw ei Anwylyd—i wylo
> Dwfn alaeth ei bywyd
> Ar ei fedd – a'i gwedd i gyd
> A dawdd i annedwyddyd.

> Yn ei chalon ni chela—y gofid
> A gafodd – ac yma
> Aml ennyd ymlanwa
> O gur dwys am ei gŵr da.

Dyna deimladau a nodweddai yr agwedd tuag at y teulu brenhinol yn y bedwaredd ganrif ar bymtheg. Y mae'r awdl drwyddi yn gloddfa arall o dystiolaeth i'r ymffrost Fictoraidd yn y teulu hwnnw, a'r edmygedd o gyfraniad y tywysog i orchestion Prydain a 'holl allu Ynys Albion'.

Yr oedd yn ddiwedd Tachwedd 1863 cyn i'r awdl ymddangos a'r cynnwrf wedi tawelu erbyn hynny. Rhoddodd yr awdur gyflwyniad, a'r hyn a alwodd yr 'Argument', ar ddechrau'r awdl. Yma y mae cais i ateb rhan o feirniadaeth Emrys am y deunydd amherthnasol yn y gwaith, sef yr holl sôn am y frenhines. Yn y cyflwyniad ar y llaw arall y mae cais i gyd-fynd â sylwadau Clwydfardd, sef na ddylid condemnio cyfanwaith derbyniol am fân feiau cynganeddol. Meddai Talhaiarn:

Os gallaf ymlithro fel llysywen drwy'r cynganeddion, heb dorri'r
rheolau yn rhy fynych, y mae hynny yn llawn ddigon genyf fi. Fy
rheol wrth farddoni, bob amser, yw ceisio ymgadw tu fewn i derfynau
synwyr, chwaeth a theimlad – yn benaf teimlad; canys ar ol y cwbl,
teimlad ydyw enaid y gan. Dylai bardd deimlo yn ddwys ei hun, a
gwneyd i eraill deimlo hefyd, neu ni fydd ei waith yn fawr well na
thingc cloch neu drwst tabwrdd.[4]

Gwyntyllwyd gwendidau a rhinweddau'r awdl cyn ei chyhoeddi,
oherwydd bu'r ddwy ochr yn dyfynnu enghreifftiau o'r feirniadaeth
yn ystod y ffrae; procio'r tân a wnaeth y cyhoeddi heb ychwanegu
fawr ddim newydd at y feirniadaeth. Saif un adolygiad o ddiddordeb
arbennig a hynny am y sylwadau sydd ynddo ar waith y bardd yn
gyffredinol. Wedi cyfeirio'n ôl at ddiffygion awdl Aberffro ceir hyn
gan yr adolygydd yn *Papur y Cymry*:

> Pob peth a gyfansoddodd cyn ac wedi hyny, darnau byrion,
> gwasgaredig, oeddynt: cynnyrch awen nwyfus, serchoglawn, a
> gwladgarol; caneuon tarawiadol, llawn teimlad, o glod i'w wlad neu i
> rianod ei wlad; darnau hawdd eu cofio, a sicr o lynu yng nghof a
> serchiadau y genedl, ac wedi cael eu tynghedu i fod yn boblogaidd tra
> y bydd hen Alawon Cymru yn cael eu canu gan yddfau, ac yn cael eu
> caru gan galonau, Cymreig. Ond, fel y mae Talhaiarn yn heneiddio, y
> mae yn dyfod yn fwy pwyllus, ei awen nwyfus yn dyfod yn fwy o dan
> reolaeth ei farn, a dyfalbarhad yn cymeryd gorsedd cyffro (*impulse*).
> Canfyddasom arwyddion amlwg o'r chwyldroad hwn er's rhyw dair
> blynedd, yn ei ganeuon, ei lythyrau a'i areithiau.[5]

Y mae'n dra thebyg mai Gweirydd ap Rhys oedd yr adolygydd hwn,
ac annisgwyl yw cael yn ei sylwadau beirniadol ar awdl Abertawe
grynhoad cyfoes o nodweddion cerddi rhydd Talhaiarn. Tystia ei fod
erbyn Ionawr 1864, yn awdur cerddi poblogaidd, cofiadwy, canadwy
a chenedlaethol eu hapêl. Dyma sylwi ar gyfuniad anghyffredin yn
hanes y traddodiad barddol.

Rhaid aros yma i sôn am y llythyrau eraill a gyhoeddodd Talhaiarn
yn 1863, cyn helbul Abertawe, sef nifer bychan yn *Y Brython*[6] ym mis
Mehefin a chyfres o wyth rhwng Mawrth a Mai yn *Y Cymro*. Bu'n
darllen *Records of Denbigh* gan Glanmor a *History of the Gwydir
Family* gan Syr John Wynn, a chael ei ysgogi ganddynt i anfon ei
atgofion am hen gerddi a glywsai yn cael eu canu gan gantorion
Llanfair pan oedd yn 'grwtyn deg neu ddeuddeg oed' a phan wnaeth

gopi o rai ohonynt. Cyfeiria at 'Carol Sion Trwst', 'Cerdd i ofyn cas cloc', 'Cerdd Cwiccen', 'Cerdd y moch duon' ar y dôn 'Hun Gwenllian', a 'Cerdd y Ffon' ar y dôn 'Heppys March'. Ychwanega am y gerdd olaf hon:

> Clywais fy hen gâr a chyfaill, Jac Jones, y bragwr, yn ei chanu ddwsingau o weithiau. Hi oedd yr unig gerdd a fedrai. Ni byddai na Gwylmabsant na Gwyliau yn iawn heb ddadganiad o gerdd y Ffon.

Gallai ddyfynnu'n helaeth o rai o'r cerddi o hyd ond cydnabu na allai mwyach gofio'r cyfan. Wrth ddarllen llyfr George Borrow, *Wild Wales*, yn ystod gwanwyn 1863 y sbardunwyd Talhaiarn i ysgrifennu ei lythyr i'r *Cymro* ar Huw Morys. Wedi gweld y cyfeiriad at ymweliad Borrow â Phont-y-Meibion yr oedd, a hynny'n dwyn i'w gof ei ymweliad ef â'r lle ym mis Gorffennaf 1859 gydag Elias Griffith a'i briod yn ystod egwyl yn y daith 'beroriaethol' gydag Owain Alaw:

> Ar ol cyrhaedd y ffermdy, ebai fi wrth y wraig, 'Pa le y mae Cadair Huw Morris?' 'Mi ddo i ddangos i chwi.' ebai hithau. Ymlaen i lawr oriwaered yr aethom drwy lwyn yn llawn o anialwch, a drain a dyrysni, mieri a danadl poethion, a chant o bethau hollol annymunol. O'r diwedd daethom o hyd i'r gadair. Tynais fy het, eisteddais ynddi, adroddais lawer o benillion Huw Morris, a chenais ei serch-gân odidowgamp. 'Y fun iraidd fwyn, clyw ganu clau gwyn,' o'i choryn i'w chynffon, nes oedd gwraig y ffermdy yn synu, a fy nghâr a nghares yn gwenu yn serchlawn, ac yn dotio ar fy mrwdfrydedd, ac efallai yn rhyfeddu at fy ffolineb! Ond be wnewch chwi? Yr oedd eistedd yng nghadair y blasusfardd yn fwy amheuthun i mi, na phe buaswn yn cael present o fuwch a llo gan vagabondiaid diddysg, diddawn.[7]

Y mae'r llythyrau 'llenyddol' eraill a gyhoeddodd rhwng Mawrth a Mai 1863, yn ffurfio cyfres fer ar agweddau o'r mesurau barddonol. Sylwasai ar y modd yr oedd y 'bryddest foelodl' (*blank verse*) yn treiddio i waith beirdd Cymreig fel I. D. Ffraid, a'r modd y defnyddid y mesur wrth gyfieithu o'r clasuron. Dyfynnodd o'r *Cornhill Magazine* i ddangos fel y mae rhai o fesurau Groeg a Lladin yn anghydnaws â'r iaith Saesneg. Yn yr un modd, meddai, y mae'r 'foelodl' yn anghydnaws â'r Gymraeg:

> Ni chymodir clustiau'r Saeson byth â *hexameters* yn eu hiaith hwynt, a rhy anhawdd, yn fy marn i, fydd cymodi clustiau'r Cymry â nambi-

pambi y Bryddest foelodl. Os na fedrwn roddi gwisg alawaidd naturiol i'n meddylrithiau barddonol, gwell i ni o'r haner arfer rhyddiaeth [sic]. Oblegid os bydd darllen barddoniaeth yn *fwy o dasg nag o bleser*, gellir gofyn gyda diniweidrwydd calon, *Cui bono*? Pa les?[8]

Dangosodd fod y Saesneg 'yn rhodio yn ddigon esmwyth yn y mesur Moelodl' lle nad oedd hynny'n wir am y mesur 'hexametraidd'. Sut felly yr esboniai ef anesmwythyd y foelodl yn y Gymraeg? Gwelai fod yn y Saesneg beth wmbredd o eiriau unsill, ac y mae eu geiriau 'lliaws-sill' yn syrthio'n ddigon naturiol i 'rawd y mesur'. Ond gwelai fod geiriau 'lliaws-sill' yn fwy lluosog yn y Gymraeg na rhai unsill ac nad ydynt yn 'ymblygu i ymlwybro yn esmwyth yn y mesur Moelodl. Ac heblaw hyny, ceir geiriau gweiniaid rhyfeddol yn terfynu'r bannau yn fynych.' Yr oedd yn gas gan Dalhaiarn bob amser weld ymdrechion i lunio cerddi Saesneg mewn cynghanedd ac yma eto, wrth gyfeirio at gywydd Saesneg gan Glanmor yr wythnos cynt, y mae ei agwedd yn fodd i danlinellu'i farn fod y 'Bryddest foelodl agos mor *ddifiwsig* yn Gymraeg ag ydyw cywydd yn Saesonaeg'. Pwysleisia nad beirniadu cynnwys y farddoniaeth a wna ond nodi pwysigrwydd mesurau fel gwisg y cynnwys:

> gwell i'r Awen gael gwisg o sidan na gwisg garpiog fratiog, anolygus. A phan fo'n ddigon hawdd i ni gael mesur alawaidd, parhau yr ydys yn dewis mesur amhersain? . . . Gadewch i'r Awen fod yn Gymraes lân loyw, ac nid yn rhyw haner Saesones goegfalch, yn anghofio neillduolion ei hiaith ei hun.

Wedi sôn am '*fiwsig* mesurau' y mae'n llunio ei drydydd llythyr i geisio esbonio beth oedd yn ei feddwl: 'Efallai mai y ffordd oreu i ateb y cwestiwn yw rhoddi engreiphtiau o linellau alawaidd.' Trodd at ei eilun mawr Huw Morys am y dyfyniadau gan nodi ei farn fod y bardd hwnnw yn bencampwr am ddyrïau ddau can mlynedd ynghynt. Rhoddodd bum enghraifft o'i waith gan ddechrau gyda:

> Mae ei gweithredoedd da'n blodeuo,
> A phob bendith fel y gwenith yn egino;
> Gwlith bendithion sydd yn disgyn,
> Yn gawodydd, ar ei dolydd, yn aur dilin.

Yn hytrach nag esbonio trwy ddadansoddi'r nodweddion 'alawaidd' y mae'n gofyn: 'Ai ydych chwi yn gweled mor naturiol y mae Huw

Morris yn canu yn hualau y gynghanedd? Y mae ei linellau yn llifo yn ffrwd bersain o fiwsig.' Nid oedd hyn yn esboniad digonol ac awgryma osod yr un faint o linellau o unrhyw bryddest foelodl wrth ochr penillion Huw Morys 'ac fe geir gweled mewn munud ym mha le y mae y miwsig'. Wrth ymbalfalu fel hyn am ddiffiniad y mae'n colli rhediad ei ddadl braidd ac yn ateb cyhuddiad dychmygol gan rywun fyddai'n haeru nad oes fawr o 'grebwyll' yn llinellau Huw Morys. Y gwir yw, meddai, fod rhywbeth pwysicach na 'chrebwyll' ynddynt, sef doethineb, y nodwedd arall sy'n peri iddynt lynu yn y cof. Y mae ei linellau yn llawn o synnwyr a doethineb yn ôl Talhaiarn a rhydd ddyfyniad arall yn dechrau:

> Tra bûm i'n ŵr cynnes a'm lloches yn llawn,
> Fy marnu'n synhwyrol, ragorol a gawn;
> Troi'n ynfyd a wneuthum pan euthum yn ôl,
> Di-ras a direswm a phendrwm a ffôl.

Ar ôl y dyfyniad dyma grynhoi gydag asbri nodweddiadol ei ymdrech i esbonio'r rhinweddau:

> Bravo, Huw Morys, myn cebyst! Fyth o'r fan yma mi gurwn fy nain yn y llawr o lawenydd, pe medrwn ganu fel yna. Dyna yw'r peth a fyddaf fi yn ei alw yn ddoethineb mewn miwsig.

Prin fod yr awdur wedi llwyr oleuo ei ddamcaniaeth ond canfyddir ymdrech bellach yma i ddadelfennu rhai o hanfodion y 'telynegol' mewn barddoniaeth Gymraeg. Pery'r ymdrech yn y llythyr nesaf trwy ddyfynnu o gyfieithiad I. D. Ffraid o gerdd Milton *Paradise Lost*, a'i gyferbynnu â 'Caniad y Gog i Feirionnydd' gan Lewis Morris. Ei ddyfarniad oedd: 'Y mae mesur Lewis Morris yn fesur Cymraeg llafarbêr, ond mesur llyffaint Cors Fochno yw mesur I. D. Ffraid: nid oes dim miwsig ynddo.' Pwysleisiodd nad oedd yn erbyn benthyg rhai mesurau estron ond fod yn rhaid iddynt gydweddu â neilltuolion y Gymraeg. Defnyddiodd ef ei hun y mesur Eidalaidd a welodd yng ngwaith Byron, sef yr *ottava rima*, a chydnabu y gellid gwneud defnydd mewn cerdd heb fod yn rhy hir o'r mesur arwrol odledig (10.10.10.10.a.a.b.b.) fel a ddefnyddiodd Pope. Er mwyn egluro ymhellach yr hyn a olygai wrth 'fesurau pereiddlef' sy'n gydnaws â theithi'r Gymraeg, cyflwynodd amrywiaeth o benillion yng nghorff ei chweched llythyr. Dyma lle daw'r hen benillion i'r adwy, a'r tro hwn fe ddônt yng nghwmni darnau o waith Bardd Nantglyn, Robert ap Gwilym Ddu, Caledfryn, Huw Morys, Lewis Morris, Ieuan Glan Geirionydd, Gwenffrwd, Alun a Cheiriog. Dangosodd gymaint yw'r amrywiaeth o fesurau sydd ar gael yn y Gymraeg a chynifer ohonynt sy'n addas i'w defnyddio yn ddigynghanedd neu mewn cynghanedd:

> Astudied y beirdd ieuaingc fesurau hen alawon Cymru, yr hen gerddi, a'r hen garolau, lle ceir digon o amrywiaeth. A chan fod genym liaws o fesurau hollol Gymreigaidd, paham y rhaid i ni fenthyca ryw erthyl o fesur fel y mesur moelodl?

Y mae'r gair 'persain' yn ymddangos yn fynych yn ei lythyrau wrth ymdrin â barddoniaeth, ac yn y gyfres hon yn 1863 ceir adran lle mae'n ymhelaethu ar yr hyn a eilw yn berseinedd:

> Yr ydym ni, ar droiau, yn hynod o ddiofal am berseinedd. Y mae mwy yn hyn o beth nag a addefir ar y golwg cyntaf. Wrth ddweyd,
> > 'Hen wrach a chrach ar ei chroen.'
> y mae'r llinell yn ammhleserus i'r tafod, i daflod y genau, ac i'r glust. Ond wrth ddweyd, mal y dywedodd rhyw hen frawd am y delyn, coffa da am dano;
> > 'Mil o leisiau melusion,
> > Mel o hyd sy'n mola hon,'
> yr ydym yn teimlo swyn pêrseinedd. Nid oes fawr o odidowgrwydd yn y meddylrith, ond y mae melusedd y sain yn anfarwol. Bydd fy serchlon gyfaill Pencerdd Gwalia, yn mynych adrodd llinell o fy nghaneuon, i brofi i foneddigesau Llundain fod y Gymraeg mor bêrsain a'r Italeg:
> > 'A diliau y delyn yn dilyn ei dawn.'

Y mae'n troi wedyn at Longinus a Cicero i ategu ei sylwadau, wedi gweld rhannau o'u gwaith mewn cyfieithiad, efallai yn y *Cornhill Magazine*. O'r *De Oratore* o waith Cicero y cododd y dyfyniadau cyntaf: 'Great indulgence is shown to neatly turned sentences; and rhythmical, steady, compact periods are always admissible.' Eto: 'Language is a thing soft and tender, and so flexible that it follows wherever you turn it.' Pwysleisiodd yn ychwanegol sylw Cicero ynglŷn â rhythm hyd yn oed wrth areithio. Cafodd sylwadau wrth ei fodd yng ngeiriau Longinus: 'That a judicious choice of proper and magnificent terms has a wonderful effect in winning and entertaining an audience.' I un a chwenychai ganmoliaeth am swyno cynulleidfa a goglais calon cenedl â barddoniaeth, yr oedd dod o hyd i gefnogaeth fel hyn i'w syniadau yn gysur sylweddol: 'Fe ddylem ninau fod yn ofalus efo pethau fel hyn, os ydym yn disgwyl enill clod a serch, a pharch, ein darllenwyr.' Y mae perseinedd felly yn perthyn i'r un teulu â miwsig mewn llinellau a'r iaith alawaidd, ac y mae symudiad rhythmig yn rhan bwysig o'r peth. Y mae a wnelo'r pedwar â llwyddiant barddoniaeth yn ôl canonau beirniadaeth Talhaiarn. Dangosodd Gwenallt fel y cyfeiriodd Ceiriog at yr elfen o berseinedd mewn llinellau, ond manylodd ef yn hytrach ar yr hyn a alwai yn 'Cydseiniaid Cerddorol':

> Trwy sylwi ychydig ar fyrdonau neu gydganau poblogaidd, gwelir yn eglur fod cerddoriaeth yn hoffi rhai o'r cydseiniaid yn fwy na'r lleill. Y ffafret fwyaf ydyw yr l. Y cydseiniaid eraill ag sydd nesaf at ei wefus ydynt, d.dd.f.ff.m.n.r.s a t. Pe bai rhywun yn gofyn paham nad yw b.c.ch.g.ng.ll.p ac 'th mor berorawl a'r cydseiniaid eraill, elai yr awgrymiadau hyn braidd yn faith i roi esboniad priodol.[9]

Yr oedd y ddau fardd yn amlwg yn anelu i'r un cyfeiriad yn yr ymgais i ddiffinio perseinedd ond fod Ceiriog yn trafod yn benodol y broses o lunio geiriau ar gyfer cerddoriaeth. Yr oedd Talhaiarn ar y llaw arall yn pwyso am berseinedd ar gyfer unrhyw fath o farddoniaeth mewn unrhyw fesur, ac yr oedd ef yn chwilio am gyfuniadau celfydd o gytseinedd, cyseinedd, cyflythreniad a llyfnder rhythmig mewn cerdd rydd neu gerdd gynganeddol. Awgrymodd Gwenallt mai dylanwad traethodau Edgar Allan Poe a welir ar sylwadau Ceiriog, ond nid oes unrhyw dystiolaeth fod Talhaiarn yn gwybod am waith yr Americanwr. Gwelwyd eisoes fel y bu'n feirniadol o'r cystrawennau Seisnig a welai mewn ysgrifennu cyfoes, ac er iddo gael ei demtio i efelychu iaith rwysgfawr yr awdlwyr eisteddfodol pan oedd ef ei hun yn cystadlu, gwyddai ym mêr ei esgyrn fod iaith chwyddedig yn anghydnaws â theithi'r Gymraeg. Yr oedd erbyn hyn hefyd wedi gweithio cerddi niferus ar gyfer cerddoriaeth a gwelodd felystra sain a llyfnder ymadrodd yn cael eu dyrchafu i lefel newydd. Er cymaint ei edmygedd o waith beirdd fel Huw Morys, y mae yn ei feirniadaeth yn gyffredinol gryn adwaith yn erbyn undonedd odl a gorbwyslais ar y cytseiniaid dan yr acen mewn cymaint o'r canu rhydd carolaidd a baledol, o'u cyferbynnu â symudiad soniarus osgeiddig yr hen benillion. Ar ben y cyfan yr oedd ganddo o hyd ymwybyddiaeth gref o deithi naturiol Cymraeg llafar ei fro enedigol.

I gloi'r gyfres o lythyrau, traethodd Talhaiarn ar ei safbwynt yn y ddadl ar y mesurau caeth a'r mesurau rhydd, a statws yr awdl a'r bryddest. Dadleuai fod y rhai a fynnai ddilorni'r pedwar mesur ar hugain yn rhy dueddol i ymosod ar y gynghanedd. Er iddo ef, meddai, ddadlau dros gyfansoddi yn y mesurau rhydd yn aml, ni fynnai i farddoniaeth wrthod y gynghanedd. Gwelodd iddi dyfu'n naturiol o elfennau'r iaith a bod iddi rediad cwbl gartrefol yn y Gymraeg, ond yr oedd angen rhyddhau'r canu caeth o hualau cyfundrefn cerdd dafod Dafydd ab Edmwnd. Gwelodd yng nghyfrol Cynddelw, *Tafol y Beirdd*, yr union ryddid a gynigid gan fesurau Iolo Morganwg ac onid oedd posibiliadau yn yr amrywiol gyhydeddau yn y gynghanedd braidd gyffwrdd? Cynigiodd bump o'r hen fesurau a phump o'r 'newydd' fel man cychwyn i greu rhestr:

> o fesurau hawdd i'r gynghanedd . . . yr wyf yn gadael i eraill bigo ychwaneg o'r mesurau, er mwyn cael dwsin neu ragor os mynir. Wed'yn gellir taflu Gorchest y beirdd a'i berthynasau dros y *deck* i fôr ebargofiant.

Awgrymodd y dylai'r Eisteddfod benodi Caledfryn, Nicander a Chynddelw i aildrefnu'r mesurau cynganeddol a chael rhestr ag iddi awdurdod eisteddfodol. Fel ôl-nodyn i'r llythyr olaf hwn ychwanegodd awgrym arall a ddengys ei ffydd yn yr Eisteddfod fel ceidwad y safonau:

> Gwych fyddai cael barn, braint a nawdd Eisteddfod i fesurau'r Bryddest hefyd. Nid wyf fi yn ochri mwy at y Bryddest nâg at yr Awdl, ond dymunwn i'r ddwy foneddiges weddeiddlwys gael mesurau iawn, a chwarae teg, mal y gallont rodio gyd â'u gilydd yn foneddigeiddgamp ac anrhydeddus.

Rhyw ddeufis cyn Eisteddfod Abertawe y lluniodd yr olaf o'r llythyrau hyn ac er ei fod yn gyson â rhediad y gyfres am fesurau barddonol, y mae fel petai'n cyfiawnhau ymlaen llaw ei ddefnydd o fesurau 'Dosparth Morganwg yn gymysg â mesurau Gwynedd' yn yr awdl o'i eiddo a oedd ar ei ffordd i'r gystadleuaeth. Er mai methiant fu ei gais am y gadair, yr oedd wedi dangos yn yr ysgrifau hyn gefndir o ddarllen a meddwl am y traddodiad barddol na ellid eu hanwybyddu gan ei gyfoeswyr ac awdurdodau'r Eisteddfod, a'r Orsedd yn arbennig.

Cyfeiriwyd at y llythyra personol gyda'i deulu a'i gyfeillion yn 1863 yng nghanol yr holl lythyra llenyddol ac eisteddfodol a'r gwaith i'r cerddorion. Ei nith Elizabeth, yn Llanelwy, a gadwodd nifer o'i lythyrau o'r cyfnod hwn ond daeth un anghyffredin i'r golwg a anfonodd Talhaiarn at ei nai yng Ngorffennaf y flwyddyn honno. Yr oedd y nai hwn, John Hughes, newydd gael lle 'into an office on

trial'. Mab i Maria, chwaer Talhaiarn, oedd y llanc ac addawodd y
bardd a'i frawd bedwar swllt yr un yr wythnos at ei gadw. Nid eglurir
beth oedd y swydd ond yr oedd yn gyfle o bwys ac yn achlysur llythyr
o gynghorion o Battlesden i'r Harp, lle magwyd y nai yntau. Ymhlith
y cynghorion digon buddiol ceir hyn: 'Have nothing to do with Welsh
poets and Welsh poetry, for they will do you no good. In a word,
make up your mind to take care of yourself and be a man.'[10] Hyn gan
fardd oedd newydd anfon awdl i Eisteddfod Abertawe, yn fardd y
gantawd gomisiwn fyddai'n cael ei pherfformio yno ymhen mis ac yn
aelod o'r Orsedd! Ar un wedd y mae'n anogaeth anhygoel ond mae'n
sicr y dylid ei deall yng ngoleuni profiad Talhaiarn ei hun yn llanc wrth
adael cartref. Cyfeiria'r anogaeth at ryw fath o brentisiaeth a chyfnod
ar brawf, yn ogystal â chyfnod lle dibynnid ar nawdd ariannol i'w
gadw. Onid tebyg fu cyfnod Efenechdyd i'r bardd? Gofidiodd Talhaiarn
fwy nag unwaith iddo ofera yn ei lencyndod – ac wedi hynny – yng
nghwmni beirdd y tafarnau, gan wario ei arian yn hael. Nid oedd
wedi elwa'n ariannol o'i waith llenyddol a gwelwyd mai cael a chael
fu hi i dalu costau ei ail gyfrol. Cawsai hefyd brofiad o anhwylder blin
a'i gwnâi yn fwyfwy anodd iddo ymdopi â'i waith ym mhob tywydd ar
safleoedd adeiladu. Nid oedd barddoniaeth na beirdd o fawr fudd i
glerc pensaer bregus ei iechyd a chyfyng ei gyfrif ariannol. Hyn, mae'n
debyg, sydd wrth wraidd y cyngor Saesneg a sobreiddiol hwn i etifedd
yr Harp.

Ddeg wythnos yn ddiweddarach y mae'r ewythr ei hun yn cael ar
ddeall fod symudiadau ar droed i roi tysteb o ryw fath iddo ef ei hun.
Meddai wrth ei nith yn Llanelwy: 'As regards a *National Testimonial*
I would accept it with pride and pleasure, if it could be done, but
there should not be any reference to the unfortunate dispute about
the Bardic Chair of Glamorgan.' Beth oedd yn yr arfaeth mewn
gwirionedd oedd symudiad i greu cronfa blwydd-dâl iddo. Ei hen
gyfaill Gwrgant oedd prif symbylydd y cynllun. Gwelent ei gilydd
yn achlysurol yn Llundain a byddent wedi cyfarfod yn Eisteddfod
Abertawe yn y mis Medi. Y mae'n dra sicr i Gwrgant weld â'i lygaid
ei hun fel yr oedd anhwylder ei gyfaill yn amharu ar ei ddwylo a'i
draed, a byddai wedi clywed gan nifer o'r beirdd fel y cyfeiriai yn ei
lythyrau ar y 'troedwst a'r gymalwst yn plagio tippyn arnaf yn awr
ac yn y man'. Byddai Gwrgant yn ymwybodol hefyd y byddai cwmwl
dros ddyfodol proffesiynol y bardd pan fyddai'r gwaith yn Battlesden
yn dirwyn i ben ymhen blwyddyn neu ddwy. Yn ffodus i'r bardd yr
oedd Gwrgant yn ŵr busnes a chyfreithiwr yn ogystal â llenor o

gyfaill ac, fel gŵr blaenllaw gyda'r *Cambrian Society* yn Llundain, yn dra dylanwadol yn y brifddinas. Yno yn ystafell y *Cambrian Society* yn Bloomsbury y cadeiriodd gyfarfod i drafod cynllun i gael *testimonial* i Dalhaiarn ac yr oedd eisoes wedi cylchlythyru 'a few of the nobility and gentry of North Wales principally' a chael ymateb calonogol. Penderfynwyd bwrw ymlaen yn ffurfiol i lunio pwyllgor y gronfa. Eiliodd Pencerdd Gwalia y cynnig i wneud Gwrgant yn gadeirydd a thrysorydd, a chynigiodd Brinley Richards y dylai Cadfan – un arall o hen gyfeillion y bardd – weithredu fel ysgrifennydd. Aethpwyd ati ar unwaith ac ymhen mis gallent gyhoeddi yn y wasg fanylion am y 'Talhaiarn Annuity Fund', gan gyfeirio at yr arian a ddaeth eisoes i law: 'THE LONDON COMMITTEE for presenting TALHAIARN with a Substantial Testimonial by way of ANNUITY, for his services to Welsh Literature.'[11] Âi dwy flynedd heibio cyn y byddai'r gronfa'n cau a'r bardd yn derbyn ei dysteb ond yr oedd hysbyseb y *Carnarvon and Denbigh Herald* ar drothwy Nadolig 1863 wedi rhoi arwydd calonogol iawn iddo fod carfan helaeth o edmygwyr ar gael er gwaethaf ffiasgo awdl Abertawe a'r llythyru mileinig cyhoeddus y bu ef yn cymryd rhan ynddo.

Cyn diweddu'r llythyra hwnnw bu'n cyfathrebu'n addfwynach ynglŷn â bedd Dic Aberdaron ym mynwent eglwys Llanelwy. Ym Mehefin 1864, bu Elis Owen, Cefn-y-meysydd, yn holi Talhaiarn a oedd arysgrif ar fedd y cymeriad arbennig hwn. Trwy gymorth y nith yn Llanelwy deallwyd nad oedd arysgrif ar y garreg a chynigiodd Talhaiarn dalu am gerfio geiriau pwrpasol ar feddfaen yr oedd wedi cyfrannu ati flynyddoedd ynghynt. Dymunai gael englyn o'i waith ei hun i fynd gyda'r arysgrif a'r englyn a luniodd Elis Owen. Nid oedd y bardd o Gefn-y-meysydd yn fodlon ar englyn cyntaf Talhaiarn ond derbyniodd yr ail:

> Yma dygwyd Gramadegydd hynod,
> I hunaw yn llonydd
> O'i boen: a dyma lle bydd, fud feudwy
> Tra rhed Elwy trwy ro y dolydd.[12]

Y mae'n amlwg y cytunai Elis Owen â barn Talhaiarn nad 'da genyf ormod o *flourishes* ar garreg bedd' gan mai manylion moel y dyddiadau a naddwyd ar y beddfaen, ac erbyn diwedd Tachwedd gallai'r bardd dalu clochydd Llanelwy am gwblhau'r gwaith.

Ychydig cyn holi'r nith ynglŷn â bedd Dic Aberdaron cafodd

Talhaiarn ganddi ddarn o gerddoriaeth o'i gwaith ei hun a chais ar iddo lunio geiriau ar ei gyfer. Yn Saesneg y cyfathrebai'r ddau, a dau bennill yn yr iaith fain a gafodd y nith. Mwy diddorol na'r 'Psalm' yw'r llythyr sy'n esbonio peth o'r oedi cyn ei hanfon i Lanelwy:

> Before I send you the words, I want to submit them to my friend Cadvan . . . he is the Warden of the Welsh Church in London, and he knows much more about doctrinal points than I do, for Heaven knows that I know very little about such things, though, like most people, I have a feeling for *natural* piety and worship. I am anxious that my Psalm should be in accord with the beautiful spirit of the Prayer Book, rather than with some of the canting ranting Chapel Hymns. This may be a mistake, but never mind, I cannot help it.[13]

Anodd gwybod faint a wyddai am emynau'r capeli ond gwelai rai ar dudalennau'r wasg, gwyddai am rai o nodweddion y diwygiadau crefyddol ac yr oedd rhai o'i deulu yn Llanfair hefyd wedi troi at y Bedyddwyr. Fel hyn y cafodd y 'Psalm' weld golau dydd:

> Lord our God and Heavenly Father,
>   On Thy Holy name we call;
> In this world of sin and sorrow,
>   Guide our footsteps lest we fall:
> We beseech Thee hear our Prayer, –
>   Lord have mercy on us all.
>
> In our hearts we feel Thy presence,
>   Though we cannot see Thy face,
> Look with mercy on Thy children,
>   From Thy Sacred dwelling place:
> Pour Thy Spirit down upon us, –
>   Lead us to the Throne of Grace.

Ni bu sôn am Dalhaiarn yn mynychu gwasanaethau crefyddol er y cyfnod pan fu farw Ioan Meirion a phan fyddai'n mynychu'r eglwys Gymraeg yn Holborn. Gallasai fod yn mynychu'r gwasanaethau yn Battlesden gan fod eglwys St Peter o fewn tiroedd Battlesden ei hun. Y mae'n amlwg fod y bardd yn gwybod ei Feibl a'i Lyfr Gweddi yn y ddwy iaith a'i fod yn hynod o barchus ohonynt os oedd yn dyfynnu neu'n cyfeirio atynt. Yr oedd ganddo hefyd barch arbennig i'r Esgob William Morgan am ei waith, fel y tystia'r ffaith iddo fynd i'r drafferth i lunio llythyr cyhoeddus yn 1862 pan oeddid yn arfaethu cael ffenestr goffa i eglwys Penmachno: 'Doctor Morgan bestowed about eight years on his incomparable work, which has been a feast and a blessing to the Welsh people from that day to this, and will be for many generations to come.'[14]

Un arall o eilunod y bardd oedd Shakespeare, a mynych y dyfynnai o'r sonedau a'r dramâu i danlinellu rhyw fater yn ei lythyrau. Ceir yr argraff fod gan Dalhaiarn gof rhyfeddol o dda am bob math o farddoniaeth ac yn aml fe gydnebydd ei fod yn tynnu ar y stôr o ddeunydd a lynai yn ei gof. Yn Ebrill 1864 daeth cyfle i fynd ar ymweliad â Stratford – ymweliad a ddisgrifiodd fel pererindod i fro ei eilun. Cynhelid yno ar y pryd ŵyl i ddathlu trichanmlwyddiant geni'r dramodydd, a'r tebygrwydd yw fod Pencerdd Gwalia wedi trefnu i Dalhaiarn a Gwilym Tawe gael mynediad i'r 'grand banquet' ac aros yn yr ardal am ryw bedwar diwrnod i ymweld â'r mannau cysylltiedig â bywyd Shakespeare. Arhosai'r Pencerdd ei hun yn Charlecote Park gerllaw, sef cartref teulu'r Lucys, a chartref Mary Elizabeth Lucy a oedd yn chwaer i Syr Hugh Williams o Fodelwyddan. Ymddiddorai'r fonesig hon mewn cerddoriaeth – yr oedd yn medru canu'r delyn a'r piano – ac yr oedd Pencerdd Gwalia yn cael croeso ganddi a'i theulu yn Charlecote ac wrth ymweld â Llundain. Cafodd Talhaiarn ymuno â'r Pencerdd yn Charlecote ar y Sul a mynychu gwasanaeth y bore yn yr eglwys newydd a godasai Mary Lucy yn ddiweddar yn y parc. Plesiwyd ef gan y bensaernïaeth ac oherwydd i'r fonesig ei dywys i ddangos ac esbonio iddo y cofgolofnau yn yr eglwys, gan gynnwys yr un i Sir Thomas Lucy y dywedodd iddo erlid Shakespeare am ddwyn carw. Yn ei lith helaeth i'r wasg yn disgrifio'i ymweliad â'r ŵyl cyfeiria at ymweld â bedd y dramodydd ddwywaith, mynd i wrando ar berfformiad o *Messiah* gan Handel, a mynd gyda Phencerdd Gwalia a dau arall i gyngerdd nos lle canwyd nifer o ganeuon yn seiliedig ar farddoniaeth y dramodydd mawr. Bu'r cyfan yn wledd o ymhél â'i eilun ac anodd oedd syrthio i drwmgwsg ar y noson olaf gan fod cymeriadau a llinellau'r dramodydd yn ymwthio mor fyw drwy'r cof a'r dychymyg:

> Then came a train of kings, statesmen, warriors, wives, maidens, lovers and clowns – earthly and unearthly beings – in wild confusion, till at last, about an hour before daybreak, sleep, gentle sleep, came
> 'To steep my senses in forgetfulness.'
> Ah, verily, we modern bards 'pale our ineffectual fires' like farthing candles in the presence of the glorious sun of poesie![15]

Nid oedd ganddo fawr o ddim gwaith barddonol ar y gweill ei hun yn 1864 ac eithrio nifer o gyfieithiadau o'i gerddi Cymraeg a cherddi achlysurol fel y penillion i ddathlu pen blwydd un o deulu Paxton. Dyma flwyddyn cyhoeddi pedwaredd gyfres y *Gems* gan Owain Alaw ond byddai'r bardd yn parhau i lunio geiriau ar gyfer y cerddor hwn yn achlysurol am sawl blwyddyn eto. Eisteddfodau sy'n cael sylw ganddo yn ystod haf 1864. Cawsai wahoddiad gan Gwilym Cowlyd i arwest y cyfaill hwn ond fe'i cynhelid yn rhy agos i Eisteddfod Llandudno a bu raid gwrthod:[16]

> Y mae'n ammhosib i mi ddyfod i'r *Arwest*. Rhaid i mi aros gartref i ddilyn fy ngwaith, neu fe dry y gwaith yn drech na'i arglwydd.

Wedi dymuno pob llwyddiant i'r arwest ychwanegodd:

> Y mae gormod o hymbyg ym mhob gorsedd a welais i hyd yn hyn – y neb a fynno yn cael urdd er gofyn am dano . . . Na urdder undyn byw bedyddiol yng Ngorsedd Cadair Taliesin, os na fydd yn haeddiannol o'r urdd.

Yn gyson â'r hyn a roddwyd ar y gwahoddiadau i'r arwest gyntaf yn 1863, 'Arwest Farddonol (Pic Nic), yngwyneb haul a llygad goleuni', a gynhaliwyd, ac nid oedd gan Dalhaiarn le i amau nad oedd yr arwest yn 1864 hithau am ddilyn yr un patrwm. Wedi'r cyfan yr oedd nifer o Orseddogion adnabyddus yn ei chefnogi. Ar y llaw arall gwelsai wendidau amlwg yng ngweithgareddau'r Orsedd, a hynny yn Eisteddfod Abertawe – eisteddfod genedlaethol a gyhoeddai ei bod yn tynhau rheolau mynediad i'r Orsedd. Y mae'n sicr iddo glywed am ymgeiswyr yn Abertawe yn wynebu arholiad ond yn gorfod gwneud dim mwy na llunio ychydig rigymau yn y Gymraeg a'r Saesneg cyn cael eu derbyn. Yn yr eisteddfod honno hefyd dyrchafwyd yr Esgob Thirwall o Dyddewi yn Dderwydd ar sail ei safle fel llywydd y dydd. Wedi condemnio Myfyr Morganwg ddeng mlynedd ynghynt am yr Orsedd a luniodd – Gorsedd y Sarph Dorchog – nid rhyfedd i Dalhaiarn ddweud yn ei lythyr at Gwilym Cowlyd:

> Wrth sefyll tu allan i'r cylch yn Abertawe, dywedais wrth ryw hên frawd yn ffydd Ceridwen:
>
> > Gorsedd a wnaed i garsiwn
> > I godi sil i gadw sŵn:
> > Diamau lads, dyma lol
> > Ynfydion Eisteddfodol.

Cafodd wahoddiad i fod yn un o arweinyddion Eisteddfod Llandudno y flwyddyn ganlynol ond gwrthododd. Creuddynfab oedd yr ysgrifennydd ac nid oedd wedi maddau iddo am ei wawdio yn *Y Punch Cymraeg* nac am ochri yn ei erbyn yn y ddadl ynglŷn ag awdlau Abertawe. Anfonodd gyfraniad o ddeg swllt mewn stampiau i ddangos ei ewyllys da at yr eisteddfod ymlaen llaw a bu'n bresennol yn Llandudno pan ddaeth yr ŵyl ddiwedd Awst 1864. Yr oedd Creuddynfab newydd ymddeol o fod yn Ysgrifennydd Cyffredinol yr Eisteddfod Genedlaethol a chafodd ei urddo yng Ngorsedd gyntaf Llandudno. Nid oedd Talhaiarn yn yr urddo hwnnw ond cymerodd ran yn nefod cadeirio'r bardd ar y dydd Iau. Ddydd Mercher bu'n canu penillion ar ddiwedd eisteddfod y prynhawn gydag Eos Môn ac Idris Fychan, ac yng nghyngerdd y nos perfformiwyd rhan o'r gantawd *Llewelyn*. Er i Greuddynfab ymateb i lythyr Talhaiarn mewn Saesneg digon cymodlon, gan ddangos iddo yntau dderbyn yn ei dro un o ddychangerddi gorau'r bardd, surni fu'n nodweddu perthynas y ddau hyd y diwedd. Ni wnaeth y surni hwnnw ddim chwaith i leddfu ei deimlad ynglŷn ag eisteddfod 1864 yn gyffredinol. Pan aeth oddi yno ar ei union i ymuno yn ail Eisteddfod Pen Bodran dywedodd 'fod mwy o lawer o nerth ac ynni, a naturioldeb, yn ein Heisteddfod ni nag oedd yn Eisteddfod rwysgfawr Llandudno'.[17]

Nid ymddengys fod cystadlu yn Eisteddfod Pen Bodran, ond ceid nifer o feirdd a chantorion yn mynd i gylch yr orsedd i adrodd a chanu. Wrth draddodi araith fer wrth agor yr eisteddfod, geiriau Talhaiarn ei hun roddodd y disgrifiad gorau o natur y cyfarfod pan gyfeiriodd at 'gadw pic-nic barddonol ar ben y mynydd yma, Parnassus y Llanfairolion'. Beirdd lleol yn adrodd barddoniaeth, tri llanc yn canu *glee* a phlant y llan yn canu cân neu ddwy – dyna brif gynnwys y gweithgareddau. Ym marddoniaeth y prif feirdd oedd yn bresennol yr oedd cryn gyfeirio at 'Tal' a chryn ganmol arno, a chafwyd yn y cerddi a'r caneuon ddewis amlwg o ddeunydd a oedd yn ymwneud â Chymru a'r fro. Rhybuddiodd Talhaiarn yn ei araith agoriadol: 'na foed i undyn yngan gair a gyfyd wrid yn ngwyneb yr eneth lanaf, nag a friwia y galon rinweddaf'. Teirawr ddigon diniwed a pharchus sy'n ymrithio drwy'r rhaglen, cynnyrch ardal oedd fwyfwy dan ddylanwad yr Anghydffurfwyr ond a oedd yn dal yn barod i weld brawd-yng-nghyfraith Talhaiarn yn dod â

haner barilaid o gwrw, haner galwyn o *gin*, a phibelli a thybacco i ben y mynydd, er mwyn hyrwyddo peiriannau llefaru y beirdd, a seimio gyddfau y cantorion. Gohiriwyd yr Orsedd unwaith neu ddwy i yfed, smocio ac ymloni.

Nid oes cyfeiriad yn yr adroddiad arbennig hwn ynglŷn â gorsedd Pen
Bodran am urddo beirdd nac am gynnal ffug urddo ar ryw gymeriadau
diniwed. Un peth sydd yn gyffredin i ddwy Eisteddfod Pen Bodran yw'r
sylw a roddid i Dalhaiarn yn y gweithgareddau – sylw y byddai'n ei
fwynhau ac edmygedd a borthai ei awch am ganmoliaeth gyhoeddus.
Yn wahanol i'r adroddiad am Eisteddfod Llanfair Talhaearn, cwbl
Gymreig ei chynnwys a'i naws oedd Eisteddfod Pen Bodran o'r dechrau
i'r diwedd. Canwyd 'God save the Queen' gan y plant ar y diwedd –
yr unig eitem Saesneg – ond yr oeddynt eisoes wedi canu 'Hen Wlad
fy Nhadau' yn gynharach yn y prynhawn 'a phawb yn uno yn y corus
(gogoneddus)'. Sawl gwaith ar ôl eitemau, cafwyd y rhigwm
anghyffredin 'Coi mi deri' fel rhan o'r gymeradwyaeth:

> Coi mi deri,
> Cil mi ceri,
> Coi mi deri, coi mi;
> Strim, stram, bando,
> Joli bid i'r amdo,
> Coi mi deri, coi mi.

Cyfarfodydd hwyliog, llawen oedd eisteddfodau Pen Bodran, gyda
chryn ryddid i'r beirdd lleol i draddodi barddoniaeth rhwng ychydig
eitemau cerddorol a drefnwyd ymlaen llaw. Talhaiarn a ddarllenodd y
Proclamasiwn i agor y gweithgareddau yn 1864 ac ef a ofalodd fod y
'pic-nic barddonol' hwnnw yn dirwyn i ben mewn da bryd iddo fynd
i ginio'r nos ym mhlas Garthewin ar wahoddiad yr ysgweier Wynne
a'i briod. Mawrygai'r gwahoddiad i giniawa gyda 'disgynyddion rhai
o'r teulu hynaf yng Nghymru'.

O bryd i'w gilydd câi Talhaiarn wahoddiad i ymuno â theulu
Paxton am bryd – gyda theuluoedd y Mossmans a'r Stokes a oedd yn
byw heb fod nepell o Battlesden, a chydag un o ferched Paxton yn
Pottesgrove ger Woburn. Galwent hwythau ar Dalhaiarn fel y gwnâi
Paxton a'i briod ar brydiau, a byddai'r bardd yn falch o gael rhoi pryd
iddynt hwythau. Edrychent arno fel cyfaill ac un o'r teulu bron, ac yn
ddiau gallai yntau fod yn gwmni llawn mor ddiddan yn eu plith ag yr
oedd gyda phobl gyffredin ei Lanfair. I un a oedd yn hoff o'i gig eidion
a'i gwrw ac a fwynhaodd fwyd cogyddion Ffrainc, nid yw'n syndod
iddo sylwi ar safon sylweddol y ciniawa y byddai'n ei fwynhau gyda'r
teuluoedd hyn. Pan ddychwelodd i Loegr o'r 'pic-nic barddonol' ar
ben Bodran a'r cinio yng Ngarthewin ddiwedd Awst yr oedd yn

cyrraedd Battlesden pan oeddid yn dal i ddathlu math o ŵyl haf. Ymddengys fod yn ardal Woburn draddodiad o *wakes* yn ymestyn dros nifer o wythnosau ac yn cysylltu tua'u diwedd â swpera cynhaeaf, gan gynnwys cynhaeaf y cnau. Cyfeiria'r bardd at y *wakes* yn ymestyn dros ddeufis ac yr oedd yn dychwelyd o Gymru i ymuno mewn nifer o'r gwleddoedd olaf. I dalu'n ôl am sawl croeso a gawsai ef yn ystod y dathlu edrydd am wledd a drefnodd ef yn ei lety yn Battlesden. Math o swper cynhaeaf a awgrymir gan yr enw a roddodd arno ond nid oedd yn annhebyg o ran cynnwys i'r gwleddoedd a gafodd ef gan ei gymdogion yn ardal Woburn – amrywiaeth helaeth o fwyd a diod a'r gwledda'n ymestyn dros nifer o oriau. Ei nith gafodd yr hanes mewn llythyr dyddiedig 17 Medi 1864:[18]

> The *Filbert Feast* was magnificent – 19 to dinner – the two parlours full.
> *Bill of Fare*
> Sirloin of Beef, a quarter of Lamb, and a Tongue from London. Pottesgrove Ham, four chickens, two pigeon pies, 10 partridges – crême a la Swisse, creams, custards, syllabubs, green gage tarts, jellies, etc. Sherry, port, claret and champagne, *ad libitum* . . . The feast lasted from half past one till nine, including the smoking and drinking between meals. Robert may well say that I am more like Friar Tuck in my Hermitage, than like an anchorite of the order of 'La Trappe.'

Ar ddiwedd y *wakes* a'r gloddesta yr oedd yn ddigon balch o gael llonyddwch ei lety: 'I am left alone, in my miserable glory in the Hermitage, and I thank God for it.' Hyd yn oed pan nad oedd *wakes* gwelid yn amlach yn ei lythyrau gyfeiriad at 'indiscretion' ar ôl mwynhau pryd gyda chyfeillion ac at fod 'rather the worse for the wear and tear of good living'. Nid oedd aflwydd y gowt byth yn bell i ffwrdd ac amlach yn awr y clywir am y clefyd yn ymfflamychu'n rymus.

Gyda mwyafrif ei benillion Cymraeg i gyfrolau'r ddau gerddor bellach wedi eu llunio, cerddi comisiwn a mwy o gyfieithiadau sy'n nodweddu ei waith. Gofynnodd Pencerdd Gwalia am eiriau iddo ef gael cyfansoddi cân ar eu cyfer – dyna yw 'A Maiden sat upon a Rock' – ac am *libretto* ar gyfer cantawd newydd. Ac yntau'n byw yng Nghaer, gweithiai Owain Alaw yn nes o lawer at y gymdeithas yng Nghymru ac ymegnïai i gynhyrchu deunydd ar ei chyfer. Gwyddid amdano hefyd fel datgeiniad a gelwid am ei wasanaeth mewn cyngherddau, ac ambell dro gan yr hen deuluoedd bonedd. Dyma Syr

Hugh Williams, Bodelwyddan, yn gofyn am ei gymorth ar gyfer y dathliadau ym Mai 1865 pan ddeuai'r etifedd, William Grenville, i'w oed:

> There will be I understand three if not four different processions with Bands of Music up here on the day, but I think two or three good horn-blowers might be useful at the dinner to help poor old Pugh my Harper . . . I don't want expensive people but I shall be glad to hear from you – the sooner the better. I don't know where to address a letter to Talhaiarn – perhaps you will kindly convey to him how much it would add to our enjoyment if he could come down here and join our party on Monday the 29th and remain over Tuesday. Remember that you are engaged to come here as above.[19]

Ni allodd Talhaiarn fynd i'r dathlu ond yr oedd eisoes wedi cyfansoddi geiriau Saesneg a Chymraeg ar gyfer yr achlysur fel y gallai Owain Alaw lunio cerddoriaeth bwrpasol ar eu cyfer. Yn wir, awgrymodd y bardd iddo y dylid cael côr Llanelwy a phlant ysgol Bodelwyddan i berfformio'r gwaith fel rhangan. Y mae'n dra thebyg y gwerthfawrogai Talhaiarn deulu bonedd Bodelwyddan nid yn unig am eu safle yn y gymdeithas leol ond hefyd am y gwyddai eu bod yn deulu cerddgar iawn ac, wrth gwrs, yn deulu a gynhyrchodd y ferch o delynores a gyfarfu gyda Phencerdd Gwalia yn Charlecote Park. Ychydig wythnosau cyn y dathlu ym Modelwyddan bu Talhaiarn ac Owain Alaw yn cydweithio ar eiriau a cherddoriaeth ar gyfer dathlu genedigaeth merch i Syr Watkin a'r Fonesig Williams Wynne, o Wynnstay. Ni wyddys a gawsant benillion cwbl ddwyieithog ond dyna oedd dymuniad y bardd:

> I consider my Welsh verse in 'All hail to the child' far superior to the English verse. I enclose a *free* translation of it, and I should be glad if you would write it carefully on the back of the *presentation copy*, so that Sir Watkin and his good lady may know the meaning of the third verse. Can this be done?[20]

Nid oedd iaith y gerdd 'Fy hoff, lwys wlad' a gyflwynodd i'w gyfaill Thomas Oldfield, Yswain, o Fetws-yn-Rhos, yn peri unrhyw drafferth ond pan gyhoeddwyd hi yn *Yr Herald Cymraeg* ac enw'r dôn 'Sweet Home' oddi tani, bu'n rhaid pwysleisio nad yr hen dôn o'r un enw ydoedd ond tôn newydd gan W. T. Wrighton. Cerdd a luniwyd ar gais ei gyfaill William Davies o Ffestiniog yw 'Fy Mam', a hynny yn hydref 1864. Cyfeirir yma at hon nid yn unig am mai ateb cais yr oedd y bardd am eiriau i'r alaw 'The Rose of Allandale', ond hefyd gan y gellid cael yr argraff o'r geiriau mai penillion am Gwen Jones yr Harp ydynt. Buasai hi farw pan oedd Talhaiarn yn Ffrainc ac er mor hynod bersonol yr ymddengys geiriau'r gerdd hon, rhaid eu rhoi gyda thelynegion sentimental y bardd i ferched gwlad y menig gwynion:

> O! mwyn yw gwên fy mam,
> Fy annwyl, annwyl fam:
> Nid oes o fewn y byd i gyd
> Un debyg i fy mam.

Os traddodiadol a chonfensiynol oedd ansawdd ei benillion cyfarch i'r hen deuluoedd bonedd, cwbl gyfoes ac unigryw oedd steil ei ymateb i'r ymfudo i Batagonia. Ar ddechrau gwanwyn 1865 cafodd ar ddeall fod dau fab a merch i gyfnither iddo yn mynd i Batagonia. Anfonodd *carte de visite* iddynt gan ysgrifennu'r nodyn canlynol ar y cerdyn:

Of all the wild mad schemes that have turned up of late, the wildest and the maddest is this Patagonia scheme. All the people who go there are sure to come to grief. But as reason has no chance in preaching against enthusiasm, I may as well hold my tongue. Therefore, I can only hope, hoping against hope, that you will all be happy, comfortable and successful.[21]

Ni allai ymatal rhag gyrru ei sylwadau i'r *Herald Cymraeg* a chyda hwynt saith rhigwm gwawdlyd am y syniad o sefydlu gwladfa newydd. Pur ddigynllun yw'r rhigymu a phur anaeddfed yw'r dychan. Wele ddau bennill:

> Bydd silod Sermonia,
> A chwilod Sacsonia,
> Yn fwrn ar bob cylla,
> Ym Mhatagonia,
>   Fel ffisig Siôn Goch.
>
> Ceir gweled rhyfeddod
> I ddychryn eilunod,
> Y Ddraig Goch yn fforchog
> Ar gefn y sarph dorchog

Ar hynt i Arcturus,
Orïon, Mercurius,
Yn herio rhyfelgwn
O Abred i annwn,
A disgyn yn ddibris
O gopa yr Andes
Yn drwp i'r twb golchion.[22]

Miniocach oedd y gwawd mewn llythyr arall i'r *Herald Cymraeg* fis ynghynt,[23] pan gyfeiriodd at ei 'weledigaeth'. Digwyddai fod yn hepian un noson, meddai, a rhyw ysbryd yn ymrithio 'pa un ai o fwg y bibell, a'i o'r *gin*, nis gwn yn iawn', ac yn ei annog i draethu fel a ganlyn: 'Pan anwyd y *steam engine*, ganwyd angau y Gymraeg. Ym mhen tri chan' mlynedd ni cheir gair o Gymraeg yn Nghymru, ac fe fydd Cymry Patagonia wedi troi yn Hispaeniaid, Indiaid, Buffaloaid, neu yn *jerked beef*!' Pan ysgrifennodd hyn i'r wasg yn 1865 yr oedd yn anterth ei enwogrwydd fel bardd ac eisteddfodwr ac yr oedd yn disgwyl cael ei feirniadu am ei sylwadau: 'Bydd y peth yn sicir o chwerwi bustl Zelotiaid Cymreig, a choeg ysgriblwyr Cymru i'm gwarthruddo yn arw sôn.' Ond er rhag-weld ymateb tanllyd, nid ymddengys i neb fynd i'r drafferth i fynegi barn ar ei safbwynt ar dudalennau'r papurau newydd, ac y mae fel pe bai Talhaiarn mwyach wedi ei ddiystyru fel dychanwr cyhoeddus ac fel un o ohebwyr pigog y wasg yng Nghymru. Cwbl annelwig yw'r rhesymau pam ei fod mor feirniadol o fenter Patagonia ac ni chafwyd tystiolaeth o gwbl i awgrymu fod Thomas, ei frawd, a fu'n gweithio yn Ne America, wedi dylanwadu ar ei farn. Y tebygrwydd yw fod mwyfwy o'i deulu wedi troi at y Bedyddwyr a bod Talhaiarn yn gweld menter Patagonia fel un arall o syniadau cyfeiliornus yr Anghydffurfwyr! Efallai hefyd fod cyflwr ei iechyd ym Mawrth 1865 yn rhannol gyfrifol am ei ymateb piwis a'i rigymu pigog. Ar y 4 Mawrth 1865 ysgrifennai at ei nith: 'I feel, as if I were within half an inch of being laid up by my horrible malady.'

Erbyn hyn yr oedd y gwaith pennaf yn Battlesden yn graddol ddirwyn i ben ac ymwelai Paxton â'r safle y gwanwyn hwnnw i weld blaenffrwyth ei gynlluniau. Ar sail sgyrsiau gyda'r pensaer a'i fab-yng-nghyfraith, gallai Talhaiarn rag-weld y byddai ei swydd yno yn dod i ben tua diwedd Mehefin neu ddechrau Gorffennaf. Yn y cyfamser dirywiodd iechyd y bardd a chymylodd ei ffurfafen yn arw cyn diwedd Mai 1865: 'I have been very unwell lately, suffering from gout and other ailments. I was a fortnight in London in the hands of my

Doctor – one whole week in bed.' Pan oedd yn y brifddinas digwyddodd fynd i weld Paxton yn ei gartref yn Sydenham ar 6 Mehefin – yntau yn hen ac yn fregus ei iechyd mwyach:

> I took it into my head to pay a visit to my great, good and kind master, Sir Joseph Paxton, and it was well I did so, as I should never have seen him . . . The last thing he said to me was, 'You are about finishing at Battlesden, what do you intend to do?' I said, 'I intend to go to my native country to try to recruit my shattered health.' Then he said, 'if you should ever want any assistance, pecuniary or otherwise, be sure to write to me.' . . . This was on Tuesday afternoon about 3 o'clock – judge of my astonishment and regret when I found that he died on the Thursday morning at 8 o'clock . . . I recd. an invitation on Wednesday morning last, to attend his funeral at Chatsworth. Although I felt very unwell, I made up my mind to go.[24]

Dyna, felly, golli cyflogwr a chyfaill ar adeg hynod o bryderus yn ei fywyd. Y mae'n wir fod mab-yng-nghyfraith Paxton, sef Stokes, wedi gweithio'n glòs â Thalhaiarn ond nid oedd yr un cynhesrwydd a chytgord rhyngddynt ag a geid rhwng y pensaer a'r bardd. Tarddai Paxton a Thalhaiarn o gefndir gwerinol ac yr oedd hwnnw fel pe'n gynsail i werthfawrogiad proffesiynol y naill o'r llall. Yn sicr, byddai Talhaiarn yn gallu gwerthfawrogi'r ffaith mai fel gwas bach i arddwr hen blas Battlesden y dechreuodd Paxton ar ei yrfa – gyrfa a'i dug i enwogrwydd fel pensaer ac aelod seneddol. Daeth ei yrfa bensaernïol i ben yn llunio plasty moethus Battlesden Park ar yr union safle lle y bu'n was bach hanner can mlynedd ynghynt.

Nid annisgwyl yw darllen fod golygydd Y *Cymro* ym Mehefin 1865 yn sylwi nad oedd Talhaiarn yn anfon cerddi i'w cyhoeddi yn y papur. Nid oedd wedi anfon fawr ddim i'r *Herald Cymraeg* chwaith yn ddiweddar ond yno, ar ddiwedd llythyr o Battlesden lle rhestrodd nifer o ddyfyniadau yn mynegi ei edmygedd mawr o Dafydd ap Gwilym, mynegodd yn gyhoeddus:

> Byddaf yn gorphen fy ngwaith ac yn ymadael oddiyma y 14eg o Orphenaf. Af yn syth wed'yn i ffynonydd Llandrindod am fis, i yfed y dyfroedd ac i ymdrochi ynddynt. Wed'yn am flwyddyn gron gyfan i 'Wlad y Gân,' . . . Pa un adferir fy iechyd ai cwympo wnaf i ogof ebargofiant, Duw yn unig, a ŵyr.

O fewn dyddiau i'r nodyn cyhoeddus hwn anfonodd lythyr at Elis Owen, Cefn-y-meysydd. Cawsai wahoddiad i ymweld ag ef yn Eifionydd ond bu'n rhaid esbonio pam na ellid derbyn ac, wrth wneud hynny, y mae Talhaiarn yn ymhelaethu ar ei gyflwr – chwe wythnos wedi'r cyfeiriad yn y llythyr at ei nith am fod dan law ei feddyg yn Llundain ac yn cyfeirio at 'other ailments':

> Yr wyf wedi bod yn dihoeni, ac yn dioddef llawer o boenau o bob math, er ys plwc o amser bellach. Af oddiyma ddydd Sadwrn i Landrindod . . . Os digwydd i mi fod yn Arfon, neu yn Eifionydd, mis Hydref, treiaf gael y mwyniant a'r anrhydedd o fod hefo chwi am wythnos (nid am fis), oblegid, 'nid da, gormod o ddim.' Y mae eich dau englyn ar gyflawniad eich 76th *birthday* yn fy moddio i'r dim. Ni welaf fi byth mo'r oedran hwnnw. Bum yn reckless ac yn anraslawn yn fy ieuengctyd, ac yng ngwynfydrwydd fy'm nerth a'm nwyfiant, ac yn awr yr wyf yn medi yr hyn a heuais. Pan droseddir deddfau natur, y mae natur yn sicr o gospi, ac y mae y gosp yn gyfiawn.[25]

Arhosodd ryw bythefnos yn y Pump House Hotel yn Llandrindod i brofi'r dyfroedd ond ar ddiwedd Gorffennaf symudodd i Lanwrtyd lle dywedid fod dyfroedd sylffwr y lle yn gryfach. Tybiai y byddai pythefnos yno yn ddigon ac y gallai wedyn fynd at ei deulu i Lanelwy, ond nid felly y bu:

> Tell your mother that the Trefriw water, which is a strong chalybeate, would not suit me at all . . . I am, in addition to my other ailments, tortured with a disagreeable, irritating skin disease, called eczema, and that is why I am drinking and bathing in the sulphur water, but with very little effect.[26]

Dyma'r trydydd cyfeiriad o fewn deufis at ei 'ailments' yn y lluosog yn hytrach nag aflwydd y gowt yn yr unigol ond nid esboniodd natur yr anhwylderau. Ymddengys iddo aros yn Llanwrtyd trwy gydol Awst a rhan o fis Medi ac yna symud i Lundain ar gyfer cyfarfod cyflwyno'r 'annuity'. Cawsai barsel a siec am ugain punt gan ei chwaer yn Llanelwy i'w helpu yn y cyfamser ac yr oedd yn dda iddo wrthynt nes y deuai'r blwydd-dâl i rym.

12 ❦ Llwyddiant Eisteddfodol, 1865–1868

R 2 Hydref 1865 cynhaliwyd cyfarfod ffurfiol yn y London Coffee
House, Ludgate Hill i gyflwyno'r blwydd-dâl i Dalhaiarn. Yr oedd
gwreng a bonedd wedi ymateb i ymdrech Gwrgant a sicrhau
swm fyddai'n diogelu blwydd-dâl o £41 10s 6c hyd ddiwedd oes y
bardd. Dangoswyd mai ar sail ei gyfraniad i lên Cymru yr anrhydeddid
ef, ac yn ei araith wrth dderbyn y dysteb ymhyfrydodd y bardd ei fod
yn falch iddo lwyddo i lunio cerddi byrion, llwyddiannus, yn oes y
cerddi meithion, a bod rhai ohonynt yn cydio yng nghof gwlad:[1] 'It is
an easy matter to write verses, but very difficult indeed to write a song
that will cling to the hearts of the people, and cause them to sing it in
season and out of season.' Ychydig iawn o gerddi Burns a Moore a
ddaeth yn boblogaidd er cymaint oedd cynnyrch y meistri hyn meddai,
ac yr oedd iddo gysur yn hynny: 'I may rest content [if two or] three
of the songs out of the hundred or more, which I have written should
be sung by the Welsh people after I am gone.' Fel awdur barddoniaeth
i'w chanu y gwelai Talhaiarn ei hun yn bennaf ac os oedd swyddogaeth
i fardd, plesio'i gynulleidfa oedd honno.

Gwelwyd iddo yn ystod haf 1865 arfaethu treulio blwyddyn yng
Nghymru wedi iddo adael Battlesden ac ymweld â'r ffynhonnau
iachusol. Trefnodd gyda'i deulu yn Llanfair y byddid yn gwneud
newidiadau i'w hen gartref fel y gallai letya yno. Yn y cyfamser, bu'n
lletya gyda'r teulu yn Llanelwy, ac eithrio'r tair wythnos wedi iddo
adael Llundain, pan aeth i Buxton, yn Swydd Derby, i brofi
rhinweddau'r dyfroedd iachusol yno. At ddiwedd y tair wythnos
hynny gallai adrodd, 'The gout is better but the skin disease . . . is
worse.' Wedi nifer o fisoedd poenus cawsai felly beth rhyddhad ac yr
oedd 1866 yn agor yn fwy addawol. Erbyn mis Ionawr cwblhawyd y
newidiadau i'r hen gartref. Ei ail chwaer, Anne, oedd yn byw yno ond
yr oedd yr Harp wedi peidio â bod yn dafarn. Talhaiarn a gynlluniodd
yr estyniad i'r adeilad ac ef a fedyddiodd y safle yn Hafod y Gân.

Boddhaol hefyd oedd y newyddion yn y maes llenyddol ar
ddechrau'r cyfnod newydd yn Llanfair:

> I recd. a letter from Pencerdd Gwalia this morning, in which he says,
> – 'The whole of your *charming Libretto* of the Wedding is safely in
> my hands, and I intend going to work upon it now without further
> loss of time.'

Cyfeirio y mae'r Pencerdd at y geiriau a luniodd Talhaiarn i'r gantawd
A Welsh Wedding of the Olden Time. Y mae'n waith helaeth, a hwnnw
wedi ei gyfansoddi yn gyntaf yn Gymraeg ac yna wedi ei drosi i'r
Saesneg, a'r cyfan mewn barddoniaeth ar wahanol fesurau. Lluniodd
y bardd y gantawd mewn pedair golygfa – y gwahoddiad, y ddyweddi
gartref gyda'r gwahoddedigion, y gwasanaeth yn yr eglwys ac, yn olaf,
y wledd briodasol. Rhoddodd y bardd ragymadrodd i'r cerddor i
esbonio traddodiadau fel y 'gwahoddwr', a rhoddodd fanylion i
ddangos lle disgwyliai gael unawdau, cytgan, deuawdau, pedwarawd,
miwsig y ddawns a chanu penillion. Bu Owain Alaw yntau ar ei alw
am ragor o gerddi a deellir bod y bardd wedi derbyn dwy gini am
ddwy 'Welsh comic songs'. Cynyddu o 1866 ymlaen y mae'r cyfeiriadau
at dderbyn arian am ei gerddi a gellir tybio fod y cerddorion yn gwybod
am anghenion newydd Talhaiarn, ond ni chafwyd unrhyw dystiolaeth i
ddangos fod y bardd ei hun yn gofyn yn uniongyrchol am arian. Yn
Ebrill 1866 yr oedd yn ysgrifennu o Hafod y Gân ynglŷn ag archeb
am gerdd:

> I am commissioned to write a song in English and Welsh on the
> coming of age of the Hon. Gwen Gertrude Hughes, of Llysdulais,
> Amlwch, for which I am to receive two guineas. The melody is 'Y
> Fwyalchen'.

Er fod galw o sawl cyfeiriad am gerddi ganddo nid oedd croeso
cyffredinol i'w gynnyrch. Mewn llythyr at Geiriog yn 1866, gofynnai
rhyw J. R. Phillips a oedd geiriau gwell ar gael ar 'Merch Megan', a'i
reswm dros holi oedd hyn: 'Talhaiarn's words are objectionable as
the piece is to be performed in a meeting connected with the Sunday
School.'[2] Cafwyd cais cyffelyb at Geiriog gan ŵr o Fethesda, y flwyddyn
ganlynol. Dywedodd hwnnw iddo dderbyn y geiriau 'Hywel Morgan'
gan Dalhaiarn: 'but really I could not think of singing them in public
– they are too *empty and stupid* for me to hope to secure any effect

by singing them'.³ Yn Ebrill 1866, mewn darlith yn y Rhos, ymosododd Ieuan Gwyllt ar eiriau a genid ar geinciau, a thynnodd ei sylwadau wg Talhaiarn. Fel hyn yr atebodd Talhaiarn mewn llythyr i'r *Herald Cymraeg*,⁴ gan ddyfynnu'n gyntaf o'r adroddiad am y ddarlith:

> Sylwai y darlithydd fod tuedd yn y geiriau a genir ar ein halawon i lygru chwaeth ieuenctyd ein gwlad. Nododd, er engraifft, yr alaw adnabyddus hono, 'Hob y deri.' Dywedai fod yr alaw yn un dda, ac anhawdd cael ei gwell, o'r un nodwedd a hi, ond yr oedd geiriau megys 'Dyro gusan, Sian; Sian fwyn Sian,' yn hollol anmhriodol, ac yn sicr o fod yn niweidiol i chwaeth.
>
> Wel druan oedd y truan. Y mae peth bychan bach yn ysgraffinio ei grimog . . . Y mae yn debyg y dymuna Ieuan gael hymn ar 'Hob y deri dando.'

Mynnai Talhaiarn mai'r rheswm am ei eiriau ef oedd hyn: 'Y mae Pencerdd Gwalia mor selog dros gadw'r hen alawon yn eu perffeithrwydd cysefin, na wna gyfnewid dim arnynt i blesio cant o esgobion na phregethwyr chwaith.' Ym mis Mai 1866 bu trafod yn *Yr Herald Cymraeg* ar eiriau'r gân 'Hob y deri dando' ac mewn rhan o'i gyfraniad ef i'r drafodaeth ymosododd Talhaiarn ar y duedd i gamddehongli geiriau a cheinciau, a'r tro hwn daeth Ceiriog dan yr ordd:⁵

> Wrth son am grefydd ac ieuo yn anghydmarus, gadewch imi ddyweyd, gyda phob dyledus barch, fod Ceiriog wedi canu hymn ar 'Serch Hudol' – hymn reid dda, bid siŵr, ond hollawl anghydnaws ag ysbryd y dôn.

Y mae'n amlwg oddi wrth y llythyr hwn eto, fod Talhaiarn yn ymwybodol iawn o'r feirniadaeth ar ei farddoniaeth, ac yn niwedd y llythyr, cyfeiria at ei feirniaid fel ei 'wrthwynebwyr':

> Wel, yn awr yr wyf yn canu ffarwel â John Morgan [y gŵr a gododd y ddadl yn y Wasg] oblegid pa les taeru ar y pwnc. Am y rhelyw o fy ngwrthwynebwyr, y mae surdoes Calfiniaeth wedi lefeinio eu penau a'u calonau, fel y mae yn anmhosibl iddynt hwy a minnau edrych ar unrhyw wrthddrych *from the same point of view*. Dilyn anian yw fy rheol i. Yr un yw anian yn awr, ag oedd hi yn y dechreuad, a'r un fydd hi yn mhen can' mil o flynyddoedd. Ond y mae ffasiwnau ar grefyddau, ac y mae y ffasiwn yn cyfnewid, o ganrif i ganrif. Efallai bydd y

Cymry yn mhen can' mlynedd yn chwerthin am ben Methodistiaeth
yr oes hon, fel y mae y mwyafrif o Saeson dysgedig yr oes hon yn
gwawdio Piwritaniaeth oes Cromwell. Pwy a ŵyr? Bid a fo, nid oes
genyf, wrth derfynu ond dyweyd, – Rhyddid i'r rhai a fynont i ddilyn
Phariseaeth, a boed rhyddid i minnau i ddilyn anian. Wrth ddilyn
anian yr wyf yn dilyn Duw, ac yn ei wasanaethu hefyd.

Tra oedd Pencerdd Gwalia ac Owain Alaw yn dal i alw am ei waith
gallai'r bardd fforddio'r gwawdio ysgafn a sylwadau ei feirniaid, ond
cafodd siom annisgwyl pan aeth pethau'n chwithig gyda'i *libretto* i'r
Pencerdd ar gyfer *A Welsh Wedding of the Olden Times*. Dangoswyd
ei fersiwn Saesneg i H. F. Chorley,[6] a mynnai ef ad-drefnu'r gwaith.
Ni cheir gwybod y rhesymau ond gwyddom i Dalhaiarn wrthod yn
bendant a newid dim. Bu raid i Bencerdd Gwalia ofyn i Chorley ei
hun lunio *libretto* newydd a dyna a wnaeth gan roi'r teitl *The Bride
of Neath Valley* i'r gantawd newydd. Erbyn Eisteddfod Caer 1866, yr
oedd teimladau wedi chwerwi:

> You ask whether Pencerdd and I paternized at Chester. To do him
> justice, I must say that his feelings were more friendly towards me,
> than mine towards him. I treated him with a kind of *cold cordiality*. I
> have just finished a ten guineas job for him – viz – a Welsh Version of
> Chorley's 'Bride of Neath Valley.'

Cyffelyb o ran cynllun oedd fersiwn Chorley i fersiwn Talhaiarn
wedi'r cyfan ond ei fod yn llawer byrrach. Yn wir, bron nad oedd
fersiwn gwreiddiol y bardd yn fwy addas i opera fer nag i gantawd
awr. Rhoddwyd y teitl *Dyweddi Glyn Nedd* ar ei efelychiad ac, ys
dywedodd *Y Cerddor*, 'Mae y gantata hon yn ferach a llawer ysgafnach
na *Llewelyn*; ac y mae yn llawn o elfennau poblogrwydd i ddosbarth
neilltuol o ddynion.'[7] Rhwng cyfansoddi un gantawd a gwneud trosiad
o un arall bu Talhaiarn yn gwneud cyfaddasiad i'r Gymraeg o dair
o'r 'Ingoldsby Legends'. Cyfansoddwyd hwy gan y Parchedig Richard
Harris Barham (1788–1845), a'u cyhoeddi yn 1840. Clerigwr, a
darlithydd mewn diwinyddiaeth, oedd Barham, ac yn ystod deng
mlynedd olaf ei fywyd, dechreuodd ysgrifennu cerddi ysgafn a cherddi
dychan a'u cyhoeddi uwchben y ffugenw 'Thomas Ingoldsby'. Yn yr
'Ingoldsby Legends', ceir nifer o faledi a pheth rhyddiaith ac ynddynt
y mae'n dychanu'n ysgafn y canu rhamantaidd Saesneg a diddordeb y
ddeunawfed ganrif a dechrau'r bedwaredd ar bymtheg yn yr Oesoedd

Canol. Yr oedd y canoloesoldeb hwn yn rhemp erbyn dechrau'r ganrif ddiwethaf a dychanodd Barham hyn mewn baledi sy'n llawn o bethau grotésg. Buont yn boblogaidd iawn, er nad oes rhyw werth llenyddol mawr iddynt, ac ychydig o sylw a roes ysgolheigion Saesneg iddynt – fel llawer bardd eilradd arall o Sais, o ran hynny.

Cyfaddasodd Talhaiarn dair o'r baledi, sef 'The Jackdaw of Rheims', 'The Witches' Frolic' a 'Patty Morgan the Milkmaid's Story' gyda'i his-deitl 'Look at the Clock'. Nid oes dychan miniog iawn yn yr un o'r tair yn y gwreiddiol, ond y mae'r tair yn ymwneud â digwyddiadau grotésg. Nid yw Talhaiarn wedi anelu at ddim amgenach na throsi'r baledi nwyfus hyn i ddiwyg Cymraeg a mwynhau adrodd stori ar gân. Yn hynny o beth fe lwyddodd, ac y mae'r tair baled ymhlith y pethau mwyaf cryno a gorffenedig a luniodd. Yn 'Spri y Gwyddanesau' a 'Gwelwch y Cloc' cafwyd Cymreigio llwyr ar y cymeriadau a'r cefndir; ni ellid disgwyl hynny yn 'Jackdo of Rheims', wrth gwrs. Dangosodd Talhaiarn sut yr apeliai creadigaeth y dychymyg ato yn ei gyfaddasiad o faled fawr Burns ac yr oedd apêl arbennig iddo yn y faled fel ffurf i farddoniaeth. Wrth lunio'r efelychiadau hyn o waith Barham ni cheisiodd gadw at gyfeiriadaeth ddychanol ganoloesol y Sais mewn llinellau fel:

> Now lay, little Ned, those nuisances by,
> And I'll rede ye a lay of Grammanye.

Nid oedd Talhaiarn yn gyfarwydd â rhyddiaith llawysgrifau cynnar Cymru beth bynnag i allu efelychu eu horgraff a'u cystrawen. Yr oedd ei ddiddordeb ef yn y baledi hyn yn seiliedig ar eu swyn fel deunydd barddoniaeth lithrig a deunydd a apeliai mewn mydr. Daethai'r bardd yn ôl i'w Lanfair enedigol erbyn hyn a thinc o awyrgylch ei lencyndod sydd yn yr efelychiad o waith Barham a luniodd yn ystod y flwyddyn ymadferol hon yn Hafod y Gân.

Y mae'n amlwg ei fod yn ymroi i weithgareddau'r fro hefyd yn ystod y flwyddyn honno, fel y tystia ambell adroddiad lleol fel hwnnw am Eisteddfod y Cynnant yn yr ardal, a chyfarfod yn ysgol y llan ar Ddydd Mawrth y Pasg 1866 'er budd clwb dillad plant yr ysgol'. Yr oedd Iorwerth Glan Aled yno'n darlithio ar addysg, ond cafwyd hefyd ychydig o adloniant gan Eos Aled, Talhaiarn ac eraill. Bu galw ar y bardd i adrodd ac yna i ganu penillion. Gan nad oedd cyfeilydd ar gael i gyfeilio iddo, bu'n rhaid cyrchu Henry Wood, y telynor, o'r 'Black Lion' gerllaw. Byddai'r bardd wedi cael profiad arbennig y

diwrnod hwnnw o'r chwyldro rhyfedd ym mywyd cefn gwlad Cymru
wrth weld cyfarfod lle traethai Bedyddiwr o weinidog ar un o bynciau
mawr y cyfnod ac un o'r telynorion crwydrol yn dod o'i dafarn i
hyrwyddo'r gweithgareddau.

Wedi colli Eisteddfod Aberystwyth y flwyddyn cynt, bu Talhaiarn
yn bur amlwg yn Eisteddfod Genedlaethol Caer 1866. Ar wahân i fod
yn arweinydd gyda Chlwydfardd, yr oedd yn feirniad gyda Phencerdd
Gwalia ac Owain Alaw ar gystadleuaeth llunio traethawd ar reolau
canu penillion. Prif eitem cyngerdd y nos Fawrth oedd perfformiad
o'r gantawd *Llewelyn* ac yng nghyngerdd y nos Fercher y gwelwyd
llwyfannu cantawd Saesneg Chorley, *The Bride of Neath Valley*. Er
na chymerai'r bardd ran yn y ddau gyflwyniad yr oedd yn anochel y
câi gyhoeddusrwydd ar yr ymylon am ei gydweithio â'r cerddorion.
Mwyach, wrth gwrs, y cerddorion proffesiynol a gâi'r flaenoriaeth
yng nghyngherddau'r Eisteddfod, gyda'r cantawdau a'r *Messiah* yn
disodli'r canu penillion, ac yn disodli'r Gymraeg yr un pryd. Mewn
cyfarfod o'r beirdd ar y dydd Mercher darllenwyd papur ar 'Yr
Eisteddfod' gan aelod o'r Orsedd, sef Peter Mostyn. Argymhellai ef y
dylid rhoi'r gadair naill ai am awdl yn y pedwar mesur ar hugain neu
am bryddest yn y mesurau rhydd, yn eisteddfodau'r dyfodol. Methwyd
â chael cytundeb yn y cyfarfod a dewiswyd is-bwyllgor i baratoi
adroddiad ar y mater a dwyn ei argymhellion i gyfarfod o'r beirdd y
flwyddyn ganlynol yng Nghaerfyrddin. Etholwyd Talhaiarn i'r pwyllgor
hwn i eistedd gyda Llew Llwyfo, I. D. Ffraid, Gwilym Tawe,
Clwydfardd, Meilir Môn, Tydfylyn, Islwyn, Nefydd ac Ioan Emlyn.

Cesglir mai ar ôl gorffen ei waith i Bencerdd Gwalia ar *Dyweddi
Glyn Nedd* y lluniodd Talhaiarn y pedair pennod gyda'r teitl
'Traddodiad Heb Sail'. Rhyw lun o ffantasi ydyw gydag ychydig o
farddoniaeth yn gymysg â'r rhyddiaith. Lleolir y digwyddiadau ar
Fynydd Bodran a'r bryniau cyfagos, megis Moelunben a Bryn Coch.
Cysylltwyd nifer o enwau lleol â chymeriadau'r darn, sef y Coryn ar
ôl Llofft y Coryn, Gwenhudyw ar ôl Bryn y Gnidyw, a'r Cawr ar ôl
Cadair y Cawr. Y pedwerydd cymeriad yw Dallhuan Cwm Cowlyd.
Trefnwyd y deunydd yn dair golygfa – y gyntaf yn cyflwyno'r
cymeriadau, yr ail yn disgrifio'r wledd a'r areithiau, a'r drydedd yn
disgrifio'r eisteddfod a gynhaliodd y pedwar cymeriad. Rhyw fân
ddadlau a geir yn eu hareithio – y Coryn yn dychmygu Aneirin yn
dadlau gyda Llywarch Hen mai ei 'bryddest' ef oedd yr ardderchocaf
a welwyd erioed a Gwenhudyw wedyn yn cyhuddo'r Coryn o gellwair
a gwawdio. Yn yr adran lle disgrifir yr eisteddfod, ceir mwy o

farddoniaeth oblegid rhoddwyd y cymeriadau i ganu, un ar burdeb, un ar ffolineb ac un arall ar ddoethineb. Y mae yma ffug eisteddfod gyda'i gorsedd sy'n barodi bron ar Eisteddfod Pen Bodran. Canodd Gwenhudyw am uniondeb, mwynder a chywirdeb fel rhai o nodweddion purdeb gan ddiweddu trwy ganmol calon lân:

> Golud mwy yw calon lân
> Nag arian i rai geirwir:
> Trist yw gwrando geiriau gau
> O enau y rhai anwir:
> Tra bo'r byd mewn cariad pur,
> Yn mynnu cysur mwyniant,
> Purdeb fo goleuni glân
> Ei gân a'i holl ogoniant.[8]

Cymysgfa o rigymau ffôl a ganodd y Cawr, gyda'i gytgan yn nodweddu ansawdd ei ddau bennill:

> Roch, roch, ribidi roch,
> Buwch a cheffyl a hwch a moch.

Fel y disgwylid, canmol 'Doethineb' a wnaeth y Dallhuan a defnyddio diweddglo addas i'w bennill:

> Tywynu wna fel haul y nef
> Yn ddisglair ar y byd.
> Tw, hw, hw; tw wit, tw hw;
> Tw, hw, hw, hw; tu hw!

Dewisodd y Coryn sôn am gwerylon ac anghydfod ymhlith y Cymry, ac yn arbennig felly yn eu hymwneud ynglŷn â chrefydd a barddoniaeth:

> Cwerylon rif y gwlith
> A geir yn awr yng Nghymru;
> Anghydfod yn ein plith
> Sydd beunydd yn teyrnasu:
> Anghydfod gafwyd gynt
> Yn arwain i ryfeloedd,
> Ac os na thry y gwynt
> Fe bery yn oes oesoedd.

Mae llawer yn y byd
Yn dangos cariad brawdol,
Gan roddi eu holl fryd
Ar gicio row grefyddol:
Ceir gweled llawer dyn,
Mewn ffydd yn bur galonnog
Yn achub ef ei hun
Wrth ddamnio ei gymydog.

A'r beirdd, er maint eu bri,
Mewn awdlau a phryddestau;
Yr hen anfarwol V
Sydd yn eu riwlio hwythau:
Y V sy'n siglo crud
Pob dysg a dawn a thwrw;
Byddai'n fendith fawr i'r byd
Dae'r cwbwl wedi marw.

Ar derfyn yr eisteddfod, ac wedi i bawb noswylio, daw'r Tylwyth Teg i'r cylch, a chydag un o'u caneuon ysgafn hwy y mae'r penodau'n dirwyn i ben.

Nid yw'r cyfansoddiad heb ei hiwmor ysgafn yma ac acw ond yr elfen o ddychan yw'r edefyn sy'n cynnal yr adrannau at ei gilydd. Yn y pum cân a roddodd y bardd i'r cymeriadau canfyddir ei ddawn i amrywio mydr i gyfleu awyrgylch ac effaith wahanol, er enghraifft rhwng difrifoldeb un, rhigymu ysgyfala un arall a gosgeiddrwydd y Tylwyth Teg. Fel cyfanwaith nid yw'n dangos fawr o artistri llenyddol ac y mae'n syrthio i'r un gwendid â nifer o gerddi Talhaiarn trwy fod weithiau'n amrwd, ar adegau'n fyfiol ac yn gadael argraff o arbrawf diddorol ond anaeddfed. Pam felly y math hwn o gyfansoddi? Y tebygrwydd yw iddo gael ei symbylu gan yr 'Ingoldsby Legends'. Yn ei chwedlau ef cysylltodd Barham y digwyddiadau â'i fro enedigol, yn arbennig â maenordy Tappington a ddaeth yn eiddo iddo wedi marw ei dad. Dychanu a chael hwyl am ben ffolinebau cyfoes a wnaeth Barham gan amlaf yn ei chwedlau, a hynny trwy gyfrwng ffantasi a dychymyg. Ni ellir dweud bod penodau Talhaiarn yn efelychiad uniongyrchol o unrhyw adran benodol o waith Barham. Benthyg patrwm y bardd o 'legend' a wnaeth, ei alw'n draddodiad dychmygol, a mynd ati i ddyfeisio cefndir Cymreig i'r ffantasi fel y gwnaeth i'r cantawd ar gyfer Pencerdd Gwalia. Deil i dynnu ar gefn gwlad wrth greu'r cynfas Cymreig i'r gweithiau hyn. Ymddengys y bwriadai yr adeg hon hefyd gyhoeddi rhagor o'r chwedlau lleol 'gwir' a glywsai – math ar gasgliad llafar gwlad am hen gymeriadau ardal Llanfair. Ymhlith ei lawysgrifau ceir pump o'r storïau bychan hyn, tebyg i'r rhai a gyhoeddodd yn ei gyfrol gyntaf yn 'Chwedleuon y Llan'. Bwriadai gynnwys o leiaf un bennod yn ei drydedd gyfrol ond nid felly y bu. Nid ydynt yn ychwanegu dim newydd nac o bwys at ei waith, ond tanlinellant ei atyniad at y chwedleua a glywsai'n hogyn yn yr Harp ac ategant ei ddawn i ddweud stori'n fyw ar bapur.

Cyn mynd i Eisteddfod Caer gallai Talhaiarn ddweud wrth ei nith, 'I have also been very busy lately completing my Third Vol. which is now in the hands of my Publisher.' Llyfrbryf oedd y cyhoeddwr hwn a gwyddys i'r bardd anfon pecyn sylweddol iddo i'w gynnwys yn y gyfrol arfaethedig ar 2 Tachwedd 1866. Am reswm sy'n ddirgelwch erbyn hyn, nid ymgymerwyd â'r gwaith gan Lyfrbryf. Ar ddechrau 1868 chwiliai'r bardd am gyhoeddwr arall a phan oedd ar fin gofyn i gyhoeddwr o Lundain am amcangyfrif o'r gost, cynigiodd Gwilym Cowlyd am y gwaith. Bu'r oedi yn gyfle i ychwanegu ychydig at y deunydd ac y mae hanes y cyhoeddi terfynol yn haeddu peth sylw wedi trafod yr ychwanegiadau a wnaed i'r cynnwys gwreiddiol.

Dangoswyd fel y bwriadai Talhaiarn dreulio blwyddyn yng Nghymru i geisio adfer ei iechyd wedi i'w waith yn Battlesden ddod i ben. Daeth y flwyddyn honno i ben a chydag iechyd y bardd yn hynod sigledig nid oes sôn am swydd newydd. Yn hytrach, ceir cyfeiriad ato yn dal yn Hafod y Gân ac yn gwylio'r newidiadau yn adeiladau yr hen dafarn, a'i lety newydd yn cael ei gwblhau. Ar ddechrau 1867 felly fe'i ceir yn ymuno yng ngweithgareddau Llanfair ac yn ymroi i fân lenydda. Rhaid pwysleisio'r mân, oblegid nid oedd dim comisiwn newydd o bwys ar y gweill ac ysbeidiol mwyach oedd galwadau'r ddau bencerdd. Gwelwn i Eos Bradwen gael dau gyfieithiad i'r Saesneg ganddo o waith y cerddor ei hun – y naill o gân a'r llall o'r gantawd *Owen Glyndwr*. Pan fu farw Iorwerth Glan Aled yn Chwefror 1867 cydweithiodd Talhaiarn gyda Meirchion i lunio englyn addas i roi ar y beddfaen a bu'r ddau yn flaengar yn cyfansoddi ar gyfer yr eisteddfod leol, sef Eisteddfod y Cynnant, ar y dydd olaf o Fai. Pur hwyliog oedd yr ymlonni gyda'r beirdd lleol hyn a sbardunwyd Talhaiarn i droi at y gynghanedd eto i lunio cywydd i'r eisteddfod:

> Eisteddfod sy'n hynodi
> Golud hen iaith ein gwlad ni;
> Gŵyl foddus i gelfyddyd
> Ydyw hon, a da o hyd . . .[9]

Dim ond un englyn cyflawn o'i eiddo a welwyd sy'n perthyn i'r flwyddyn hon ac ni chyhoeddwyd yr englyn, hyd y gwyddys. Yn ei lawysgrif nodir ei fod yn perthyn i fis Gorffennaf 1867 ac ymddengys yn arswydus o ddu yng nghanol blwyddyn a fu hyd yn hyn yn ymddangos ar brydiau yn fwy heulog o lawer, serch nad oedd yn rhydd o'i boen:

Y BYD

Gwaew a thrwst, gwae a thristyd—yw dyrys
Flinderau ein bywyd:
Udfan i feibion adfyd,
A baw i bawb yw y byd.[10]

Gan ei fod gyda rhai o'i deulu bryd hyn nid oedd angen llythyra cymaint ac y mae'r dystiolaeth am wir gyflwr ei iechyd wedi distewi dros dro. Ni chawn wybod felly a yw'r englyn yn adlewyrchu tro sydyn yng nghyflwr ei feddwl a'i iechyd ai peidio. Fe wyddom ei fod yn llunio cyfieithiad o 'The Bard' gan Thomas Gray ar gyfer y gystadleuaeth yn Eisteddfod Caerfyrddin. Ai pori ym marddoniaeth alarus y bardd o Sais a symbylodd yr englyn? Beth bynnag oedd y cymhelliad ni chafwyd dim mor alaethus â hyn er pan luniodd y cantoau dwys yn 1861 wrth gloi 'Tal ar Ben Bodran'.

Pan ddaeth Eisteddfod Caerfyrddin 1867 yr oedd y bardd yn bresennol i glywed ei fod yn gydradd gyntaf â Thudno yng nghystadleuaeth y cyfieithiad uchod. Cafwyd arweinyddion newydd yn yr eisteddfod hon ond cafodd Talhaiarn gyfle i wneud araith ac, wrth gwrs, i weithredu yng ngwaith yr Orsedd, yn urddo a phwyllgora. Mor wahanol i'w englyn yw sylwedd ei araith:

I think myself, and I say it without any wish to give offence to anybody that the Welsh mind, naturally cheerful, has been forced into a gloomy groove during the last hundred years. I, for one, would like to see this gloom and severity relaxed, under the influence of cheer-fulness and amusement.[11]

Ar ddiwedd yr araith adroddodd ei gerdd 'Molawd Cymru' 'in a spirited manner and was greeted with several rounds of applause'. Yng nghyfarfod y beirdd i drafod natur yr awdl a'r bryddest unwaith eto':[12]

dadleuwyd y mater mewn ysbryd rhagorol o dda. A chymerwyd rhan gan y personau canlynol, Talhaiarn, Tydfylyn, Bodran, Ioan Arfon a Iolo Trefaldwyn.

Cafwyd penderfyniad unfrydol, sef:

> Fod yr Awdl i sefyll fel y mae a bod urdd newydd i gael ei ffurfio i'r Bryddest, a hon yn urdd goronog, – yr Awdl a'r Bryddest i gael eu hystyried yn ogyfuwch mewn anrhydedd, a'r ddwy i fod ym mhob Eisteddfod Genedlaethol.

Cawsai Talhaiarn felly weld gwireddu rhan o'i ddymuniad, sef chwarae teg i'r bryddest, ond nid oes sôn am ei awgrym cynharach mai da fyddai rhoi trefn ar fesurau addas iddi.

Wrth sôn am gyngerdd y nos Fawrth yng Nghaerfyrddin sylwodd gohebydd y *Carnarvon and Denbigh Herald* nad oedd enw Talhaiarn ar y rhaglen. Bu protestio ar ôl Eisteddfod Caer y flwyddyn flaenorol nad oedd digon o le yn cael ei roi i gerddoriaeth a pherfformwyr Cymreig. Pan ddaeth Brinley Richards i drefnu cyngherddau Caerfyrddin rhoddodd y flaenoriaeth i unawdwyr proffesiynol fel Madame Patey-Whitlock ac Edith Wynne unwaith eto yn hytrach nag i Lew Llwyfo, Owain Alaw a Thalhaiarn. Cafwyd perfformiad o'r gantawd *The Bride of Neath Valley* a oedd wedi cael croeso yn Cheltenham ym mis Mawrth ond, wrth gwrs, enw Chorley oedd wrth y *libretto* Saesneg hwn, nid enw Talhaiarn. Yr oedd ef a'i debyg yn cael eu gwthio o'r neilltu yng nghyngherddau'r Eisteddfod ac âi'r awyrgylch yn fwyfwy Seisnigaidd. Nid rhyfedd gweld y beirdd a'r artistiaid o'r Cymry Cymraeg yn anesmwytho a rhai yn suro; ceir gweld Talhaiarn ei hun yn mynegi ei bryderon yn y man.

Ar ddechrau Hydref y flwyddyn honno ymddangosodd llythyr yn *Yr Herald Cymraeg* yn gofyn beth a ddigwyddodd i awen Talhaiarn. Llythyr gan ei hen gyfaill Aled o Fôn oedd hwn ac yntau wedi sylwi nad oedd dim gwreiddiol o eiddo'r bardd yn ymddangos. Nid nad oedd yn dal i lenydda – cafwyd rhai darnau rhyddiaith ganddo nas cyhoeddwyd yn y papurau, gweithiai ar efelychiadau o'i gerddi Cymraeg i'r Saesneg ar gyfer Owain Alaw, a bu'n ailwampio rhai cerddi y gofynnodd y pencerdd newid peth arnynt. Trafodwn yn gyntaf y gwaith diweddaraf i Owain Alaw.

Efelychiadau o gerddi Saesneg yw cerddi fel 'Deio a Mari', 'Susan a John' a 'Siôn Caru Pawb' – deunydd cyngherddau nad oes a wnelont â'r casgliadau o alawon gan Owain Alaw. Bu'n ofynnol i'r bardd lunio iddo ddwy gerdd ysgafn o naws gyffelyb, sef 'Ni fedrwn yn fy myw' ac 'Ond lol i gyd yw hyn', oherwydd ni dderbyniai'r cerddor y fersiynau gwreiddiol, 'Ni choeliwn yn fy myw' ac 'A ninnau heb yr un'. Cafodd y dyfarniad 'not approved of by Owain Alaw' hefyd am ei eiriau Cymraeg a Saesneg ar 'Llwyn Onn', ond nid yw'r penillion llawn ar gael na'r esboniad am eu gwrthod. Lluniodd y bardd y penillion 'Dadl Siôn a Siân', 'Winni ap Siencyn ap Siân' hwythau i Owain Alaw yn 1867 ond ni wyddys a gyhoeddodd y cerddor hwy. Ni wyddys chwaith beth ddigwyddodd i'r penillion sy'n ymddangos fel efelychiad o un o'r uchod sef, 'Winnie ap Griffith ap Jenkin ap Jones (English)' fel y'i disgrifir yn llawysgrif y bardd, ond fe wyddom o hen raglenni cyngherddau fod Owain Alaw yn defnyddio'r tair cân yn ei 'Poetical and Musical Entertainments'. Dynwared ambell gân-gyngerdd lwyddiannus fel 'Mae Robin yn Swil' yr oeddid a cheisio cael deunydd hiwmor i'w roi gyda rhaglenni o alawon, canu penillion ac adrodd. Yn y cyngerdd yn Harlech yn 1868 er enghraifft, ymunodd Talhaiarn a Meurig Idris gydag Owain Alaw i gyflwyno rhaglen amrywiol, ac yn yr eitem 'Dadl Siôn a Siân', awdur y gerdd a'r cerddor a gyflwynai'r gân fel math o gân actol. Bwriedid y math hwn, felly, fel penillion y gellid eu hactio allan mewn unawd neu ddeuawd ar lwyfan, a chanfyddir ynddynt ddirywiad yn ansawdd y cynnwys, yr iaith a'r grefft. Defnyddir geiriau Saesneg i geisio cyfleu digrifwch fel yn y gerdd 'Susan a John':

> Yr wyt yn lolyn gwael, John
> A *stupid* fel y stôl:

Y mae'r efelychu yn peri fod angen gormod o'r Saesneg gwreiddiol i gyfleu'r stori, fel yn 'Rhyw Las-Lencyn Wyf o Gymru' lle mae rasus ceffylau yng Nghaer yn gefndir:

> Disgynais yn y *Station*,
> Ac euthum i'r *Roodee*;
> A gwelais rai yn chwareu
> Y *thimble rig and pea*;
> Ac ebai un, '*Come make your bets,*
> *You'r sure to win from me:*'
> 'Twt, *over the left* y twyllwr,
> Ni chei fy nhwyllo i.'

Ni ellir osgoi'r teimlad fod elfen o graster a dirmyg amrwd yn treiddio i'r cerddi hyn wrth chwarae am hwyl gydag enwau fel 'Robin Prydderch Puw', 'Winni ap Siencyn ap Siân', 'Betsy Jane' a 'Mary Anne'.

Rhaid pwysleisio mai prin ddeg o gerddi fel hyn a ymddangosodd yng ngwaith Talhaiarn a hynny yn 1867 ochr yn ochr â'i ymdriniaeth arferol o eiriau i 'Merch Megan', 'Clychau Aberdyfi' a 'Toriad y Dydd'. Dangosant serch hynny fel yr oedd y cerddorion yn dechrau defnyddio'r delyneg fel baledi byrion ar gyfer y cyngerdd ysgafn; y mae'r ysgafnder yn ei dro yn esgor ar gymeriadau diniwed a naïf – y cymeriadau sy'n magu teulu'r Dici bach dwl yn chwarter olaf y ganrif.

Perthynas baradocsaidd oedd perthynas Talhaiarn â'r ddau bencerdd o safbwynt hyrwyddo ei boblogrwydd fel bardd. Trwy ei amrywiol gyhoeddiadau a'i gyngherddau, cyrhaeddai Owain Alaw gynulleidfa a oedd yn prysur ehangu, ond gwelwyd bod nifer o'r caneuon yn annerbyniol gan y capeli a'r ysgolion cân. Yr oedd cerddi'r bardd i ganeuon a chantawd Pencerdd Gwalia allan o gyrraedd llawer gan eu bod mewn cyfrolau drud. Ys dywedodd *Y Cerddor Cymreig* wrth adolygu'r gantawd *Llewelyn* yn 1865:

> Pris y gyfrol yw gini i danysgrifwyr – rhy *uchel*, Pencerdd anwyl, i lowyr, mwynwyr, chwarelwyr, crefftwyr, a llafurwyr Gwyllt Walia. Ai tybed na allai, ac na *ddylai*, ein Pencerdd ddwyn argraffiad isel-bris o'i weithiau at wasanaeth y lluaws, yn ychwanegol at y rhai sydd ganddo i'r boneddigion?[13]

Pan ddeuir i bwyso a mesur ei waith fel bardd rhaid fydd ystyried beth oedd y gwaddol poblogaidd o'i eiddo yn ei ganrif ac i ba raddau y saif ei farddoniaeth pan dynnir ymaith y sgaffaldiau cerddorol. Cyn gwneud hynny rhaid yw sylwi ar ei gynnyrch eisteddfodol yn niwedd y chwedegau.

Rhaid cynnwys ymhlith y cynnyrch hwn y ddwy bennod 'Arabedd Modryb Modlan' a 'Modryb Modlan yn yr Eisteddfod' sy'n perthyn i 1866.[14] Ymgais yw'r bennod gyntaf i wau cwlwm o ddiarhebion a dywediadau ffraeth; parheir â'r thema yn yr ail bennod ond yna defnyddir cymeriad y fodryb i gyfeirio at Eisteddfod Caer. Sylwodd y fodryb ar Gwalchmai yn traddodi beirniadaeth ar destun y gadair. Bu'n hirwyntog ei sylwadau a pheri i'r dorf droi'n flin ac anesmwytho. O grybwyll sylwadau beirniadol ychwanega'r fodryb:

y mae rhywbeth digon rhyfedd yn yr Eisteddfodau. Os pregethwr Dissenters fydd y Beirniad; pregethwr Dissenters a gaiff y gadair. Felly y bu yng Nghaernarfon, Abertawe, Llandudno, Caerlleon, a Chastell Nedd. Bydd yr Eglwyswyr yn hel yr arian, a'r Dissenters yn chwerthin yn eu llewis wrth eu poccedu nhw. Ie, ie 'twyllo gwirion sydd enbyd . . .'

Cyffyrddir â dadl yr awdl a'r bryddest, ac yn ddiweddarach cyferbynnir y pleser wrth ymweld â chriw'r Cymreigyddion yn Llundain gynt a'r diffyg 'cyflawn foddhad yn yr Eisteddfod'.

Wedi defnyddio'r fodryb i fynegi'r sylwadau beirniadol ar ôl Eisteddfod Caer y mae'r bardd yn ei defnyddio i'w wawdio ef ei hun. Wythnos ar ôl yr Eisteddfod meddai, gwelai hi Dalhaiarn yn mynd mewn trol dros bont Llanfair tua'r Betws: 'Holo bobol, eb y fi, daccw ogoniant Eisteddfod Caer mewn trol; a bydd yn syndod i mi os na thyrr y drol o dan y fath lwmp o wag-ogoniant.' Dyma gyfansoddi pur gwmpasog ac ansylweddol ar un wedd, ond dyma'r arwyddion fod yr eisteddfodwr blaengar yn synhwyro nad yw'n cael blas ar yr ŵyl flynyddol mwyach ac, yn wir, ei fod yn colli ei le ynddi yn raddol. Gwelwyd un adroddiad amdano yn mynychu un o gyfarfodydd y beirdd yng Nghaer a than ddylanwad y ddiod yn haeru'n gyhoeddus fod y gweinidogion a oedd wedi atal yfed a smocio yn y cyfarfodydd, yn mygu'r hwyl ac yn lladd rhialtwch beirdd. Beth bynnag a ddigwyddodd yn y cyfarfod hwnnw fe gafodd ei ddewis gan y beirdd i fod ymhlith y pwyllgor pwysig oedd i ddwyn adroddiad ar statws yr awdl a'r bryddest i Gaerfyrddin yn 1867. Ar ôl yr eisteddfod honno y cyfansoddodd ei gân 'Siencyn Morgan yn yr Eisteddfod' a chlywir ynddi eto feirniadu ar arweddau o'r ŵyl – arweddau a gyffyrddai â'i statws fel un o anwyliaid y llwyfan ac un o hynafgwyr yr Orsedd. Dyma'r areithiwr huawdl yn y Gymraeg a'r Saesneg yn awr yn bwrw'i ddirmyg ar yr areithio Saesneg:

> Yr oedd y Babell fawr
> Yn orlawn o wladgarwyr,
> A rhai o'r rhain yn awr
> Yn fwy eu sŵn na'u synnwyr:
> 'Roedd yno rolyn gwag
> A llai o wit na bloneg,
> Yn brolio'r iaith Gymraeg
> Mewn araith hir yn Saesneg.

Dyma'r ŵyl lle bu'r dyrfa'n gweiddi am gyfraniad gan Lew Llwyfo
yn un o'r cyngherddau, a gorfodi Brinley Richards i ganiatáu lle iddo
yn y rhaglen yng nghanol yr artistiaid proffesiynol:

> Caed solo haner llath
> Gan Sinior Solffego,
> A llif o datws llaeth
> Yw'r llef a ddaw o'i geg o:
> 'Roedd rhai yn bloeddio, 'Llew,'
> A 'Llew a Llew' 'n ddiflino;
> Wel, wir peth digon glew
> Yw clywed Llew yn rhuo!

Yn ôl un o'i benillion bu'r awdur ei hun dan y lach yn un o gyfarfodydd
y beirdd:

> Yn llofft yr Ivy Bush
> 'Roedd twrw cas anghynnes,
> A Thal wrth gael y brush
> Yn chwerthin yn ei lawes:
> 'Roedd beirddion y V fawr
> Yn canu, ffreuo, dwndro;
> Ceiriog a'i drwyn i lawr
> A Bodran yn areithio.

Ni cheir gwybod arwyddocâd cael 'y brush'; digon yw nodi'r wedd
negyddol sy'n treiddio i'w sylwadaeth ar yr ŵyl a'r ymdeimlad ei fod
yn tyfu'n fwy beirniadol o'r eisteddfod fel yr oedd ef ei hun a phobl
fel Llew Llwyfo ac Owain Alaw yn cael eu bwrw i'r ymylon. Arhosai
apêl yr eisteddfod serch hynny. Ar ddydd Nadolig 1867, ef oedd yn
arwain yn Eisteddfod Gordofigion Lerpwl, ac yn eu cyngerdd gyda'r
nos bu'n adrodd y cywydd o'i eiddo a barodd i rai ei gyhuddo o
anffyddiaeth, sef 'I'r Haul'. Pan ddaeth 1868, ac yntau'n dal yn Llanfair,
bu'n llywyddu eisteddfod min nos yn y Black Lion yno ac yn darllen
beirniadaethau Clwydfardd ar yr englynion. Byddai Eisteddfod
Genedlaethol y flwyddyn honno yn Rhuthun, ar ei domen ei hun
megis, a bu hynny, bid siŵr, yn rhan o'r symbyliad i ymroi iddi i
wneud ei farc unwaith yn rhagor. Cyn mynd ati i gystadlu bu'n llunio
cerdd Saesneg braidd yn anghyffredin sef 'The Specials and the
Fenians' ar yr alaw 'Guy Fawkes'. Rhoddod iddi yr is-deitl 'A Doleful
Ditty of Ye Littel City'. Ymddengys mai cyfeirio yr oedd at aelodau

o'r mudiad Gwyddelig a geisiodd gipio arfau o gastell Caer yn 1867 a'u trosglwyddo i Iwerddon. Gwawdio'r heddlu y mae'r bardd am eu bod dan ddylanwad y ddiod, wedi methu dal y drwgweithredwyr:

> Pot valiant were these heroes bold as zig-zag they were marching,
> In every corner, nook and slum, for Fenians they were searching;
> The devil a Fenian did they find to pay for all this bother,
> But in the spree they sav'd their fame by hitting one another;
> With a bow, wow, wow
> Tol, lol, di riddle laddie, bow, ow, ow![15]

Daeth copi o'r penillion hyn i'r golwg ac un o'r copïau wedi ei argraffu ar ffurf pamffled dan yr enw 'Aristophanes'. Y mae'r ail gopi yn llawysgrifen Talhaiarn ei hun a'r dyddiad arno yw Ionawr 1868. Arno ceir enw Talhaiarn a llinell drwyddo, a'r ffugenw wedi ei osod uwchben. Dim ond ar ddeunydd i gystadleuaeth y rhoddai'r bardd ffugenw fel arfer, ond nid oes yn yr achos hwn unrhyw sôn am gystadleuaeth. Pam argraffu pamffled, pam y Saesneg a pham y gwawdio ysgafn yn hytrach na'r ymfflamychu yn erbyn terfysgwyr a gelynion y frenhines fel y gwnâi cynt? Erys yn ddirgelwch.

Cesglir o'i lythyrau yn y chwedegau y deuai'r gowt mewn pyliau a byddai'r pyliau yn atal neu'n llesteirio'n arw ei allu i ysgrifennu. Dyna'r sefyllfa ar ddechrau 1868 pan oedd yn cysylltu â Gwilym Cowlyd: 'I am just recovering from an attack of gout, or I would have replied to you sooner.' Yr oedd trydedd gyfrol o'i waith yn barod ac yntau'n dal i geisio telerau at ei chyhoeddi. Gwaith arall a'i denai oedd cyfansoddi ar gyfer rhai o'r cystadlaethau yn Eisteddfod Rhuthun yn Awst 1868, ac fe ddewisodd gynnig ar y bryddest ac ar y fugeilgerdd – dwy adran lle na ellid ei lorio gan wendid ei gynganeddion o leiaf. Wedi mynegi peth surni ynglŷn â'r Eisteddfod Genedlaethol yn ei waith y flwyddyn flaenorol, cafodd achos i fod yn fwy grasol yn 1868. Ar wahân i fod yn arweinydd gyda Chlwydfardd, ef oedd Bardd yr Orsedd y flwyddyn honno ac yn y swydd honno bu'n flaengar gyda Threbor Mai yn y gwaith o urddo beirdd newydd 'wrth fraint a defod'. Fel un o'r arweinyddion cafodd gyfle i wneud araith ac achubodd ar y cyfle i herio'r feirniadaeth o'r Eisteddfod a welid yn *The Times* ac a glywid ymhlith nifer o Saeson yng Nghymru. Buont wawdlyd o eisteddfc dau yn y blynyddoedd blaenorol ac enwyd Talhaiarn fel un o'r rhai a gymerai ran mewn seremonïau digrif, sef seremonïau'r Orsedd yn y Genedlaethol. Yn ei araith yn Rhuthun aeth ati i amddiffyn ei gyd-wladwyr:

Ond peidied ein cyfeillion y Saeson a meddwl y cânt roddi eu bysedd yn ein llygaid heb gael hergwd neu fonclust yn ol. (Chwerthin) Cyn myned i'n beirniadu, buasai ef yn cynghori i'r cyfeillion hyn edrych adref, a holi a oedd y barddoniaeth a'r canu oedd ynglyn â'r Eisteddfod, yn waeth na rhedegfeydd ceffylau, a'r betio, yr ymladd, a'r gamblo oedd ynglyn â hwy.[16]

Cafodd y bardd gymryd rhan gydag Owain Alaw yn y cyngerdd ar nos Fawrth yr eisteddfod ond nid yn y cyngerdd mwy proffesiynol ar y nos Fercher. Mor wahanol oedd safle'r ddau yng nghyngherddau Rhuthun o'i gymharu â'u safle yn Harlech bythefnos ynghynt lle buont yn cynnal noson helaeth gyda'i gilydd ac yn tynnu Meurig Idris i ymuno â'r ddau mewn dwy eitem gerddorol.

Anfuddugol fu Talhaiarn yng nghystadleuaeth y fugeilgerdd ond, ac yntau ar y llwyfan yn arwain ar y pryd, clywodd ei ddyfarnu'n fuddugol ar y bryddest 'Castell Rhuthyn'. Gosodwyd tair gwahanol gystadleuaeth 'bryddestol' serch bod yr Orsedd wedi dyfarnu yng Nghaerfyrddin y byddai coron am bryddest. Digwyddodd i Gyngor yr Eisteddfod wrthod argymhelliad Caerfyrddin ac felly, pan ddaeth yr ŵyl i Ruthun wele dri chategori o bryddestau a dim un goron. Gallai Talhaiarn, serch hynny, ymhyfrydu mewn llwyddiant o bwys, hyd yn oed os nad oedd coron yn wobr. Yn wir, yng nghyfarfod y beirdd yn ystod Eisteddfod Rhuthun dangosodd ei fod o hyd yn amharod i roi i bryddest yr un urddas ag i awdl. Derbyniai'r syniad o roi cadair am awdl ond ni allai gymeradwyo rhoi coron am bryddest. Meddai yn y drafodaeth: 'Yr oedd Llew Llwyfo wedi ennill coron, ac nid oedd hyd yn nod y Llew yn ddigon gwrol i'w gwisgo.' Onid oedd Talhaiarn yn simsanu? Cytuno yng Nghaerfyrddin gyda'i gyd-aelodau i gael 'urdd goronog' ond unwaith yn rhagor yn Rhuthun pledio cadw'r bryddest yn is-raddol. 'Nambi-pambi y foelodl' oedd un bwgan o hyd, ond y mae'n amlwg ei fod hefyd yn meddwl am y bryddest fel cyfanwaith mwy sylweddol a helaeth na rhyw faled estynedig:

Pan y gwnai y pryddestwyr gynhyrchu rhywbeth tebyg i *Childe Harold* neu *Don Juan*, o'i ran ei hun ni byddai ganddo ddim gwrthwynebiad iddynt gael y gadair. ('Clywch,' 'campus,' a chymeradwyaeth.) Hyd oni wnant hyny, y gadair i'r awdl. (Uchel gymeradwyaeth.)[17]

Medalau a gyflwynwyd i dri buddugwr pryddestau Rhuthun ac yr oedd gan Dalhaiarn felly, fel Llew Llwyfo ac Emlynwyson, rywbeth i ddangos am eu llwyddiant. Y mae'n ddiddorol nodi mai ennill y fedal hon fyddai'r fuddugoliaeth eisteddfodol fwyaf a'r olaf i'r bardd o Lanfair.

Cyn manylu ar ei gerdd fuddugol 'Castell Rhuthyn' rhaid sylwi ar y fugeilgerdd anfuddugol a berthyn i 1868 oblegid ei bod hithau hefyd yn cynrychioli uchafbwynt arall yng ngwaith Talhaiarn y bardd. Ei theitl yw 'Eilonydd ac Eiluned'. Pan oedd Talhaiarn yn llunio rhai o'r cantoau yn ail hanner 'Tal ar Ben Bodran', sylwasai ar boblogrwydd cynyddol y fugeilgerdd ymhlith y telynegwyr cyfoes Cymreig, ac yn arbennig Glasynys a Cheiriog. Yn 1860, bu Ceiriog yn traethu ar y fugeilgerdd yn *Y Brython*, ac yno hefyd y gwelwyd 'Rhys Cwm Dyli' gan Lasynys. Teimlai Talhaiarn fod gormod o lawer o ddelfrydu ar y bugail a'i braidd yng ngweithiau ei gyfoeswyr, ac aeth ati i'w beirniadu'n gyhoeddus bryd hynny mewn rhyddiaith ac ar gân:

> Yn lle desgrifio syniadau a theimladau bugeiliaid, y mae y beirdd yn desgrifio eu teimladau a'u syniadau eu hunain . . . Ni a wyddom o'r goreu mai y ffyliaid pennaf o'r holl anifeiliaid yw defaid – . . . ac nid ydyw y bugeiliaid yn fawr well na hwythau . . . Ac o ganlyniad, ffolineb o'r mwyaf yw gwneud i fugail siarad fel Byron, Shakespeare neu Solomon.[18]

Lluniodd Talhaiarn gerdd ddychanol o'r enw 'Canto'r Bugeilgerddi',[19] a gynhwysa gân ar lun sgwrs farddonol rhwng dau fugail cwbl gyffredin o'r enw Wil Wan a Deio Ddof. Y mae'n dychanu portread y telynegwyr trwy wneud y ddau fugail yn gymeriadau tlodaidd, cwynfanllyd a phur agos at bridd y ddaear, heb ddim rhamant yn agos at eu bywydau. Ac i bwysleisio mor gwbl ddiriaethol yw eu galwedigaeth, ceir rhes o benillion gwawdlyd am eu preiddiau:

> Bu gennyf hen fyharan,
> Yr oedd o'n fawlyd fulan;
> Torrodd i grio am ei fam,
> Ac aeth yn gam i'w gwman,
>   A threngodd heb gic.

> Mae gennyf ddafad felen,
> Yn pori ar Foel Unben,
> Ac W o bitch ar lethr ei chefn,
> A chynffon lefn aflawen,
>   A thar ar ei thrwyn.

Nid oes i fugail fawr o gysur yn ei gartref tlodaidd:

> Mae 'nhŷ to gwellt yn fyglyd,
> A'r wraig yn bur rwgnachlyd,
> A'r plant yn gwangcio'r uwd i gyd,
> A'r menyn yn ddrud ddychrynllyd,
> Heb geiniog i'w gael.

Y mae'r meistr yn hen gybudd ac yn edliw i'r bugail ei fod yn 'llymgi gwael di-drefn':

> Ac felly ar hyd y flwyddyn,
> Nid wyf ond cnaf ysgymun,
> A'm dillad fel dillad bwgan brain,
> Yn chwain o 'nghwt i 'nghoryn,
> A 'mhoced yn wag.

Byd o ofidiau sydd i fugail – digon yn wir i wneud iddo ei foddi ei hun a'i drol:

> 'Rwy'n gowdal o ofalon,
> A bawlyd farc helbulon;
> Ymgrogi wnaf wrth ddarn o bren,
> Neu fynd ar fy mhen i'r afon,
> A nghar ar fy nghefn.

Y mae hon yn ddychangerdd gymesur, gryno ac yn llawer mwy crefftus na'r dychangerddi 'gwleidyddol' – y mae hyd yn oed y mesur byr yn tanlinellu cyffredinedd undonog a chwynfannus yr ymgom rhwng y ddau fugail yn ogystal â'u bywydau. Wrth ddefnyddio cymaint o'r iaith lafar mor gelfydd, yr oedd Talhaiarn wedi llwyddo i greu cerdd nad oes ynddi ddim o'r arddull y byddai ei gyfnod yn ei hystyried yn hanfodol i brydyddiaeth deilwng, ac yn sicr nid oedd ynddi y tynerwch teimlad a ddisgwylid mewn bugeilgerdd delynegol.

Ychwanegodd at rym y dychan yn y canto gan iddo barhau'r ymgom gyda'r Awen a dweud: 'Gad i ni dreio nyddu bugeilgerdd ffasiwn newydd, i blesio'r oes gonsetlyd hon. Y cymeriadau, chwedl Young Wales, fydd Aled ac Olwen.'[20] Y mae Aled yn bwrw ati yn rhigymllyd hollol:

> Mi ddaliaf am goron neu geiniog,
> Dy fod ti yn dwt ac yn neis;
> Dy wefus yn wefus felwlithog,
> Dy gusan yn gusan o win;
> Ond rywsut, yr wyt ti'n fun oriog,
> Ac anhawdd ddireswm dy drin.

Y mae Olwen yn protestio nad caru fel yna fydd cariad ac yn edliw i Aled mai

> Rhyw garu blaen tafod yw'r cwbwl,
> Heb fymryn o symledd gwir serch.

Mewn ymdrech feiddgar, y mae Aled yn pentyrru ei edmygedd i'w sicrhau o ddilysrwydd ei deimladau, gan orffen:

> Mae ymchwydd dy ddwyfron i'm denu
> I syllu a dotio ar dy own;
> C'lomenod claerwynion sy'n nythu
> Mewn gwynfyd o dan dy wisg frown:
> Mae nghalon yn rhwym wrth dy wregys,
> A mreichiau yn blysio y dasg
> O ddilyn cymhelliad fy 'wyllys
> I'th fesur o gwmpas dy wasg.

Gwêl Olwen hyn fel hyfdra carwr penchwiban a dywed wrtho am fynd adref i'w wely! I ddiweddu'r canto, try'r awdur eto at y cwestiwn paham y gwnaed bugail yn arwr cerdd yn hytrach na rhyw grefftwr gwledig arall fel y dyrnwr, y clocsiwr, y tyrchwr neu'r towr. Aeth ati i gynnig 'Cigyddgerdd', sef portread byr o un arall o gymeriadau'r wlad sydd, fel y bugail, yn werinwr digon diramant ei fywyd ac yn

> Byw yn ddyfal mewn gofalon
> Hel yr aur a'r arian gwynion
> Ac yn llidiog mewn colledion.

Serch ei fod yn gallu rhygnu a chwyno am ei fusnes, nid yw'n dlawd, a dim ond i bawb dalu yn brydlon, gall ef wynebu ei gwsmeriaid:

Hyn ddymunaf ar fy ngliniau –
Taled pawb, mi dalaf innau;
Dyna'r ffordd i fyw yn ffrindiau:
Taled pawb i mi wrth brynu,
Talaf innau i'r rhai fo'n gwerthu;
Amen, f'wyllys, bydded felly . . .

Dangosodd yr Athro Hywel Teifi Edwards y math o fugail a
roddodd Ceiriog yn ei gerddi; gwnaeth ef y bugail yn arwr, yn
werinwr bodlon, diwyd a defnyddiol, ac yn gymar teilwng.[21] Yr oedd
yn gymeriad dibynadwy a chwbl dderbyniol i'r Gymru a oedd wedi ei
chynhyrfu gan bortread y Llyfrau Gleision. Yr oedd Talhaiarn yn
ormod o sgeptig i dderbyn portread o fywyd bugail a oedd mor bell
oddi wrth y bywyd real ar foelydd siroedd Dinbych a Threfaldwyn.
Nid yn unig fe'i magwyd gyda beirdd bywyd gwledig Llanfair a
Dyffryn Clwyd ond yr oedd hefyd wedi dod dan gyfaredd Byron a
Burns a'u sgeptigaeth hwy yn gynnar iawn yn ei fywyd. Yn 'Canto'r
Bugeilgerddi' yr oedd wedi gwawdio Ceiriog a Glasynys am ganu i
ffasiwn lenyddol yn hytrach na chanu am gymeriadau go iawn. Os
oedd y fugeilgerdd yn destun ei ddirmyg a'i wawd yn 1860, beth oedd
apêl y gystadleuaeth wyth mlynedd yn ddiweddarach, ar wahân i
uchelgais eisteddfodol? Yn un peth y mae'n dra thebyg iddo sylweddoli
mai bugeilgerdd yn ystyr Ceiriog a Glasynys i'r gair oedd ei *libretto*
helaeth, *Dyweddi Glyn Nedd* – y penillion am briodas wledig nas
defnyddiwyd. Ond y cerddorion a gâi glod am *libretto* a chantawd;
rhaid oedd i fardd wrth fugeilgerdd os am ennill anrhydedd prifardd.
Sylwyd hefyd ei fod erbyn hyn wedi darllen gwaith Pope a dod ar
draws ei 'Discourse on Pastoral Poetry', ac wedi gweld fod y bardd o
Sais yn caniatáu rhyw fath o drwydded farddol i awduron bugeilgerddi:
'We must use some illusion to render a Pastoral delightful, and this
consists in exposing the best side only of a Shepherd's life, and in
concealing its miseries.' Mabwysiadodd Talhaiarn syniadau Pope a
lluniodd fugeilgerdd sydd mor orlawn o ramant a sentiment ag yw
'Cigyddgerdd' o realaeth. Lluniodd 'Bugeilgerdd Eilonydd ac Eiluned'
yn dair rhan.[22] Yn y rhan gyntaf, disgrifir cartref y bugail a chanmolir
tŷ gwledig ar fynydd o'i gymharu â thŷ mewn tref:

Mae tŷ cysurus, parlwr glân,
Anneddle dedwydd mawl a chân . . .
O! llawer gwell yw hwn na mwg
A gwg y trefydd mawrion drwg.[23]

Yna disgrifir y bugail Eilonydd, Dan y Graig:

> Mae hwn yn fugail ac yn fardd,
> Ei gorff yn lluniaidd ac yn hardd.

Yn yr ail ran, cyflwynir ei gariadferch, ei rhieni a'i chartref, a hynny gyda chryn bwyslais ar geinder a choethder. Dyma'r Eiluned sy'n ferch i ffermwr cysurus a'i briod Elen Wyn:

> Y mae ei chalon mewn tangnefedd,
> Yn llawn o burdeb, ffydd a rhinwedd:
> Mae'n deg a gwylaidd yn ei galwad
> Am blesio'i thad a'i mam yn wastad.

Ceir adran fer ddramatig lle trafodir y farchnad, cyn symud at ddyweddïad Eiluned ac Eilonydd. Rhoddir y drydedd ran i'r briodas, y wledd a chân y digrifwas, a chloir y cyfan yn 'Yr Epithalmium', lle dyrchefir cariad a llawenydd gŵr a gwraig ac y dymunir dedwyddwch i'r ddeuddyn.

Math o faled serch, felly, yw bugeilgerdd Talhaiarn, wedi ei saernïo ar gyfer eisteddfod a chymdeithas a ddymunai weld delfrydau dyrchafol yn cael eu hamlygu i ddad-wneud y niwed dybryd a achoswyd gan adroddiad Comisiynwyr 1847. Nid oes yma arlliw o'r asbri iachus a welwyd yn ei fugeilgerddi yn 'Tal ar Ben Bodran'.

Pan ddeuir at ei bryddest fuddugol 'Castell Rhuthyn',[24] ceir y teimlad fod y bardd wedi cael testun wrth ei fodd – fframwaith o hanes gyda lle i'r dychymyg i lenwi'r manylion a chreu awyrgylch. Byddai'r elfen o wladgarwch ac edmygedd at Owain Glyndŵr hefyd wedi cyfrannu at yr awydd i lunio cyfansoddiad hanesiol teilwng. Trefnodd y gerdd yn bum adran, sef pedwar 'arlun' a diweddglo. Yn yr arlun cyntaf disgrifir ymosodiad Owain Glyndŵr ar y castell yn 1400. Y mae'r adran nesaf yn ymdrin â'r castell wedi iddo gael ei atgyweirio ac â gwledd briodas Jane Vychan a'r Arglwydd de Grey. Symudir i'r flwyddyn 1645 yn y pedwerydd arlun a disgrifir Siarl I yn y castell yn disgwyl am ymosodiad y Seneddwyr. Y mae ail ran yr arlun hwn yn disgrifio'r gwarchae ac yn cloi gyda disgrifiad o'r castell yn furddun wedi iddo gael ei ddymchwel yn ôl gorchymyn y Senedd. Yn y 'Diweddglo', cyfeirir yn fyr at adeiladu'r castell newydd ar ddechrau'r bedwaredd ganrif ar bymtheg. Yn ôl safonau'r cyfnod ar gyfer y cerddi maith y mae'r cynllun yn un effeithiol a'r ymdriniaeth â phob adran yn gytbwys a chymesur, ond cwbl faledol yw ei harddull. Dweud hanes mewn mydr sydd yma, gan newid mesur o bryd i'w gilydd yn ôl gofynion dramatig yr elfennau yn y stori. Aceniad rheolaidd pwyllog a glywir ar ddiwedd yr adran gyntaf, er enghraifft:

> Mae Nemesis yn dilyn drwg-weithredwyr,
> A chosp yn dilyn pechod yn ddiddiwedd:
> Pan ddaw y dydd a'r awr bydd gwae i'r treiswyr,
> Trosglwyddir hwynt yn aberth i ddialedd.

Y mae newid rhythm a phatrwm odli ar ddechrau'r ail adran yn tanlinellu'r olygfa newydd ac yn cyflymu'r ddrama:

> Pwy welaf yn dyfod yng ngrym ei wrhydri,
> A lluoedd o filwyr o dan ei faneri,
> A thymestl ei nwydau yn chwyddo ei ddwyfron,
> Ac ysbryd dialedd yn tanio ei galon?

Ceir Talhaiarn ar ei orau pan yw'n cyfleu symudiad a chyffro, fel yn y rhan lle disgrifir Owain Glyndŵr yn cyrchu am y castell – y math o ddisgrifio a gafwyd ganddo yn ei efelychiad o faled Burns:

> Fel corwynt yn rhuthro dros wyneb yr eigion,
> Gan hyrddio a rhwygo y tonnau brigwynion;
> Fel ffrydiau'r mynyddoedd ar ôl y glawogydd,
> Yn rhuthro i'r ceunant yn flin ac aflonydd.

Yn ei ddisgrifiad o'r castell wedi i'r Seneddwyr ei ddymchwel y mae ymgais i gyfleu awyrgylch – ymdrech sydd, er y diffyg cynildeb, yn llawer mwy llwyddiannus na'r disgrifio yn ei awdlau eisteddfodol:

> Yn ôl gorchymyn gwŷr y Senedd
> Y gwnaed y tyrau teg yn garnedd;
> Ni chlywir mwyach dincian arfau,
> Na rhwysg na gloddest rhwng ei furiau;
> Nac ymdrech rhyfel rhwng y pleidiau,
> Yn adsain yn ei ucheldyrau;
> Bu gynt yn drigfan creulon·elyn,
> Fu'n arglwyddiaethu ar y Dyffryn;
> De Grey a'i rymus orthrymderau,
> Yspeiliwr Cymry o'u meddiannau.

Ond daeth yn 'sglyfaeth i adfeiliant,
Machludo wnaeth ei holl ogoniant:
Mae llinyn annhrefn ar ei feini,
A drain ac ysgall a mieri,
Yn cynnwys oddi mewn ac allan,
Ddraenogod a ffwlbartiaid aflan;
Y wadd a'r 'stlum sydd yno'n llechu,
A chogfrain yn y muriau'n nythu.
Fel hyn y bu ei ystafelloedd
Dros gant a hanner o flynyddoedd,
Heb arwr, milwr, na gorthrymydd,
Na gwin na gwleddoedd, na llawenydd.

Er iddo gondemnio meithder cymaint o gerddi ei gyfoedion, methodd ef ei hun ag osgoi'r demtasiwn yn ei bryddest i bentyrru'r 'pictiwrs' fel y galwai hwy, ac felly lithro i undonedd rhyddieithol mewn mannau. Ond o'i amrywiol weithiau estynedig dyma'r gorau. Y mae yn y gerdd gynllun effeithiol, y mae'r adrannau wedi eu trin yn gytbwys, y mae unoliaeth glir iddi a gwelir cryn gamp ar y defnydd o fydr, rhythm a geirfa i gyfleu darlun a digwyddiad. Talhaiarn y baledwr sydd yma, yn canu heb alaw na thôn i'w gynnal, heb ddynwared neb ond yn barddoni gyda'i lais ei hun a'i asbri unigryw. Y bryddest faledol hon a roes i'r bardd yn Awst 1868 ei fuddugoliaeth eisteddfodol fwyaf.

13 ⊗ 'Yr Hen Walches Annhrugarog', 1869

Ar 12 Awst 1868, prin wythnos wedi iddo ddychwelyd o Eisteddfod Rhuthun yr oedd Talhaiarn yn anfon llythyr at Gwilym Cowlyd yn y cywair lleddf, pan ddisgwylid mwy o'r llon ar ôl ei lwydd-iant: 'Gobeithio fod twrw a miri yr Eisteddfod wedi llonyddu ynot. Symol ydwyf fi. Y mae tippyn o gout yn fy llaw dde, ac y mae arnaf ofn yr hên walches annhrugarog yn fwy na gŵr a chleddyf'.[1] Ar ddiwedd y llythyr byr dywed ei fod ar fin ceisio rhyw bum cant o danysgrifwyr i'w gyfrol ac felly yr oedd cryn waith o'i flaen. Byddai'r pyliau cyson hyn o'r gowt ac amheuaeth ynglŷn ag effeithiolrwydd y llawdriniaeth a gafodd cyn gadael Battlesden wedi ei argyhoeddi'n derfynol na allai mwyach ddisgwyl gwneud bywoliaeth gyson ac y byddai angen rhagor o arian na'r blwydd-dâl at ei gynhaliaeth a'i ddiddordebau. Fe ymgymerodd â chynllunio ac adeiladu tŷ i gwsmer preifat yn y fro yn 1868 ac 1869 a gwyddys iddo arolygu'r gwaith hwnnw,[2] ond yr oedd angen mwy o sicrwydd arno na chomisiynau ysbeidiol. Dyna un rheswm arall dros anfon llythyr at Benjamin Disraeli, y prif weinidog, yn Awst 1868 yn erfyn pensiwn fel bardd a llenor:

> Hafod-y-Gân
> Llanfair
> Abergele
> Denbighshire.
> Aug. 15 1868

To
The Rt. Hon. B Disraeli, M.P.
Premier, etc. etc.

Sir,
I pray you to be good enough to pardon me for addressing you. I am a Welsh poet, and the favourite writer of Welsh songs for the Welsh

people. Three years ago I returned to my native village invalided, after having been a clerk of the works under the late Sir Joseph Paxton for fifteen years. First at the Baron M A de Rothschild's beautiful mansion at Mentmore – afterwards at the Baron James de Rothschild's mansion ar Ferrières près Lagny, France, and lastly at Sir Edwd. Page Turner's mansion, at Battlesden, Bedfordshire.

The gout has tortured my right hand to such an extent, that I can only use it for an hour a day in writing or drawing, and, consequently, I can earn but very little with it. My countrymen, taking this into consideration, presented me, as their favourite poet, with an annuity three years ago of £41 a year.

No man can live decently on this sum. I therefore humbly approach you with the hope that you will be good enough to grant me a pension from the literary pension fund at the service of the Government. It may be said that talent power and genius command a market. So they do in England, but in Wales the case is different. Few Authors or Publishers of Welsh Books gain much by them, as the circulation is so small. It may be asked why I did not write for the English? The answer is, that I do not represent the English character, but I am a personification of the more impulsive and more impassioned character of my own countrymen. I cannot tickle the English heart, in a loyal or patriotic song, through the medium of their language, as I do the Welsh heart through the medium of our own. It would be as reasonable to expect a Frenchman to write English poetry as a Welshman to do so with any effect. Poetry springs naturally from the genius of a people in their own language, but as you know this much better than I do, I need not enlarge on this head.

I never heard of a literary Welshman being pensioned, and I believe if you would kindly grant me one, it would not only be a great favour to me, but a compliment to my country. I am well known to Sir Watkin Williams Wynne, Bart. the member for our county, and to several other Welsh members, but I look up to Sir Watkin as my chieftain, and entrust the presentation (or the forwarding) of this letter to him.

I may be permitted to state that I have always belonged to the conservative side in politics. I am now fifty eight years of age and too old and too gouty for work. I beg leave to apologize for trespassing on your valuable time,

and I have the honour to remain, Sir,

Your most obedient faithful servant,

John Jones

(Talhaiarn)[3]

Aflwyddiannus fu'r cais a bu'n rhaid i'r bardd fyw ar ei flwydd-dâl, mân enillion am ychydig o waith pensaernïol lleol a chaneuon i Owain Alaw. Pwysicach fyth yn awr, felly, oedd ymroi iddi i gyhoeddi ei drydedd gyfrol a cheisio gwneud ychydig elw o'r gwerthiant. Nid gwaith bychan oedd hwnnw – ysgrifennu i sicrhau'r tanysgrifwyr, anfon llythyr i ddweud fod y llyfr ar ei ffordd ac amgáu'r bil, ac yna anfon y bil yn ôl gyda'r dderbynneb. Gwaith araf hefyd yn sicr i un na allai weithio â'i ddwylo ond am gyfran o'r dydd, ac ychwanegwyd yn ddirfawr at y dasg gan arafwch rhyfeddol ac annisgwyl ei gyhoeddwr, Gwilym Cowlyd, ym mhob agwedd o'r gwaith.

'Efelychion o hên Ganeuon Saesoneg' oedd y pennawd a roes y bardd ar y gwaith diweddaraf i Owain Alaw a dyma'r caneuon, neu gyfran dda ohonynt, a ymddangosodd yn *Ceinion Alawon Seisnig.* Efelychiadau o gerddi Saesneg sydd yn y casgliad a'r rheini yn gerddi ar alawon gan gyfansoddwyr adnabyddus, nid ar geinciau traddodiadol Saesneg fel yr awgryma teitl Owain Alaw. Gwaith a wnaed rhwng Mehefin a Hydref 1868 yw'r efelychiadau hyn a chafodd y bardd bum punt amdanynt gan y cerddor. Bernir bod o leiaf dair ar ddeg o efelychiadau yn y pecyn pum punt hwn, pecyn a gynhwysai eiriau i 'Cherry Ripe', 'Lilla's a Lady', 'Alice Gray', 'The Maid of Llangollen' a'r cyffelyb.

Gwelwyd yn gynharach fod Talhaiarn yn ddyn trefnus gyda'i waith a chyda'i bapurau llenyddol. Cafodd gydweithiwr derbyniol yn Owain Alaw ond, pan oedd ei angen yn fwyaf am ddyn busnes dibynadwy i ysgafnhau ei faich, cafodd ei hun yn nwylo gŵr diarhebol o araf a di-ddal, sef ei gyfaill Cowlyd. Tra oedd y bardd wedi sicrhau â'i ymdrechion ei hun yn agos i dri chant o danysgrifwyr cyn Nadolig 1868, yr oedd ei gyhoeddwr ond prin wedi dechrau cysodi. I ychwanegu at anesmwythyd y bardd am yr oedi canfyddai fod Cowlyd yn cymysgu proflenni ac yn rhoi'r rhai anghywir yn y post i Lanfair. Ar ôl saith mis o annog a chwyno am yr arafwch, cynddeiriogwyd Talhaiarn ymhellach gan gais o Lanrwst i newid y telerau ynglŷn ag amseru'r tâl am y gwaith. Yr oedd yn ganol Chwefror 1869, a gwrthododd y bardd newid y cytundeb a gellir deall pam:

Y mae'n ammhosib imi beidio a rhegu a rhwygo ynghylch yr annibendod sydd wedi cymeryd lle. Ond pe baech chwi yn gwneud ymdrech i fyned i ben y siŵrne yn fuan a hwylus, byddem yn ffrindiau etto . . . Derbyniais Form heddyw o page 185 i 200. Ond yr wyf heb dderbyn y Form o page *169* i *184.* Daeth y Form i law heddyw o page 105 i 120, yr hon y bum yn cwyno yn ei chylch.[4]

Wedi anfon ei restr derfynol ef o danysgrifwyr i'r argraffydd ar ddechrau Mawrth 1869, yr oedd yn gysurus fod gwerthiant o ryw 620 copi yn ddiogel allan o'r cytundeb am 720. Rhaid oedd aros mor amyneddgar ag y gallai i Gwilym Cowlyd ddwyn y gwaith i ben.

Ni fu'r bardd â fawr o ddim i anfon i'r wasg a'r cylchgronau pan oedd yn ymdopi â'i ofalon wedi dychwelyd i Lanfair i fyw. Tra'n aros am ddeunydd ynglŷn â'i gyfrol darllenodd yn y wasg ganol y Mawrth hwnnw lythyrau gan Eos Meirion a Brinley Richards ynglŷn â statws y delyn a'r telynor yn y Gymru gyfoes. Eos Meirion a gynhyrfodd y dyfroedd trwy awgrymu nad oedd y delyn yng Nghymru wedi bwrw heibio ei chysylltiad â'r dafarn, serch ei fod ef wedi ceisio ei dyrchafu, ac yn wir wedi rhoi iddi statws yn y palas brenhinol! Ni allai Talhaiarn ymatal rhag datgan ei farn a gwnaeth hynny mewn llythyr sylweddol ei faint a difyr ei gynnwys:

Sir, – I am glad that our friend, the eminent musician and worthy patriot, Mr. Brinley Richards, has pleaded the cause of our national instrument with so much zeal and good will, and I wish him all success.

In your leading article of last week you state, 'In Llanover Hall alone is to be found a representative of those once attaches of Welsh nobility – the Welsh Harpers.' This is a mistake, for the worthy baronet of Bodelwyddan, Sir Hugh Williams, keeps a genuine Welsh Harper who plays on the old instrument in the Welsh style every day at dinner, and at other times when called upon. Mr Ellis Roberts implies that there is neither an opening nor encouragement for the Welsh Harp among our nobility and gentry. This is true, and it might be said that the harpers and the people have no zeal in the cause. A harper takes naturally to the pedal harp, which has a fuller and rounder tune, and gives him much less trouble, for he can modulate from one key to another by touching the pedals.

With the Welsh harp you have to screw or unscrew several strings to produce modulation, and this is sufficiently disagreeable!

The Dissenters are responsible to a certain extent for the decline of our national instrument. Forty or fifty years ago they looked upon the harp as a vile instrument of Satan; but I believe that the Dissenters of the present day are not so foolishly bigotted, and that they love the sweet tones of the harp as well as other people. I do not like my friend Ellis Roberts' sneer at the beery atmosphere of the pot-house. For my own part I prefer the rude, rough and ready wit of the public-house, to the polished inanities of the drawing room.[5]

I gloi'r llythyr cyfeiria at ei brofiad yn ddeunaw oed yn nhafarn Efenechdyd gyda'r teiliwr a'r gof ac eraill:

> There we used to have penillion singing of the old stamp full of gaity [*sic*] and animation. The penilliong [*sic*] singing of the Eisteddfod platform of the present day is no more to be compared with the penillion singing of old than I am to be compared with a bishop.

Ar 22 Ebrill 1869 y mae tinc addawol yn ei lythyr ynglŷn â'r drydedd gyfrol. Dywed wrth Gwilym Cowlyd ei fod yn bwriadu dod i Lanrwst yn nechrau mis Mai i gasglu a thalu am y llyfrau, a'i fod am roi cinio yno i dri, sef Gwilym Cowlyd, Trebor Mai a rhyw Parry, 'and we shall drown all former unpleasantness in cwrw da, wine or whiskey toddy'. Aeth Mai yn Fehefin ac yna'n ddechrau Gorffennaf heb fod y cyflenwad llawn o'r llyfrau ar gael:

> Gwilym Cowlyd,
>   Diawl a dy sgubo di, a melldith dy nain i ti. Paham yr wyt yn tynu fy mherfedd yn gyrbibion yn fy mol efo'r cythrauleiddiwch ysgymun yma. Pe buasit yn Brinter i Job, buasai hwnnw, er maint ei amynedd yn dy regu a'th felltithio, ac yn dweyd – 'Tywyllwch a chysgod marwolaeth a'i halogo, ac arhoed cwmwl arno; dued y diwrnod a'i dychryno.' Gâd i mi gael y rhelyw o'r llyfrau yn uniongyrchol, gael imi orphen yr hen job xxxxx yma, a gael i tithau gael dy arian a llonyddwch.
>   Yr eiddot
>   Yn chwerwyn a choegyn cyffröus,
>   Talhaiarn.[6]

Wrth ymdopi â'r gwaith o ddosbarthu'r gyfrol rhaid oedd ychwanegu llythyr i ambell eisteddfodwr. Cafodd Ceiriog gynnig y gyfrol am *trade price* ond cafodd Gwynionydd gopi am ddim gan iddo, yn y mis Gorffennaf tyngedfennol, anfon copi o'i lyfr *Enwogion Ceredigion* i Dalhaiarn. Hwn oedd y Parchedig Benjamin Williams y daeth y bardd i'w adnabod pan oedd yn gweithio ar eglwys Tre-main ac a fu, fel Talhaiarn, yn eisteddfodwr rheolaidd.

Teitl y drydedd gyfrol oedd *Gwaith Talhaiarn* a chyflwynodd hi i'w 'gyfaill cywir galon, Gwrgant, gyda serch a pharch' – cyflwyniad teilwng i un o'r Cymreigyddion a fu'n gadarn ei gefnogaeth i'r bardd ac a drefnodd ei fod yn cael y blwydd-dâl. Ar y wyneb-ddalen hefyd, argraffwyd cyfarchiad i'w ddarllenwyr:

Wele'r trydydd tro i geisio eich boddio, ac efallai mai hwn fydd yr olaf. Byddwch wych a doeth a dedwydd,

TALHAIARN

Ychydig iawn a geir yn y gyfrol hon nas cyhoeddwyd ynghynt yn rhywle arall – yng nghyfrolau'r cerddorion neu yn y wasg yn bennaf. Y mae rhyw draean o'i gyfrol wedi ei neilltuo i ddeunydd yn Saesneg ac fe gymer awdl Abertawe, ei bryddest, ei gantawd a'i fugeilgerdd ddarn helaeth o'r adran Gymraeg. Ar wahân i'w awdl ac un englyn achlysurol nid oes ynddi ddim gwaith mewn cynghanedd – nodwedd sy'n tanlinellu cymaint o'i ymdrechion rhwng 1862 ac 1869 a sianel- wyd i'r caneuon a'r 'songs'. Dengys y dystiolaeth am ei gyflwr dros y ddwy flynedd a hanner diwethaf fod ysgrifennu'n boendod corfforol iddo a bod llenydda yn graddol fynd yn drech nag ef. Nid gwendidau Gwilym Cowlyd a barodd i Dalhaiarn ddweud mewn llythyr ato ar drothwy Nadolig 1868: 'I want to have this book out so that I may shut up my Bardic Shop forever.' Gwelai fod ei gyflwr yn gwaethygu ac nad oedd pall ar yr ysbeidiau o anobaith a ddeuai yn sgil y boen a'r dyddiau o gaethiwed. Serch hynny, ac ar ôl yr holl oedi, fe gafodd weld ei lyfr yn ymddangos ac fe lwyddodd i orffen dosbarthu'r gyfrol cyn yr hydref pan ddaeth angau i ddiffodd y golau a chau llenni'r siop am byth.

Defnyddiodd ei chwaer Anne y gair *invalid* i ddisgrifio cyflwr ei brawd wedi iddo symud i fyw ati hi a'i theulu yn Hafod y Gân yn Ionawr 1866.[7] Cyfeirio yr oedd hi at y ffaith fod Talhaiarn wedi cael llawdriniaeth ar y bledren yn 1864 a bod yr aflwydd newydd, ynghyd â'r gowt, yn peri pyliau o boen a'i gorfodai i aros rai dyddiau yn ei wely. Bryd hynny byddai'n dra isel ei ysbryd. Serch mai pyliau o gaethiwed a ddioddefodd bu dirywiad graddol yn ei gyflwr. Rywbryd tua haf 1869 y mae'n ymddangos i'w gyflwr ddwysáu gan fod gwen- wyno ar lif y gwaed a hynny'n cymylu'r ymennydd a pheri dryswch, yn y meddwl. Er mai ysbeidiol oedd y dryswch, synhwyrai'r bardd nad oedd gwella i fod. Cyfnod o boen arteithiol ac iselder ysbryd dybryd fu wythnos gyntaf Hydref 1869, ac yn gynnar ar nos Sadwrn, 9 Hydref, pan oedd yn ei gadair wrth dân ei lofft, cymerodd bistol i roi terfyn ar ei fywyd. Methiant fu'r ymdrech ac ni lwyddodd i wneud fawr niwed ac eithrio i ran o un glust. Digwyddai fod ei gyflwr gwaelodol eisoes wedi dirywio'n sylweddol, a dirywiodd fwyfwy dros yr wyth diwrnod canlynol. Ar fore Sul, 17 Hydref 1869, bu farw Talhaiarn. Oherwydd amgylchiadau anghyffredin ei ddiwedd, rhaid oedd cynnal cwest i'w farwolaeth ac yn y cwest hwnnw dyfarnwyd i'r bardd farw o achosion naturiol.

Cynhaliwyd gwasanaeth ei angladd yn Eglwys Llanfair Talhaearn a rhoddwyd ei weddillion i orffwys yn y fynwent gerllaw ym medd ei hynafiaid o du ei fam. Codwyd y golofn wenithfaen sydd ar y bedd yn fuan wedi marw Talhaiarn a rhoddwyd arni ddelw efydd o wyneb y bardd, o waith Mynorydd, ac englyn o waith Aled o Fôn:

> Is y golofn ddwys, gwelwch yr huna
> Gŵr annwyl mewn heddwch;
> Awdur cân a diddanwch
> Ei wlad, anrhydedd i'w lwch.[8]

Wedyn, trefnwyd cystadleuaeth yn Eisteddfod y Rhyl 1870, lle gofynnid am dri phennill i roi ar fedd y bardd. Dyfarnodd Ap Fychan a Nicander mai tri englyn gan Islwyn oedd yn fuddugol, a phan drefnodd brawd Talhaiarn i roi carreg newydd ar wyneb y bedd, argraffwyd englynion Islwyn arni:

> Y maen yma guddia mewn hedd—brofedig
> Brif awdur o Wynedd,
> Ow! rifo bardd mor ryfedd,
> Addfwynaf ŵr, i ddwfn fedd.
>
> Ei barodlawn bêr hyawdledd—a'i fyth
> Gyfoethog arabedd,
> A'i gân gwyd i ogonedd
> A'i fawl byth uwch gafael bedd.
>
> Talhaiarn, eto oleua—ei wlad
> A'i lên ardderchoca';
> Rhyw ail gof anfarwol ga
> Gu Eilydd tra bo Gwalia.[9]

Fel hyn y sicrhawyd beddfaen hardd i Dalhaiarn wrth borth y fynwent – llecyn heb fod ond ychydig droedfeddi o'r Harp lle y gwelodd gyntaf olau dydd.

14 ∞ Diweddglo

NID pob bardd o Gymro a gaiff bedwar englyn ar ei fedd ond fe ddigwyddodd fod llinellau Aled o Fôn ac Islwyn wedi crisialu allan o gymhlethdod ei fywyd y nodweddion a oedd yn gwneud Talhaiarn yn gymeriad mor ddiddorol. Disgrifiwyd ef fel un oedd yn awdur diddanwch ac yn llenor, a chyfeiriwyd at ei anwyldeb, ei addfwynder, ei huodledd a'i arabedd; ond tybed ai'r cymal 'bardd mor ryfedd' yn englyn Islwyn sy'n adlewyrchu orau syniad mwyafrif ei gyfoeswyr yng Nghymru a Lloegr am ddyn mor amlochrog. Disgrifiodd ei gyfaill Guto o Lŷn ef fel 'Penadur wyt! ein Pindar od',[1] ac yr oedd yn gymeriad ac yn dipyn o ryfeddod yn ei ddydd.

Wrth ddilyn hynt a helynt ei fywyd ni ellir osgoi'r ffaith mai personoliaeth fwy cymhleth na'r cyffredin oedd Talhaiarn ac, yn ddiau, bu'r amrywiaeth profiad yn ei yrfa broffesiynol yn fodd i ddyfnhau'r cymhlethdod hwnnw. Ni ellir llawn werthfawrogi ei waith heb gadw mewn cof iddo gael ei eni a'i fagu mewn bro lle'r oedd arferion a phatrymau bywyd y ddeunawfed ganrif yn dal yn fyw iawn a'i fod wedyn wedi treulio hanner ei oes y tu allan i'r bywyd hwnnw, ac ugain mlynedd o'i oes yn alltud yn Lloegr a Ffrainc. O natur radlon a hynaws, a hoff o gwmni llenorion yn arbennig, yr oedd yn gwbl allblyg ac afieithus tu hwnt ymhlith cyfoedion o Gymry oedd yn barod i wrando ar ei ddawn yn hel straeon, yn adrodd ac yn canu penillion. Dyma'r wedd ar ei bersonoliaeth a welai cynulleidfa mewn cyngerdd ac eisteddfod. Eto, treuliodd ran helaeth o'i oes y tu allan i'r gymdeithas Gymreig a allai werthfawrogi'r elfen heintus, hyderus hon o'i bersonoliaeth, a daw'n amlwg ei fod yn y bôn yn ddyn unig. Er mor gynnes oedd cymdeithas y Cymreig-yddion, prin fu blynyddoedd y gyfathrach a mynych y teithio o gyrraedd cyfeillion Llundain. Ac fel cynrychiolydd Paxton yn Mentmore, Ferrières a Battlesden yr oedd allan o gyrraedd unrhyw gymdeithasu Cymreig rheolaidd. Cydnabu sawl gwaith ei fod yn feudwyaidd unig y tu allan i oriau gwaith a gellir deall sut yr oedd ei ymweld â'r Harp ac uchel-wyliau Cymru yn ddihangfa o'r unigrwydd. Byddai cael bod yn ganolbwynt y miri a'r sylw yn therapi ysbeidiol at y felan, sef y duedd at bruddglwyfni a ddeilliai yn rhannol o'i natur, yn rhannol o'i feudwyaeth ac yn rhannol o'i ymwybod ag aflwydd y gowt a'i plagiodd yn gynnar iawn yn ei fywyd. Bu'r pendilio rhwng afiaith a phruddglwyfni yn nodwedd gyson o'i lythyra a'i lenydda hyd at fisoedd olaf ei fywyd.

Math o bendilio a welir hefyd yn yr anghysonderau sydd yn ei sylwadaeth ar fywyd, lle ceir gwrthebau amlwg, a nifer yn bradychu diffyg dyfnder yn yr ymresymu. Canmolai Ryddid ond dirmygai y chwyldro wrth frwydro i'w ennill: pleidiai ymyrraeth filwrol ar ran Prydain ond casâi ryfel a thywallt gwaed: plediai achos rhamant a sentiment ond plediai hefyd y realaeth a'r foderniaeth i sicrhau hanfodion byw a bod. Ni fynnai weld y Gymraeg yn marw ond ni fynnai y cymhwysiad gwleidyddol i'w diogelu fel iaith at bob diben. Dadleuai achos eisteddfod fel gŵyl y Cymry ond ar yr un pryd dadleuai yn erbyn eisteddfod uniaith Gymraeg. Rhydd yr argraff o bendantrwydd credo yn aml ond cafwyd cryn ansicrwydd ac amwysedd yn llechu o dan y brawddegu bachog a'r tincial telynegol.

Yn y maes llenyddol wedyn dangosodd uchelgais amlwg ac anghyffredin o gyhoeddus i dyfu'n fardd poblogaidd, a synhwyrai y gellid gwireddu'r uchelgais trwy efelychu Huw Morys, Robert Burns a Thomas Moore; ond cymaint oedd ei uchelgais fel y bu iddo adael ei eilunod yn fuan a mynd ati i gystadlu ar awdl pan oedd prin wedi ymarfer y gynghanedd heb sôn am ei meistroli. Dyna gymhlethu pellach ar ei fywyd personol a'i bersona cyhoeddus.

Un peth y bu'n gwbl gyson ynglŷn ag ef yn ei fywyd oedd ei geidwadaeth. Yn eglwyswr ac wedi ei fagu yng nghysgod Plas Garthewin, nid amheuodd erioed y geidwadaeth draddodiadol y tyfodd i fyny ynddi. Arweinwyr a noddwyr cymdeithas oedd y boneddigion iddo ac ar y brig yr oedd y frenhiniaeth. Synhwyrai ysbryd chwyldro yn y tir ond tueddai i weld chwyldro a radicaliaeth yn gyfystyr â therfysg. Yng Nghymru, gwelai radicaliaeth yn tyfu ochr yn ochr ag Ymneilltuaeth ac yr oedd hynny'n anathema arbennig iddo gan fod 'crefyddol feddwi', piwritaniaeth a dirwest nid yn unig yn magu cyffro ymysg pobl gyffredin, ond hefyd yn porthi'r rhagfarn biwritanaidd yn erbyn adloniant y beirdd, y dafarn a'r delyn. Hyn a gyfrif am ei feirniadu llym ar gynifer o'r pethau a ystyrid yn gysegredig gan ei gyd-Gymry. Bu'n eofn yn mynegi'r feirniadaeth a bu'n dra amhoblogaidd am wneud hynny. Yr oedd yn ymwybodol fod ei syniadau a'i ddull miniog o'u cyhoeddi yn creu gelynion iddo ond glynodd wrth ei safbwyntiau, gan ychwanegu at ei ymdeimlad o arwahander ac unigrwydd yn ei berthynas â Chymru. Cafodd gyfle i weld y dosbarth canol newydd yn lledu ei esgyll yn Nottingham a Llundain, a chafodd gipdrem ar gyfoeth arallfydol y Rothschilds. Gallodd fwynhau peth o foethusrwydd a chysuron y cyfoethogion ond heb elwa dim yn ariannol o'u golud. Fel un yn sylwi ar y cyfoeth yn hytrach na'i dderbyn, fe atgyfnerthodd y gweddau hyn ei ymdeimlad mai diflanedig yw cymaint y mae dynion yn ymgyrraedd ato mor ddyfal.

Ni roddwyd fawr sylw i waith proffesiynol Talhaiarn gan fywgraffwyr ei ganrif ei hun ac eithrio eu bod wedi gwneud yn fawr o'i gysylltiad ag adeiladu'r Palas Grisial. Ceisiwyd dangos yma iddo gael ystod helaeth o brofiad pensaernïol a bod natur ei brentisiaeth wedi ei arwain at brosiectau sylweddol. Yr oedd Pool Park, Carchar Trefaldwyn, Y Faenor ac Eglwys Dewi Sant, Bingham a Nottingham yn fentrau o faint cyn iddo ymuno â Paxton, a byddai wedi cael cip ar amrywiol weddau ar fywyd yn yr ardaloedd hyn pan oeddynt oll mewn cyfnod o gryn newid. Yr oedd cael bod ar flaen y fenter gyda'r Palas Grisial – yn Spring Gardens ac ar safle'r palas – yn brofiad pensaernïol unigryw, gan mor chwyldroadol oedd dyfeisgarwch Paxton ei hun a'r cyfuniad newydd o grefftwyr a gasglwyd at ei gilydd i ddarparu'r adeilad enfawr. Bu'n brofiad a ddangosodd i Paxton fod yn Nhalhaiarn ŵr proffesiynol o athrylith a phersonoliaeth y gellid ymddiried ynddo, ac ymddiried ynddo a wnaeth trwy ei osod i gyfarwyddo'r gwaith uchelgeisiol yn Mentmore, Ferrières a Battlesden. Rhoddwyd dan ei ofal ugeiniau o grefftwyr a labrwyr i weithio ar y gweithfeydd, a hynny ar dri safle lle'r oedd angen cryn fraenaru a chynllunio cyn bwrw i'r gwir waith o adeiladu. Trueni nad oes i ni fwy o dystiolaeth am ei fywyd bob dydd ar y prosiectau mawr hyn ond o'r hyn a wyddom, ceir mai gŵr proffesiynol fanwl, cysact ac artistig oedd Talhaiarn, ac yn un a roddai bwys ar warchod buddiannau cwsmer a meistr trwy sicrhau enw da'r gweithwyr dan ei ofal ymhlith y bobl leol. Dau adeilad yn unig y gwyddom yn bendant mai'r bardd oedd eu cynllunydd a'u pensaer, sef eglwys Tre-main a Pen-y-bont, y tŷ preifat yn Llanfair. O'r ddau, yr eglwys fyddai'r prawf pennaf a dengys yr ychydig lythyrau perthnasol fel yr ymhyfrydodd y bardd yn amrywiol arweddau pensaernïaeth eglwysig wrth weld ei gynllun yn dwyn ffrwyth. Yn naturiol, disgwylid i glerc y gweithfeydd fod yn fanwl gywir gyda manylion ei fesuriadau a'i ddefnyddiau, ond dengys yr enghreifftiau prin yr un manylder cywir gyda materion eraill hyd at y diwedd. Wrth gyfathrebu ynglŷn â'r tŷ newydd yn Llanfair ychydig wythnosau cyn ei farw, gwelwyd ef yn ysgrifennu llythyr o gyfarwyddyd manwl am y modd yr oedd am weld y papurau punnoedd yn cael eu hanfon o Loegr fel y gallai eu derbyn yn ddiogel a rhoi cyfrif am bob un ohonynt. Pan ddaeth ei frawd i drin ystad Talhaiarn cafodd lyfr cyfrifon y bardd yn gywir i'r ddimai.

Bu nifer o'i gyfeillion a adwaenai ei fyfiaeth ddiniwed ac a fu'n anesmwyth ynglŷn â'i ragfarnau crefyddol yn barod i gydnabod ei fod yn ddyn a chanddo ddawn llwyfan a enynnai edmygedd y dorf yn Gymry a di-Gymraeg. Ar wahân i'w feistrolaeth ar y ddwy iaith yr oedd ganddo wybodaeth eang anghyffredin am alawon Cymru, a sawl gwlad arall o ran hynny, a gellir barnu fod ganddo gof rhyfeddol am farddoniaeth o bob math. Byddai'r cyfuniad o ddawn areithio, y cof, a'r canu gyda llais melodus yn creu argraff fawr ar gynulleidfaoedd nad oedd yn talu sylw rhy fanwl i sylwedd y geiriau. Y doniau hyn a'i gwnaeth yn gymeradwy i eisteddfodwyr cyffredin ac ymddengys mai ef oedd y cyntaf i wneud y swydd o arweinydd mewn eisteddfod yn swydd o bwys. Ychwanegodd at ei ddawn fel perfformiwr ffraeth trwy hyrwyddo'r rhaglenni o'r llwyfan yn foneddigaidd ac yn drefnus, a gallai wneud argraff arbennig pan fyddai yn cydarwain gyda Chlwydfardd gan fod y ddau yn darparu yn effeithiol ymlaen llaw. Cyfraniad mwy parhaol o'i eiddo oedd y pwyslais a roddodd ar gydnabod yr Eisteddfod Genedlaethol fel hyrwyddwr a cheidwad y safonau diwylliadol yng Nghymru ac fel ceidwad anrhydedd Gorsedd y Beirdd.

Daeth yn beth ffasiynol i'r artistiaid a'r cerflunwyr greu delwedd ramantaidd o'r 'Bardd' yng Nghymru, yn arbennig yn ail hanner y bedwaredd ganrif ar bymtheg, a dangoswyd gan Peter Lord fel y mae un o bortreadau Roos o Dalhaiarn ei hun yn nodweddu'r proses hwnnw. O ddilyn ysgrifeniadau Talhaiarn fe welir ei fod ef, ar ddechrau'r ganrif, wedi gweld fod i brydyddion statws arbennig a bod i feirdd ryw *mystique*, ni waeth pa mor gyffredin oeddynt o ran eu bywyd beunyddiol, a manteisiodd ar ei gyfle mewn eisteddfod a chyngerdd i gyhoeddi bwysiced yw'r bardd a'r 'bard'. Cyn dyfod y rhamantu artistig ar fod yn fardd yr oedd Talhaiarn yn ei berson, yn ei enw barddol ac yn ei lythyrau wedi hen ddatgan fod perthyn i frawdoliaeth y B fawr yn rhoi i ddyn statws arbennig. Beirniadwyd ef gan lawer yn ei ddydd, ac wedi hynny, oherwydd y lol a'r ofera a nodweddai ei ymwneud â'r beirdd ond, os oedd ar brydiau yn 'hen lolyn', rhaid yw ei restru ymhlith yr amlycaf a barodd fod y fath aura o gwmpas y prydydd yn aros ymhlith cyffredin gwlad mewn llawer ardal yng Nghymru heddiw.

Wrth geisio crynhoi ei arwyddocâd fel llenor, priodol yw nodi yn gyntaf pa mor dderbyniol y bu nifer o'i gerddi er gwaethaf y rhag-farn yn erbyn ei gynnyrch. Hyd at flynyddoedd cynnar yr ugeinfed ganrif bu nifer o'i gerddi yn hynod boblogaidd fel caneuon. Yn 1930 gallai T. Gwynn Jones ddweud amdanynt: 'Byddai gweision ffermydd yn eu canu pan oeddwn i yn hogyn',[2] ac yn yr un flwyddyn dyna oedd tystiolaeth J. Glyn Davies:

> Clywais 'Y ddeilen ar yr afon' yn nrawing -room y cyfoethog; cenid hi gan ddwy yn perthyn i'r sect fanylaf. Am ychydig funudau yr oedd Talhaiarn gydradd â Phantycelyn. Clywais ganu'r 'Ddraig ddrwg ddragon' gan griw sgwner mewn tŷ tafarn, nes boddi sŵn y delyn. Clywais 'Gwenno fwyn gu,' a 'Mae Robin yn swil', a 'Mae genyf dŷ cysurus,' beunydd gan forwynion fy mam, ac wedyn, ymhen blynydd-oedd, wrth dân ar lawr, o dan y sêr ar draeth anghysbell yn New Zealand. Yn wir, aeth 'Gwenno fwyn gu' drwy'r wlad fel tân gwyllt.[3]

Bu llawer o ganu hefyd ar 'Gogoniant i Gymru', 'A welsoch chi 'rioed mo Elin merch Megan', 'Henffych well i wlad fy nghalon', ac 'Rwyf fel colomen wen' – y tair olaf ar alawon traddodiadol. Ym myd yr alawon a'r canu gwerin y deffrowyd gyntaf ei ddiddordeb mewn llenydda, ac wrth lawenhau fod y delyn a'r alawon yn cael croeso newydd yng Nghymru y lluniodd un o'i lythyrau cyhoeddus olaf. Yn yr ymwneud hwn â thraddodiad yr alawon a chanu gyda'r tannau, bu'n gwbl allweddol yn pontio dwy ganrif, gan wneud hynny gydag arddeliad a chydag ymwybod o arbenigrwydd y traddodiad i'w Gymru. Wrth ddehongli rhan o'r traddodiad am ein barddoniaeth a'n halawon fe gyfrannodd hefyd at y proses o ddeffro ymwybod Cymru â'i gorffennol.

Pwysleisiodd Talhaiarn yr angen am feithrin arddull Gymreig mewn rhyddiaith a barddoniaeth. Dangosodd gyfoethoced oedd yr iaith Gymraeg a bod iddi adnoddau unigryw, ac anogodd barch i'w hynodion, yn idiom, diareb a chynghanedd. Ceisiodd ddadansoddi ac arbrofi gyda'r elfennau mewn ieithwedd farddonol y tybiai ef eu bod yn addas i gerddi telynegol, ac ymegnïodd i ddatblygu iaith alawaidd a pherseinedd fel offer ar gyfer cyfansoddi yn y mesurau rhydd. Anogodd y beirdd i edrych am batrymau yn nhrysorfa eu gwlad eu hunain cyn chwilio dramor, gan iddo ef ganfod amrywiaeth rhythmau, amrywiaeth mydr ac amrywiaeth hyd a phatrwm yng ngwaith beirdd Cymru. Y grefft a'r dechneg, a'r ymwybod â thraddodiad yr iaith, yw pennaf gyfraniad Talhaiarn yn natblygiad y canu rhydd. Dangosodd hefyd fod barddoniaeth Gymraeg yn gyfrwng i draethu profiadau anghysurus yr unigolyn yn eofn a chroyw ac, yn y penillion ar fesur Byron, mewn ambell englyn a hyd yn oed mewn sawl telyneg fe fynegodd emosiynau dyfnaf ei brofiad – edifeirwch, hiraeth, sinigaeth ac unigrwydd. Yn ei delynegion gorau llwyddodd i gywasgu rhyw wedd ar y profiad dynol rhwng ffiniau dau neu dri phennill, ac wrth wneud hynny dangosodd sut y gallai'r delyneg hithau dyfu'n gyfrwng i roi myfyrdod diffuant a hunanfynegiant dilys ar gynfas cynnil. O blith ei holl gynnyrch y mae'n sicr mai ei waith yn arloesi yn y cwr hwn o'r maes llenyddol oedd cyfraniad pwysicaf Talhaiarn. Bu ymhlith y beirdd hynny a fu'n paratoi'r ffordd ar gyfer telynegion mwyaf gafaelgar yr ugeinfed ganrif. Bu hefyd yn hwyluso'r ffordd i'r cerddorion mewn cyfnod diweddarach a welodd mor dda y gellid priodi telynegion cofiadwy â seiniau cerdd, gan ennill calon y genedl a chalonnau llawer o Gymry alltud yr un pryd.

Ffynonellau

AFWYD braslun byr o fywyd Talhaiarn yn fuan wedi ei farw gan Lyfrbryf (Isaac Foulkes) yn yr atodiad i *Geirlyfr Bywgraffiadol o Enwogion Cymru* (Lerpwl, 1870), tt.1094–5. Yn *Y Geninen*, 6, Rhif 4 (1888), tt.282–7, ceir erthygl arall ganddo tebyg i'r uchod, ond fe ychwanegodd ambell gymal gan roi inni y braslun bywgraffiadol gorau sydd ar gael o ganrif y bardd ei hun. Cyhoeddwyd sawl crynodeb bywgraffyddol am fywyd Talhaiarn gan eraill wedi hynny, ond cefais mai'r braslun o eiddo Llyfrbryf a oedd y gynsail sicraf i adeiladu arni pan ddeuthum i lunio gwaith ymchwil a chael y fantais o astudio llythyrau a phapurau nad oeddynt ar gael i Lyfrbryf.

Y mae yn y Llyfrgell Genedlaethol gasgliad o lythyrau a phapurau Talhaiarn a nifer o eitemau perthnasol sy'n goleuo agweddau ar ei fywyd ac ar ddatblygiad ei waith. Y deunydd yn LLGC 4501–15 a LLGC 16139E yw'r deunydd allweddol gan ei fod yn cynnwys nifer o'i lythyrau i'w deulu ac a roddwyd i'r llyfrgell gan ei or-nith, Miss L. M. Jones, Caerfaddon. Ymhlith y deunydd hwn ceir nifer o'i gerddi mewn llawysgrif a chyfeiriadau mewn llythyrau personol sy'n dwyn sylw at ohebiaeth o'i eiddo i sawl papur neu gylchgrawn. Yn y Llyfrgell Genedlaethol hefyd y gwelir Cwrtmawr 422B lle ceir llyfr cofnodion olaf Cymdeithas y Cymreigyddion – rhai wedi eu hysgrifennu gan y bardd ei hun. Yn adran y llyfrau gwerthfawr yn Llyfrgell Ddinesig Abertawe, I 519, cedwir copi llawysgrif o awdl enwog 'Y Greadigaeth' yn ysgrifen y bardd a chyda'i addurniadau lliw. Y mae yn Llyfrgell Prifysgol Cymru, Bangor, bump o eitemau – pedwar yn llythyrau a'r pumed, Bangor 15054, yn draethawd ymchwil ar Dalhaiarn a gyflwynwyd gan Miss Hannah James am radd MA yn 1919. Pan luniodd y traethawd nid oedd ar gael iddi yn y Llyfrgell Genedlaethol ond pedwar eitem, sef rhai llythyrau at Geiriog ac Aled o Fôn, un awdl a chwech o ganeuon mewn llawysgrif. Nid oes yn y traethawd un dyfyniad gwreiddiol o'r *Carnarvon and Denbigh Herald* ac ni chyfeirir at *Y Cymro* (Treffynnon), 1851–9 – papurau sy'n gloddfeydd mor gyfoethog am waith y bardd. Teg yw nodi bod y defnyddiau a ddaeth i'r golwg ar ôl 1919 wedi cynnig inni lawer mwy o wybodaeth am fywyd a gwaith y bardd nag a oedd ar gael i Miss James. Trafodwyd y defnyddiau hyn yn fy nhraethawd MA i, 'Bywyd a Gwaith Talhaiarn' (Prifysgol Cymru, Aberystwyth, 1963), a oedd yn sail i'r gyfrol hon.

Ceir llawer o ddeunydd gan y bardd yn *Y Cymro* rhwng 1848 ac 1866. Yn y cyfeiriadau, rhoddais y llythyren briodol i nodi man y cyhoeddi yn ystod y cyfnod – Bangor, Llundain, Treffynnon neu Ddinbych. Ceir cryn nifer o'i lythyrau hefyd yn y *Carnarvon and Denbigh Herald*, ac er mai Saesneg oedd cyfrwng y papur ceir ynddo rai o gerddi Cymraeg Talhaiarn. Cyfrannodd yn achlysurol i *Seren Gomer*, *Yr Haul*, *Y Brython* a *Seren Cymru* ac, yn yr 1860au, ymddangosodd peth o'i waith yn *Yr Herald Cymraeg*. Gohebai â nifer o lenorion a cherddorion ei ddydd a daeth amryw o'r llythyrau i'r golwg yn ddiweddarach mewn cylchgronau fel *Y Geninen* a chyfrolau fel *Adgof Uwch Anghof*, yn ogystal ag yn llawysgrifau'r derbynwyr.

Pan ddaeth y bardd i gyhoeddi cyfrolau o'i waith fe gynhwysodd ynddynt rannau o'r ohebiaeth a oedd eisoes wedi ymddangos yn y wasg. Ynddynt hefyd y ceir y prif areithiau eisteddfodol a draddododd. Y mae'r mwyafrif o'r caneuon a luniodd i'r cerddorion hefyd yn ei gyfrolau, yn benillion Saesneg yn ogystal â'r gwreiddiol yn y Gymraeg lle digwyddai mai fersiynau dwyieithog a drefnwyd.

Cefais yn *Trafodion Cymdeithas Hanes Sir Ddinbych* ddwy erthygl werthfawr sy'n ymdrin â nifer o lythyrau o flynyddoedd olaf y bardd. Yn LLGC 4509C, gwelir nifer o dystebau a gafodd gan rai o'i gyflogwyr ac y maent yn werthfawr nid yn unig fel rhan o'r portread o Dalhaiarn y dyn, ond hefyd fel ffynhonnell i fanylion am ei waith gyda rhai o'r penseiri.

Y mae ychydig enghreifftiau o waith dylunio pensaernïol ar gael y gellir dangos mai Talhaiarn a'u gwnaeth, er mai cyfeiriadau swyddogol yn hytrach na'i lofnod sydd arnynt, fel y cynllun o'r bwthyn yn Battlesden a'r cynllun o'r ysgol eglwys yn Aberteifi. Ceir y ddau yn y Llyfrgell Genedlaethol – y naill yn 4509C a'r llall yn adran y mapiau. Ond ym mhapurau preifat teulu Lyon-Winder yn y Faenor, Aberriw, ceir llythyr a sylwadau gan Dalhaiarn sy'n cysylltu â nifer o ddyluniau lliw ymhlith y papurau ynglŷn â'r gwaith arfaethedig ar y plas y bu'n ei arolygu. 'Rwy'n dra sicr mai llaw y bardd a welir yn y dyluniau hynny.

Nodiadau

Pennod 1

1. Yng nghofrestri Eglwys Llanfair Talhaearn ceir cofnod am fedyddio merch i John a Gwen Jones ar 4 Rhagfyr 1805 a rhoi 'Ann' yn enw iddi. Yr Ann hon fyddai plentyn cyntaf y teulu a rhaid casglu iddi farw yn fuan wedi ei geni. Ni chyfeirir ati gan Dalhaiarn na neb o'i fywgraffwyr, ond mewn cerdd faith wedi marwolaeth yr ail Anne yn 1876, dywed yr awdur, Joseph Roberts, Bryn y Neuadd:

> A chwaer fach, 'rwyf yn ei chofio
> Yr un enw ac oedd hi.
> Mae hi yno yn y dyrfa
> Yn llechu'n dawel yn llwch y llan.

Ceir copi o'r alargan hon yn LLGC 9490E. Yn groes i gofrestr yr eglwys byddai'r bardd ei hun yn sillafu enw ei ail chwaer fel y gyntaf. Dyma'i englyn iddi ar ei phriodas yn 1847:

> Iach hir oes i fy chwaer Ann,—hoff, rywiog,
>   A'i phriod mwyneiddlan:
> Bywyd araul – byd o arian –
> Byd o aur o boed i Ann.

2. *Gwaith Talhaiarn* (Llundain, 1855), t.27.
3. Ibid., t.328.
4. *The Carnarvon and Denbigh Herald*, 27 Mawrth 1869.
5. *Talhaiarn* (Llundain, 1862), t.161.
6. Ibid., t.163.
7. Robert Griffith, *Llyfr Cerdd Dannau* (Caernarfon, d.d.), tt.234–5.
8. *Talhaiarn* (Llundain, 1862), t.166.
9. Ibid., tt.203–4.

Pennod 2

1. *Bye-gones*, Mai 1877, t.211.
2. Cynhaiarn (gol.), *Gwaith Barddonol Ioan Madog* (Pwllheli, 1881), t.xi.
3. *Talhaiarn* (Llundain, 1862), tt.205–6.
4. *The Carnarvon and Denbigh Herald*, 19 Hydref 1839, t.170.
5. W. Wilson Roberts, 'Talhaearn', *Cymru* 1906, t.250.
6. LLGC 4509C.

Pennod 3

1. *Gwaith Talhaiarn* (Llundain, 1855), t.57.
2. Ibid., t.101.
3. Y mae'r gerdd mewn dwy ran yn *The Carnarvon and Denbigh Herald*, 4 Ionawr 1845 a 11 Ionawr 1845.
4. Luigi Lablache – baswr ac athro canu i'r Dywysoges Victoria; Giovanni Mario – tenor; Giulia Grisi – soprano operatig a ddisgleiriodd wrth ganu yn operâu Rossini yn ddeunaw oed; Luigi Fornasari – baswr a ymddangosodd ar lwyfan opera Llundain yn 1843 ac a fu'n amlwg mewn sawl opera yno yn ystod y tair blynedd dilynol; Faranti – nid enwir y cerddor hwn yn y bywgraffiadau; Cerito a Perrot – Franco Cerrito a Jules Perrot – dawnswyr fyddai'n ymddangos yn y bale a ffurfiai ran o operâu Rossini a Donizetti a berfformid yn Llundain yn yr 1840au.
5. *Gwaith Talhaiarn* (Llundain, 1855), t.151.
6. LLGC 4509C.
7. Henry Farmer (1819–91). Feiolinydd ac organydd hunanddysgedig. Cyhoeddodd sawl cyfrol ar gyfer dysgu chwarae'r feiolín a'r harmonium, a chyfansoddodd amrywiaeth o ganeuon, concerti a darnau i'r piano.
8. *Gwaith Talhaiarn* (Llundain, 1855), tt.353 a 373.
9. *Yr Haul*, xiii, Hydref 1848, t.330.
10. *Carmarthen Journal*, 16 Mehefin 1848.
11. *Gwaith Talhaiarn* (Llundain, 1855), tt.145–6.
12. *The Carnarvon and Denbigh Herald*, 24 Ebrill 1847.

Pennod 4

1. *Y Cymro* (B), 22 Ebrill 1848.
2. *Yr Herald Cymraeg*, 9 Tachwedd 1867.
3. *The Carnarvon and Denbigh Herald*, 22 Ebrill 1848.
4. LLGC 4507C.
5. *Y Cymro* (B), 23 Chwefror 1849.

6. *Seren Gomer*, xxxii, Ebrill 1849, tt.124–5.

7. *Gwaith Talhaiarn* (Llundain, 1855), tt.124–5.

8. (a) *The Carnarvon and Denbigh Herald*, 30 Medi 1848; (b) Claude Lorrain (1600–82), Nicolas Poussin (1594–1655) a Salvator Rosa (1615–73) – y tri yn enwog ac yn ddylanwadol am eu tirlunio.

9. *Yr Haul*, xiii, Tachwedd 1848, t.364.

Pennod 5

1. *The Carnarvon and Denbigh Herald*, 23 Rhagfyr 1848.

2. LLGC Schedule of Welsh School MSS and Records, Rhif 85.

3. LLGC Cwrtmawr 422B. Cofnod 1 Chwefror 1849.

4. *The Carnarvon and Denbigh Herald*, 31 Ionawr 1852, a *Gwaith Talhaiarn* (Llundain, 1855), tt.433–6.

5. *The Carnarvon and Denbigh Herald*, 9 Rhagfyr 1848.

6. *Seren Gomer*, xxxii, Ebrill 1849, t.124–5.

7. *The Carnarvon and Denbigh Herald*, 3 Mawrth 1849.

8. *Y Cymro*, 9 Mawrth 1849.

9. Charles Mackay (1814–89). Cyhoeddodd nifer o'i gerddi yn y *Daily News*. Wedi eu cyhoeddi fel casgliad dan y teitl *Voices from the Crowd* yn 1846, priodwyd rhai â cherddoriaeth a daeth 'The Good Time Coming' yn un o gerddi poblogaidd y cyfnod.

10. *Y Cymro* (B), 15 Mehefin 1849.

11. Ibid., 29 Mehefin 1849.

12. Ibid.

13. Ibid., 13 Gorffennaf 1849.

14. Ibid., 27 Gorffennaf 1849

15. *Gwaith Talhaiarn* (Llundain, 1855), tt.93–4.

16. Ibid., t.81.

Pennod 6

1. *Transactions of the Aberffraw Royal Eisteddfod* (Llundain a Rhydychen, 1849), t.xlviii.

2. Yn Llyfrgell Ddinesig Abertawe, Cyf. I 519 yn adran y llyfrau gwerthfawr ceir copi arall o'r awdl – copi a gyflwynodd y bardd i Robert Jones, Rotherhithe, yn 1856. Y mae'r copi hwn hefyd wedi ei rwymo mewn lledr ac ymylon y tudalennau wedi eu heuro. Addurnwyd teitlau'r gwahanol adrannau yn lliwgar yn null yr hen lawysgrifau. Tynnodd y bardd linell trwy ei ffugenw *Archadieladydd* [*sic*] a rhoi ei enw barddol ar ddiwedd yr awdl.

3. Ibid.

4. *Y Geninen*, xix, 1901, tt.219–20.
5. *Transactions of the Aberffraw Royal Eisteddfod* (Llundain a Rhydychen, 1849), t.lvii.
6. *Y Geninen*, xx, 1902, t.91.
7. *The Carnarvon and Denbigh Herald*, 15 Medi 1849, t.8.
8. LLGC Cwrtmawr 76B, Llythyr 137, 17 Medi 1849.
9. *The Carnarvon and Denbigh Herald*, 6 Hydref 1849, t.6.
10. Ibid., 19 Ionawr 1850, t.8.
11. *Y Cymro* (B), 30 Gorffennaf 1850, t.543.
12. *The Carnarvon and Denbigh Herald*, 27 Gorffennaf 1850, t.6.
13. Ibid., 7 Medi 1850, t.6.
14. Ibid., 17 Awst 1850, t.6.
15. LLGC 1805D. Rhif 2, 7 Tachwedd 1849.
16. *Adgof Uwch Anghof* (Pen-y-Groes, 1883), tt.262–3.
17. *Yr Haul*, xiv, 1849, t.350.
18. Ibid., t.395.
19. *Emynau'r Eglwys* (Caerdydd, 1941), Rhif 46.
20. *Yr Haul*, I, Chwefror 1850, t.63.
21. *Gwaith Talhaiarn* (Llundain, 1855), tt.3–32.
22. Ibid., t.18.
23. Ibid., t.17.
24. *The Carnarvon and Denbigh Herald*, 6 Ebrill 1850, t.6.
25. Ibid., 1 Mehefin 1850, t.7.
26. *Y Cymro* (B), 17 Medi 1850, t.565.
27. *The Carnarvon and Denbigh Herald*, 27 Gorffennaf 1850, t.7.
28. Y mae Peter Lord wedi cynnwys yn ei gyfrol *Y Chwaer-dduwies: Celf, Crefft a'r Eisteddfod* (Llandysul, 1992), t.10, y darlun a wnaeth artist yr *Illustrated London News* o'r pafiliwn, a gellir barnu o'r darlun ei fod yn bafiliwn sylweddol ei faint yn ei gyfnod.
29. *Gwaith Talhaiarn* (Llundain, 1855), tt.387–91.
30. LLGC 6770.

Pennod 7

1. LLGC 4509C.
2. *Gwaith Talhaiarn* (Llundain, 1855), tt.217–34.
3. Ibid., tt.235–48.
4. *Y Cymro* (LL), 5 Mawrth 1851, t.87.
5. Ibid., 9 Gorffennaf 1851, t.2.
6. Ibid., 30 Ebrill 1851, t.117.
7. Ibid., 28 Mai 1851, t.129.
8. *Y Cymro* (T), 11 Mehefin 1851, t.3.
9. *Yr Haul*, xiv, 1849, t.226.
10. *Y Cymro* (T), 23 Gorffennaf 1851, t.3.

Pennod 8

1. G. F. Chadwick, *The Works of Sir Joseph Paxton* (Llundain, 1961), tt.188–9. Aeth Mentmore i feddiant teulu Rosebery yn 1878 wedi i Hannah Rothschild briodi Lord Rosebery. Prynwyd y lle yn 1978 gan The World Government of the Age of Enlightenment ond gwerthwyd y trysorau niferus trwy ocsiwn yn 1977.

2. *The Carnarvon and Denbigh Herald*, 2 Awst 1851, t.5.

3. Ibid., 6 Medi 1851, t.7.

4. *Y Geninen*, v, 1887, t.143.

5. LLGC Cwrtmawr 73C.

6. *Gwaith Talhaiarn* (Llundain, 1855), t.395.

7. Ibid., t.396.

8. *Y Cymro* (T), 24 Rhagfyr 1851, t.1.

9. *The Carnarvon and Denbigh Herald*, 27 Rhagfyr 1851, t.4.

10. *Y Cymro* (T), 30 Ionawr 1852, t.2.

11. *Carnarvon and Denbigh Herald*, 19 Mehefin 1852, t.6.

12. *Y Cymro* (T), 15 Ebrill 1853, t.4.

13. *Cronicl*, xi, 1853, t.188.

14. *Y Cymro* (T), 2 Gorffennaf 1852, t.4.

15. Ibid., 18 Mehefin 1852, t.2.

16. Ibid., 13 Awst 1852, t.2.

17. Ibid., 24 Medi 1852, t.2.

18. *The Carnarvon and Denbigh Herald*, 20 Mawrth 1852, t.8.

19. *Gwaith Talhaiarn* (Llundain, 1855), t.272.

20. Ibid., t.291.

21. *Y Cymro* (T), 21 Rhagfyr 1853, t.4.

22. *Cymru*, xii, 1897, tt.125–31.

23. *Y Cymro* (T), 18 Mawrth 1853, t.2. Ceir hwy hefyd yn ei gyfrol gyntaf, t.135, gydag englyn ychwanegol a llinell gyntaf yr ail englyn wedi ei newid.

24. *Y Cymro*, 8 Gorffennaf 1853, t.8.

25. *Gwaith Talhaiarn* (Llundain, 1855), tt.403–10.

26. Ibid., tt.249–84. Cyhoeddwyd yn wreiddiol yn *Y Cymro*.

27. LLGC 7176E.

28. *The Carnarvon and Denbigh Herald*, 25 Chwefror 1854, t.6.

29. *Gwaith Talhaiarn* (Llundain, 1855), t.94.

30. Blockley, John. Nid enwir y gŵr hwn yn y bywgraffiadau. Dengys y manylion am y tanysgrifwyr i gyfrol gyntaf Talhaiarn ei fod ar y pryd yn byw yn Haverstock-hill yn Llundain.

31. *Y Cymro* (T), 17 Mai 1854, t.4.

32. LLGC Add. MS. 310B.

33. LLGC Cwrtmawr 73C. Llythyr 7 Hydref 1854.

34. Ibid., Llythyr 12 Rhagfyr 1854.

35. *Gwaith Talhaiarn* (Llundain, 1855), tt.416–17.

36. Ibid., t.324.

37. LLGC Cwrtmawr 73C. Llythyr 7 Mawrth 1855.

38. Bangor Add. MS. Yale 6, Rhif viii. Ceir copi o'r llythyr helaeth yn Dewi M. Lloyd, 'Bywyd a Gwaith Talhaiarn', Atodiad 1 (Traethawd MA, Prifysgol Cymru, Aberystwyth, 1963), tt.401–7.

39. T. Gwynn Jones, *Talhaiarn, Detholiad o Gerddi* (Aberystwyth, 1930), t.30.

40. *Yr Haul*, vii, 1856, t.26.

41. *Yr Herald Cymraeg*, 6 Medi 1856, t.2.

42. *Y Brython*, iv, 1861, tt.277–8.

43. Y Parchedig Robert Jones (1809–79), a fu'n ficer Eglwys All Saints, Rotherhithe, Llundain o 1842–79.

44. *Adgof Uwch Anghof* (Pen-y-Groes, 1883), tt.288–92, lle ceir y saga lawn.

Pennod 9

1. Ferrières. Traddododd teulu Rothschild blas Ferrières a rhan helaeth o'r parc i Brifysgol Paris yn 1960. Cyhoeddir pamffledyn ar gyfer ymwelwyr â'r lle ac yn y fersiwn Ffrangeg cyfeirir at y bedd sydd yn y coed gerllaw'r plas, sef bedd John Nuttall, a fu farw yn Ferrières yn Ebrill 1856. Disgrifir y gŵr hwn yn y pamffledyn fel 'Chef des Travaux de Construction du Château Ferrières'. Dengys yr arysgrif Saesneg ar y garreg mai 'chief foreman' i'r adeiladwr George Myers oedd Nuttall, nid 'clerk of works' Paxton. Safle Talhaiarn oedd yr olaf ac yr oedd ei swyddogaeth ef yn wahanol gan mai ef oedd goruchwyliwr y cynllun adeiladu a chynrychiolydd pensaernïol Paxton ar y safle. Myers a gododd y gofeb ond ni wyddys pwy gymerodd le Nuttall yn ei weithlu.

2. Pauline Prevost-Marcilhacy, *Les Rothschild batisseurs et mecenes* (Flammarion, Paris, 1995). Y mae'r chwe 'Plans, Elevations, Sections and Views' ar t.97 yn arbennig yn dwyn nodweddion gwaith llaw Talhaiarn. Ceir yn y gyfrol hon nifer o luniau ynglŷn â Ferrières, gan gynnwys rhai sy'n dangos yr adeiladwaith mewnol oedd yn gefndir i arbenigwyr ac artistiaid i'w addurno a'i ddodrefnu. Y mae ar tt.91–2 hefyd luniau o gyfnod cynnar Mentmore.

3. *Yr Herald Cymraeg*, 7 Mehefin 1856, t.4.

4. Ibid.

5. *The Carnarvon and Denbigh Herald*, 8 Tachwedd 1856, t.3.

6. L. Kestner a H. Atkins, *A Short History of French Literature from the origins to the present day* (Llundain a Glasgow, 1925), tt.228–9.

7. *The Carnarvon and Denbigh Herald*, 6 Medi 1856, t.3.

8. Parrot. Dyma'r unig gyfeiriad gan Dalhaiarn at yr artist ac, yn anffodus, ni cheir yr enw bedydd. Cesglir mai Samuel Parrott (1797–1876) oedd y gŵr hwn. Yr oedd yn adeiladwr llwyddiannus yn Nottingham ac yn artist y dangoswyd peth o'i waith yn yr Academi Frenhinol. Tystia rhai ffynonellau fod mwy nag un artist o'r cyfenw hwn yn ardal Nottingham

yn y cyfnod ond dangosodd Dr Heather Williams nad yw'r dystiolaeth yn gadarn. Heather Williams, *The Lives and Works of Nottingham Artists from 1750 to 1914, with Special Consideration of their Association with the Lace Industry and Society at large* (Traethawd Ph.D., Prifysgol Nottingham, 1981), tt.806–12.

9. Llythyr Talhaiarn o Battlesden, 13 Mehefin 1864 at y Parchedig James Williams, rheithor Llanfair-yng-Nghornwy, i esbonio'r elyniaeth rhyngddo a Chreuddynfab; gw. *The Nationalist*, ii/14 (1908), t.16. Ni fu cymod rhwng Talhaiarn a Chreuddynfab.

10. LLGC 16139E. Mewn nodyn ar amlen y llythyr hwn rhoddodd gor-nith y bardd, Miss L. M. Jones, sylwadau a brofwyd yn anghywir gan y dystiolaeth a geir mewn amryw o lythyrau'r bardd ei hun.

11. *Yr Herald Cymraeg*, 16 Gorffennaf 1859, t.2.

12. *The Carnarvon and Denbigh Herald*, 13 Awst 1859, t.4.

13. *Talhaiarn* (Llundain, 1862), t.272.

14. *The Carnarvon and Denbigh Herald*, 24 Medi 1859, t.6.

15. *Y Punch Cymraeg*, 26 Tachwedd 1859, t.4.

Pennod 10

1. *Y Cymro* (D), 11 Ebrill 1860, t.1.

2. *Talhaiarn* (Llundain, 1862), t.28.

3. Ibid., tt.240–1.

4. *Y Cymro* (D), 29 Chwefror 1860, t.3.

5. T. Gwynn Jones, *Talhaiarn, Detholiad o Gerddi* (Aberystwyth, 1930), t.9.

6. Battlesden Park House. Y mae i'r safle hanes diddorol yn ymestyn yn ôl i gyfnod Elizabeth I, os nad ynghynt. Nid i'r Iarll Russell yr adeiladwyd y plas arbennig y bu Talhaiarn yn gweithio arno fel y dywed y *Gwyddoniadur*, gan gamarwain nifer, a'r awdur presennol yn eu plith. Gellir deall sut y cafwyd yr argraff hwnnw oblegid fe aeth y lle i ddwylo'r teulu yn y man mewn ffordd annisgwyl. Fel hyn y bu. Er i Sir Edward Page-Turner weld adeiladu plas newydd iddo'i hun yn yr 1860au, gwell oedd ganddo fynd i'r *town house* a oedd ganddo yn Brighton ac ni fu neb o'r teulu'n byw yn y plas newydd. Yn 1874 aeth y plas i feddiant teulu David Bromilow ond symudodd y teulu hwnnw i Swydd Caerlŷr yn 1878. Bu'r lle'n wag hyd nes i deulu Russell, ym mherson dug Bedford, brynu'r ystad yn 1885 ac aeth ef ati i ddymchwel y rhan helaethaf o'r plas. Dywedir mai'r rheswm am hynny oedd na fynnai weld plas gwych yn sefyll mor agos i gartref a sedd y dug, sef Woburn Abbey gerllaw. O weddillion Park House fe gadwyd rhan o un llawr, y stablau a'r pwll nofio dan do, gan droi'r parc yn dir hela. Gellir gweld y gweddillion prin hyn o fynd i gyfeiriad eglwys fach y Santes Fair a oedd ar dir yr ystad wreiddiol.

7. *Talhaiarn* (Llundain, 1862), tt.101–11.

8. *Yr Efrydydd*, Y Drydedd Gyfres, Rhif 1 (1946), t.47.

9. *Y Brython*, iv, 1861, t.465.

10. *Gwaith Talhaiarn* (Llundain, 1855), t.384.

11. *The Carnarvon and Denbigh Herald*, 27 Hydref 1860. Ceir yr adolygiad hefyd yn ail gyfrol y bardd, tt.283–91.

12. *Talhaiarn* (Llundain, 1862), tt.183–95, lle ceir y tri llythyr yn llawn.

13. Ibid., tt.161–78.

14. Ibid., t.167.

15. Ibid., t.171.

16. Ibid., tt.195–207 a tt.217–20.

17. Ibid., tt.217–18.

18. *The Carnarvon and Denbigh Herald*, 7 Medi 1861, t.6. Ceir y llythyr yn llawn yn ei ail gyfrol, *Talhaiarn* (1862), tt.301–6.

19. *Talhaiarn* (Llundain, 1862), tt.305–6.

20. *Y Brython*, v, 1862, tt.110–11.

21. Llyfrbryf (Isaac Foulkes) oedd y cyntaf i awgrymu fod Talhaiarn wedi llunio geiriau i 'J. D. Jones' ond ni fanylodd. Yr oedd gan y bardd frawd-yng-nghyfraith o'r enw John Davies Jones yn byw yn Llanelwy. Ef oedd tad y nith y bu'r bardd yn llythyra cryn dipyn â hi. Y mae ar gael faled gan Dalhaiarn i 'Diver' sef ci o eiddo y J. D. Jones hwn. Bu Joseph David Jones, yr athro a'r cerddor o'r Rhuthun, yn cyd-olygu rhannau o Y *Gyfres Gerddorol* gydag Owain Alaw, ac er na welwyd i'r bardd gyfansoddi dim yn benodol ar gyfer y cerddor hwn, defnyddiwyd rhai o ganeuon Talhaiarn yn y gyfres.

22. *Yr Herald Cymraeg*, 22 Tachwedd 1862, t.3.

Pennod 11

1. *Yr Herald Cymraeg*, 7 Mawrth 1863, t.4. a'r *Carnarvon and Denbigh Herald*, 14 Mawrth 1863, t.11.

2. Mynorydd (William Davies), 1826–1901, yw'r cerflunydd y cyfeirir ato yn y llythyr hwn. Yn gerflunydd ac yn gerddor yn gweithio yn Llundain, adnabu lu o Gymry amlwg y brifddinas a'r Cymreigyddion olaf. Ef a gomisiynwyd gan y teulu i lunio'r cerflun efydd o wyneb y bardd sydd ar golofn ei fedd ym mynwent Llanfair Talhaearn.

3. LLGC 4505C. Llythyr 10 Medi 1863.

4. LLGC 12,001C. Copi argraffedig o'r awdl, t.3. Ceir yr awdl gyfan heb y cyflwyniad yn ei drydedd gyfrol, *Gwaith Talhaiarn*, Cyfrol 3 (Llanrwst, 1869), tt.69–98.

5. LLGC 4501C. Codwyd o *Papur y Cymry*, 9 Ionawr 1864.

6. *Y Brython*, Rhifau 39, 41, 42, 1863.

7. *Y Cymro* (D), 18 Mawrth 1863, t.4.

8. *Gwaith Talhaiarn*, Cyfrol 3 (Llanrwst, 1869). Ceir y saith llythyr arall o'r *Cymro*, gan gynnwys y dyfyniad hwn ar tt.129–60.

9. Dyfnallt Morgan (gol.) *Gwŷr Llên y Bedwaredd Ganrif ar Bymtheg* (Llandybïe, 1968). tt.210–11.

10. LLGC 9490. Llythyr, 30 Gorffennaf 1863.

11. LLGC 4511C. Hysbyseb o'r *Carnarvon and Denbigh Herald*, 19 Rhagfyr 1863. Ceir yma hefyd adroddiad *The Cambrian*, 20 Tachwedd 1863, am y cyfarfod yn Llundain.

12. LLGC 1005C. Llythyr dyddiedig 28 Mehefin 1864.

13. LLGC 4510C. Llythyr dyddiedig 2 Ebrill 1864.

14. Y *Cymro* (D), 11 Mehefin 1862, t.4.

15. *Gwaith Talhaiarn*, Cyfrol 3 (Llanrwst, 1869), t.15.

16. LLGC 9225E. Llythyr 2 Awst 1864.

17. *Talhaiarn* (Llundain, 1862), tt.207–14.

18. Filbert Feast. O Swydd Bedford yr ysgrifennai'r bardd y llythyr hwn a rhydd y prif lythrennau'r argraff mai enw priod lleol ar ryw fath o swper cynhaeaf yw'r term. Nid oes gan arbenigwyr y sir nac arbenigwyr traddodiadau'n gyffredinol unrhyw wybodaeth am ddathlu – neu wledd – yn gysylltiedig â chynaeafu cnau *filbert*. Y Santes Fair ac nid Sant Philbert oedd nawddsant yr eglwys leol ac felly nid gwledd mabsant sydd yma. Hyd oni ddaw arbenigwyr llên gwerin ag esboniad amgenach rhaid casglu fod y bardd, yn ei afiaith wrth ddyfeisio'r fwydlen, wedi rhoi lle i'r *filbert* yn y ddarpariaeth a bedyddio'r wledd ag enw cytseiniol soniarus.

19. LLGC 9015B. Llythyr 21 Mai 1865.

20. LLGC 9015B. Llythyr at Owain Alaw, 3 Mawrth 1865.

21. LLGC 5442.

22. Yr *Herald Cymraeg*, 22 Ebrill 1865, t.7.

23. Ibid., 25 Mawrth 1865, t.1.

24. LLGC 4510C. Llythyr 17 Mehefin 1865.

25. Y *Geninen*, 3, 1886, t.208. Dyddiad y llythyr yw 12 Gorffennaf 1865.

26. LLGC 16139E. Llythyr 2 Awst 1865.

Pennod 12

1. *The Carnarvon and Denbigh Herald*, 7 Hydref 1865, t.4.

2. LLGC 10186D.

3. LLGC 10184D.

4. Yr *Herald Cymraeg*, 21 Ebrill 1866, t.8.

5. Ibid., 12 Medi 1866, t.7.

6. Bernir mai Henry Fothergill Chorley (1808–72) yw hwn. Bu'n gyfeillgar â Mrs Hemans pan oedd hi'n byw yn Lerpwl a dechreuodd lunio erthyglau a beirniadaeth gerddorol. Wedi symud i Lundain daeth

yn gyfarwyddwr cerddorol i'r *Athenaeum* a bu ei adolygiadau yn y *belles-lettres* yn dra dylanwadol. Ar wahân i lyfr o atgofion am Mrs Hemans, yr oedd yn awdur nifer o nofelau, dramâu a thelynegion. Yr oedd yn gyfeillgar â Mendlessohn a Charles Dickens ymhlith eraill.

7. *Y Cerddor Cymreig*, 1866, t.74.

8. *Gwaith Talhaiarn*, Cyfrol 3 (Llanrwst, 1869), t.204.

9. Ibid., t.179.

10. LLGC 4512.

11. *The Carnarvon and Denbigh Herald*, 7 Medi 1867, tt.7–8.

12. G. a Z. Bowen, *Hanes Gorsedd y Beirdd* (Cyhoeddiadau Barddas, 1991), t.210.

13. *Y Cerddor Cymreig*, 1865, t.20.

14. LLGC 12001C. Fe'i ceir yn *Gwaith Talhaiarn*, Cyfrol 3 (Llanrwst, 1869), tt.212–22.

15. LLGC 4504C.

16. *Cronicl Cymru*, 8 Awst 1868, t.3.

17. Ibid., 15 Awst 1863, t.1.

18. *Y Cymro* (D), 26 Medi 1860, t.4.

19. *Gwaith Talhaiarn*, Cyfrol 3 (Llanrwst, 1869), tt.61–9, sef 'Canto'r Bugeilgerddi'.

20. Ibid.

21. Hywel Teifi Edwards, *Ceiriog* (Caernarfon, 1987), tt.32–3.

22. LLGC 12001C. Y fugeilgerdd mewn llawysgrif gyda'r ffugenw 'Eilonydd'.

23. *Gwaith Talhaiarn*, Cyfrol 3 (Llanrwst, 1869), tt.109–24. Ceir yma y fugeilgerdd yn llawn.

24. Ibid., tt.99–108. Y bryddest fuddugol yn llawn.

Pennod 13

1. LLGC 9225E. Llythyr 12 Awst 1868.

2. Ellis Wynne Williams, *Trafodion Cymdeithas Hanes Sir Ddinbych*, 5, 1956, tt.127–30. Y tŷ a adeiladodd yw Pen-y-bont, Llanfair Talhaearn, ac erys heddiw gerllaw'r garej o'r un enw.

3. Geoffrey Veysey, *Trafodion Cymdeithas Hanes Sir Ddinbych*, 12, 1963, tt.189–90.

4. LLGC 9225E. Llythyr 19 Chwefror 1869.

5. *The Carnarvon and Denbigh Herald*, 27 Mawrth 1869, t.7.

6. LLGC 9225E. Llythyr 9 Gorffennaf 1869.

7. *The Carnarvon and Denbigh Herald*, 23 Hydref 1869, t.6.

8. Bedd Talhaiarn. Ar ran isaf y garreg sy'n sail i'r golofn y ceir yr englyn ond y mae'n hynod o aneglur erbyn hyn. Fel hyn y'i cofnodais ar ymweliad yn 1953:

Is y golofn ddwys gwelwch—yr huna
Gwr anwyl mewn heddwch,
Awdwr can a diddanwch
Ei wlad – anrhydedd i'w lwch.

Ceir yr englyn gyda pheth atalnodi gwahanol yn *Cymru* (1898),
tt.66–7.
9. Eilydd. Methais â darganfod o ble cafodd Islwyn y gair hwn. Efallai
mai math o dalfyriad ydyw ar y ffugenw 'Eilonydd' a roddodd Talhaiarn
wrth ei fugeilgerdd ar gyfer Eisteddfod Rhuthun.

Diweddglo

1. Y *Cymro* (T), 10 Rhagfyr 1851, yn yr 'Awdl i Dalhaiarn', t.2.
2. T. Gwynn Jones, *Talhaiarn, Detholiad o Gerddi* (Aberystwyth,
1930), t.5.
3. J. Glyn Davies, *Burns ac Ingoldsby yn Gymraeg* (Wrecsam, 1931),
tt.9–10.

Atodiad: Alawon a gysylltodd Talhaiarn â'i gerddi

a. Alawon gydag enwau Cymraeg

Ar Hyd y Nos
Caerffili
Cil y Fwyalch
Clychau Aberdyfi
Clychau Rhiwabon
Codiad yr Ehedydd
Codiad yr Haul
Consêt y Siri
Dadl Dau
Dafydd y Garreg Wen
Dewch i'r Frwydr
Difyrrwch Arglwyddes Owen
Difyrrwch Gwŷr Harlech
Difyrrwch y Brenin
Dimau Goch
Distyll y Don
Dydd Gŵyl Dewi
Ffarwel Philip Ystwyth
Glandôl
Glan Meddwdod Mwyn
Gruffydd ap Cynan
Hela'r 'Sgyfarnog
Hob y Deri Dando
Hun Gwenllian
Lili Lon
Llanofer
Llwyn Onn
Mentra Gwen
Merch Megan
Miss Morgans Fawr
Moel yr Wyddfa
Morfa Rhuddlan
Nos Galan
Plygiad y Bedol [Fawr]

Priodas Siencyn Morgan
Rhyfelgyrch Gwŷr Harlech
Serch Hudol
Siencyn Morgan
Syr Harri Ddu
Tôn y Melinydd
Toriad y Dydd
Tros y Garreg
Trymder
Y Bardd yn ei Awen
Y Deryn Pur
Y Gadlys
Y Gwenith Gwyn
Ymadawiad y Brenin
Yr Hen Ddarbi

b. Alawon eraill y cyfeiriodd Talhaiarn atynt

Bro Gwalia
Carol Siôn Trwst
Cnocell y Coed
Heppys March
Hyd y Wlithan
Marged Mwyn Ferch Ifan

c. Alawon ag enwau Saesneg a thramor a gysylltodd â'i gerddi

A Life on the Ocean Wave
Auld Lang Syne
Billy O'Rourke's the Boy, Sirs
Drink to me only
Guy Fawkes
Hearts of Oak

Kathleen Mavourneen
Kathleen O'More
King of the Cannibal Islands
Mary Blane
My father was a most
    wonderful man
Oh! Susannah
The Laird of Cockpen

The Rose of Allandale
The Last Days of Summer
Widow Machree

Iuanita
Ma Normandie
Trab Trab
Venite Per Me, Cari Amici

Mynegai